O PODER DAS BARRICADAS

O PODER DAS BARRICADAS
UMA AUTOBIOGRAFIA DOS ANOS 60
TARIQ ALI

Copyright © Tariq Ali, 2005
Copyright desta edição © Boitempo Editorial, 2008
Publicado originalmente pela Verso Books, Londres, 2005

Coordenação editorial
Ivana Jinkings

Editores
Ana Paula Castellani
João Alexandre Peschanski

Assistentes editoriais
Mariana Tavares
Vivian Miwa Matsushita

Tradução
Beatriz Medina

Preparação
Mariana Echalar

Revisão
Luciana Soares

Capa
David Amiel

Diagramação
Antonio Kehl

Produção
Marcel Iha

CIP-BRASIL. CATALOGAÇÃO-NA-FONTE
SINDICATO NACIONAL DOS EDITORES DE LIVROS, RJ

A389p

Ali, Tariq, 1943-
    O poder das barricadas : uma autobiografia dos anos 60 / Tariq Ali ;
[tradução Beatriz Medina]. - São Paulo : Boitempo, 2008.
    il.

    Tradução de: Street Fighting Years : An Autobiography of the Sixties
    ISBN 978-85-7559-108-6

    1. Anos 60. 2. Civilização moderna - 1945-1989. I. Título.

08-1027.   CDD: 909.826
                                                   CDU: 94"1959/1969"

Todos os direitos reservados. Nenhuma parte deste livro pode ser
utilizada ou reproduzida sem a expressa autorização da editora.

1ª edição: maio de 2008

BOITEMPO EDITORIAL
Jinkings Editores Associados Ltda.
Rua Euclides de Andrade, 27 Perdizes
05030-030 São Paulo SP
Tel./fax: (11) 3875-7250 / 3872-6869
editor@boitempoeditorial.com.br
www.boitempoeditorial.com.br

SUMÁRIO

Prefácio da nova edição 11

Introdução – Crônicas de ontem e hoje 15

Prelúdios 73

Primeiras idéias sobre a Grã-Bretanha: de 1963 a 1965 103

Revolução e contra-revolução: de 1965 a 1967 135

De Praga a Hanói: janeiro e fevereiro de 1967 157

Tempo de mudança: 1967 191

O último ano da vida de Ernesto "Che" Guevara: 1967 211

O ano: 1968 257

O ano 1968: a revolução francesa 287

O ano 1968: os novos revolucionários 309

Movimentos difamados: de 1969 a 1975 327

Hereges e renegados 355

Anexo 1 – Carta aberta a John Lennon 371

   Carta muito aberta de John Lennon a John Hoyland 373

Anexo 2 – Poder ao povo! 375

Índice remissivo 393

À memória de Ernest Mandel,
que sempre acreditou que o verdadeiro significado da vida
é a participação consciente na feitura da História.

PREFÁCIO DA NOVA EDIÇÃO

In memoriam: *Peter Carter-Ruck*

A primeira edição deste livro é de 1987 e está esgotada há mais de uma década. Ao concordar com a reedição, achei que o texto original e as críticas que provocou deveriam ficar sem revisão, com seus defeitos, erros de avaliação etc. Entretanto, acrescentou-se uma nova introdução, assim como a entrevista com John Lennon e Yoko Ono realizada por Robin Blackburn e por mim para *The Red Mole*, em 1971, e uma troca anterior de cartas entre Lennon e John Hoyland (crítico de música de *The Black Dwarf*).

A primeira edição tinha um ar puritano, que provavelmente refletia a suscetibilidade presbiteriana escocesa da editora William Collins Sons & Co., antes de ser comprada por Murdoch, o magnata das comunicações. Isso se remediou, em parte, com a inclusão de algumas fotografias.

Examinando meus arquivos antigos, encontrei uma carta surpreendente do falecido dr. Peter Carter-Ruck, diretor do escritório de advocacia de mesmo nome, especializado em calúnia e difamação. Ele já morreu, portanto está além das calúnias, não que, caso estivesse vivo, o que vou dizer configurasse difamação. Mas talvez ele discordasse. A carta de Carter-Ruck à editora Collins é um comentário revelador sobre a natureza iníqua das atuais leis de calúnia e difamação da Grã-Bretanha e ajuda a explicar como costumam ser usadas pelos executivos dos meios de comunicação para sufocar jornalistas difíceis. Os trechos abaixo da crítica jurídica de Carter-Ruck são auto-explicativos:

A defesa do justo comentário é frustrada pela prova de malícia por parte do autor, no sentido de malvadez, má vontade ou motivos desonestos ou impróprios. No sentido em que esse livro é uma crítica aos efeitos do sistema político ocidental, ele é desfavorável a muitos que detêm as rédeas do poder neste período. Assim, embora partes específicas do texto não sejam difamatórias por si sós, o apoio seletivo do autor a alguns e as críticas a outros podem levar o tribunal a concluir que o livro foi, na verdade, movido por malícia.

Há alguns enunciados difamatórios contra uma classe de pessoas; quando se fazem alegações contra integrantes de uma classe, o tribunal considerará se tal identificação é aceitável tendo em vista o tamanho da classe, a natureza e a gravidade da imputação, o número e os integrantes da classe contra a qual se faz a alegação e quaisquer outras circunstâncias pertinentes.

Se o general (Douglas) MacArthur ainda estiver vivo, a alegação de que defendeu propositalmente um regime corrupto e que ressuscitou um governo colaboracionista é difamatória para o general.

A afirmação de que Kim Il-Sung liqüidou refugiados políticos é difamatória para Sung, se ainda for vivo.

É difamatório dizer do general MacArthur que ele tinha aspirações bonapartistas ou imperialistas sem provas que o corroborem.

É altamente difamatório para o reverendo irmão Henderson afirmar que ele se envolveu ativamente nos distúrbios irlandeses das décadas de 1920 e 1930. Presume-se que o autor e outros passíveis de serem chamados a depor estivessem presentes quando o irmão fez a declaração.

Se o marechal Ho Lung ainda estiver vivo, a alegação de que ele já foi chefe de bandidos precisaria ser provada.

A crítica a Cuba antes da Revolução é difamatória para Batista e, em qualquer processo, será necessário apresentar exemplos comprobatórios da atividade da máfia em Cuba e de que Batista encorajou ou fingiu não ver tal atividade.

Embora esse parágrafo não dê nome aos assassinos de Patrice Lumumba, identifica a Bélgica como promotora do crime. Se os mercenários são um grupo compacto e identificável, tal alegação é difamatória. Além disso, a alegação de "sadismo, tortura sistemática e assassinatos em massa" cometidos pelo regime belga e passíveis de serem atribuídos aos líderes do governo colonial da época também é difamatória.

A ação de Richard Kirkwood ao opor-se à expressão formal de condolências na Oxford Union [quando da morte de Winston Churchill] é difamatória para Kirkwood.

É difamatório dizer dos líderes trabalhistas britânicos que proferiram "inverdades". Os líderes da época podem ser identificados, embora não sejam citados neste trecho.

Presumimos a exatidão da declaração de que lorde Russell comparou o presidente norte-americano a Hitler.

A alegação de que o general Nasution ordenou a prisão e a execução com a ilação de que não houve julgamento é difamatória. Referimo-nos às outras atividades de Nasution, especificamente à responsabilidade pelos massacres [na Indonésia, em 1965].

O leitor sensato poderá inferir desse parágrafo que o presidente Sukarno teve relações sexuais durante o vôo em questão. Isso é difamatório, em primeiro lugar com relação a Sukarno, caso fosse casado; em segundo lugar, é provavelmente difamatório por promover o desrespeito ao seu cargo de representante do país no exterior.

A referência ao "terror" do regime de Suharto é difamatória.

Leitores, vocês foram avisados. Leiam por sua própria conta e risco.

Tariq Ali
Londres, novembro de 2004

INTRODUÇÃO
CRÔNICAS DE ONTEM E HOJE

oh geração infeliz,
chorará, só que lágrimas sem vida
porque talvez jamais saiba como voltar
àquilo que, por não ter tido, nem pôde perder;
pobre geração calvinista, como na origem da burguesia,
pragmática como adolescente, ativa como criança,
procura salvar-se na organização
(que nada produz, só mais organização)
e passa os dias da juventude
a falar o jargão da democracia burocrática
sem jamais se afastar de fórmulas repetidas,
porque organizar não se exprime em palavras
mas em fórmulas, pois é,
e vai ver-se usando a mesma autoridade paterna,
à mercê daquele poder inefável que a deixou contra o poder,
geração infeliz!
Ao envelhecer, vi sua cabeça cheia de pesar
em que regirava uma idéia confusa, uma certeza absoluta,
o pressuposto de heróis destinados a não morrer —
oh, jovens infelizes, que viram ao seu alcance
a maravilhosa vitória que nunca existiu!

Pier Paolo Pasolini[1]

---

[1] Nascido em Bolonha, em 1922, ano em que os fascistas de Mussolini tomaram o poder, escreveu esse poema em 1970. Um pouquinho injusto com a minha geração e com os muitos camaradas que não abandonaram a esperança, mas presciente.

A história raramente se repete, seja como tragédia, seja como farsa, mas faz lembrar. Em 15 de fevereiro de 2003, multidões cantaram em praças e escalaram monumentos. Secundaristas roucos e eloqüentes condenaram, furiosos, o presidente dos Estados Unidos e seu *poodle* britânico por ameaçar entrar em conflito com o Iraque. No mundo inteiro, em todas as grandes capitais, houve comícios inflamados e enérgicos para condenar a guerra injusta e imoral que estava por vir. Os manifestantes não conseguiram impedir a guerra, mas ressuscitaram lembranças de outra época. Os ecos estavam sempre presentes.

Alguns meses depois, quando mal se ocupara Bagdá, políticos favoráveis à guerra e jornalistas servis, que mentiram várias vezes ao público, comemoraram o que para eles foi uma vitória fácil. Dedicaram-se a fabricar imagens que retratassem como libertação a invasão de um Estado soberano. Então a resistência iraquiana começou a revidar, e o falso argumento usado para justificar a guerra esfarelou-se como esterco seco. Os ecos se tornaram mais fortes e, em Nova York, o pessoal que era contrário à guerra criou um adesivo profético: *Iraque é Vietnã em árabe*. Não é bem verdade, mas ainda assim é uma boa idéia.

Ouvi mais ecos no outono de 2004, em visita aos Estados Unidos para uma turnê de palestras pré-eleitorais. Em Madison, depois de um comício contra a guerra, houve uma pequena reunião no apartamento de Allen Ruff, meu anfitrião e fundador da Rainbow, uma das melhores livrarias independentes do Meio-Oeste. Antes do comício, o engenheiro de som, barbudo e mexicano de origem, veio até mim e cochichou, orgulhoso, que o filho, fuzileiro naval de 25 anos, acabara de voltar do serviço militar na cidade iraquiana de Fallujah e talvez aparecesse. O rapaz não foi ao comício, mas depois se uniu a nós com um amigo civil. Pôde ver que a sala estava lotada de ativistas contra a guerra e contra Bush. Wisconsin é um "swing state", onde nenhum dos partidos predomina, e travava-se um debate feroz num canto sobre se era ou não correto votar em Kerry. O amigo ia votar contra Bush.

G., o jovem fuzileiro naval de cabelo raspado e músculos protuberantes, falou com voz calma e escandida, como um sino de alarme a nos despertar com suas histórias de coragem e de cumprimento do dever. Perguntei-lhe por que entrara para o Corpo de Fuzileiros Navais. Ele ficou meio tenso, mas mostrou segurança na resposta:

– Não havia opção para gente como eu. Se tivesse ficado aqui, morreria nas ruas ou acabaria na penitenciária, cumprindo pena de prisão perpétua. O Corpo de Fuzileiros salvou a minha vida. Eles me treinaram, cuidaram de mim e me transformaram completamente. Se eu tivesse morrido no Iraque, pelo menos o inimigo é que me mataria. Em Fallujah, eu só conseguia pensar em como manter em segurança os homens sob o meu comando. E só. A maioria dos garotos que fazem manifestações pela paz não tem problemas aqui. Vão para a faculdade, fazem manifestações e logo esquecem tudo quando arranjam bons empregos. Não é tão fácil assim para gente como eu. Acho que devia haver uma convocação. Por que só os garotos pobres é que vão para lá? De todos os fuzileiros com que trabalho, talvez 4% ou 5% sejam nacionalistas belicosos e arrebatados. Os outros estão fazendo seu serviço, trabalham direito e têm esperança de cair fora sem morrer nem se ferir em ação.

Ele surpreendeu o pai ao acrescentar que, se Bush fosse reeleito, talvez se realistasse e voltasse por mais um período. Quando o pai protestou, sugeriu que discutissem isso mais tarde.

Conversamos quase uma hora enquanto ele consumia jarras e jarras de água. Fiquei impressionado e assustado com a facilidade com que parecia ter absorvido o código dos fuzileiros, mas não consegui deixar de sentir que ele e seus camaradas viviam outra experiência, fervilhante de tendências desconhecidas, que nós e o pai contrário à guerra não percebíamos.

Mais tarde, G. sentou-se no sofá com dois homens mais velhos com quem eu conversara antes de ele chegar. Se não sabia quem eram, logo descobriu. Eram ambos ex-soldados. Suas idéias haviam se definido e refinado nas guerras que travaram e deram-lhes a coragem cívica necessária para assumir a tarefa de informar os colegas que permaneceram em casa, homens e mulheres cuja falta de conhecimento a respeito do mundo exterior – culpa tanto das escolas primárias quanto dos meios de comunicação – acharam assustadora.

À esquerda do jovem fuzileiro estava Will Williams. Agora com sessenta anos, saiu do centro do Mississippi e alistou-se no Exército em 1962, quando tinha dezessete anos – a mãe assinou os formulários. Como G., também foi um jovem rebelde. Estava convencido de que, se não partisse do Mississippi naquele momento, a Ku Klux Klan ou alguma outra gangue racista o mataria. Também afirmava que as Forças Armadas "salvaram a minha vida". Depois de um período na Alemanha, foi mandado para o Vietnã e acabou cumprindo dois períodos de engajamento. Apresentou-se como voluntário para retornar depois do primeiro período por ter sido rejeitado pelo movimento antibélico ao voltar para casa. Ferido em ação, recebeu a Purple Heart e duas estrelas de bronze, além da mais alta condecoração conferida pelo regime títere do Vietnã do Sul. Ainda lá, começou sua "turnê", depois de uma revolta de soldados negros na baía de Camranh que protestavam contra o racismo dentro do exército norte-americano. Hoje, ele diz que Daniel Ellsberg e a divulgação dos "Documentos do Pentágono" – que revelaram as mentiras contadas para arrastar os rapazes para a luta – foram providenciais em sua transformação. Depois de um período difícil de "readaptação", Williams passou por um extenso programa de educação pessoal. Autodidata, fez leituras profundas sobre política e história. Ao perceber que "estão mentindo de novo para nós", ele e a esposa Dot, companheira há mais de 43 anos, decidiram que não podiam manter silêncio sobre sua oposição à guerra no Iraque. Participaram desde o princípio do movimento contra a guerra e levaram suas vozes de coro gospel aos comícios e às manifestações, como aquele em que eu acabara de falar. Membro ativo dos Veteranos pela Paz, de Madison, Will Williams ficou conhecido como antibelicista articulado e respeitado, capaz de se destacar como afro-americano e veterano da luta no Vietnã diante de platéias que, normalmente, seriam hostis aos "peaceniks" comuns.

À direita de G. estava Clarence Kailin, que completara noventa anos no verão anterior e era um dos poucos sobreviventes restantes da brigada Abraham Lincoln, que lutou pelos republicanos na Guerra Civil espanhola. Ele também atuava no movimento contra a guerra no Iraque.

– Em meados de janeiro de 1937, seis de nós, do meu estado natal de Wisconsin, decidiram ajudar a defender a República. Em nossos passaportes estava carimbado "inválido para ir à Espanha". Então, com medo de sermos presos, mantivemos a viagem em segredo, até para as nossas famílias. Fui motorista de caminhão, depois servi na infantaria e, por algum tempo, fui padioleiro. Vi a violência da guerra bem de perto. Dos cinco de Wisconsin que foram para a Espanha comigo, dois morreram.

Leitor voraz até hoje, Kailin está quase totalmente surdo, mas resiste com obstinação à prótese auditiva, o que lhe dá uma vantagem natural. Incapaz de ouvir os outros, domina todas as conversas. Apesar de tudo que viveu, Clarence acredita que todos têm uma bondade inata e por isso tantos conseguem se afastar de um passado indigno. Enquanto os homens falavam, fiquei observando de longe, curioso para saber o que G. estaria pensando dos dois veteranos.

100 MIL FUNERAIS

O primeiro estudo científico sobre o custo humano da Guerra do Iraque indica que pelo menos 100 mil iraquianos perderam a vida desde que o país foi invadido, em março de 2003. Mais da metade dos mortos eram mulheres e crianças, vítimas de ataques aéreos, segundo os pesquisadores. Estimativas anteriores calcularam as baixas iraquianas em cerca de 10 mil – dez vezes mais que o número de britânicos, norte-americanos e soldados das tropas multinacionais mortos até agora. Mas o estudo publicado em The Lancet *sugere que as baixas iraquianas podem ser até cem vezes maiores que as baixas dos países coalizados. O artigo também faz uma crítica feroz às forças de coalizão por não conseguirem contar as baixas iraquianas [...].*
Les Roberts, da Escola Bloomberg de Saúde Pública da Universidade Johns Hopkins, em Baltimore, estado de Maryland, disse: "Numa suposição conservadora, achamos que houve cerca de 100 mil mortes ou mais desde a invasão do Iraque, em 2003. A violência foi responsável pela maioria das mortes excessivas e os ataques aéreos das forças de coalizão, pelas mortes mais violentas". The Lancet, *que publicou a pesquisa em sua edição* online *ontem, disse que foi "um trabalho extraordinário de uma corajosa equipe de cientistas", realizado em circunstâncias difíceis.*

Jeremy Laurance e Colin Brown,
para *The Independent*, Londres, 29 de outubro de 2004

Antes do relatório de *The Lancet*, o número mais elevado de baixas civis era 36 mil e, quando o mencionei num artigo para *The Guardian*, ele foi questionado. Agora sabemos. Quando a Organização Mundial da Saúde afirmou que as sanções contra o Iraque haviam custado a vida de pelo menos meio milhão de crianças, a secretária de Estado norte-americana da época, Madeleine Albright, declarou à CBS que esse era um preço que valia a pena pagar. Sem dúvida, os políticos infames e seus apologistas na mídia, mais degradados ainda, pensam o mesmo dos 100 mil mortos em 2003 e 2004. Que bonito que sejam tão generosos com as vidas iraquianas.

Heróis/vilões

Por que a década de 1960 ainda desperta tanta desconfiança e tanto ódio? Por que políticos, prelados, peritos e professores menosprezam uma época que pouco significa para as novas gerações? Será que os fatos daquele tempo ainda provocam lembranças inquietantes – políticas, sexuais, sociais, culturais –, que põem em xeque o conformismo de hoje? Será que se teme que a nova geração possa ir além do passado e ameaçar a nova ordem com "vitórias maravilhosas"? Seja qual for a razão, os anos 1960 se recusam a recuar. Ao primeiro sinal de "problema" – estudantes que se manifestam contra empréstimos universitários, sindicalistas que defendem o Estado de bem-estar social, manifestantes antibélicos que protestam contra a ocupação do Iraque e da Palestina –, algum jornalista ocioso sempre procura a pasta daquela época.

Costumo ser destinatário da eterna pergunta chata. Como tal coisa se compara aos anos 1960? Ora, não se compara. Cada geração é única. O que ela diz e como age é determinado pela época em que vive. Nos anos 1960, houve heróis e vilões dos dois lados da linha. A maioria dos heróis de hoje é anônima – camponeses, operários, favelados desempregados de todos os continentes cuja raiva às vezes explode para nos lembrar que todos os velhos problemas ainda persistem. Os vilões são os mesmos e dominam a maior parte do mundo.

Há também outras razões para esse interesse. Há a nostalgia, que é improdutiva e distorcida e reduz os anos 1960 a um estilo de vida, ignorando o lado político. Muitos jovens são atraídos por aquele período por outra razão. Querem a verdade, que raramente obtêm na escola ou nos principais meios de comunicação. Quem foram os Panteras Negras? Foram mesmo eliminados pela repressão do Estado? E o Weather Underground? Era de verdade? Os tupamaros no Uruguai, os estudantes insurretos de Paris e de Lahore, o massacre da Cidade do México... Os livros de história se calam.

Capitalismo de abutres

Nas duas últimas décadas do século XX, o mundo virou de ponta-cabeça outra vez. Sempre que alguma alternativa ao seu domínio se desfazia em poeira, o capital e seus adoradores comemoravam a vitória, que parecia definitiva. Para a esquerda, foi uma derrota de proporções históricas. A utopia foi riscada do mapa. Em seu lugar, surgiu o Consenso de Washington, personificando a distopia neoliberal: a nova ordem mundial foi apresentada como algo puro e perfeito. Privatização, desregulamentação e entrada forçada do capital nos recintos até então sagrados da saúde, da educação, da habitação e dos meios de comunicação públicos tornaram-se uma norma inquestionável. A racionalidade só pode ser a racionalidade individual. O idioma do neoliberalismo infiltrou-se praticamente em todas as instituições e afetou o pensamento de muitos que se opõem à nova ordem. Hoje, o campo da liberdade está necessariamente ligado ao capitalismo desenfreado e sem adulteração. Nesse admirável mundo novo, a política oficial não passa de economia concentrada. A guerra, de continuação de ambas.

A queda do comunismo foi muito comentada e discutida, mas o colapso da socialdemocracia européia é tratado com menos freqüência. Seus líderes, homens de feições moderadas, promoveram as políticas neoliberais com o fervor dos recém-convertidos, com a variante britânica a gabar-se abertamente de que o novo trabalhismo iria além do thatcherismo e depois a cumprir a fanfarronada. A redistribuição da riqueza, objetivo socialdemocrata outrora respeitado por sua longevidade, hoje é considerada inaceitável. O Estado é o Estado do mercado ou não deveria existir.

Hoje, as diferenças entre partidos políticos de centro-direita e centro-esquerda, na Europa e no resto do mundo, limitam-se à retórica. Em termos de política, não há diferença básica. Impostos sobre lucros auferidos de pura especulação? Impensável. Restrições à mobilidade do capital (mobilidade que causou destruição em grande parte da Europa, da América Latina, da Ásia e da África)? Proibidas pelas novas leis e policiadas por instituições multilaterais. O Acordo Multilateral sobre Investimentos (AMI) foi pensado exclusivamente para defender os interesses empresariais globais dos governos nacionais, reduzindo ainda mais, portanto, os direitos sociais e democráticos dos cidadãos. Nesse mundo de capitalismo de abutres, o caso é de sobrevivência dos mais aptos, ou seja, dos que têm poder de fogo para impor novas regras. Pierre Bourdieu, profundamente hostil à nova organização e cuja morte em 2002 privou os novos movimentos sociais de um de seus mais talentosos defensores, descreveu bem o processo:

> Desse modo, surge um mundo darwiniano: é a luta de todos contra todos em todos os níveis da hierarquia, que se sustenta com todos agarrados aos seus

empregos e entidades em condições de insegurança, sofrimento e estresse. Sem dúvida, a imposição prática desse mundo de lutas não teria tamanho sucesso sem a cumplicidade de todos os *arranjos precários* que produzem insegurança e da existência de um *exército de reserva de empregados docilizados por esses processos sociais que tornam sua situação precária*, assim como pela ameaça permanente de desemprego. Esse exército de reserva existe em todos os níveis da hierarquia, até mesmo nos mais elevados, principalmente entre os gerentes e gestores. A principal base de toda essa ordem econômica posta sob o signo da liberdade é, na verdade, a *violência estrutural* do desemprego, da insegurança da ocupação da vaga e da ameaça de demissão que traz consigo. A condição do funcionamento "harmonioso" do modelo microeconômico individualista é um fenômeno de massa: a existência do exército de reserva de desempregados.

Talvez seja isso que explique por que os anos 1960 continuam a ser importantes. Eles marcaram o clímax de uma revolta contra a autoridade e a tradição que a Revolução Russa iniciara. Sua originalidade reside em ter marcado toda uma geração e em todos os continentes; foi o primeiro movimento verdadeiramente global que veio de baixo. Em retrospecto, é fácil ver que a revolta teve suas limitações. Houve floreios demais, pouquíssimos apelos sérios às armas, mas, apesar disso, as idéias apresentadas pelos movimentos e partidos políticos daquela época foram audazes, e as causas abraçadas foram tanto utópicas quanto reais: poder proletário na França e na Itália, democracia socialista na Checoslováquia e na Polônia, liberdade nacional no Vietnã, em Angola, Moçambique, Guiné, África do Sul e Palestina; revoluções democráticas em Portugal e no Paquistão; luta armada inspirada por Fidel Castro e Che Guevara em toda a América Latina; movimentos sociais mais novos que exigiam direitos iguais para mulheres, liberdade sexual para todos e rejeição de códigos jurídicos arcaicos que sustentavam uma ordem social e sexual repressora. Um novo cinema resultou dessa turbulência: Godard, Pasolini, Fassbinder, Pontecorvo e Costa-Gavras, Agnes Varda, Mrinal Sen, Glauber Rocha e Ken Loach, entre outros.

Foi essa cultura política que configurou a atitude de defensores e detratores. Os anos 1960 (de 1967 a 1975) tiveram poucas vitórias políticas; o triunfo vietnamita contra o poderio do Império Norte-Americano e a derrubada de ditaduras no Paquistão e em Portugal marcaram o ponto alto do movimento. A eles, deve-se acrescentar os ganhos obtidos pelas mulheres e pelos homossexuais na América do Norte e na Europa ocidental. Mas, no fim da década de 1970, a maré já começava a recuar. Assim como nem o melhor nadador marítimo de longa distância consegue se afastar das ondas, é difícil avançar num mundo dominado pelo capitalismo de abutres. Contra ventos fortes e correntes traiçoeiras, só se consegue percorrer trechos curtos. Os que seguem a maré desaparecem por completo. Outros acabam como destroços jogados numa praia segura.

Assim, aconteceu que alguns ex-defensores da cultura política dos anos 1960 (e alguns de seus maiores "ofensores" também) são hoje políticos do *establishment* da Europa ocidental, da América do Norte e do Sul, do Brasil, do Paquistão, do Sri Lanka, da Índia, do Japão etc. Outros ocupam cargos importantes nos meios de comunicação. Chegaram à praia em segurança. No Ocidente, os piores raramente deixam passar a oportunidade de cuspir no passado, imputando os "problemas sociais" e outros fracassos a atitudes e políticas sociais criadas e implementadas nos "anos 1960". O período que mais os atrai são os anos 1860, em que o imperialismo reinava no exterior e, em casa, a hipocrisia e a corrupção dominavam.

As décadas que se seguiram aos anos 1960 viram o recrudescimento da Guerra Fria, que terminou com o colapso e a divisão da União Soviética e a restauração do capitalismo na Europa oriental e na China. O custo social de tudo isso para os setores menos privilegiados da sociedade foi elevado. Em praticamente todos os casos, ex-burocratas ou seus filhos tornaram-se os novos capitalistas, que abraçaram avidamente o Consenso de Washington. A Polônia, a Bulgária e a Ucrânia, condenadas geneticamente à condição de satélites, lealmente forneceram contingentes para a guerra no Iraque, assim como antes tiveram de invadir a Checoslováquia em agosto de 1968. Outro eco.

Certa vez (foi na Austrália ou nos Estados Unidos), eu disse algo parecido quando um questionador zangado me condenou por eu nunca mencionar a evolução de vários ex-integrantes do comitê editorial da *New Left Review*. "Seu grupo também não era tão puro assim." Respondi que ninguém é puro, a não ser o crente religioso, que com freqüência também é hipócrita. Todos temos nossas contradições. Quando a maré capitalista inundou o mundo e novas solidariedades étnicas e religiosas surgiram, como poderíamos evitar que a *NLR* fosse afetada? Ex-editores seguiram caminhos diferentes. Mas a instituição é mais importante do que um indivíduo qualquer. Alguns de nós não entraram em pânico. Mantivemos a revista em funcionamento em épocas ruins, fomos contrários às "guerras humanitárias", defendemos os palestinos, condenamos as sanções contra o Iraque e, assim, preparamos nossos leitores para a recente invasão. Ao contrário de outros, eles não ficaram tão surpreendidos com o surgimento da resistência à ocupação norte-americana. Disso, nós também nos orgulhamos.

HOMENAGEM I

Entre 1984 e 1998, boa parte do meu tempo foi dedicada a produzir documentários e filmes para a emissora de televisão Channel 4 e a escrever alguns romances. Considerada na época a mais inovadora da Europa, a Channel 4 foi criada em 1982 por uma determinação parlamentar que insistia que a nova emissora atendesse ao gosto das minorias na política e na cultura. Promovida inicialmente por antigos trabalhistas (Philip Whitehead e Anthony Smith foram influências importantes), foi William Whitelaw, vice-primeiro-ministro de Thatcher, que empurrou o projeto dentro do Parlamento. O trio fatal do novo trabalhismo, Blair, Mandelson e Campbell, faria o mesmo? Duvido.

Jeremy Isaacs, primeiro diretor-executivo, foi um dos comunicadores mais talentosos de sua geração e não se intimidava facilmente com o governo nem com os diretores de empresas. Sua convicção era que a vivência criativa só seria enriquecedora e gratificante para o telespectador se ninguém interferisse no trabalho dos produtores e diretores. Lembro-me que fui chamado para conversar com ele logo antes de *Bandung File*, programa semanal sobre assuntos internacionais pelo qual eu e Darcus Howe éramos responsáveis. Isaacs foi franco e direto:

– Sei que você criará problemas. Quero que crie problemas. Mas se está produzindo um programa que vai nos criar problemas jurídicos, é preciso avisar antes, para que nossos advogados possam ajudá-lo. É só.

E quando denunciamos a corrupção no âmago do Banco de Crédito e Comércio Internacional (BCCI), os advogados da Channel 4 nos apoiaram o tempo todo.

Em geral era assim que funcionava, mas quando Michael Grade, sucessor de Isaacs, decidiu que a emissora deveria vender publicidade, o pessoal do marketing e da programação entrou em cena e marcou o início do fim dos programas criativos. Grade era bastante forte para resistir a eles, mas seu sucessor, Michael Jackson, era o Peter Mandelson da tevê, apaixonado por si mesmo e pelo mercado, embora não necessariamente nessa ordem. A rapidez com que a Channel 4 decaiu e se tornou exploradora e reacionária pegou os telespectadores de surpresa. Até hoje, quando mostro a jovens os vídeos do primeiro período da Channel 4, a reação é de espanto: "Caramba, vocês podiam mostrar isso na televisão?". Uma das razões pelas quais os documentários de Michael Moore fazem tanto sucesso foi o que aconteceu com a televisão. Na década de 1980, tanto *Tiros em Columbine* quanto um filme como *Fahrenheit 9/11* seriam encomendados e exibidos na Channel 4.

Em 1992, alguns diretores de programas novos ainda tinham a cabeça bastante independente para se interessar por idéias meio amalucadas. Nem todos se transformaram nos contemporizadores e oportunistas intrometidos e ávidos por fama de hoje em dia. Recordei-me de tudo isso em outubro de 2000, quando passei de carro pelo sul da Inglaterra e avistei uma placa já minha velha conhecida. Dungeness, o reator nuclear, e o litoral de Kent estavam a poucos quilômetros. Por um instante, fiquei tentado. Era uma tarde horrorosa de outono. A chuva não parara o dia todo. A natureza derrotou o sentimentalismo. Estava ansioso para chegar a Londres, mas em todo o caminho de volta pensei num dia de verão há muitos anos, quando fui a Dungeness para me encontrar com o cineasta, artista plástico e jardineiro Derek Jarman.

Quando propus a Gwyn Pritchard, então encarregado da programação educativa, que talvez fosse oportuna uma série de quatro programas sobre filosofia, ele se entusiasmou. Durante um almoço na semana seguinte, sugeri quatro épicos de câmara construídos em torno da vida e das idéias de Sócrates, Spinoza, Locke e Wittgenstein. Ele concordou com os quatro roteiros, insistiu que eu escrevesse *Spinoza*, alertou-me para a pequenez do orçamento e pediu-me que não passasse das 200 mil libras por filme. Fechamos o negócio.

Quando todos os outros roteiros ficaram prontos (Howard Brenton, *Sócrates*, David Edgar, *Locke*, e Terry Eagleton, *Wittgenstein*) e foram aprovados, já havíamos terminado a filmagem de *Spinoza* com Henry Goodman no papel título. Gwyn Pritchard saíra da Channel 4. Sua sucessora estava entusiasmada, mas, sendo incapaz de firmar intelectualmente sua autoridade, preferiu fazê-lo de forma burocrática, eliminando o velho grego. A única razão para o pobre Sócrates ter sido descartado foi a mudança dos diretores do departamento educativo. Isso tornou necessário que o que ficasse fosse realmente bom. Mas quem dirigiria *Wittgenstein*? Chris Spencer filmara *Spinoza* lindamente, mas seu estilo era naturalista. *Wittgenstein* precisava ser diferente: tenso e meio surrealista.

26   TARIQ ALI

Num impulso, liguei para Derek Jarman. Nunca o vira antes, mas admirava muitíssimo dois de seus filmes: *Caravaggio* e *Eduardo II*. Depois de conversar com ele naquela manhã, saí e comprei um exemplar de *Modern Nature* [Natureza moderna]*. Li o livro no escritório durante o resto do dia e terminei-o na manhã seguinte. Adorei. Ele era muito mais do que um cineasta ou santo *gay*. Estava interessado em idéias.

De acordo com o diário de Jarman, telefonei-lhe em 19 de maio de 1992. Seu entusiasmo me tranqüilizou. Eu estava no caminho certo. Ele me confidenciou que sempre desejara fazer um filme sobre o filósofo, mas nunca passara do título – *Loony Ludwig* [Lunático Ludwig]. Enviei-lhe o roteiro de Terry Eagleton, que não era absolutamente um "Lunático Ludwig", mas era muito inteligente e cheio de idéias. Ele leu e ligou de volta no dia seguinte. Queria fazer o filme. Uma semana depois, fui a Dungeness e encontrei, de frente para o mar, o Prospect Cottage. O jardim, como afirmavam todos os visitantes, era uma obra de arte, mas meu prazer era estragado por saber que estávamos permanentemente sob a mira de um gigantesco reator nuclear. Foi então que realmente me caiu a ficha. Nenhum dos meus conhecidos escolheria deliberadamente morar tão perto de um reator nuclear. Derek não se importava mais. A aids não demoraria a levá-lo embora e ele gostava de viver no limite. Sorriu ao me dizer que era maravilhoso nadar na praia deserta.

– No verão, costumo sair de casa nu e corro direto para o mar. É radiativo, claro. Meus amigos verificaram com contadores Geiger. Às vezes o reator tem uma overdose e se acende. É realmente sensacional. Sabe o que quero dizer?

Eu sabia.

Passamos quase o dia todo discutindo *Wittgenstein*. Ele sabia exatamente o que queria. Nada de bobagens do tipo Merchant-Ivory. Nada de atrocidades históricas. À parte nossas suscetibilidades estéticas, simplesmente não tínhamos dinheiro para fazer um filme do tipo caixa de bombons. Assim como a filosofia, o filme tinha de ser austero. Wittgenstein retrataria sua vida diante de cortinas pretas, falando diretamente para a câmera. Como explica Derek em *Smiling in Slow Motion* [Sorrindo em câmera lenta]**: "[...] a

---

*   Derek Jarman, *Modern Nature* (Londres, Century, 1991). (N. E.)
** Idem, *Smiling in Slow Motion* (Londres, Vintage, 2001). (N. E.)

visualização tem de espelhar a obra, sem concorrência de objetos". Ele tinha certeza de que conseguiria fazer dar certo. Perguntou a quais filmes dele eu assistira e de quais gostara. Citei-os. Ele riu. Depois de uma pausa, confessei que *Sebastianne* não conseguira me manter acordado. Era doce demais. *Caravaggio* e *Eduardo II* eram muito mais fortes.

– Por que você fez *Sebastianne*? – perguntei. A resposta foi imediata.

– Na verdade, só havia uma razão. Eu queria ser o primeiro a mostrar um pinto duro na tela. Sabe o que quero dizer?

Discutimos a produção de *Wittgenstein*. Foi a única vez em que ele mencionou sua doença.

– É melhor pôr um diretor-substituto no orçamento. A seguradora vai insistir nisso. O nome dele é Ken Butler. Filmou as duas melhores cenas de *Eduardo II* quando tive de me internar.

Naquele dia, ele parecia tão bem que era difícil imaginá-lo no hospital. Quando eu estava quase indo embora, disse-lhe que *Wittgenstein* iria chocar seus fãs.

– O que quer dizer? O que quer dizer?

– Não vai mostrar nenhuma bunda, nenhum pinto. O público vai ficar com síndrome de abstinência.

Ele jogou a cabeça para trás e riu.

– É uma troca. É bom para variar.

E foi. E assim, o único sexo em *Wittgenstein* é um único e casto beijo nos lábios trocado entre o filósofo e Johnnie. Hoje, caso levassem a sério uma idéia dessas, os controladores de nossos canais de TV, guiados pelos índices de audiência, insistiriam no máximo de exposição de bundas e pintos.

Nós nos falamos por telefone nos dias seguintes e voltei a Dungeness, dessa vez de trem. Como ele registra em seus últimos diários, fomos almoçar num *pub* em Lydd e conversamos sobre tudo. Não existia Deus. Não existiam fantasmas. Ele estava preparado para a cegueira e a morte. Nada disso o assustava. Ele me disse uma coisa que nunca mais esqueci:

– Quem não quer nada, não espera nada e não teme nada jamais será artista.

Odiava a monarquia e atacou o sistema britânico de concessão de honrarias. Ficou possesso com Ian McKellen por aceitar o título de cavaleiro e entrar no número 10 da Downing Street. Achei engraçado, mas não fiquei nem um pouco surpreso quando li a anotação seguinte em seu diário. Eis a voz de que me lembro tão bem: "Vivienne Westwood aceita a Ordem do Império Britânico, aquela piranha bêbada. A estação da falta de assunto nos assola: nossos amigos punks aceitam suas medalhinhas de traição, sentam-se em seus salões sem conteúdo e destroem o que é criativo – como o cupim da minha cômoda, que amanhã vou pintar com inseticida. Adoraria ter uma lâmpada mata-insetos do tamanho de um homem, de luz azul-royal, para queimar essa traça de armário e todas as suas iguais".

Em *Modern Nature*, vi uma referência à viagem que ele fez ao Paquistão e interroguei-o a respeito. Acontece que seu pai fora oficial graduado da Força Aérea na Índia, designado para auxiliar a criação da Força Aérea do Paquistão depois da independência, em 1947. Na década de 1950, Derek passou parte das férias de verão no sopé do Himalaia, no norte do Paquistão. A Força Aérea tinha uma colônia de férias especial em Kalabag, três quilômetros ao norte de Nathiagali, onde minha família passava todos os verões para fugir do calor das planícies. Eram meses idílicos. Quando adolescentes, escalávamos morros, fazíamos passeios de trinta quilômetros, jogávamos tênis, paquerávamos as garotas o tempo todo, tentando, desesperados, atraí-las para nossas fantasias. Naquela época, havia nas montanhas uma liberdade intocada pelas inibições urbanas. A idéia de que o jovem Jarman estivesse a poucos quilômetros de distância de nós divertiu a ambos. Na época, ele ainda não havia descoberto sua sexualidade e morreu de rir quando eu lhe disse que a homossexualidade, naquela região do Paquistão, era muito acentuada. Os moradores mais esnobes do local atribuíam sua origem aos generais e soldados gregos que ficaram para trás depois das conquistas de Alexandre.

– Derek, se você demonstrasse o mínimo interesse – contei-lhe –, haveria fila na porta de sua casa.

Quando começamos os preparativos para filmar *Wittgenstein*, ele se mudou para os escritórios da Bandung, na Kentish Town, com Ken Butler ao seu lado. Reescreveram-se roteiros. Houve testes de atores. A maioria deles já havia trabalhado com Derek e havia sempre um lugar especialíssimo em seu coração para Tilda Swinton.

– Ah, se ela fosse menino... – murmurava ele, com desejo.

Foram dias alegres. Tínhamos pouco dinheiro. O British Film Institute ajudou, mas não foi suficiente. Derek estava furioso.

– Acabaram de dar um milhão a X. Um milhão para fazer lixo, e a gente não consegue nem algumas centenas de milhares.

Ele pediu que eu ligasse para um produtor japonês que era "sempre bom com 50 mil ou por aí". Takashi não nos deixou na mão. Mas ainda não era o suficiente para um filme ser exibido em tela grande. Para que isso fosse possível, muita gente trabalhou praticamente de graça para Derek, como Sandy Powell, que criou o maravilhoso figurino.

Durante as filmagens, ficamos todos espantados. A energia dele era descomunal. Aproveitou todas as reservas e trabalhou doze horas por dia durante duas semanas inteiras. Ken Butler nunca foi necessário, embora sua presença nos alegrasse a todos. Nesse período, Arif, câmera de internas da Bandung, filmou Jarman trabalhando. São quinze horas de fita. Recentemente, assisti pela primeira vez a algumas delas, para refrescar a memória. Era como eu me lembrava. O entusiasmo pela vida domina todas as fitas. Estávamos na fase de pré-produção de *Wittgenstein* e ele foi gravado ligando para Nova York para discutir um novo filme, ambientado no sul dos Estados Unidos. Aí ele vê a câmera e ri. Pego em flagrante.

Depois que o filme terminou, mantivemos o contato. Fui à pré-estréia de *Blue*, rindo comigo mesmo enquanto várias celebridades, perplexas, cochichavam entre si. Não conseguiam acreditar que a única coisa que veriam seria uma tela azul com uma trilha sonora impressionante. O diretor teve a idéia quando ficou temporariamente cego no hospital. Era a cor que via quando colocavam colírio em seus olhos. Era o azul Yves Klein. Outra idéia de filme nascia e se realizava. Ele escreveu: "O segredo de *Blue* era se livrar totalmente das imagens e integrar o lado pessoal, incorporando textos do diário ao roteiro". Funcionou.

E ele se recusava a parar de trabalhar. Certo dia, de manhã cedo, telefonou-me num estado de grande empolgação. Tivera uma idéia. Mais tarde, naquele mesmo dia, enquanto almoçávamos num pé-sujo chinês na Lisle, no Soho, discutimos *The Raft of the Medusa* [A jangada da Medusa]. Ele queria um filme baseado no quadro de Géricault. Seria um filme sobre a morte. As pessoas na jangada seriam vítimas da aids. Ele queria que eu conseguisse uma produção imediatamente. Na manhã seguinte, telefonei para George Faber, diretor de dramaturgia da BBC. Para seu enorme crédito, encomendou o roteiro no dia seguinte. O trabalho começou. Costumávamos nos encontrar e conversar. Fiquei meio apreensivo com um filme inteiro dedicado à morte. Acabara de sair uma biografia de J. Edgar Hoover que revelava que ele sempre fora homossexual e travesti às escondidas. Rimos muito. Sugeri que *Raft* tivesse uma virada surrealista. Uma limusine, cercada de agentes do FBI, entra no estúdio. Dela sai Hoover, num vestido vermelho deslumbrante, e ordena que os policiais prendam o diretor. Sugeri que aliviaria o clima. Isso o entusiasmou enormemente.

– Você está certo. Você está certo. Vamos fazer! Uma homenagem a Buñuel. Sabe o que quero dizer?

Dali a alguns meses, recebi uma carta do Festival de Cinema de São Petersburgo. Queriam exibir *Wittgenstein* e convidavam Derek e eu para apresentar o filme. Informei-lhes que ele morrera e que eu não queria viajar sozinho.

OS NOVOS MISSIONÁRIOS

A queda do Muro de Berlim não anunciou uma nova época de lucros com a paz e de bem-aventurança socialdemocrata. O capitalismo de abutres estava em marcha e logo começaram novas guerras. Em termos de vidas e de destruição, os cidadãos de Ruanda, da Chechênia e da ex-Iugoslávia pagaram o preço mais alto. Os programas de austeridade impostos a esta última pelo FMI criaram condições objetivas para o surgimento de um nacionalismo assustador na Sérvia e na Croácia, explorado em proveito próprio pelas potências dominantes da União Européia. A divisão do país afetou negativamente todas as nacionalidades. Os bósnios tornaram-se alvo do revanchismo sérvio e croata, enquanto os exércitos em disputa lutavam entre si e contra os muçulmanos.

Os exércitos sérvio e croata e os combatentes irregulares anexados a eles cometeram atrocidades (Srebrenica e Mostar), mas as potências ocidentais, por razões próprias, preferiram dar destaque somente às dos sérvios. Como a Croácia era considerada aliada, os muçulmanos bósnios foram pressionados a fazer aliança com Zagreb. Ao mesmo tempo, os Estados Unidos entraram no conflito, primeiro indiretamente, desembarcando veteranos da guerra vaabita de Cabul para apoiar militar e ideologicamente o exército bósnio e, depois, despachando sua própria soldadesca. A divisão do país foi selada quando a Bósnia foi instituída protetorado da ONU e dos Estados Unidos ocupado por soldados estrangeiros. Arruinados por uma guerra civil que não foi feita por eles, os muçulmanos seculares da Bósnia viram o tecido social da região ser destruído. Sarajevo voltará a ser a mesma algum dia?

Sempre senti que a divisão da Iugoslávia era uma tragédia evitável. Não foram simplesmente os traços delinqüentes de Milosevic e Tudjman que levaram ao desastre. A União Européia, se fosse minimamente ponderada, poderia intervir com auxílio maciço e a entrada condicional para a comunidade. Isso talvez tivesse evitado o terrível conflito civil. Outros ainda, membros do culto que venera fatos já concluídos, viram a desintegração como resultado exclusivo da opressão nacional exercida pelos sérvios. E os croatas estavam apenas exigindo seu direito à autodeterminação nacional. Desse ponto de vista, a União Européia e os Estados Unidos eram partes desinteressadas, que agiram por motivos puramente humanitários. Se fosse assim, como tanto se perguntou na época, por que não houve intervenção em Ruanda, onde estava ocorrendo um verdadeiro genocídio, em contraste com uma assustadora guerra civil marcada por faxinas étnicas? Estas me recordaram a divisão da Índia, em 1947, quando quase 2 milhões de inocentes morreram por causa dos deslocamentos da população e das matanças cuidadosamente organizadas por ambos os lados: um dos episódios menos lembrados do século XX. É estranho ninguém chamá-lo de genocídio.

Na realidade, os motivos da intervenção ocidental na Iugoslávia ficaram mais claros no caso do Kosovo. Os líderes sérvios haviam concordado com a troca sugerida em Rambouillet, que levava à retirada de todos os soldados iugoslavos do Kosovo, mas Clinton queria uma guerra para justificar a expansão da Otan e criar um regime submisso em Belgrado, meta atingida depois do bombardeio de cidades iugoslavas com a colaboração dos russos. Kosovo tornou-se mais um protetorado da ONU e dos Estados Unidos e então a Sérvia se abriu para os investimentos do grande capital empresarial. Em troca do apoio russo nos Bálcãs, primeiro Yeltsin e depois Putin foram deixados à vontade para levar adiante o serviço de pacificar a Chechênia. A capital, Grozny, foi praticamente arrasada e quase 100 mil chechenos morreram. O total de baixas no Kosovo foi de menos de 3 mil. Alguns seres humanos não têm direito à "intervenção humanitária".

Na época dos antigos impérios europeus, as igrejas e os templos fizeram sua parte ajudando a consolidar a dominação ocidental na Ásia, na África e na América Latina. Os missionários do imperialismo moderno são as brigadas das ONGs. Como seus antecessores, tentam aliviar o impacto da nova ordem. Os novos arcebispos são os professores de direitos humanos dos *campi* norte-americanos. Hoje, o sagrado é secular. A sociedade civil é o novo *Regnum Dei* (reino de Deus). Épocas diferentes, povos diferentes, necessidades diferentes, processos parecidos.

LEALDADE AO IMPÉRIO

Onze de Setembro. Exatamente um ano antes de os seqüestradores atingirem o Pentágono com seus aviões, Chalmers Johnson, famoso acadêmico norte-americano, ex-analista sênior da CIA e partidário ferrenho dos Estados Unidos nas guerras da Coréia e do Vietnã, tentou alertar seus concidadãos para os riscos que estavam por vir. Em seu livro *Blowback** [Efeito bumerangue], ele faz uma crítica violenta à política imperial do país depois da Guerra Fria: *"Blowback"*, profetizou ele, "é uma forma abreviada de dizer que o país está colhendo o que semeou, mesmo que não saiba nem entenda bem o que semeou. Por sua riqueza e poder, num futuro próximo os Estados Unidos serão alvo de todas as formas mais previsíveis desse fenômeno, principalmente de ataques terroristas contra norte-americanos pertencentes ou não às Forças Armadas em todo o planeta, inclusive nos Estados Unidos".

Enquanto Johnson usava seu passado de importante intelectual do Estado, saído do âmago do *establishment* norte-americano, para nos alertar dos perigos inerentes à busca imperial por domínio econômico e militar, alguns ex-críticos do imperialismo se viram cercados pelos escombros do 11 de Setembro. Não me refiro, nesse caso, aos *belligerati* – Salman Rushdie, Martin Amis e colegas –, sempre presentes na imprensa liberal de ambos os lados do Atlântico. Eles podem muito bem trocar de lado outra vez. A decisão de Rushdie de posar para a capa de uma revista francesa enrolado na bandeira norte-americana pode ser uma aberração temporária. O que mais me preocupa é outra faixa: a de homens e mulheres que já estiveram intensamente envolvidos em atividades de esquerda. Foi uma marcha curta para alguns deles: da fímbria externa da política radical para as antecâmaras do Departamento de Estado. Como muitos convertidos, eles exibem uma autoconfiança agressiva. Depois de afiar seu talento polemista e ideológico à esquerda, usam-no agora contra seus antigos amigos. É por isso que se tornaram os tolos úteis do império. Serão usados e jogados fora. Sem dúvida, alguns esperam viajar mais

---

* Chalmers Johnson, *Blowback* (Rio de Janeiro, Record, 2007). (N. E.)

e ocupar a vaga de Chalmers Johnson, mas que fiquem avisados: a fila é comprida. Outros ainda sonham em se tornar os equivalentes somalis, paquistaneses, iraquianos ou persas do títere afegão, Hamid Karzai. Talvez também se desapontem. Os transplantes transcontinentais são caros. Tais operações podem dar errado e, mais especificamente, o desastre no Iraque teve o efeito de aumentar a sobriedade global.

O que une os súditos leais do novo império é a crença subjacente de que, apesar de certas falhas, o poderio militar e econômico dos Estados Unidos representa o único projeto emancipador e, por essa razão, tem de ser apoiado contra todos que o desafiarem. Alguns preferem Clinton a Bush como César, mas reconhecem que isso é um capricho. Lá no fundo, sabem que o império está sempre acima de seus líderes.

O que esquecem é que os impérios sempre agem em proveito próprio. O Império Britânico explorou com sagacidade as campanhas contra a escravidão para colonizar a África, assim como hoje em dia Washington usa a chave de braço humanitária das ONGs e dos bem-pensantes para travar suas novas guerras. O 11 de Setembro foi descaradamente usado pelo Império Norte-Americano para refazer o mapa do mundo. A piedade européia irrita Cheney, Rumsfeld, Rice e Wolfowitz. Riem-se em Washington quando ouvem políticos europeus falar em revitalização das Nações Unidas. Há 187 Estados membros da ONU. Em 141 deles, existe hoje a presença militar norte-americana. O poder imperial é sustentado pela criação de satrapias que aceitam as prioridades econômicas e o controle estratégico do império. A economia neoliberal imposta pelos mulás do FMI reduziu à penúria países de todos os continentes e deixou sua população à beira do desespero. A socialdemocracia, que pareceu uma opção atraente durante a Guerra Fria, não existe mais. A impotência dos parlamentos democráticos e dos políticos que os habitam para mudar qualquer coisa começou a desacreditar a democracia e a institucionalizar a apatia. Quando a participação dos eleitores caiu a um nível nunca visto nas eleições britânicas de 2000, um líder do novo trabalhismo (Gordon Brown) e o editor do *Times Literary Supplement* (Ferdinand Mount) opinaram que a razão disso era que o povo estava satisfeito com a ordem existente.

Numa época em que boa parte do mundo começa a se cansar de ser "emancipada" pelos Estados Unidos, muitíssimos liberais foram entorpecidos e silenciados. Um dos aspectos mais atraentes dos Estados Unidos sempre foram as camadas de discordância a romper a superfície. Nunca me canso de explicar a alguns simpatizantes de Osama por que os generais do Pentágono sofreram um golpe muito maior (do que o 11 de Setembro) na década de 1970, quando dezenas de milhares de ex-pracinhas e soldados na ativa fizeram uma manifestação contra a guerra diante do prédio com suas fardas e medalhas e declararam publicamente ter esperanças de que os vietnamitas vencessem. Os novos súditos leais do império, que hoje ajudam a destruir essa ilustre tradição, estão somente criando condições para novos reveses.

Homenagem II

Edward Said (1935-2003) era um amigo e camarada de longa data. Nós nos conhecemos em 1972, num seminário em Nova York. Mesmo naquela época turbulenta, uma das características que o distinguiam do resto de nós era seu senso imaculado do bem trajar: tudo era meticulosamente escolhido, até as meias. É quase impossível imaginá-lo de outro modo. Numa conferência em sua homenagem em Beirute, em 1997, Edward insistiu em acompanhar a mim e a Elias Khoury num mergulho. Quando apareceu de calção de banho, perguntei-lhe por que a toalha não combinava. "Quando em Roma...", respondeu, com graça; mas naquela noite, quando leu um trecho do manuscrito árabe de *Fora do lugar**, seu livro de memórias, seu traje era impecável. E assim foi até o fim, durante toda a longa batalha contra a leucemia.

Nos últimos onze anos, nós nos acostumamos tanto à doença – as internações regulares, a disposição de experimentar os remédios mais recentes, a recusa de aceitar a derrota – que começamos a achá-lo indestrutível. Em 2002, por puro acaso, encontrei o médico de Said em Nova York. Em resposta às minhas perguntas, ele disse que não havia explicação clínica para a sobrevivência de Edward. Foi seu espírito indômito de combatente e sua vontade de viver que o preservaram por tanto tempo. Said viajava por toda parte. Falava, como sempre, da Palestina, mas também da capacidade unificadora das três culturas que, insistia ele, tinham muito em comum. O monstro devorava suas entranhas, mas os que iam ouvi-lo não podiam ver o processo e os que sabiam dele preferiam esquecê-lo. Quando o maldito câncer finalmente o levou, o choque foi violento.

---

* Edward Said, *Fora do lugar: memórias* (São Paulo, Companhia das Letras, 2004). (N. E.)

A briga com o *establishment* político e cultural do Ocidente e do mundo árabe oficial é a característica mais importante da biografia de Said. Foi a Guerra dos Seis Dias, de 1967, que mudou sua vida; antes disso, ele não era politicamente engajado. Os anos de adolescência no Cairo foram solitários, dominados por um pai vitoriano, a cujos olhos o menino precisava de disciplina permanente e uma vida sem amigos fora da escola. Os romances tornaram-se um sucedâneo: Defoe, Scott, Kipling, Dickens, Mann. Recebeu o nome de Edward por causa do príncipe de Gales, mas, apesar do monarquismo do pai, não foi mandado estudar na Grã-Bretanha, mas sim nos Estados Unidos, em 1951. Mais tarde, Said diria odiar o internato "puritano e hipócrita" da Nova Inglaterra; era "terrível e desorientador". Até então, pensava saber exatamente quem era, com "falhas morais e físicas" e tudo. Nos Estados Unidos, teve de se transformar "naquilo que o sistema exigia".

Ainda assim, prosperou no ambiente das grandes universidades da Ivy League, primeiro em Princeton e depois em Harvard, onde, como disse mais tarde, teve o privilégio de estudar a tradição filológica alemã de literatura comparada. Said começou a ensinar em Columbia, em 1963; seu primeiro livro, sobre Conrad, foi publicado três anos depois. Quando o interroguei a esse respeito em Nova York, em 1994, numa conversa filmada para a emissora britânica Channel 4 (o programa foi gravado em seu apartamento na Riverside Drive, num dia tão úmido que Said tirou o paletó e a gravata quando as câmeras começaram a funcionar, provocando hilaridade na casa), ele descreveu seus primeiros anos em Columbia, entre 1963 e 1967, como um "período Dorian Gray":

Tariq Ali – *Então, um de vocês era o professor de Literatura Comparada que cuidava de seus afazeres, dava aulas, trabalhava com Trilling e outros; mas ao mesmo tempo outro personagem crescia dentro de você. Mas os dois ficavam separados?*
Edward Said – Era preciso. Não havia espaço para o outro personagem existir. Eu havia efetivamente rompido minha ligação com o Egito. A Palestina não existia mais. Minha família vivia em parte no Egito, em parte no Líbano. Eu era estrangeiro nos dois lugares. A empresa da família não me interessava e era por isso que eu estava aqui. Até 1967, não pensava em mim senão como alguém que cuidava de seu serviço. Aprendera algumas coisas pelo caminho. Estava obcecado com o fato de muitos de meus heróis culturais – Edmund Wilson, Isaiah Berlin, Reinhold Niebuhr – serem sionistas fanáticos. Eles não

eram apenas favoráveis aos israelenses: diziam e publicavam as coisas mais horríveis sobre os árabes. Mas eu só podia observar. Em termos políticos, não havia outro lugar para mim. Estava em Nova York quando começou a Guerra dos Seis Dias, e fiquei abaladíssimo. O mundo como eu o entendia acabou naquele momento. Estava nos EUA havia anos, mas foi só então que comecei a ter contato com outros árabes. Em 1970, já estava totalmente mergulhado na política e no movimento de resistência palestina.

Suas obras *Beginnings* [Princípios]*, de 1975 – um envolvimento heróico com os problemas causados pelo "ponto de partida", que sintetizava as visões de Auerbach, Vico e Freud com uma leitura notável do romance modernista –, e, acima de tudo, *Orientalismo*** foram produto dessa conjuntura. Publicado em 1978, quando Said já era membro do Conselho Nacional Palestino, *Orientalismo* combina o vigor polêmico do ativista com a paixão do crítico cultural. Como todas as grandes polêmicas, rejeita o equilíbrio. Certa vez eu lhe disse que, para muitos sul-asiáticos, o problema com os primeiros acadêmicos orientalistas britânicos não era a ideologia imperialista, mas, ao contrário, o fato de serem politicamente corretos demais, deslumbrados com os textos que traduziam do sânscrito. Said riu e insistiu que o livro, em essência, era uma tentativa de desbastar as premissas mais básicas do Ocidente sobre o Oriente árabe. O "discurso" sobre o Oriente – e infelizmente Foucault era uma influência importante –, elaborado na França e na Grã-Bretanha nos dois séculos posteriores à conquista do Egito por Napoleão, servira tanto de instrumento de domínio quanto de sustentação da identidade cultural européia, em contraposição ao mundo árabe. Assim disse lorde Cromer, cônsul-geral britânico no Egito durante quase um quarto de século depois de 1881: "O europeu é um bom raciocinador; suas afirmações factuais não possuem nenhuma ambigüidade; ele é um lógico natural [...]. A mente do oriental, por outro lado, como as suas ruas pitorescas, é iminentemente carente de simetria. [...] [Seu raciocínio] com freqüência sucumbirá sob o processo mais ameno de acareação"[2].

---

* Idem, *Beginnings: Intention and Method* (Nova York, Basic Books, 1975). (N. E.)

** Idem, *Orientalismo: o Oriente como invenção do Ocidente* (trad. Rosaura Eichenberg, São Paulo, Companhia das Letras, 2007). (N. E.)

[2] Ibidem, p. 71.

Por essa razão, ele se concentrara deliberadamente na exotização, na vulgarização e nas distorções do Oriente Médio e de sua cultura. Retratar as suposições imperialistas como verdades universais era uma mentira baseada em observações tendenciosas e instrumentalistas a serviço da dominação ocidental. Pensei nisso em 2004, enquanto debatia com Niall Ferguson em Mineápolis.

Orientalismo gerou muitos seguidores acadêmicos. Embora sem dúvida tenha ficado comovido e lisonjeado com o sucesso do livro, Said sabia muito bem quão mal usado ele tinha sido e costumava negar a responsabilidade por seus rebentos mais monstruosos: "Como podem me acusar de condenar os 'insensíveis machos brancos'? Todo mundo sabe que adoro Conrad". E então desfiava uma lista de críticos pós-modernos e atacava um de cada vez por sua ênfase na identidade e hostilidade à narrativa. "Escreva isso", disse-lhe certa vez. "Por que não escreve você?", foi a resposta. O que gravamos foi mais contido:

Ali – *A guerra de 1967 radicalizou você, levou você a se tornar porta-voz palestino?*
Said – Árabe, a princípio, antes de palestino.
Ali – *E* Orientalismo *nasceu desse novo compromisso.*
Said – Comecei a ler metodicamente o que vinham escrevendo sobre o Oriente Médio. Não correspondia à minha vivência. No início dos anos 1970, comecei a perceber que as distorções e as idéias erradas eram sistemáticas e faziam parte de um sistema de pensamento bem maior e endêmico em toda a iniciativa do Ocidente de lidar com o mundo árabe. Isso confirmou minha sensação de que o estudo da literatura era essencialmente uma tarefa histórica, não apenas estética. Ainda acredito no papel da estética, mas o "reino da literatura" – a "literatura pela literatura" – está simplesmente errado. A pesquisa histórica séria tem de partir do fato de que a cultura está irremediavelmente envolvida na política. Meu interesse tem sido a grande literatura canônica do Ocidente, lida não como obras-primas que têm de ser veneradas, mas como obras que precisam ser entendidas em sua densidade histórica para que possam causar repercussão. Mas também não acho que se possa fazer isso sem gostar delas, sem ligar para os livros propriamente ditos.

Cultura e imperialismo*, publicado em 1993, ampliou os principais argumentos de *Orientalismo* a fim de descrever um padrão mais geral de relações entre o Ocidente metropolitano e seus territórios ultramarinos, além

---

* Idem, *Cultura e imperialismo* (São Paulo, Companhia das Letras, 1995). (N. E.)

da Europa e do Oriente Médio. Escrito num período político diferente, provocou alguns ataques afrontosos. Houve uma famosa controvérsia no *Times Literary Supplement* com Ernest Gellner – que achava que Said deveria ter "pelo menos uma palavra de gratidão" pelo papel do imperialismo como veículo da modernidade – na qual nenhum dos lados fez prisioneiros. Mais tarde, quando Gellner tentou uma possível reconciliação, Said foi impiedoso; o ódio tem de ser puro para ser eficaz e, tanto nessa quanto em todas as outras ocasiões, ele sempre pagou na mesma moeda.

Mas aí os debates sobre cultura foram obscurecidos pelos acontecimentos na Palestina. Quando perguntei se 1917 significava alguma coisa para ele, respondeu sem hesitar: "Sim, a Declaração Balfour". Os textos de Said sobre a Palestina têm um sabor totalmente diferente de tudo que escreveu; são apaixonados e bíblicos em sua simplicidade. Essa era a sua causa. Em *The End of the Peace Process* [O fim do processo de paz]*, *Blaming the Victims* [Culpar as vítimas]** e uma meia dúzia de outros livros, nas colunas do *Al Ahram* e nos ensaios na *New Left Review* e no *London Review of Books*, a chama que se acendeu em 1967 brilhou ainda mais intensa. Ele ajudou uma geração a entender a verdadeira história da Palestina e foi sua posição de fiel cronista do povo e da pátria ocupada que lhe trouxe o respeito e a admiração do mundo inteiro. Os palestinos tornaram-se vítimas indiretas do judeicídio europeu da Segunda Guerra Mundial, mas parecia que poucos políticos do Ocidente se incomodavam com isso. Said esporeou-lhes a consciência coletiva e por isso não gostavam dele.

Dois amigos íntimos cujo conselho sempre buscou – Ibrahim Abu-Lughod e Eqbal Ahmad – morreram com poucos anos de diferença, em 1999 e 2001. Said sentiu muita falta deles, mas essa ausência só o deixou ainda mais decidido a continuar o massacre literário do inimigo. Embora tenha sido membro independente do Conselho Nacional Palestino durante quatorze anos e tivesse ajudado a polir e revisar o discurso de Arafat na Assembléia Geral da ONU em 1984, tornou-se cada vez mais crítico da falta de visão estratégica que caracterizava a maior parte dos líderes palestinos. Logo depois das "vulgaridades de desfiles de moda", segundo suas pa-

---

*   Idem, *The End of the Peace Process* (Nova York, Pantheon Books, 2000). (N. E.)

** Idem, *Blaming the Victims* (Londres/Nova York, Verso, 1988). (N. E.)

lavras, do aperto de mão entre Arafat e Rabin no gramado da Casa Branca, Said descreveu os Acordos de Oslo, impostos aos vencidos pelos Estados Unidos e por Israel depois da Guerra do Golfo, em 1991, como um "instrumento de rendição, o Versalhes palestino".

Nabil Shaath, lugar-tenente de Arafat, repetindo os críticos mais reacionários de *Orientalismo*, respondeu: "Ele devia se limitar à crítica literária. Afinal de contas, Arafat não se mete a discutir Shakespeare". A história absolveu a análise de Said. Um de seus ataques mais candentes à liderança de Arafat, publicado na *New Left Review* e no *Al Ahram*, acusou Oslo de ser uma reles reembalagem da ocupação, "que oferece simbólicos 18% das terras tomadas em 1967 à autoridade corrupta e vichyesca de Arafat, cuja missão tem sido essencialmente policiar e tributar seu povo a favor de Israel":

O povo palestino merece coisa melhor. Temos de dizer claramente que, com Arafat e companhia no comando, não há esperança [...]. Os palestinos precisam de líderes que sejam realmente do povo e pelo povo, que resistam concretamente, na prática, e não de burocratas gordos e mastigadores de charutos que preferem preservar seus negócios e renovar seus passaportes vips e perderam qualquer vestígio de decência ou credibilidade [...]. Precisamos de uma liderança unida e capaz de pensar, planejar e tomar decisões em vez de rastejar diante do papa ou de George Bush enquanto os israelenses matam o povo impunemente. [...] É na luta para se libertar da ocupação israelense que estão hoje todos os palestinos de algum valor.

O Hamas seria uma alternativa séria? "É um movimento de protesto contra a ocupação", disse-me Said:

Na minha opinião, suas idéias sobre o Estado islâmico são completamente incoerentes, incapazes de convencer quem vive lá. Ninguém leva a sério esse aspecto de seu programa. Quando são perguntados, como fiz na Cisjordânia e em outros lugares: "Quais são suas políticas econômicas? Quais são suas idéias sobre usinas elétricas, sobre habitação?", eles respondem: "Ah, estamos pensando nisso". Não existe programa social que possa ser rotulado de "islâmico". Eu os vejo como criaturas do momento, para quem o islamismo é uma oportunidade de protestar contra o impasse atual, contra a mediocridade e a falência do partido dominante. A Autoridade Palestina, hoje, está irremediavelmente prejudicada e sem credibilidade – assim como os sauditas e os egípcios, são um Estado dependente dos EUA.

Por trás das reiteradas exigências israelenses de que a Autoridade Palestina combata o Hamas e a Jihad Islâmica, ele percebeu "a esperança de que haja algo parecido com uma guerra civil palestina, um brilho nos olhos das Forças Armadas israelenses". Mas, nos últimos meses de sua vida, ainda conseguia louvar a recusa teimosa dos palestinos em aceitar que eram "um povo derrotado", como disse o chefe do Estado-Maior israelense, e via sinais de uma política palestina mais criativa na Iniciativa Política Nacional, encabeçada por Mustafá Barghouti: "A idéia aqui não é um Estado provisório e inventado que ocupe 40% das terras, com refugiados abandonados e Jerusalém mantida por Israel, mas um território soberano, livre da ocupação militar pela ação das massas, que envolva árabes e judeus sempre que possível".

Com sua morte, a nação palestina perdeu a voz mais articulada que possuía no hemisfério norte, mundo em que o sofrimento constante dos palestinos é ignorado, em geral. Para as autoridades israelenses, eles são *untermenschen*, sub-homens; para as autoridades norte-americanas, são todos terroristas; para os regimes árabes venais, um incômodo constante. Em seus últimos textos, Said condenou vigorosamente a Guerra do Iraque e seus muitos apologistas. Defendia a liberdade, contra a violência e as mentiras. Sabia que a dupla ocupação da Palestina e do Iraque tornara a paz na região ainda mais remota. Sua voz é insubstituível, mas seu legado será duradouro. Ele tem muitas vidas pela frente. No primeiro aniversário de sua morte, houve comemorações no Barbican, em Londres (a orquestra Diwan, de jovens músicos palestinos e israelenses, foi regida por Daniel Barenboim), uma conferência acadêmica mais tradicional sobre seu legado na Bibliothèque Nationale, em Paris, e reuniões mais informais em muitas outras cidades do mundo.

Sionismo, anti-semitismo e Palestina

"As palavras do Novo Testamento – 'quem não é por mim é contra mim' – desnudam o âmago do anti-semitismo no decorrer dos séculos", como escreveu Adorno em *Minima Moralia**, ao teorizar que "uma característica básica da dominação é que todos os que não se identificam com ela são

---

* Theodor W. Adorno, *Minima Moralia* (São Paulo, Ática, 1993). (N. E.)

confinados, por mera discordância, no campo inimigo". Ele afirmou que os fascistas alemães e os filósofos autoritários legais do período, como Carl Schmitt, "definiam a própria essência da política com as categorias amigo e inimigo". Adorno rejeitava uma abordagem tão primária e insistia que a genuína liberdade dava direito a rejeitar todas as opções prescritas.

Depois de 11 de setembro de 2001, o presidente norte-americano declarou que os que não estavam com os Estados Unidos estavam com os terroristas: Bush ou Bin Laden? O grosso dos políticos e midiacratas do mundo aceitou escolher e apoiou Bush. Alguns de nós rejeitaram as opções: nem império, nem Al Qaeda. Expliquei com detalhes minhas razões em *Confronto de fundamentalismos**, mas surgiram algumas questões relativas ao uso das palavras "fascismo" e "anti-semitismo".

Durante as décadas de 1960 e 1970, a palavra "fascista" foi usada pela esquerda, de modo frívolo e leviano, para descrever adversários políticos, como, digamos, "um velho fascista". Na maioria dos casos, a intenção não era fazer uma acusação séria. Nos anos seguintes ao fim da Guerra Fria, a cultura dominante reduziu a história a um conjunto de episódios não relacionados nos quais a luta heróica do Ocidente contra o fascismo parecia muito maior do que realmente foi na Segunda Guerra Mundial. Não é preciso dizer que o papel da União Soviética foi praticamente esquecido. Os líderes ocidentais começaram a se referir a todos os seus adversários como reencarnações de Hitler. Essa moda começou com o ataque anglo-franco-israelense ao Egito nacionalista, em 1956. O primeiro-ministro britânico da época referiu-se a Gamal Abdel Nasser como o "Hitler do Nilo". Mais tarde, o líder sérvio Slobodan Milosevic virou o Hitler do Danúbio e, claro, Saddam Hussein, o Hitler do Tigre. Aí veio o 11 de Setembro e Francis Fukuyama cunhou a expressão "islamo-fascismo", sofregamente adotada pelos defensores da "guerra contra o terror".

Os líderes sionistas de Israel e seus apologistas no exterior não tinham nenhum problema com isso, mas quando manifestantes pró-palestinos acrescentaram Ariel Sharon à lista, eles foram condenados como "anti-semitas". A França, especificamente, tornou-se sede de uma histeria toda própria e um tanto atrasada. Personagens importantes da esquerda liberal, como Alain

---

* Tariq Ali, *Confronto de fundamentalismos* (Rio de Janeiro, Record, 2002). (N. E.)

Finkielkraut, Pierre-André Taguieff (ver, por exemplo, seu último livro, *Prêcheurs de la haine: traversée de la judéophobie planétaire* [Pregadores do ódio: travessia da judeofobia planetária]*), Alexandre Adler e André Glucksmann, tornaram-se ainda mais violentos na condenação de uma nova e suposta "judeofobia", bem distinta do anti-semitismo tradicional da direita racista e fascista ou dos fundamentalistas católicos. De acordo com esses intelectuais, o novo ódio aos judeus, oculto sob a forma de anti-sionismo ou mesmo de uma simples preocupação com o tratamento dispensado aos palestinos, está sendo mobilizado por jovens árabes nas *banlieues*, pelos movimentos de solidariedade antiimperialista e palestina, pela extrema-esquerda e sua ala "islamo-esquerdista" e também pelos *altermondialistas*, que cometeram a temeridade de convidar um personagem como Tariq Ramadan para falar no Fórum Social Europeu de 2003, em Paris. Assim, todas as formas de hostilidade às políticas israelenses – sejam elas expressas na forma rude de queimar a bandeira israelense numa manifestação ou nas análises cuidadosas da patologia de um estado exclusivista religioso e em discussões sobre a solução binacional – são rotuladas de forma nova, oculta e bem mais perniciosa como manifestação de anti-semitismo (ligada, naturalmente, ao "antiamericanismo automático"). Talvez o momento paroxístico desse igualamento do anti-sionismo ao anti-semitismo tenha acontecido recentemente, quando Jean-Christophe Rufin, romancista vencedor do prêmio Goncourt de 2001 e ex-vice-presidente dos Médicos sem Fronteiras, propôs ao governo, em seu relatório oficial sobre a luta contra o anti-semitismo e o racismo, que o "anti-sionismo radical" (que, aos seus olhos, é meramente um "anti-semitismo por procuração") se tornasse crime passível de punição, ao lado de declarações racistas ou revisionistas do Holocausto: "Esse texto (legal) permitiria a punição dos que fazem acusações infundadas de racismo contra grupos, instituições e Estados e que, com relação a estes últimos, fazem comparações injustificadas com o *apartheid* e o nazismo".

Ariel Sharon é um criminoso de guerra autoritário e brutal e devia ser julgado por seus crimes. É tão fascista quanto Saddam Hussein ou Milosevic,

---

* Pierre-André Taguieff, *Prêcheurs de la haine: traversée de la judéophobie planétaire* (Paris, Mille et Une Nuits, 2004). (N. E.)

sem falar de Nasser, mas se a palavra "fascista" é frouxamente aplicada aos inimigos do Ocidente, por que se queixam quando a mesma linguagem é usada contra aliados ocidentais? Rotular como ressurgimento do anti-semitismo a hostilidade ao projeto sionista que Sharon defende com tanto vigor é uma forma de chantagem política de Israel e de seus partidários para emudecer as críticas feitas aos crimes diários cometidos contra o povo palestino. Às vezes até os israelenses usam a analogia fascista. Por exemplo, um coronel israelense, antes do ataque a Jenin, informou calmamente ao jornal *Ma'ariv* que, se recebesse ordem de esmagar os palestinos, teria de usar a tática empregada pelos alemães no gueto de Varsóvia. Com certeza, o coronel pôde ouvir alguns ecos do passado.

E aí veio a sátira, num texto publicado em 10 de outubro de 2003 no mesmo *Ma'ariv*, na espirituosa coluna semanal de Yehuda Nuriel, a "Midbar Yehuda" ("O deserto de Yehuda"). Fez sucesso e foi publicada também em semanários. Furioso com os ataques ferozes aos pilotos israelenses que se recusaram a bombardear cidades palestinas e campos de refugiados e afirmaram que haviam entrado para a Força Aérea israelense, não para uma máfia que vingava mortes, Nuriel publicou a "Resposta corajosa e comovente aos pilotos *refuseniks*. Leitura obrigatória". A leitura obrigatória era assinada por A. Schicklgruber (nome verdadeiro de Hitler). O texto consistia exclusivamente em citações de *Minha luta: mein Kampf** e de discursos de Hitler:

> Os que querem viver que lutem, e os que não querem lutar neste mundo de eterno combate não merecem viver.
>
> Devemos lutar para salvaguardar a existência de nosso povo, o sustento de nossas crianças e a liberdade e a independência da pátria, de modo que nosso povo possa amadurecer para cumprir a missão a ele conferida pelo Criador. O mundo não tem razões para lutar em nossa defesa e, por questão de princípios, Deus não torna livres as nações covardes.
>
> Nossa nação quer a paz por causa de suas convicções fundamentais. Queremos a paz também pela percepção do fato simples e primitivo de que, em essência, nenhuma guerra poderia alterar o sofrimento de nossa região. O principal efeito de todas as guerras é destruir a fina flor da nação. Precisamos de paz e desejamos a paz!

---

* Adolf Hitler, *Minha luta: mein Kampf* (São Paulo, Moraes, 1983). (N. E.)

A guerra contra nossos inimigos não pode ser realizada de maneira cavalheiresca. Essa é uma luta de ideologias e terá de se realizar com dureza sem precedentes, sem misericórdia e sem descanso. O homem tornou-se grande por meio da luta. Todos os objetivos que o homem atingiu se devem a sua originalidade e a sua violência. Quem não luta jamais vence na vida. O homem que não conhece a história é como o homem que não tem olhos nem ouvidos. É preciso entender perfeitamente que a terra perdida jamais será reconquistada por apelos solenes a Deus, nem por esperanças em nenhuma Organização de Nações Unidas, mas somente pela força das armas.

Um único golpe tem de destruir o inimigo, sem dar importância às baixas. Um golpe gigantesco e destrutivo. O sucesso é o único juiz terreno do certo e do errado.

Há um caminho para a liberdade. Seus marcos são a obediência, o empenho, a honestidade, a ordem, a limpeza, a sobriedade, a veracidade, o sacrifício e o amor à pátria. A educação universal é o veneno mais corrosivo e desintegrador que o "liberalismo" já inventou para sua própria destruição. Um dos piores sintomas da decadência é a covardia crescente diante da responsabilidade, assim como a resultante autodepreciação em tudo.

Na verdade, talvez a idéia pacifista e humanista seja boa e perfeita quando uma só lei dominar o mundo. Portanto, primeiro a luta, depois, talvez, o pacifismo. O pacifismo como idéia de Estado, de lei internacional em vez de poder – tudo isso são meios de degradar o povo. Mostram-nos a Índia como modelo, e o que chamam de "resistência pacífica". É verdade, querem nos transformar na Índia, um povo de sonhos que dá as costas à realidade, para que possam nos oprimir por toda a eternidade.

Que alimento a imprensa serviu ao povo antes dos fatos violentos? Não era o pior veneno que se podia imaginar? O pior tipo de pacifismo não foi injetado no coração de nosso povo numa época em que o resto do mundo se preparava para nos estrangular, de forma lenta, mas firme? Até em tempos de paz, a imprensa não enche a cabeça do povo com dúvidas sobre o direito de seu próprio Estado? Não era a imprensa que sabia como criar o absurdo da "democracia"?

O melhor meio de defesa é o ataque.

Nossa nação não é belicosa. É marcial, o que significa que não quer a guerra, mas não a teme. Ama a paz, mas também ama a honra e a liberdade. Jamais permitiremos que ninguém mais separe este povo em campos que lutam entre si. O mundo não ajudará; o povo tem de se ajudar. Sua própria força é fonte de vida. Essa força o Todo-Poderoso nos deu para que a usemos; que nela e através dela possamos travar a batalha de nossa vida. Que Deus Todo-Poderoso dê Sua bênção à nossa obra, fortaleça nossa determinação e nos conceda a sabedo-

O PODER DAS BARRICADAS   45

ria e a confiança de nosso povo. Senhor Deus, que nunca hesitemos nem nos acovardemos.

Se somos obrigados a enviar a fina flor da nação ao inferno da guerra sem o mínimo temor, com certeza temos o direito de remover milhões de indivíduos de outra raça que se multiplicam como vermes. Pois não estamos lutando por nós, mas pelo país inteiro.

A. Schicklgruber

Ao saber do "truque", Amnon Dankner, editor-chefe do *Ma'ariv*, repreendeu Nuriel e deu a seguinte explicação: "Essa é uma sátira extremamente repulsiva e significa que quem se opõe à *sarbanut* [objeção de consciência] é Hitler, meio Hitler ou prestes a tornar-se Hitler. Em minha opinião de editor de um jornal judeu em Israel, trata-se de um ato horrível, que não pode ser perdoado nem protegido pelo direito à liberdade de expressão". Mas, para começar, como um israelense conseguiu publicar um texto desses? Claramente, o conteúdo era aceitável. E se não fosse o alerta dos editores da revista *Harper's*, de Nova York, talvez nunca soubéssemos desse incidente.

Alguns anos antes, em setembro de 2001, o jornalista israelense Uri Blau fez uma série de entrevistas com soldados israelenses (identificados com pseudônimos), publicada no semanário *Kol Ha'Ir*, de Jerusalém. Os trechos abaixo são instrutivos em vários níveis:

Uri Blau – *Qual é a primeira coisa que lhes vem à cabeça quando ouvem a palavra "territórios"?*
Roi [*19 anos, pára-quedista, serviu em Hebron nos últimos seis meses*] – A primeira coisa que me vem à cabeça são crianças jogando coquetéis molotov. A gente devia atirar nas pernas delas, mas não atira.
Tzvi [*20 anos, serve na Faixa de Gaza*] – Minha primeira lembrança é a patrulha de segurança. A gente vê coisas inacreditáveis lá: gente sentada debaixo das pás-mecânicas, implorando para a gente não demolir suas casas. Tem um cara que mora numa barraca onde antes ficava sua casa e agora essa barraca fica num terreno que foi anexado pela colônia. Mas há histórias muito piores. Verdadeiros *pogroms*. Colonos zangados saindo com porretes e forcados e queimando casas. Coisas assim.
Roi – Em Hebron, basicamente, tem a máfia dos colonos. Não há supervisão. Eles fazem o que querem. A polícia morre de medo deles. Quando vamos prender colonos de Hebron que fizeram seu pogromzinho, é muito mais com-

plicado do que prender um fugitivo árabe. É comum ver criancinhas jogando pedras em velhas árabes e fraldas – elas jogam a merda delas pela janela.

Erez [*20 anos, serve na brigada de Nahal*] – Minha recordação mais antiga é de quando começaram todos os quebra-quebras e fomos mandados para o alto de um morro. Havia árabes ao nosso redor e cinco trailers, e éramos uma companhia inteira naquele morro. Os colonos partiram do princípio de que estávamos lá, uma companhia inteira, para defender alguns trailers.

Tzvi – Eles giram o mundo todo no dedo mindinho para servir à ideologia deles.

Blau – *Vocês acham que mudaram depois de servir nos territórios? Quando voltam para casa, vêem tudo de outro jeito?*

Dubi [*21 anos, brigada de infantaria de Golan, serviu na Samaria, prestes a terminar o serviço militar*] – Chegamos a um ponto em que enjoamos disso tudo. Atiram em nós, vamos lá, atiramos em quem atirou em nós, achamos que acabou. Nem sabemos quem apóia quem, quem colabora ou não. Aí temos de ficar naquela barreira e mandar todo mundo parar e deixar todo mundo horas esperando.

Yaron – Uma coisa que aprendi no Exército é que, por mais engraçado que pareça, isso é um jogo. Como soldado da Força de Defesa de Israel, temos de representar o país. Temos também de parecer o melhor possível. Se parecermos imbecis e fizermos o serviço como imbecis, os palestinos do outro lado vão ver e quem quiser nos machucar acaba conseguindo. Quando ficamos na barreira, temos de ser maus, mesmo que achemos aquilo uma merda. Temos de mostrar a eles quem é que manda. Ninguém pode se dar ao luxo de parecer mole. Virei ator. Posso até levar meu currículo para o Teatro Nacional Habimah.

Blau – *Como é que ficar de serviço na barreira afeta seu modo de ver a vida?*

Erez – Essas barreiras e o fato de poder tratar todo mundo assim nos deixa mais confiantes. Quero dizer, no geral, não eu, pessoalmente. Na verdade, não gosto de tratar ninguém assim, de participar desse jogo, como diz Yaron.

Yaron – A gente pensa assim quando ninguém mais próximo da gente se machucou. Quando você passar por isso, aí vai acreditar em mim.

Erez – Entendo essa atitude, mas, em termos pessoais, acho isso muito difícil. Estou numa área calma; na verdade, são gente boa e em sua maior parte são apedrejados. Eles não ligam. Querem trabalhar e levar algum dinheiro para casa. Não querem confusão. Quando fechamos a estrada, eles ficam malucos. Não têm nada. Não podem trabalhar em lugar nenhum. Quando fico de guarda na barreira, quase sempre levo a Polícia de Fronteira. Esses caras sacaneiam eles, batem neles etc.

Blau – *Algum de vocês já matou alguém?*

Roi – Quando fui para Hebron, eu não atiraria em crianças pequenas. E tinha certeza de que, se matasse ou ferisse alguém, ficaria tão doido que sairia do Exército. Mas acabei matando e nada aconteceu. Em Hebron, atirei nas pernas de dois garotos e tinha certeza de que não ia mais conseguir dormir, mas não aconteceu nada. Há duas semanas feri um policial palestino e isso também não me afetou. Ficamos tão apáticos que nem ligamos mais. Atirar é o jeito de meditar dos soldados da Força de Defesa de Israel. É como se atirar fosse o jeito de aliviar a raiva toda quando estamos no Exército. Em Hebron, dão aquela ordem chamada "tiros punitivos": é só abrir fogo no que quiser. Não atirei em nada que tivesse atirado na gente, só em janelas onde havia roupa lavada pendurada para secar. Eu sabia que alguém seria atingido. Mas naquele momento era só atirar, atirar, atirar.

Erez – O que quer dizer com "tiro punitivo"? É uma reação a alguma coisa?

Roi – É reação aos tiros deles. Em Hebron, existe o fogo punitivo. Atire em tudo que vê. Carros, coisas, tudo que se mexer. É como descarregar a raiva em tudo. Atirar relaxa, é como uma meditação.

Tzvi – Acho isso que Roi disse meio doente, que atirar em gente é terapia.

Roi – Você não alivia o estresse quando atira?

Tzvi – De jeito nenhum. Nem tenho mais energia para isso. Estou totalmente apático. Já tive oportunidade, e acho que todo mundo aqui teve, de atirar em gente.

Roi – Nos territórios, tivemos cinco dias de operação em campos de tiro, e os beduínos não tinham permissão de entrar lá. O oficial pára o veículo e pergunta: "Quem está pronto?". Eu me apresento, outro cara se apresenta, e aí, a uns 300 metros de nós, tem um pobre pastor beduíno caminhando entre o capim do campo de tiro. O oficial diz: "OK, vão em frente". Nos deitamos, uma bala à esquerda do rebanho, uma bala à direita do rebanho...

Blau – *Por quê?*

Roi – Porque atirar com munição de verdade ficou muito fluido, muito trivial.

Tzvi – Você consegue conviver com isso de atirar num velho cuidando de ovelhas? Assim desse jeito? Se meu oficial me mandasse abrir fogo num pastor que obviamente não está ameaçando ninguém, eu lhe daria uma surra.

Roi – Oficialmente a gente não abre fogo assim. Mas, na prática, os nossos rapazes atiram por atirar, como se estivessem respondendo ao fogo. Para eles, em Hebron, atirar é um simples videogame.

Erez – Se alguém me dissesse: "Você tem de atirar numa menina de sete anos", eu atiraria sem hesitar.

Blau – *É mesmo?*

Erez – É. Porque é o que a gente tem de fazer. Se for o que me mandarem...

Blau – *Você não usa sua própria capacidade de avaliação?*

Erez – Farei minha própria avaliação mais tarde. É crime, mas, olhe, isso depende do caso concreto, entende? Ninguém fica atirando em meninas de sete anos desse jeito. Não acredito que alguém tenha atirado numa menina de sete anos desse jeito.

Blau – *Na brigada Givati alguém atirou num menino de quatorze anos desse jeito. Alguém aqui pensa de outra forma?*

Yosef – A maioria das ordens que recebi fazia sentido e era absolutamente lógica e correta. Por mais difícil que seja atirar em alguém, mesmo que a pessoa tenha uma arma e atire na gente, não tenho dúvida de que é absolutamente justificado.

Roi – Houve aquele caso em que os caras de Nahal atiraram num velho que não parou quando tentaram prendê-lo. Não havia razão nenhuma para atirar nele. Agora, pensando bem, quando não estamos no Exército, dizemos que é impossível. Mas quando penso naquele soldado, parece certo. Não podemos fazer nada contra isso. Em meus primeiros meses em Hebron, não atiraria nem balas de borracha em crianças. Eu era tão contra isso que fui várias vezes conversar com o psiquiatra da unidade. Tive de atirar balas de verdade em alguém no início e errei de propósito.

Blau – *Vocês se orgulham de ser soldados em combate da Força de Defesa de Israel?*

Dubi – É óbvio que é uma merda ser soldado em combate, mas não podemos fazer nada. Quer dizer, podemos voltar para casa, ver todos os colegas de escritório que não fazem a mínima idéia do que acontece no país – só vão para casa todo dia, trepam com as namoradas e encontram os amigos. E a gente, a gente se fode cada vez mais.

Tzvi – Eu me orgulho de servir ao meu país, mesmo que faça coisas contrárias às minhas crenças. Ainda que esse país não aja exatamente do jeito que acho que devia agir, mesmo assim é o meu país. Tento fazer o que tenho de fazer.

Roi – Eu detesto. Ainda mais os pára-quedistas. É a unidade mais nojenta.

Dubi – Por que você escolheu uma unidade de combate?

Roi – Eu estava tão perto de cair fora do Exército por ser psicologicamente desajustado que, no fim, acabei ficando para ter alguma sensação de compromisso. Não sinto nenhuma obrigação com o Estado nem com ninguém; não dou a mínima. A única razão é que meus pais moram aqui e, quando eu era garoto e estava no terceiro ano, alguém me defendeu, então agora é a minha vez. Não há nenhuma outra razão, nada político nem sionista. Só que outros me defenderam no passado e agora é a minha vez.

Erez – Também não me orgulho em nada. Não sei, não sinto nenhum compromisso com este país. Eu nem queria me alistar, foi um erro. Mas fiquei por causa dos caras da minha unidade. Eu estava numa boa unidade, me divertia muito e agora não dá para sair.

Blau – *Quer gostem ou não, vocês deram muito de si. Se tivessem nascido do outro lado, onde estariam agora?*

Tzvi – Não tenho dúvida de que, se estivesse do outro lado, eu entraria para uma das facções, assim como me filiaria a uma das organizações secretas, se morasse aqui há 55 anos, porque assim é que é. E, no fim das contas, acho que todo mundo se alista para defender o país e não é por acaso que acaba numa unidade de combate.

Ariel [*21 anos, pára-quedista, aluno da* yeshivá, *serviu em Hebron e Ramallah e voltou à* yeshivá *há três meses*] – Essa é uma questão religiosa, e sou religioso. Para eles, não é só porque a vida deles está fodida; esses caras têm religião. A minha religião, como a deles, é uma coisa que me guia. Eu sigo e faço tudo que ela me mandar fazer. Se é para ir para a guerra, então não existem fronteiras e atiramos em todo mundo. Se acho que tenho de agir assim, por mim, por essa vida e em nome da minha religião, então ajo assim. Mas, da mesma forma, assim como eu me recusaria a obedecer se o comandante da minha companhia me mandasse atirar numa menina de sete anos, se eu estivesse no Tanzim e me mandassem atirar num soldado que não está fazendo nada, só está lá comendo pizza, eu me recusaria do mesmo jeito. Mas se a minha religião dissesse que tenho de atirar pelo bem do povo e da religião, eu atiraria. Esse é o problema aqui.

Ran [*20 anos, serve numa unidade blindada especial na Samaria*] – Não consigo, por mais que eu tente, me imaginar no lugar deles. Mas acho que, se estivesse lá, entraria numa das facções. Sabe, toda essa gente que se une a eles está sofrendo realmente.

Blau – *Parece que, ao contrário das guerras anteriores, dessa vez os soldados da Força de Defesa de Israel não acham que a justiça absoluta está do lado deles.*

Erez – É claro que não é certo. Mas não há opção. Esse é o problema. Não há opção. Não encontraram outra solução.

Roi – Acho que sou um pouco diferente de todo mundo aqui. Nossa atitude diante dos árabes – ódio, amor, piedade – depende do estado de espírito do soldado. Se é um dia em que vou para casa, em que estou feliz e tudo está ótimo, ou se é um dia em que não vou para casa e não quero estar no Exército, aí nesse dia eu desconto neles.

Yosef – Não odeio os árabes. Só acho que realmente não há opção.

É possível publicar tudo isso em Israel, mas não na grande imprensa da França ou dos Estados Unidos. Lá, seria denunciado histericamente como "anti-semitismo". Foi essa chantagem que provocou reflexão.

O anti-semitismo é uma ideologia racista voltada contra os judeus. Tem raízes antigas. Em sua obra clássica, *The Jewish Question* [A questão judaica]*, publicada postumamente na França, em 1946, o marxista belga Abram Leon (que atuou na resistência durante a Segunda Guerra Mundial, foi preso e executado pela Gestapo em 1944) inventou a categoria de "povo-classe" para o papel dos judeus que conseguiram preservar suas características lingüísticas, étnicas e religiosas durante muitos séculos, sem ser assimilados. Isso não é exclusivo dos judeus e pode-se aplicar com a mesma intensidade a muitas minorias étnicas: armênios da diáspora, coptas, mercadores chineses no sudeste da Ásia, muçulmanos na China etc. A característica comum que define esses grupos é que eles se tornaram intermediários no mundo pré-capitalista, odiados igualmente por ricos e pobres.

O anti-semitismo do século XX, em geral instigado de cima por sacerdotes (Rússia, Polônia), políticos e intelectuais (Alemanha, França e, depois de 1938, Itália) e grandes empresas (Estados Unidos, Grã-Bretanha), alimentou-se dos temores e da insegurança de uma população destituída. Daí a referência de August Bebel ao anti-semitismo como "socialismo dos tolos". As raízes do anti-semitismo, como as de outras formas de racismo, são sociais, políticas, ideológicas e econômicas. O judeicídio da Segunda Guerra Mundial, cometido pelo complexo político-militar-industrial do imperialismo alemão, foi um dos piores crimes do século XX, mas não foi o único. Os massacres belgas no Congo causaram entre 10 e 12 milhões de mortes antes da Primeira Guerra Mundial. A singularidade do judeicídio foi ter ocorrido na Europa (coração da civilização cristã) e ter sido conduzido de maneira sistemática – por alemães, polacos, ucranianos, lituanos, franceses e italianos –, como se fosse a coisa mais normal do mundo, "a banalidade do mal", na expressão de Hannah Arendt. Desde o fim da Segunda Guerra Mundial, a antiga variante popular de anti-semitismo diminuiu na Europa ocidental, restringindo-se principalmente a remanescentes de organizações fascistas ou neofascistas.

---

* Abram Leon, *The Jewish Question* (Nova York, Pathfinder, 1971). (N. E.)

No mundo árabe, houve minorias judias bem integradas no Cairo, em Bagdá e em Damasco. Não sofreram na época do judeicídio europeu. Em termos históricos, muçulmanos e judeus foram muito mais próximos entre si do que da cristandade. Mesmo depois de 1948, quando aumentou a tensão entre as duas comunidades em todo o Oriente árabe, foram principalmente as provocações sionistas, como os atentados a cafés judeus em Bagdá, que ajudaram a transferir os judeus árabes de seus países de origem para Israel.

O sionismo não-judeu tem *pedigree* antigo e permeia a cultura européia. Data do nascimento das seitas fundamentalistas cristãs dos séculos XVI e XVII, que interpretaram literalmente o Velho Testamento. Incluía Oliver Cromwell e John Milton. Mais tarde, por outras razões, Rousseau, Locke e Pascal entraram no barco sionista. Não existem os tais "direitos históricos" dos judeus à Palestina. Esse mito grotesco ignora a história real (já no século XVII, Baruch Spinoza referia-se ao Velho Testamento como uma "coletânea de contos de fadas", condenava os profetas e, em conseqüência, foi excomungado pela sinagoga de Amsterdã). Muito antes de os romanos conquistarem a Judéia, em 70 d. C., a grande maioria da população judia morava fora da Palestina. Os judeus nativos assimilaram-se aos poucos aos grupos vizinhos, como os fenícios, os filisteus etc. Na maioria dos casos, os palestinos descendem das antigas tribos hebréias e, recentemente, a ciência genética confirmou isso, para grande irritação dos sionistas.

Mais tarde, por razões vis, o Terceiro Reich também apoiou a pátria judaica. A introdução das Leis de Nuremberg, de 15 de setembro de 1935, afirma:

> Se os judeus tivessem um Estado somente seu, no qual o grosso do povo se sentisse em casa, hoje a questão judaica já poderia ser considerada resolvida, mesmo pelos próprios judeus. Mais do que ninguém, os sionistas ardentes foram os que menos fizeram objeção às idéias básicas das Leis de Nuremberg, porque sabem que essas leis são a única solução correta para o povo judeu.

Muitos anos depois, Haim Cohen, ex-juiz da Suprema Corte de Israel, afirmou:

A amarga ironia do destino decretou que o mesmo argumento biológico e racista que os nazistas ampliaram e que inspirou as exaltadas leis de Nuremberg sirva de base para a definição oficial de judeidade no âmago do Estado de Israel.[3]

O sionismo moderno é a ideologia do nacionalismo judeu secular. Tem pouco a ver com o judaísmo como religião, e muitos judeus ortodoxos são até hoje hostis ao sionismo, como a seita hassídica que participou de uma passeata palestina em Washington, em abril de 2002, carregando cartazes que diziam: "O SIONISMO FEDE" e "SHARON: SANGUE PALESTINO NÃO É ÁGUA".

O sionismo nasceu no século XIX como reação direta ao cruel anti-semitismo que inundava a Áustria. Os primeiros imigrantes judeus chegaram à Palestina em 1882 e muitos estavam interessados apenas em manter uma presença cultural. O Estado de Israel foi criado em 1948 pelo Império Britânico e mantido por seu sucessor norte-americano. Era um Estado colonizador europeu. Seus primeiros líderes proclamaram o mito de "Uma terra sem povo para um povo sem terra", negando assim a presença dos palestinos. Em fevereiro passado, o historiador sionista Benny Morris, numa entrevista assustadora ao jornal *Haaretz* (republicada em inglês, como documento, pela *New Left Review* de março-abril de 2004), admitiu toda a verdade: 700 mil palestinos foram expulsos de suas aldeias pelo exército sionista, em 1948. Houve numerosos casos de estupro etc. Ele descreveu corretamente a operação como "limpeza étnica" e não como genocídio, e passou a defender a limpeza étnica quando realizada por uma civilização superior, comparando-a à matança de povos nativos pelos colonos europeus na América do Norte. Para Morris, isso também se justificava. Anti-semitas e sionistas têm uma coisa em comum: a idéia de que os judeus são uma raça especial que não poderia se integrar às sociedades européias e precisaria de seu próprio grande gueto ou pátria. O fato de que isso é falso se comprova com a realidade atual. A maioria dos judeus do mundo não mora em Israel, mas na Europa ocidental e na América do Norte.

---

[3] Citado em Joseph Badi, *Fundamental Laws of the State of Israel* (Nova York, Twayne Publishers, 1960), p. 156.

O anti-sionismo foi uma luta que começou contra o projeto sionista de colonização. Os intelectuais de origem judaica tiveram um papel importante nessa campanha e têm até hoje, dentro da própria Israel. A maior parte de meus conhecimentos sobre sionismo e anti-sionismo vem de textos e discursos de judeus anti-sionistas: Akiva Orr, Moshe Machover, Haim Hanegbi, Isaac Deutscher, Ygael Gluckstein (Tony Cliff), Ernest Mandel, Maxime Rodinson, Nathan Weinstock, Michel Warshawsky, Yitzhak Laor, Gaby Piterburg, para citar apenas alguns. Eles defendiam que o sionismo e a estrutura do Estado judeu não ofereciam ao povo judeu instalado em Israel nenhum futuro verdadeiro, além da guerra infinita.

A campanha contra o novo "anti-semitismo" na Europa de hoje é, em essência, uma trama cínica do governo israelense para proteger o Estado sionista de todas as críticas à sua violência regular e constante contra os palestinos. Os ataques diários da Força de Defesa de Israel destruíram cidades e aldeias da Palestina e mataram milhares de civis (principalmente crianças); os cidadãos europeus sabem desse fato. A crítica a Israel não pode e não deve ser igualada ao anti-semitismo. O fato é que Israel não é um Estado fraco e indefeso. É o Estado mais forte da região. Possui armas de destruição em massa reais, não imaginárias. Possui mais blindados, bombardeiros a jato e pilotos do que todo o resto do mundo árabe. Argumentar que algum país árabe ameaça Israel militarmente é pura demagogia. É a ocupação que cria as condições que produzem os atentados suicidas. Até alguns sionistas ferrenhos estão começando a perceber esse fato. É por isso que deveríamos entender que, enquanto a Palestina continuar oprimida, não haverá paz na região.

O sofrimento diário dos palestinos (as mortes em Gaza e outras regiões sempre incluem meninos e rapazes) não estimula a consciência liberal da Europa, cheia de culpa (com boas razões) por sua incapacidade passada de defender da extinção os judeus da Europa central. Mas o judeicídio da Segunda Guerra Mundial não deveria ser usado como desculpa para tolerar os crimes contra o povo palestino. As vozes européias e norte-americanas têm de ser ouvidas em alto e bom som nesse caso. Intimidar-se com a chantagem sionista é virar cúmplice de crimes de guerra. Ficar em silêncio não ajuda os israelenses que se envergonham dos desmandos dos sucessivos governos.

O CORNETEIRO E O GENERAL

Exatamente um ano antes de invadirem o Iraque, os Estados Unidos deram sinal verde para uma tentativa de golpe na Venezuela, cujo presidente eleito, Hugo Chávez, foi considerado desleal aos interesses norte-americanos na região. A Venezuela também é o maior produtor de petróleo da América do Sul. Os oligarcas se entusiasmaram. Um ex-presidente da Câmara do Comércio, dilapidada até pelos padrões venezuelanos, foi arranjado para o serviço. Alguns generais domesticados ordenaram a prisão de Hugo Chávez e ele foi levado para uma base militar. Até aí, tudo mal. Quando a notícia se espalhou, a raiva cresceu nas favelas que cercam a cidade e os pobres decidiram marchar sobre o palácio Miraflores. Ao mesmo tempo, outro fato igualmente importante acontecia no palácio. Com a mídia ocidental a postos para apresentar ao mundo o encurvado presidente como salvador da democracia venezuelana (*The New York Times* defendeu o golpe por ele "aperfeiçoar a democracia"), um general saiu do palácio e falou à banda marcial. Informou aos músicos que o novo presidente estava prestes a sair e que, como sempre, deviam tocar o hino nacional. Os soldados questionaram a ordem. Irritado com a desobediência, o general virou-se para o jovem corneteiro, um soldado de dezoito anos, e ordenou-lhe que tocasse o clarim ao ver o novo presidente.

– Desculpe, general, mas de que presidente o senhor está falando? Só conhecemos um. Hugo Chávez.

O general, furioso, disse ao corneteiro que obedecesse à ordem. Nisso, o corneteiro entregou o instrumento ao general e disse:

– O senhor parece estar com muita vontade de tocar a corneta. Tome. O senhor toca.

Eis um soldado que poderá dizer com orgulho aos filhos: "Não obedeci a ordens". A combinação de um levante popular com a ameaça de motim dos soldados levou à volta triunfal de Chávez.

Os oligarcas e seus partidários se recusaram a desistir. Exigiram um plebiscito. Quando este se realizou, em agosto de 2004, o comparecimento às urnas foi imenso: 60,9% dos eleitores compareceram para votar. A Venezuela, em sua nova Constituição, deu aos cidadãos o direito de depor o presidente antes do fim do mandato. Nenhuma democracia ocidental (com exceção da Suíça) abriga esse direito em constituição, escrita ou não. A vitória de Chávez

O PODER DAS BARRICADAS   55

terá repercussão além das fronteiras da Venezuela. É um triunfo dos pobres contra os ricos e uma lição que Lula, no Brasil, e Kirchner, na Argentina, deveriam estudar com atenção. Foi fundamental o conselho de Fidel Castro, não de Jimmy Carter, de levar o plebiscito adiante. Chávez depositou sua confiança no povo, deu-lhe o poder de decidir, e o povo respondeu com generosidade. Se questionar o resultado, a oposição só se desacreditará ainda mais.

Os oligarcas venezuelanos e seus partidos, que em plebiscito se opuseram a essa Constituição (já que não conseguiram derrubar Chávez com um golpe apoiado pelos Estados Unidos e com uma greve do petróleo comandada por um sindicato burocrata e corrupto), utilizaram-na agora para tentar se livrar do homem que aperfeiçoou a democracia venezuelana. Fracassaram. Por mais altos que sejam seus gritos de angústia (e os de seus apologistas da mídia, no país e no exterior), na verdade o país inteiro sabe o que aconteceu. Chávez derrotou democraticamente seus adversários pela quarta vez consecutiva. Na Venezuela, a democracia, sob a bandeira dos revolucionários bolivarianos, rompeu o corrupto sistema bipartidário preferido pela oligarquia e por seus amigos no Ocidente. E isso aconteceu apesar da hostilidade total dos meios de comunicação privados: os dois jornais diários, *Universal* e *Nacional*, assim como os canais de TV de Gustavo Cisneros e a CNN, não tentaram mascarar seu apoio nu e cru à oposição. Alguns correspondentes estrangeiros em Caracas estão convencidos de que Chavez é um caudilho opressor e, no desespero de transformar fantasia em realidade, suas reportagens beiram a ficção científica: Phil Gunson (*The Economist* e *Miami Herald*) e Andrew Webb-Vidal (*Financial Times*) estão entre os piores, e profundamente enterrados no traseiro da oligarquia. Não apresentam provas da existência de presos políticos, muito menos de detenções no estilo de Guantánamo, nem de torturas no estilo de Abu Ghraib, nem da demissão de executivos de TV ou de editores de jornais (que ocorreram sem muita confusão na Grã-Bretanha de Blair).

Em Caracas, algumas semanas antes do plebiscito, tive uma longa discussão com Chávez, que tratou do Iraque às minúcias da história e da política venezuelanas e do programa bolivariano. Ficou claro para mim que Chávez tenta criar nada mais nada menos que uma democracia social radical na Venezuela, buscando dar poder às camadas mais baixas da sociedade. Nessa época de desregulamentação, de privatização e de modelo anglo-saxão, em que a política se subordina à riqueza, as metas de Chávez são consideradas revolucionárias, ainda que as medidas propostas não sejam diferentes das do governo Attlee na Grã-Bretanha, depois da Segunda Guerra Mundial.

Parte da riqueza do petróleo está sendo gasta para educar e cuidar da saúde dos pobres. Hoje, quase 1 milhão de crianças das favelas e das aldeias mais pobres têm educação gratuita; 1,2 milhão de adultos analfabetos aprenderam a ler e escrever; a educação secundária foi disponibilizada para 250 mil crianças cuja situação social as excluiu desse privilégio no antigo regime; três novos *campi* universitários estavam em funcionamento em 2003 e mais seis devem ficar prontos até 2006. No que tange à assistência médica, os 10 mil médicos cubanos enviados para ajudar o país transformaram a situação dos bairros pobres, onde se criaram 11 mil postos de saúde locais, e o orçamento triplicou. Acrescentem-se a isso o apoio financeiro às pequenas empresas, as novas moradias construídas para os pobres e uma lei de reforma agrária que foi aprovada e está sendo cumprida, apesar da resistência legal ou violenta dos proprietários. No final do ano passado, 2.262.467 hectares haviam sido distribuídos para 116.899 famílias.

As razões da popularidade de Chávez são óbvias. Nenhum regime anterior nem sequer notou o sofrimento dos pobres. E não se pode deixar de observar que não se trata simplesmente de uma divisão entre ricos e pobres, mas também de cor de pele. Os chavistas tendem a ter a pele mais escura, herdada de seus ancestrais nativos e escravos. A oposição tem a pele clara e alguns de seus partidários mais asquerosos chamam Chávez de macaco preto. Um espetáculo de fantoches com esse tema, em que um macaco representava Chávez, chegou a ser apresentado na embaixada norte-americana, em Caracas. Mas Colin Powell não achou graça e o embaixador foi obrigado a pedir desculpas.

O estranho argumento apresentado num editorial hostil de *The Economist* na semana do plebiscito, ou seja, que tudo era feito para ganhar votos, é extraordinário. O contrário é que é verdade. Se Chávez tivesse se tornado um rebento da oligarquia, seria facilmente eleito e reeleito com o apoio da imprensa financeira global. Os bolivarianos queriam o poder para implantar reformas reais. Tudo que os oligarcas têm a oferecer é mais passado e a remoção de Chávez.

É ridículo insinuar que a Venezuela está à beira de uma tragédia totalitária. Foi a oposição que tentou levar o país nessa direção. Os bolivarianos foram incrivelmente contidos. Quando pedi a Chávez que explicasse sua filosofia, ele respondeu:

> Não acredito nos postulados dogmáticos da revolução marxista. Não aceito que estejamos vivendo num período de revoluções proletárias. Tudo isso precisa ser revisto. É o que a realidade nos diz todos os dias. Hoje, na Venezuela, visamos a abolição da propriedade privada ou a sociedade sem classes? Acho que não. Mas quando me dizem que, por causa dessa realidade, não é possível fazer nada para ajudar os pobres, o povo que, com seu trabalho, tornou o país rico – e nunca se esqueça que parte disso foi trabalho escravo –, respondo: "Então nos separemos". Nunca aceitarei que não pode haver redistribuição de riqueza na sociedade. Nossas classes superiores não gostam nem sequer de pagar impostos. Eis uma razão para me odiarem. Dizemos: "Vocês têm de pagar impostos". Acho que é melhor morrer na batalha do que levantar uma bandeira muito revolucionária e pura e não fazer nada [...]. Essa posição sempre me pareceu muito conveniente, uma boa desculpa [...]. Tente fazer a sua revolução, entrar em combate, avançar um pouco, mesmo que seja só um milímetro, na direção certa, em vez de sonhar com utopias.

E foi por isso que ele venceu.

Homenagem III

Eu ainda estava em Caracas quando a má notícia chegou. Três e-mails frios e impessoais: Paul Foot morreu. Meu amigo impulsivo, seguro de si, audacioso e inteligente se foi para sempre. Uma rima esquisita se formou e ficou martelando na minha cabeça: "Não chore porque ele morreu/ Sorria e lembre-se que ele viveu". Mas o sorriso não vinha. A sensação de perda foi avassaladora demais. E não apenas no nível pessoal. Ele era um dos melhores jornalistas investigativos da Grã-Bretanha, respeitado por muitos que discordavam do socialismo radical, fosse o dele ou de qualquer outro tipo. Sua partida deixou um vazio gigantesco na cultura política britânica. "Dificilmente haverá jornalistas com estômago ou paixão suficientes para freqüentar as áreas vastas e sem mapa do poder irresponsável". Frase de Foot na *London Review of Books* a respeito das denúncias de Peter Taylor contra a indústria do tabaco, em julho de 1984. Seu estômago e sua paixão se tornaram lendários no mundo da mídia, um mundo dominado pelo clientelismo, obcecado por celebridades, povoado de colunistas e locutores pouco inteligentes e submissos, que vê essas duas características como vícios antiquados.

Tentei me lembrar do momento exato em que nos conhecemos, mas a memória falhou. Costuma ser assim com gente que conhecemos há muitíssimo tempo. Ele foi amigo e camarada durante tantas décadas que várias coisas se misturaram. Com o passar dos anos, falamos juntos em muitos palanques, trocamos fofocas – pessoais, políticas e maliciosas – e certa vez brigamos e ficamos meses sem nos falar. Durante esse período, encontrei-o inesperadamente na casa de amigos em comum que nos convidaram a ambos para jantar – não sabiam que não estávamos nos falando e ficaram perplexos com a tensão entre nós. Foot, com um sorriso nos olhos, estendeu a mão e me saudou:

– Olá, camarada.

Respondi, de cara feia:

– Olá, cidadão.

A causa do conflito era absolutamente banal, como admitimos várias semanas depois, ao fazer as pazes num almoço suntuoso no Gay Hussar, e rirmos de nós mesmos. Ele disse:

– Nunca pensei que "cidadão" fosse um insulto tão grande até você usá-lo com tanto veneno.

Seguiu-se uma discussão sobre os méritos e deméritos relativos do Comitê de Segurança Pública e do Comitê Central bolchevique, acompanhada de uma garrafa de Bull's Blood. Ou talvez duas.

Lentamente, a primeira lembrança voltou. Conheci-o no outono de 1965. A ligação não foi a política de esquerda, mas a *Private Eye*. Eu já conhecia, desde Oxford, Richard Ingrams e William Rushton. Eles me convidaram a ir à redação da *Eye*, na rua Greek, 22, para discutir uma "Carta do Paquistão". Mais tarde, fomos almoçar juntos no vizinho Coach and Horses. E acho que foi aí que o conheci. Peter Jay estava presente nessa ocasião, animada pela briga Keynes contra Marx entre ele e Foot. Nenhum dos presentes, pelo que me lembro, mencionou Hayek, nem mesmo Peter Cook, mais bem informado nesses assuntos do que geralmente se supõe.

Em Oxford, o duo Ingrams–Foot editou coletivamente a revista *Parson's Pleasure* [O prazer do pároco], entregue a eles por Adrian Berry, do clã *Telegraph*. A revista não durou muito. Foi fechada em conseqüência de um

O PODER DAS BARRICADAS 59

processo na Justiça de um não-pároco que não queria ver seus prazeres registrados em público. Foot passou a editar a *Isis*, que, como recordou Ingrams num discurso afetuoso durante o funeral, foi temporariamente proibida pelos bedéis da faculdade por causa de uma inovação radical: publicar resenhas regulares das aulas e levar uma professora ao colapso. O que Ingrams esqueceu de mencionar foi o nome do resenhador injurioso. Era John Davis, atualmente *warden* do All Souls*.

Naquela época havia um sentimento real de camaradagem na *Eye*, em parte devido ao fato de que três personagens fundamentais (Ingrams, Foot e Rushton) haviam sido colegas em Shrewsbury. A combinação da máfia de Shrewsbury com Peter Cook resultou numa mistura potente (os inimigos diriam venenosa), uma *Private Eye* que vergastava sem piedade o ambiente político e cultural da época, sem poupar ninguém, nem mesmo os amigos pessoais. O ódio de Cook ao *establishment* pomposo e hipócrita era lendário. A abordagem tranqüila, sem jeito e comedida de Ingrams escondia (como pretendido) um editor destemido e inflexível, muitas vezes duro em sua escolha de capas para a revista.

O jornalismo de Paul Foot vicejou nesse clima. Tanto políticos quanto empresários temiam a pesquisa meticulosa de suas investigações. Juízes e advogados também o liam com atenção quando denunciava os numerosos erros judiciais. Nunca escreveu para agradar ou lisonjear, mas entusiasmava-se quando seus alvos desmoronavam, como costumava acontecer. Ultimamente, começara a se queixar de que muitas reportagens boas estavam sendo engavetadas. Numa das últimas conversas que tivemos, ele se mostrou espantado com a ingenuidade e a subserviência de um colega que escreveu uma carta elogiosa a Tony Blair e recebeu uma resposta padronizada, mas manuscrita. O colega foi estúpido o bastante para se gabar na frente de Foot. Foi isso que o surpreendeu.

– Por que eu? – perguntou. – Achou que eu ficaria impressionado com um bilhete da Downing Street?

Ele e Richard Ingrams continuaram amigos pelo resto da vida, mesmo depois que saiu da *Eye*, em 1972, para editar o *Socialist Worker*, semanário

---

* All Souls ("Todas as almas") é um dos *colleges* (centros universitários) de Oxford, fundado em 1437. Seu diretor recebe o título de *warden* (guardião, zelador). (N. T.)

do Socialist Worker's Party (SWP) [Partido Socialista dos Trabalhadores]. O pretexto para sair foi a capa planejada para comemorar a gravidez de Bernadette Devlin. Ela era solteira na época. A proposta de capa mostrava uma foto dela com Harold Wilson. Os balões diziam o seguinte:

Harold Wilson – Como vai se chamar o bastardinho?

Bernadette Devlin – Harold, como você.

A rara manifestação de raiva de Foot a favor da parlamentar irlandesa levou ao descarte da capa, ainda que Devlin, quando lhe contaram, tivesse achado graça. Ainda assim, Foot saiu. A revolução precisava dele. A onda de greves levou algumas pessoas a acreditar que a revolução britânica estava em pauta. Não foram as únicas a se iludir. Relatos de dentro do palácio de Buckingham indicavam o nervosismo da monarca.

PF e eu pertencíamos a grupos de extrema-esquerda com iniciais diferentes, muitas vezes estupidamente sectários entre si, mas isso nunca afetou nossa amizade. Depois que a sra. Thatcher chegou ao poder e ficou óbvio que a onda radical recuara, achei difícil engolir o absurdo "faccionalismo" dentro do grupo ao qual eu pertencia. Saí em 1980, mas com uma explicação pública em *The Guardian*. No dia em que foi publicada, o telefone tocou.

– Aqui é Footie. O que vai fazer hoje?

Acontece que ambos estávamos encarregados das crianças. Encontramonos no Golder's Hill Park e mergulhamos numa prolongada discussão política. Ele realmente temia que eu rumasse para a direita. Achei improvável. Confessou que se sentia tentado, sempre que assistia à convenção do Partido Trabalhista na televisão (na época era assim). Sabia que seria muito melhor que a maioria dos idiotas no palanque, mas, apesar de Benn, Dalyell e outros, a idéia de virar parlamentar trabalhista era um pesadelo. O SWP era uma âncora importante e ele temia que, sem ele, a maré o arrastasse. Enquanto conversávamos, Rose Foot apareceu e perguntou onde estavam as crianças. Olhamos em volta. Haviam sumido.

– É sempre assim! – gritou ela. – Dois imbecis conversam sobre política enquanto os filhos se perdem!

Foi um pânico temporário. Os meninos logo reapareceram. E o jovem Tom (hoje quase da altura do pai) e seus irmãos Matt e John comoveram a todos pela maneira como falaram no funeral do pai e pelo amor aos livros. Parece que a bibliofilia está firmemente enraizada nos genes dos Foots. Os livros que Paul colecionou a vida toda, cuja compra às vezes teve precedência sobre necessidades domésticas mais prementes, ficarão na família.

O fato é que, apesar da família radical e não conformista – os Foots eram liberais ferrenhos do West Country, e ainda havia Michael* –, Footie não queria terminar como eles, por mais que os amasse e admirasse. É verdade que as raízes de seu radicalismo estavam embutidas na história inglesa desde a Revolução de 1640, numa linhagem que vinha desde Winstanley até Paine, Cobbett, Shelley, os cartistas, Orwell, E. P. Thompson, a Campanha pelo Desarmamento Nuclear e o movimento dos operários dos estaleiros de Glasgow. Tudo isso já existia quando ele conheceu Ygael Gluckstein (Tony Cliff), o trotskista palestino que o recrutou para os Socialistas Internacionais há mais de quatro décadas e lhe apresentou outro mundo.

Há cinco anos, Paul foi atingido por um grave derrame e passou semanas inconsciente ou semiconsciente. Nós nos revezávamos para conversar com ele nesse estado semi-inerte, levar notícias (Belgrado estava sendo bombardeada), ler alguma coisa da *Private Eye*, alguma carta a *The Guardian* ou alguma coisa de Shelley, e contar piadas desesperadas na esperança de que algo se infiltrasse em seu subconsciente. Temíamos o pior, mas ele sobreviveu. Os cuidados médicos imediatos, o carinho amoroso e a vontade feroz de viver resultaram na recuperação. O médico que verificou sua memória espantou-se ao ouvir longas recitações de Shelley e Shakespeare (um tributo ao antigo mestre-escola Frank McEachrane, que sempre encorajou nele o amor à poesia). Ele perdeu os movimentos de uma perna, mas o cérebro estava ótimo, embora a energia começasse a minguar. Falava com freqüência da morte e do livro que queria terminar antes que ela o atingisse. Conseguiu. Quando o fim chegou, no aeroporto de Stansted, ele estava com a companheira, Claire Fermont, e a filha de dez anos dos dois, Kate, que herdou os olhos e o olhar penetrante do pai. Para Paul, foi súbito e rápido. Sem dor. Os que ficaram para trás é que sofrerão e recordarão as palavras de Shelley, seu poeta predileto:

Não estás aqui! A estranha bruxa da Memória vê
Em cadeiras vazias tua imagem ausente,

---

* Michael Foot, político e escritor, foi líder do Partido Trabalhista de 1980 a 1983. (N. T.)

E aponta onde sentaste, onde agora deverias estar
Mas não estás.*

"Queremos eletricidade em casa, não no traseiro"

A maioria das lendas contém um grãozinho de verdade, mas não há nenhum deles nas imagens fraudulentas apresentadas todo dia pela BBC (e pelas redes de TV norte-americanas), no país e no exterior. A mídia impressa não é muito melhor. A propaganda oficial é repetida constantemente em frases como: "Em 28 de junho, os Estados Unidos e seus parceiros de coalizão transferiram o controle soberano do Iraque a um governo provisório chefiado pelo primeiro-ministro Ayad Allawi. A transferência de soberania pôs fim a mais de um ano de ocupação liderada pelos norte-americanos" etc. Enquanto isso, as agências de informações norte-americanas admitem que a resistência aumenta a cada dia. O ataque a Fallujah, longe de esmagar a resistência, fortaleceu sua determinação. Entretanto, a notícia do ataque norte-americano a essa cidade foi uma desgraça.

A capitulação covarde da BBC depois da demissão de seu desafiador presidente e diretor-geral se tornou visível desde a operação para encobrir Hutton**. Não foi autocensura. Pouco depois de assumir o cargo de diretor-geral, Mark Thomson disse numa pequena reunião de diretores e executivos da área jornalística que achava os noticiários críticos e "esquerdistas" demais. Agora deve estar felicíssimo.

A idéia de que hoje o Iraque é um Estado soberano, governado por iraquianos, é uma ficção grotesca. Todo cidadão iraquiano, seja qual for sua opinião política ou crença religiosa, conhece a verdadeira condição do país.

---

* No original, "You are not here! The quaint witch Memory sees/ In vacant chairs your absent images,/ And points where once you sat, and now should be/ But are not", trecho de "Letter to Maria Gisborne", em Percy Bysshe Shelley, *Posthumous Poems* (Yeadon, Woodstock Books, 1991). (N. T.)

** Lorde Hutton presidiu a investigação sobre a morte do especialista em armas David Kelly, que seria a fonte dos números usados pelo jornalista Andrew Gilligan, da BBC, para afirmar que o governo trabalhista de Tony Blair "maquiara" um relatório sobre armas de destruição em massa no Iraque. Ao fim da investigação, Hutton declarou que o governo era inocente e criticou violentamente a BBC, o que levou ao pedido de demissão de seu diretor. (N. T.)

E se a BBC continuar assim, sua credibilidade, já eternamente baixa, pode acabar de sumir. Há alguns meses, numa declaração pública, a princesa imperial Condoleezza Rice declarou: "Queremos mudar a cabeça iraquiana". Mas o canal de TV árabe financiado pelos Estados Unidos e batizado de "Verdade" (ou "Pravda", em russo) foi um triste fracasso. E agora, para impedir que toda e qualquer imagem alternativa chegue aos iraquianos e ao resto do mundo, um títere resoluto no "Ministério da Informação" proibiu a TV Al Jazeera de transmitir a partir do Iraque – receita tradicional e simplista do livro de culinária da opressão.

A "entrega do poder", projetada principalmente para convencer os cidadãos norte-americanos de que já podem relaxar e reeleger Bush, foi também um convite – obedientemente aceito – para que a mídia ocidental reduzisse a cobertura no Iraque. Como observou Paul Krugman em *The New York Times* de 6 de agosto de 2004: "As notícias do Iraque passaram para as páginas internas dos jornais e praticamente saíram das telas de TV. Muita gente ficou com a impressão de que as coisas melhoraram. Até os jornalistas captaram: várias notícias de jornais afirmaram que o nível de baixas norte-americanas caiu depois da passagem do poder". (Números reais: 42 soldados norte-americanos morreram em junho e 54, em julho.)

Assim como as invencionices anteriores para justificar a guerra, essa também não vai funcionar. Dos dois iraquianos colhidos na obscuridade primitiva para servir de fachada para a ocupação, o "presidente" Yawar era gerente de telecomunicações na Arábia Saudita e relativamente inofensivo. Ficou felicíssimo de vestir roupas tribais para funções oficiais e fotografias com Rumsfeld e seus rapazes. O "primeiro-ministro" Allawi era um funcionário pouco graduado do serviço de informações de Saddam que vigiava iraquianos dissidentes em Londres. Mais tarde, os órgãos anglo-americanos de informação o recrutaram. Depois da Primeira Guerra do Golfo, foi mandado de volta para desestabilizar o regime. Seus agentes explodiram um cinema e um ônibus escolar cheio de crianças. Antes da guerra, ele inventou os sistemas de disparo de armas de destruição em massa em 45 minutos para os homens do escuso dossiê da Downing Street. Depois da recente ocupação, foi recompensado e posto no "conselho governante". Contratou uma empresa de lobistas (Theros and Theros) que gastou 370 mil dólares numa campanha em Washington para que ele fosse nomeado primeiro-ministro e também para lhe conseguir uma coluna em *The Washington Post*.

Como "primeiro-ministro", ele cultiva uma imagem meio violenta. Em 17 de julho de 2004, num despacho notável de Bagdá, Paul McGeough, um respeitado correspondente estrangeiro australiano (e ex-editor do *Sydney Morning Herald*), afirmou que:

> Ayad Allawi, novo primeiro-ministro do Iraque, sacou uma pistola e executou seis insurgentes suspeitos numa delegacia de polícia de Bagdá, pouco antes de Washington entregar o controle do país ao seu governo provisório, de acordo com duas pessoas que alegam ter assistido às mortes.
>
> Elas dizem que os prisioneiros, algemados e vendados, estavam encostados numa parede, no pátio ao lado do prédio de celas de segurança máxima da penitenciária de Al Amariyah, num subúrbio a sudoeste da cidade, onde estavam confinados.
>
> Contam também que o dr. Allawi disse aos espectadores que as vítimas haviam matado cinqüenta iraquianos e "mereciam mais do que a morte".
>
> O gabinete do primeiro-ministro negou as declarações das testemunhas num desmentido por escrito ao *Herald*, dizendo que o dr. Allawi nunca visitou o centro e não anda armado.
>
> Mas os informantes disseram ao *Herald* que o dr. Allawi atirou na cabeça de cada um dos jovens, enquanto cerca de uma dúzia de policiais iraquianos e quatro norte-americanos da equipe de segurança pessoal do primeiro-ministro observavam em silêncio espantado.

McGeough aparece regularmente na TV e na rádio australianas para defender sua história, que se recusa a ser esquecida. É espantoso que não tenha sido aproveitada por nenhum jornal britânico. O fato é que hoje o Iraque está numa confusão muito maior do que na época que precedeu a guerra. A situação foi resumida por um ex-prisioneiro de Abu Ghraib:

– Queremos eletricidade em casa, não no traseiro.

Os cidadãos dos Estados promotores da guerra podem ver com seus próprios olhos, e espera-se que, sem dar atenção à mídia, castiguem seus líderes por levá-los à guerra. E isso a despeito do fato de as alternativas à disposição serem fracas, na maioria dos casos. Nos Estados Unidos, o senador Kerry, apesar das tristes demonstrações militaristas antes da eleição de novembro de 2004, era um político fraco e pouco convincente. Ao contrário de alguns de seus apologistas liberais, ele não gosta de retratar os democratas como o partido menos constantemente agressivo. Afinal de contas, os presidentes que iniciaram as guerras norte-americanas na Coréia e no Vietnã eram democratas e não republicanos. Em 1952, a base do encanto eleitoral de Eisenhower foi o fato de ele ser o candidato mais pacífico. Em 1960, ao contrário, Kennedy atacou os republicanos pela "falta de mísseis", condenando sua fraqueza diante da ameaça soviética e exigindo mais gastos militares. Carter, e não Reagan, iniciou a Segunda Guerra Fria. Ainda em 1992, Clinton trovejava contra a fraqueza de Bush pai nos casos de Cuba e da China. Na atual conjuntura, obviamente, Bush filho ultrapassou todos os rivais democratas em termos de militarismo acelerado. Basta lembrar que, às vésperas do 11 de Setembro, Hillary Clinton e Lieberman organizaram uma carta coletiva, assinada por praticamente todos os senadores democratas, que condenava as políticas de Bush no Oriente Médio como fracas demais. Queriam mais apoio a Israel. Conseguiram com força total.

HOMENAGEM IV

Abdelrahman Munif morreu em janeiro de 2004, depois de uma longa doença, no seu exílio em Damasco. Era um dos romancistas árabes mais talentosos do século XX. Sua última obra foi um conjunto de três romances épicos situados no Iraque que complementou *Cities of Salt* [Cidades de sal]*. Ao lado de Naguib Mahfuz, ele conseguiu transformar a paisagem literária do mundo árabe ao pôr o romance no centro do interesse cultural e político, como aconteceu na Europa durante boa parte do século XIX. No dia seguinte a sua morte, num tributo inigualável à sua integridade, ele foi condenado pela mídia de língua árabe de propriedade saudita, principalmente pelo jornal *Al Hayat* e pela emissora de TV a cabo Al Arabyia, fundada para competir com a Al Jazeera. Em conseqüência, Suad Qwadri, viúva de Munif, desafiou as convenções e recusou-se a receber o embaixador saudita que foi lhe apresentar condolências.

Nascido em Amã, em 1933, filho de um comerciante saudita e de mãe iraquiana, Munif passou seus primeiros dez anos naquela cidade. Apesar da derrota do Império Otomano, aquele mundo ainda era dominado pelas cidades; suas fronteiras eram porosas e as famílias e os negócios árabes moviam-se confortavelmente de Jerusalém para Cairo, Bagdá, Damasco e mais

---

* Abdelrahman Munif, *Cities of Salt* (Londres, Vintage, 1988). (N. E.)

além. Todos esses territórios (com exceção de Damasco e de Beirute) estavam sob o controle do Império Britânico. As fronteiras foram riscadas na areia, mas não havia arames farpados ou guardas armados para policiá-las. Abdelrahman Munif fez o primário em Amã, o secundário em Bagdá e a faculdade no Cairo.

Na adolescência, passava as férias de verão na Península Arábica, com a família saudita. Foi ali que ouviu as histórias e conversou com os beduínos, os comerciantes de petróleo e os emires novos-ricos que, mais tarde, povoariam sua ficção. Como o grosso de sua geração, ficou abalado com a catástrofe palestina de 1948 e tornou-se nacionalista árabe ferrenho. A ascensão de Nasser, no Egito, e a onda revolucionária que, em conseqüência, varreu o mundo árabe não o deixaram imune e ele se tornou militante socialista secular. Pela oposição política à família real, foi privado da nacionalidade saudita em 1963 e fugiu para Bagdá. Lá conseguiu emprego como economista no setor petrolífero e compreendeu a importância do ouro líquido que jazia sob as areias da Arábia e da Mesopotâmia. O conhecimento da mercadoria e do setor foi usado com efeito devastador em seus romances.

Começou a escrever ficção na década de 1970, quase dez anos depois de abandonar a liderança do partido Baath em Bagdá e mudar-se para a vizinha Damasco. A vida política ativa chegava ao fim. Daí para a frente, sua mente se concentrou totalmente na ficção. Ele escreveu um total de quinze romances, mas foi *Cities of Salt* – uma pentalogia baseada na transformação da Península Arábica como antiga pátria beduína em uma cleptocracia tribal híbrida a nadar em petróleo – que estabeleceu sua fama no mundo árabe. Ele descreveu a surpresa, o medo, a inquietude e a tensão que dominaram a Arábia Saudita depois da descoberta do petróleo, e o retrato que fez dos governantes do país foi pouco disfarçado, provocando muito contentamento nas ruas árabes e em alguns palácios.

Os dois M – Mahfuz e Munif – tornaram-se os patriarcas da literatura árabe. A reconstrução balzaquiana da vida familiar no Cairo, do início do século XX à ascensão de Nasser, deu a Mahfuz o Prêmio Nobel.

Muitos críticos árabes (embora não o próprio Munif) sentiram que o saudita é que merecia o prêmio, mas suas sátiras selvagens e surrealistas sobre a família real, seu séquito e os homens do petróleo o transformaram em contrabando dentro da cultura oficial. Ele escreveu sobre as cidades

O PODER DAS BARRICADAS   67

oásicas, pequenas e coquetes, perdidas no maremoto de petróleo e substituídas por prédios altos e simétricos que tinham pouca ligação com a região ou com o meio ambiente. Munif descreveu como a dinastia Al Saud, com a ajuda do Império Britânico, tomou posse da península como seu único árbitro e proprietário. Sua voz e seus interesses engoliram todo o resto: opiniões contrárias foram proibidas e a literatura foi desencorajada. Mas o mundo das idéias (nacionalismo, comunismo, revolução) agitava-se em outras partes do mundo árabe, e idéias não podem ser detidas nas fronteiras. Elas entraram na mente de muitos cidadãos, inclusive de Munif, e contagiaram até mesmo alguns jovens príncipes.

Todos os seus livros foram proibidos na Arábia Saudita e em outros países do Golfo. Mas viajaram mesmo assim e foram lidos em segredo por muitos potentados da península. O gênio de Munif residia em seu talento de impor o intelectual e o popular a personagens que não eram nem uma coisa nem outra. Ele penetrava na vida interior de seus concidadãos, ricos e pobres. Três romances da pentalogia saudita foram traduzidos para o inglês por Peter Theroux – *Cities of Salt*, *The Trench* [A trincheira]* e *Variations on Night and Day* [Variações sobre noite e dia]** – e publicados pela editora Knopf, de Nova York. Mas os críticos norte-americanos não gostaram dos livros, e John Updike os condenou por não serem a ficção que estava acostumado a ler. Quando eu contei isso a Munif, ele riu e fez com as mãos um gesto de desespero. Apesar da enorme popularidade entre leitores e críticos literários árabes comuns (Edward Said era um de seus maiores fãs), não foi louvado e festejado pela oficialidade. E orgulhava-se disso.

Só o encontrei em carne e osso uma vez, quando fez uma rara visita a Londres, em meados da década de 1990, para ser entrevistado num documentário de TV que eu estava produzindo. Era um indivíduo modesto, de voz baixa, sinceramente perplexo com a idéia de alguém querer fazer um filme sobre sua obra. Nesse sentido, ele era diametralmente oposto aos seus colegas supermidiáticos do Ocidente. Perguntei-lhe por que escolhera o título *Cities of Salt* para sua obra-prima:

---

* Idem, *The Trench* (Londres, Vintage, 1993). (N. E.)

** Idem, *Variations on Night and Day* (Londres, Vintage, 1995). (N. E.)

Cidades de sal são cidades que não permitem vida sustentável. Quando a água chega, as primeiras ondas dissolvem o sal e reduzem essas grandes cidades de vidro a pó. Sabe, na Antigüidade muitas cidades simplesmente sumiram. É possível prever a queda de cidades que não sejam humanas. Sem meios de subsistência, elas não sobrevivem. Olhe para nós agora e veja como o Ocidente nos vê. O século XX está quase no fim, mas quando o Ocidente olha para nós, tudo que vê é petróleo e petrodólares.

A Arábia Saudita ainda não tem Constituição; o povo é privado de direitos elementares. As mulheres são tratadas como cidadãos de terceira classe. Uma situação assim produz uma cidadania desesperada, sem senso de dignidade nem de participação [...].

Não o surpreendeu nem um pouco que a maioria dos seqüestradores do 11 de Setembro fossem cidadãos sauditas. Afinal de contas, há quatro décadas ele vem nos avisando que isso podia acontecer. Sua obra mais recente é um conjunto de ensaios sobre o Iraque. Desdenhou Saddam Hussein e escreveu sobre a necessidade de democracia social em todo o mundo árabe, mas ficou furioso com a guerra e com a ocupação. Seu filho Yasir, que conheci nos Estados Unidos há alguns meses, me contou que a recolonização do Iraque reacendeu o radicalismo do velho pai e isso fica claro em seus últimos ensaios. A nova situação obrigou-o a deixar de lado a ficção e a empunhar a pena como arma, tanto contra os ditadores locais quanto contra os promotores imperiais da guerra.

Mas é como romancista que mais sentiremos sua falta. Ele era um contador de histórias incomparável, que enriqueceu como um todo a cultura do mundo árabe. Era um intelectual de mente forte e independente que se recusou a dobrar os joelhos diante de príncipes e coronéis. Sua obra e seu exemplo inspiraram jovens escritores, homens e mulheres, em todo o Magreb e Mashreq, e por essa razão tenho quase certeza de que voltaremos a ver iguais a ele.

LENDO SAFO EM OHIO

Mortes demais. Derrotas demais. No Iraque, a resistência contra o império continua; nos Estados Unidos, uma vitória homofóbica para o César cristão. É preciso otimismo de vontade e de intelecto. Nesse aspecto, Goethe é um bom exemplo:

Quem o conseguirá? – Pergunta sombria.
Diante da qual o destino se mascara
Quando, no dia do grande infortúnio,
Sangrando, toda a humanidade emudecerá.
Mas revivei-vos com novas canções,
Não ficai mais tão curvados:
Pois a terra os engendra de novo
Como sempre fez.

*Existe um quadro de Klee intitulado "Angelus Novus".
Nele está representado um anjo, que parece estar a ponto
de afastar-se de algo em que crava o seu olhar. Seus olhos estão arregalados,
sua boca está aberta e suas asas estão estiradas. O anjo da história tem
de parecer assim. Ele tem seu rosto voltado para o passado. Onde uma cadeia de
eventos aparece diante de nós, ele enxerga uma única catástrofe, que sem cessar
amontoa escombros sobre escombros e os arremessa a seus pés. Ele bem que
gostaria de demorar-se, de despertar os mortos e juntar os destroços. Mas do
paraíso sopra uma tempestade que se emaranhou em suas asas e é tão
forte que o anjo não pode mais fechá-las. Essa tempestade o impele
irresistivelmente para o futuro, para o qual dá as costas, enquanto o
amontoado de escombros diante dele cresce até o céu. O que nós chamamos
de progresso é essa tempestade.*

Walter Benjamin, "Sobre o conceito de história"*

---

* Walter Benjamin apud Michael Löwy, *Walter Benjamin: aviso de incêndio – uma leitura
das teses "Sobre o conceito de história"* (São Paulo, Boitempo, 2005), p. 87. (N. E.)

PRELÚDIOS

Quando o dedo aponta a Lua, o idiota olha o dedo.

Provérbio chinês

A notícia que veio de Pequim naquele mês de outubro de 1949 não foi como trovoada em céu azul e límpido. Havia quase uma década, *Red Star Over China* [Estrela vermelha sobre a China]*, de Edgar Snow, era um clássico no subcontinente e, por isso, as expectativas haviam se acumulado nos últimos anos. Num comício de 1º de Maio, naquele mesmo ano, eu ouvira estranhos nomes chineses: Mao Tsé-tung, Chu Teh, Chu En-lai, Ho Lung. Esqueci quase tudo sobre aquele comício (eu tinha apenas cinco anos e meio na época), mas os estranhos nomes chineses recusaram-se a sumir. Para mim, e sem dúvida para muitos outros que cresceram no subcontinente naquela época, o drama da Revolução Chinesa ofuscou tudo mais.

Não poderia haver antídoto melhor para a guerra recém-concluída, que eliminara 80 milhões de vidas. Nas fotografias e nos filmes que mostravam o horror dos campos de concentração de Hitler, qualquer um veria a fragilidade da civilização do Ocidente. Os corpos emaciados dos que sobreviveram ao Holocausto simbolizavam o trauma da Segunda Guerra Mundial. As nuvens em forma de cogumelo sobre o Japão, que deram fim à guerra, foram manifestações de uma nova forma de barbárie. As primeiras vítimas das armas atômicas foram os cidadãos indefesos de Hiroshima e Nagasaki. Seus corpos queimados foram testemunha, se é que havia necessidade de testemunhas, de que selvageria e genocídio não eram monopólio do Estado

---

* Edgar Snow, *Red Star Over China* (Londres, Penguin Books, 1972). (N. E.)

alemão. Nesse contexto, a vitória dos exércitos de camponeses da China liderados pelos comunistas foi considerada, pelos pobres do campo e das cidades da Ásia, um triunfo sem paralelo. Afinal de contas, a China era o maior país do mundo.

O centro da cidade estava apinhado de bandeiras vermelhas. Foi minha primeira manifestação, da qual me lembro até hoje. A cidade era Lahore, que durante muitos séculos foi uma metrópole muito invejada do norte da Índia. Então os últimos conquistadores partiram, deixando para trás um subcontinente dividido. A antiga cidade passara a fazer parte de um novo país, o Paquistão. O fundador desse Estado, o agnóstico Mohammed Ali Jinnah, usara cinicamente a religião para criar uma "nação muçulmana". Jinnah dizia ter esperanças de que o Paquistão, apesar de tudo, fosse um Estado secular, mas a lógica da História mostrou-se fatal. Todas as famílias hindus e siques de Lahore fugiram pelas fronteiras da fé. Pequenas "Lahores" surgiram em Délhi.

Para meus pais, cujos amigos, em sua maioria, sumiram de repente, Lahore, na década de 1950, parecia uma cidade-fantasma. A dor da divisão do país foi descrita com sensibilidade em vários contos do escritor urdu Saadat Hasan Manto e por poetas como Faiz Ahmed Faiz e Sahir Ludhianvi. Eu tinha três anos e meio em 1947. Para mim, a Lahore de antes da divisão só existia nas numerosas conversas entreouvidas. O passado recente tornara-se tema de discussões, às vezes acaloradas, com mais freqüência tristes, e estas podiam ser ouvidas por todos os cantos. Costumavam se concentrar na vibração da cidade. Nas décadas de 1920, 1930 e 1940, Lahore fora um centro cultural importante, lar de poetas e pintores, uma cidade orgulhosa de seu cosmopolitismo. 1947 mudara isso tudo para sempre. Os antigos cafés e as casas de chá ainda existiam, mas os rostos hindus e siques haviam desaparecido para nunca mais voltar. Esse fato logo foi aceito; as fofocas políticas e a poesia reimpuseram sua antiga primazia sob as novas condições.

As bandeiras vermelhas foram erguidas pela vanguarda proletária de Lahore: os ferroviários. Não consigo me lembrar do momento da manifestação, mas o clima era de grande entusiasmo e uma palavra de ordem dominava aquela marcha: "Tomaremos a estrada chinesa, irmãos! A estrada chinesa!". O líder dos ferroviários era um comunista de trinta e muitos anos, já considerado e tratado como veterano. Mirza Ibrahim trabalhara muitos anos na ferrovia. Fora preso, intimidado; ofereceram-lhe cargos de gerência e suborno direto, mas ele se mantivera firme e organizara um sindicato forte. Acho que sua popularidade derivava mais de sua incorruptibilidade do que de sua filiação política, mas talvez eu esteja errado. É verdade que mais tarde, naquele mesmo ano, ele disputou como comunista uma eleição intermediária importante contra um zé-ninguém apoiado pelo homem forte da Liga Muçulmana na região e venceu. Ou melhor, deveria ter vencido. O que aconteceu foi que várias centenas de votos dados a ele pelos ferroviários foram anulados pelo vice-comissário encarregado da fiscalização das eleições. A razão? As cédulas estavam sujas de terra! O vice-comissário seguiu carreira e tornou-se um rico e importante funcionário público. Os partidários de Mirza Ibrahim só exigiram que, no futuro, distribuíssem sabão aos pobres antes de cada eleição.

Antes de seu sucesso, a Revolução Chinesa fora ignorada pelas superpotências. Depois de 1949, os Estados Unidos ficaram obcecados com o triunfo dos guerrilheiros de Mao e decidiram impedir a disseminação do vírus. A Ásia mergulharia numa série de guerras. A Europa, por sua vez, teve uma relativa sorte. Seu futuro fora definido em folhas de papel por Stalin, Churchill e Roosevelt. O continente, por comum acordo no balneário de Yalta, na Criméia, bifurcara-se nas eufemísticas "esferas de influência". O acordo de cima fora considerado fundamental para conter o descontentamento de baixo. Deram a Stalin liberdade de ação entre os rios Elba e Oder e, em troca, ele prometeu apoiar o *status quo* na França, na Itália e na Grécia. O destino da Alemanha não foi decidido. O Ocidente saiu-se bem em Yalta. Preservou a ordem capitalista na Itália e na Grécia, onde o poder de coação de Stalin e a camisa-de-força ideológica de Moscou ajudaram a assegurar que os integrantes da resistência fossem de fato desarmados, militar e politicamente. O acordo foi rompido na Iugoslávia. Stalin e Churchill haviam concordado que ali haveria "influência meio a meio", seja lá o que isso significasse naquelas circunstâncias. Tito, líder da resistência iugoslava, recusou-se a aceitar o conselho de Stalin e restaurar a monarquia e, confiando no apoio popular em seu país, rompeu primeiro com o capitalismo e depois com Stalin.

Os anos 1950 podem ter sido desoladores na Europa, mas, apesar de todos os insultos, a guerra permaneceu fria. As condições internas se deterioraram, tanto nos Estados Unidos quanto na URSS, onde os carrascos da alma trabalhavam com afinco. McCarthy, em Washington, e Jdanov, em Moscou, produziram verdadeiros horrores. Mas não houve guerra.

Não tivemos tanta sorte na Ásia. Um surto de guerras acirradas desfiguraria nosso continente. Seríamos punidos pelo sucesso dos chineses, vistos na época como ferramentas voluntárias e conscientes da subversão de Moscou. A marcha avante da revolução asiática tinha de ser enfrentada, detida e militarmente derrotada. As guerras peninsulares da Coréia e da Indochina tornaram-se centros de conflito global. Dean Acheson, secretário de Estado dos Estados Unidos, argumentou que as vitórias vermelhas, iniciadas com o Outubro chinês, poderiam "paralisar a defesa da Europa".

A Guerra da Coréia foi um conflito desnecessário, e as tentativas de retratá-la como "defesa da democracia" nunca foram muito convincentes. O regime defendido pelo general Douglas MacArthur, procônsul norte-americano no Japão ocupado, era corrupto até os ossos, e Syngman Rhee, o homem forte da Coréia do Sul, era odiado pelos cidadãos do país. Uma das razões, entre muitas outras, era que, quando a Coréia foi ocupada pelos japoneses antes de 1945, Rhee colaborou com Tóquio. Mais tarde, com igual satisfação, fez o mesmo com os Estados Unidos, que, na tentativa de reverter os ganhos da Revolução Chinesa, ressuscitara o governo colaboracionista. A oposição local a Rhee não era dominada pelos partidários sulistas de Kim Il-Sung. Na verdade, Kim era considerado, pela maioria dos comunistas coreanos, um usurpador sem talento transplantado para a Coréia do Norte pelos tanques soviéticos. Mais tarde, ele deu o troco a seus detratores. A maioria deles foi liquidada ao fugir para o norte, na tentativa de evitar a repressão de Rhee no sul.

Desde o princípio, a Guerra da Coréia envolveu-se numa teia de embustes legais. Quem deu o primeiro tiro? Quem atravessou primeiro o paralelo 38 (linha divisória entre a Coréia do Sul e a do Norte)? Na realidade, a guerra foi uma tentativa dos Estados Unidos, apoiados pelo governo trabalhista inglês de Clement Attlee, de virar a maré na China. O general MacArthur não era o tipo de herói de guerra viciado em diplomacia. Não tentou esconder que queria o escalpo dos vermelhos de Pequim. Afirmou que, se necessário, atravessaria o rio Yalu e ocuparia a Manchúria. Em 30 de novembro de 1950, o presidente Truman disse, numa entrevista coletiva, que, se as Nações Unidas sancionassem a intervenção militar na China, não teria inibições em autorizar MacArthur a usar bombas atômicas. Isso provocou pânico na Europa ocidental. O primeiro-ministro trabalhista, com o apoio de Churchill, foi despachado para a Casa Branca para argumentar contra o uso de bombas na China.

Entretanto, é provável que as rixas dentro do alto-comando norte-americano tenham sido mais decisivas. A popularidade de MacArthur não era universal, e muitos achavam asquerosas as aspirações bonapartistas mal disfarçadas do general. Portanto, a guerra quente na Ásia não se tornou nuclear.

O susto fora suficiente para nos deixar conscientes da natureza precária da política mundial. Em Lahore, um poetastro da Associação de Escritores Progressistas foi indicado para ensinar a alguns de nós um hino contra as armas nucleares. Essa aula nunca avançou muito, porque o versificador insistia em pronunciar *bomb* [bomba] como *bumb* [bunda]. Como a palavra dominava o refrão em urdu, o único resultado foi estimular uma onda de riso irreprimível. O que mais poderíamos fazer quando ele cantava: "Inimiga da vida, inimiga dos homens, inimiga do Paquistão, essa maldita e temida BUNDA atômica"? Ele era persistente, mas nós também e, uma semana depois, a tentativa desmoronou em meio a amargas recriminações. Os Escritores Progressistas desistiram da tentativa de criar um coro infantil. Em vez disso, recitamos o estranho poema diante da multidão que, por muitos anos, se juntou na frente de nossa garagem, à noite. Tive de decorar "As cadeias pendentes da Sibéria", de Pushkin, recitado sob aclamação popular. De todos os poemas que li, gostei e tantas vezes decorei quando criança, esse é o único que esqueci completamente. Só ficou o título.

1953

Minha mãe chorou no dia em que Stalin morreu. Estávamos diante da farmácia de Fazal Din, na Lower Mall, em Lahore. Fazíamos compras e ela deve ter visto as manchetes do jornal da noite. Eu a esperava no carro. Quando entrou, estava com o rosto tenso e contraído. A princípio, não disse nada. Não chorou alto nem incontrolavelmente. Só vi algumas lágrimas escorrerem pelo seu rosto. Ela percebeu que eu estava preocupado e explicou com voz tranqüila: "Stalin morreu!". Fiquei nervoso, mais por ela do que por Stalin morto. Lembro-me de ter sentido que talvez também devesse chorar, mas não consegui.

Minha mãe tinha 27 anos nessa época. Era comunista ativa e entrara para o Partido em 1943, ano em que nasci. (Minha avó materna, cuja simpatia pendia para o outro lado, ainda assim tricotou para mim um casaquinho branco com a foice e o martelo vermelhos.) Minha mãe e grande número de comunistas do mundo inteiro choraram ao saber da morte de Stalin. Por que choraram? Não há uma resposta única a essa pergunta, nem pode haver, mas seja qual for a razão, com certeza não foi por acharem que a revolução mundial ficaria sem líder ou porque não havia ninguém capaz de presidir a próxima série de expurgos. Foi porque o stalinismo se organizara como uma religião, ainda que primitiva, com seus símbolos especiais e um deus vivo. Quando ele morreu, para muitos comunistas leais pareceu como se todas as certezas tivessem morrido com ele. Durante mais de duas décadas, anos de formação de muitos partidos comunistas das colônias e semicolônias, Stalin dominara o mundo e, agora, não se sabia se a vida política seria possível após a sua morte.

As obras de J. V. Stalin tinham lugar de honra no escritório de meu pai. Também se viam seu busto e seus retratos, embora o bom gosto de minha mãe impedisse exibições vulgares na sala. Felizmente, nesse caso a estética prevaleceu sobre a política. Essa adesão ao stalinismo teve um efeito colateral interessante. Os caprichos dos comissários culturais de Moscou eram fielmente reproduzidos em numerosos lares no mundo inteiro. Duvido que, quando criança, eu tivesse ouvido Paul Robeson cantar *spirituals* se não fosse o fato de uma das maiores vozes negras norte-americanas pertencer a um companheiro incansável na frente política. E havia ainda outras preciosidades à mão. Nossa casa continha toneladas de literatura russa. Stalin não era famoso por sua gentileza com a talentosa geração de poetas e escritores pós-revolucionários e, na maioria dos casos, eles foram violentamente reprimidos. Muitos se suicidaram. Outros morreram nos campos de detenção. Alguns ficaram em silêncio. Uns poucos temporizaram. Entretanto, é muito interessante que nenhum clássico da literatura russa tenha sido banido da Rússia de Stalin. Pushkin, Gogol, Turgueniev, Tchékhov, Tolstói e Dostoiévski estavam por toda parte à disposição, muito embora, em vários casos, a sátira impiedosa da tirania czarista pudesse ser interpretada como subversão. Ainda assim, milhões de exemplares foram impressos e traduzidos para outras línguas, inclusive o inglês. Esses livros me levaram a outro mundo. O czarismo criara condições para o nascimento de uma tradição literária espantosamente viva e intervencionista, cujo estilo e qualidade era muito diferente da produção de Dickens e até de Zola.

Havia outros livros, em sua maioria versões literárias do realismo stalinista, e alguns beiravam o grotesco. Mas consegui ler a trilogia *Poema* *pedagógico**, de Makarenko, fantasia moral imaginada para os Jovens Pioneiros. Havia também numerosas sessões de cinema, já que meu pai sempre fora fã do cinema em casa. Seu projetor Kodak de 16 mm era muito usado para exibir aos camaradas e a sua prole os mais recentes noticiários soviéticos. Naturalmente, os camaradas assistiam à colheita ucraniana com estoicismo digno de louvor. Nós, crianças, gemíamos assim que surgia um trator na tela, e algum de nós dizia: "Ah, não! Outro trator, não!" ou "Ah, não, outro guindaste gigante, não!". Em vários aspectos, era um mundo fechado, mas o que o tornava diferente do resto é que era um mundo. Era um internacionalismo deformado por se basear na adoração cega da URSS e do Líder infalível. Nenhum dos dois podia errar. Às vezes se cometiam erros, mas o Líder, em sua sabedoria, assegurava que eles logo seriam corrigidos. Durante três décadas inteiras, ser comunista em qualquer lugar do mundo significava virar nacionalista grão-russo. Com essa visão de mundo, não surpreende que a primeira reação de muitos comunistas à morte de Stalin tenha sido chorar.

Na Europa oriental, a morte do ditador foi recebida com alívio. Operários e estudantes da Alemanha Oriental, inclusive muitos comunistas, comemoraram o fato com um levante espontâneo contra seu próprio regime burocrático. A principal exigência era a institucionalização dos direitos democráticos para todos. O movimento foi esmagado pelos tanques soviéticos, o que levou Bertolt Brecht, dramaturgo e poeta marxista alemão, a redigir uma carta aberta ao Comitê Central chamada "A solução":

> Após a revolta de 17 de junho
> O secretário da União dos Escritores
> Fez distribuir comunicados na Alameda Stálin
> Nos quais se lia que o povo
> Desmerecera a confiança do governo
> E agora só poderia recuperá-la
> Pelo trabalho dobrado. Mas não
> Seria mais simples o governo
> Dissolver o povo
> E escolher outro?**

---

* Anton Makarenko, *Poema pedagógico* (São Paulo, Brasiliense, 1991). (N. E.)

** Bertolt Brecht, "A solução (1953)", em *Poemas 1913-1956* (São Paulo, Editora 34, 2004), p. 326. (N. E.)

80   TARIQ ALI

A Guerra da Coréia terminou, e o armistício foi assinado em 27 de junho de 1953. O governo norte-americano rejeitara misericordiosamente o prudente pedido de Syngman Rhee para que se usassem armas nucleares contra Moscou e Pequim. Os Estados Unidos e seus partidários perderam mais de 1 milhão de vidas, assim como os norte-coreanos e os chineses. O total de mortes foi muito superior a 3 milhões.

1954

Dois nomes surgiram nesse ano. De um baixinho e de uma cidadezinha: Vo Nguyen Giap e Dien Bien Phu. Os comunistas vietnamitas mantiveram a contínua guerrilha contra os ocupantes japoneses que haviam substituído os franceses, mas o acordo do pós-guerra não lhes trouxe alegria, ainda que em agosto de 1945 o Vietminh controlasse o país inteiro. Soldados britânicos, comandados pelo general Gracey (primeiro comandante-em-chefe do Exército paquistanês em 1947), ocuparam Saigon e a mantiveram até que os franceses conseguiram reocupar o país. Tolamente (criminosamente, diriam alguns), o Vietminh não resistiu nos primeiros estágios. Sem dúvida, isso se deveu a sua relutância em atacar os britânicos, que, afinal de contas, ainda eram aliados da União Soviética. Esse erro sairia caro. A Segunda Guerra da Indochina durou nove anos (de 1945 a 1954). Terminou com a derrota esmagadora dos franceses, que, de modo arrogante, tacharam Giap de "general-de-mato" na Batalha de Dien Bien Phu. O general francês Navarre, sob forte pressão norte-americana para apressar o planejamento da vitória, decidiu lançar 20 mil de seus melhores soldados de pára-quedas na cidadezinha do vale de Dien Bien Phu. O Vietminh controlava o campo circundante e Navarre queria usar a cidade para varrer os guerrilheiros vietnamitas da região. A tática foi chamada de posição "porco-espinho". O "general-de-mato" decidiu ir à caça. Os soldados de Giap cercaram o "porco-espinho" e, das colinas que davam para a cidade, submeteram a fortaleza francesa a uma descarga contínua de fogo de artilharia. Foi uma guerra diurna. À noite, os vietnamitas começaram a cavar uma série de trincheiras em ziguezague que os deixaram ainda mais perto dos franceses. Logo ficou visível que o cerco do mestre estrategista não poderia ser rompido.

Os homens de Washington observavam a situação com inquietação crescente. John Foster Dulles, secretário de Estado dos Estados Unidos, defensor declarado da teoria da contra-revolução permanente, enviou uma mensagem aos franceses. Eles por acaso estariam interessados em usar armas nucleares para queimar os cupins vermelhos das colinas em torno de Dien Bien Phu? A oferta foi educadamente rejeitada. Afora outras considerações, o exército de cupins já havia entrado no perímetro de Dien Bien Phu e as armas nucleares eliminariam também as tropas francesas. Em vez disso, os franceses decidiram se render ao "general-de-mato".

A batalha marcou o fim do domínio colonial francês na Indochina. Naquela semana de maio, quando a notícia chegou à capital francesa, as classes dominantes tiveram um choque. Jean-Paul Sartre e Simone de Beauvoir, entretanto, saíram ao sol pelas ruas de Paris e acharam difícil conter a alegria. Em casa, nós também ficamos felicíssimos, embora não tenha tido comemoração oficial, já que o governo do Paquistão era fortemente pró-francês. Mas na vizinha Índia, o primeiro-ministro, Jawaharlal Nehru, falou pelo continente como um todo ao congratular os vietnamitas pela vitória épica e comemorar publicamente mais uma derrota do imperialismo europeu. O general Giap tornou-se herói dos adolescentes.

Rapidamente se convocou uma conferência em Genebra para tratar da crise. Norte-americanos, russos, chineses, indianos e o Vietminh mandaram delegações. Foi oferecido um armistício aos vietnamitas: eles poderiam ficar com o Vietnã do Norte, já que controlavam a região, mas o sul, onde as complicações eram imensas, teria eleições dali a dois anos para determinar seu futuro. Os vietnamitas não gostaram da oferta, porque a vitória total estava ao alcance de suas mãos, porém, contrafeitos, curvaram-se à pressão de Moscou e de Pequim; a luta não continuaria no sul. Mais de uma década depois, enquanto Hanói era bombardeada dia e noite, Pham Van Dong, primeiro-ministro do Vietnã do Norte, me dizia que "foi a fase mais infeliz da nossa história e, como vê, estamos pagando o preço do nosso erro".

A Conferência de Genebra também foi a primeira reunião pública de líderes norte-americanos e chineses. John Foster Dulles encarara duramente Chu En-lai. Os chineses já haviam começado a substituir os russos nas produções hollywoodianas mais estranhas da Guerra Fria. Quando o primeiro-ministro chinês se dirigiu a Dulles e lhe estendeu a mão, o norte-americano simplesmente lhe deu as costas e se afastou. A indignação da Ásia foi articulada por Nehru, que convocou uma conferência afro-asiática extraordinária em Bandung, na Indonésia, em 1955, que faria valer a soberania dos Estados recém-independentes dos dois continentes.

1956

Crescer num país recém-independente deveria permitir pelo menos um pouquinho de inspiração, entusiasmo ou estímulo. Mas o Paquistão, coitado, era um Estado sem história. Seus ideólogos, nas poucas ocasiões em que foram coerentes, só conseguiam pensar em termos de comparar e contrapor tudo, pequeno ou grande, com a vizinha Índia. Os governantes do Paquistão sofriam de um gigantesco complexo de inferioridade. Isso criava problemas em muitos níveis, mas para nós, que nos anos 1950 estávamos na escola primária, criava um vácuo terrível. No Paquistão, nacionalismo não significava manter uma distância respeitosa da antiga potência colonial, mas sim um chauvinismo anti-indiano grosseiro. Isso não era totalmente ilógico. O Congresso da Índia travara uma luta bipartida contra o imperialismo britânico. A Liga Muçulmana fora criada pelos britânicos para organizar a elite muçulmana. Mesmo nos anos anteriores a 1947, a Liga Muçulmana não combatera essencialmente os britânicos, mas o Congresso. Em segredo, eu admirava Nehru, mas dizer isso em público provocaria muito pugilato na escola.

Os burocratas que de fato governaram o Paquistão de 1947 a 1958 estavam totalmente comprometidos com o Ocidente. Sucessivos primeiros-ministros foram a Washington beijar mãos na Casa Branca. Portanto, foi com certo alívio que li a notícia do surgimento de um nacionalista árabe: Gamal Abdel Nasser. Esse era alguém que podia ser defendido em público. Quando Nasser nacionalizou o Canal de Suez e disse à multidão exultante que "os imperialistas podem sufocar na sua raiva", sentimos entusiasmo misturado com orgulho. Nasser virou herói em todo o subcontinente. Era popular principalmente entre o povo do Paquistão. A única característica surpreendente do caso todo foi que, enquanto os líderes indianos lhe prometeram todo o apoio, no Paquistão "muçulmano" os círculos governantes ficaram do lado do inimigo até que a onda de descontentamento popular os obrigou a recuar e se calar.

Nessa época meu pai era editor de *The Pakistan Times*, jornal diário de maior circulação do país e parte de uma cadeia de jornais de esquerda que fora fundada às vésperas da independência levada a cabo por Mian

Iftikharuddin, político socialista e amigo íntimo da família. O Paquistão, privado de uma esquerda viável depois da migração dos comunistas hindus e siques logo após a divisão do país, ganhou um conjunto de revistas e jornais diários radicais de grande circulação sem paralelo na vizinha Índia nem em lugar nenhum do continente.

A notícia de que o Egito fora invadido por uma força expedicionária anglo-francesa apoiada por Israel chegou à noite. Meu pai voltou com as provas revistas do editorial que redigira. Este condenava com violência a operação como um todo e marcou o início da campanha que isolou totalmente o governo. Na manhã seguinte, na escola, não se falava de outra coisa. Nossa escola era administrada pelos missionários irlandeses Irmãos Católicos, um bando de beatos que desencorajava qualquer discussão atual dentro ou fora da sala de aula. O clima era fortemente apolítico. No entanto, na manhã seguinte à invasão de Suez foi simplesmente impossível impor tais restrições.

Mais tarde, no mesmo dia, os estudantes universitários entraram em greve contra a guerra e marcharam até o consulado britânico, passando pelas escolas primárias e secundárias, que em sua maioria fecharam em solidariedade. A notícia se espalhou e esperávamos ansiosos sua chegada quando o sr. Walters, aparentemente exausto, veio nos dizer que os irmãos queriam que o Corpo de Jovens Cadetes subisse no telhado da escola e apontasse as espingardas para os universitários, cujo canto já se ouvia. A idéia foi recebida com gestos obscenos e ofensas dos rapazes mais velhos, mas antes que o assunto se prolongasse nossa escola foi ocupada por estudantes zangados que exigiam que ela fosse fechada. O diretor, irmão reverendo Xavier Henderson, recusou-se a receber a delegação. Ele então foi arrastado para fora da sala, sem nenhuma cerimônia, mas com gentileza, e levado até os manifestantes, que entoavam palavras de ordem antiimperialistas. Inevitavelmente, o surgimento do irmão Henderson, único rosto branco presente, fez a temperatura subir. Hendy percebeu que teria de fechar a escola, sendo assim decidiu agir com estilo e segundo seus próprios termos. Subiu numa cadeira e dirigiu-se à multidão, explicando que não era britânico, mas irlandês. Isso silenciou apenas em parte os estudantes, já que o sistema educacional colonial nunca explicou direito a divisão histórica entre Grã-Bretanha e Irlanda. De repente, Hendy levantou a mão direita, deformada. Sempre nos perguntamos como ficara daquele jeito e não é preciso dizer que tínhamos várias teorias, a maioria delas produto de fantasias de meninos de escola imaginando algum segredo dos padres. Aí o irmão reverendo Henderson informou aos zangados rapazes da cidade que seus dedos haviam sido permanentemente aleijados quando participara das campanhas do Exército Republicano Irlandês contra o imperialismo britânico, no final da década de 1920 e na década de 1930. Fez-se silêncio enquanto ele falou sobre a luta irlandesa, terminando com uma peroração maravilhosamente falsa que anunciava que ele decidira fechar a escola em protesto contra a invasão do Egito. Houve muitos aplausos e até alguns gritos de "Henderson Zindabad" ("Vida longa a Henderson"), que enfatizaram o aspecto cômico da situação. Alguns de nós se uniram à passeata até o consulado britânico. Foi minha primeira participação num evento político sem a presença dos meus pais.

1956 foi um daqueles anos que marcaram toda uma geração. A debacle de Suez simbolizara o fim de uma época. A Grã-Bretanha, que fora a potência imperialista *par excellence*, não conseguia tomar nenhuma iniciativa independente. A aprovação e a permissão prévias dos Estados Unidos eram requisito necessário para todas as ações a leste ou a oeste de Suez. O sucesso político de Nasser transformou o neutralismo numa força poderosa no mundo colonial. Nasser, Nehru e Tito tornaram-se os três reis do não-alinhamento. O contraste com a atitude indiferente do governo paquistanês não podia ser ignorado. As ações de Nasser foram um duro golpe nos partidos governantes do Paquistão. Os burocratas e os generais do país evitaram a realização de eleições gerais.

O surgimento do novo nacionalismo terceiro-mundista parecia ser o avanço mais empolgante do ano, pelo menos para meninos e meninas no início da adolescência. Contudo, nossa família ficou muito mais abalada com a estranha notícia que começava a transpirar de Moscou, onde Nikita Kruschev falara ao XX Congresso do Partido Comunista da União Soviética. O levante em Berlim Oriental assustara os homens do Kremlin. Stalin suprimira toda oposição por meio de uma série de expurgos sistemáticos a sangue frio, tanto em seu próprio partido quanto em toda a Europa oriental. Seus sucessores começavam a perceber que não podiam seguir agindo do jeito antigo. O fantasma de Berlim Oriental tinha de ser exorcizado. Kruschev, mais que todos os outros burocratas, percebeu que chegara a hora de suspender a cortina do medo. Decidiu ir o mais longe possível sem destruir de fato a estrutura de dominação burocrática. Seu discurso no XX Congresso do Partido foi um ato audacioso na medida em que falava aos delegados sem o aval do Politburo, no qual ele continuava a fazer parte da minoria. Mas foi tudo cuidadosamente planejado e o astuto ucraniano impediu que seus partidários mais ardentes (como Anastas Mikoyan) fossem longe demais. A denúncia dos crimes de Stalin teve um impacto tremendo e gerou uma enorme tempestade dentro da antiga família stalinista. Até aquela época, as críticas da esquerda ao stalinismo haviam sido obra principalmente de grupos minúsculos de trotskistas. Vinte e cinco anos antes, por terem feito várias acusações iguais às de Kruschev, eles foram acusados de serem agentes de Hitler (exceto durante o período do pacto Hitler–Stalin), de Churchill (mas não na época da Grande Aliança) e da CIA. Como os leais stalinistas chegariam à quadratura do círculo?

No Ocidente, os partidos comunistas perderam uma camada importante de intelectuais e de simpatizantes. A defecção foi mais acentuada na Grã-Bretanha, onde o partido perdeu vários milhares de membros, inclusive seus historiadores mais famosos. Muitos deles saíram do partido porque o aparelho se recusava a permitir qualquer discussão interna séria sobre as questões em jogo. Na Ásia, os líderes chineses publicaram um panfleto intitulado "Sobre a questão de Stalin", defesa grosseira e simplista do ditador motivada principalmente pela hostilidade faccional a Kruschev em outras questões importantes. Portanto, 1956 também marcou o início oficial da disputa sino-soviética que mais tarde seria conduzida com uma rara ferocidade.

Em nossa casa houve muita discussão e perplexidade, mas afinal Kruschev prevaleceu. Foi irônico que a vitória de Kruschev resultasse da recusa político-psicológica dos camaradas de várias partes do subcontinente a admitir que Moscou pudesse errar. As mudanças em nosso mundinho foram drásticas. Da noite para o dia, os bustos de Stalin sumiram, indo primeiro para o sótão e depois virando presentes para o comprador de sucata. Muitos anos depois, eu costumava imaginar uma daquelas estatuetas descartadas, já bem velha, com a cabeça e o nariz meio destruídos, em alguma sala de visitas de classe média, com a orgulhosa anfitriã a exibi-la como peça raríssima dos anos 400 a. C. a 300 a. C., encontrada nos montes Harappa, em Sind. As *Obras reunidas* de J. V. Stalin também sumiram em algum quartinho de guardados, onde passaram muitos anos pegando poeira e alimentando traças.

Depois de aceitar a desestalinização, os camaradas locais ficaram meio perplexos quando Kruschev mandou os tanques esmagarem o levante anti-stalinista na Hungria, encabeçado por integrantes do Partido Comunista de lá. Em nosso mundo, Suez ofuscou Budapeste. Havia pouquíssimas informações sobre o que realmente acontecera. Nasser estava muito mais perto de nós em termos geográficos e políticos. As revistas em inglês que nos chegavam regularmente de Londres eram a *New Statesman* e a *Labour Monthly*, e esta última constituía um sólido ponto de referência. As "Notas do mês", incisivamente escritas por RPD, eram reproduzidas de várias maneiras na Índia e no Paquistão[1]. Só quando fui para a Europa é que realmente entendi a importância do que acontecera na Hungria naquele ano.

1956 mostrou que os dois campos estavam divididos internamente. Isso ajudou a afrouxar as rígidas categorias ideológicas impostas pelas exigências do esfriamento pós-1948. As certezas cuidadosamente concebidas dos guerreiros frios começaram a desmoronar. O edifício estava abalado. É verdade que ambos os lados haviam reerguido suas casas, mas até que ponto os novos alicerces agüentariam? Esse tipo de pergunta nunca era feito em público, em Lahore.

O fechamento de nossa escola por causa de Suez já tornara aquele ano memorável. Agora estava para acontecer algo que ofuscaria até o triunfo de Nasser. Os líderes da China revolucionária eram esperados no Paquistão para uma visita oficial. Lahore estava no itinerário. Só isso já seria bastante arrebatador, mas para surpresa de todos o governo permitiu que os chineses aceitassem o convite para um almoço particular oferecido pelo político socialista Mian Iftikharuddin. Foi uma grande festa e, como comentou um espertinho local, "muito maior que *o* Partido no Paquistão". A *intelligentsia* esquerdista da cidade, cuja maior parte trabalhava como jornalista para a Progressive Papers Ltd, compareceu, além de alguns dignitários, como o corpulento governador da província. O protocolo não interferia nessas ocasiões. Fui apresentado tanto a Chu En-lai quanto ao marechal Ho Lung. Uma nova língua entrou em meu gasto livro de autógrafos, embaraçosamente misturada a coisas como Hanif Mohammed e os três W do críquete das Índias Ocidentais (Worrell, Weekes e Walcott).

---

[1] RPD são as iniciais de Rajani Palme Dutt, importante teórico comunista britânico (de origem mestiça, sueca e indiana), cujo imenso talento foi grotescamente desperdiçado com o surgimento do stalinismo. O preço da lealdade de Dutt a Moscou foi a autodisciplina mental. Apesar disso, se o próprio Dutt morasse em Moscou no fim da década de 1930, é improvável que sobrevivesse aos expurgos.

Chu En-lai era cortês e educado e respondeu sorridente a todas as perguntas. Todos ficaram desapontados e procuraram o marechal Ho Lung, veterano da guerra civil que fora chefe de bandidos, mas aderira à revolução. Pelo menos foi o que o intérprete chinês contou a Sohail Iftikhar e a mim, enquanto o fitávamos com espanto. Não me lembro de o marechal ter dito uma única palavra naquele dia. E assim ele subiu mais ainda em nossa estima. Seu jeito calado parecia enfatizar sua força de caráter, ou assim me pareceu na época. Nos anos seguintes, vasculhei muitos volumes de história chinesa atrás de referências a Ho Lung. Embora fosse muito mencionado em despachos revolucionários, era óbvio que não tinha o hábito de escrever diários de guerra nem fazer discursos memoráveis. Essa pode ser outra explicação para seu silêncio naquele dia.

1957

Os acontecimentos de 1956 devem ter causado algum efeito sobre mim. Acho que me deram autoconfiança na atuação política, que nos anos anteriores se limitara a acompanhar meu pai ou minha mãe a algum tipo de evento político.

A certa altura desse ano, li uma nota no jornal que me chocou profundamente. Um norte-americano negro, Jimmy Wilson, fora condenado à morte por roubar um dólar em algum lugarejo miserável perdido no sul dos Estados Unidos. Eu escutava Paul Robeson praticamente desde criancinha. A revista norte-americana *Masses and Mainstream*, que também nos chegava regularmente, publicava muito material sobre as condições de vida dos negros nos Estados Unidos. Mas a condenação de Wilson superava tudo. Fui para a escola enraivecido, discuti a questão com alguns amigos, em sua maioria apolíticos, mas que ainda assim ficaram chocados com o grau de atrocidade que estava prestes a ser perpetrada. Era preciso fazer alguma coisa e decidi que organizaríamos uma passeata de secundaristas até o consulado norte-americano, na Empress Road.

Houve algum entusiasmo com a idéia e concordamos em realizar a passeata no sábado seguinte, quando estudávamos meio período. Não obtivemos permissão de ninguém, mas distribuímos folhetos e fizemos alguns cartazes. Achei que conseguiríamos levar às ruas uns cem garotos. Outros foram mais cautelosos. Ainda assim, esperávamos que pelo menos cinqüenta aparecessem, ainda mais que tínhamos obtido a promessa de umas três dúzias de amigos. No entanto, no dia marcado, só seis ficaram depois da aula. Os outros não tinham conseguido passar por cima da desaprovação dos pais. O pequeno comparecimento provocou novos dilemas. Deveríamos ir andando ou simplesmente contratar uma *tonga* (charrete), embarcar e entregar discretamente a nota de protesto? A maioria (quatro de nós) decidiu que, como tínhamos feito os cartazes, haveria a passeata. E partimos. Enquanto marchávamos pela rua, nosso protesto atraiu interesse genuíno, mas também bastante hilaridade irreverente. Num momento fundamental, em que até eu começava a me sentir deprimido e a alimentar a idéia de que, afinal de contas, deveríamos ter embarcado numa *tonga*, uma gangue de meninos de rua veio nos salvar. Dezenas deles agarraram nossos cartazes. Aí um deles perguntou:

– Por que mesmo estamos fazendo essa manifestação hoje?

– Por causa de Jimmy Wilson – expliquei.

Bobamente, imaginara que o caso já era famoso. Os garotos concordaram sabiamente. Então, quando estávamos prestes a atravessar a principal avenida da cidade, diante da Câmara Legislativa da província, eles explodiram numa cacofonia de palavras de ordem. Os transeuntes estavam quase nos levando a sério (ou assim pensamos), mas os gritos de nossas fileiras criaram um minúsculo furor nas calçadas. Até os vendedores de rua levantaram os olhos para ver o que estava acontecendo. Nós, iniciadores da passeata, ficamos paralisados de horror. Os meninos de rua repetiam:

– Jimmy Wilson, Murabad! ("Morte a Jimmy Wilson!")

Tínhamos sido infiltrados? Parei a passeata no meio da rua, expliquei aos nossos guerreiros urbanos que Jimmy Wilson estava do nosso lado e que a passeata era para salvar a vida dele. Eles eram mais numerosos, seis deles para cada um de nós, e a situação poderia ficar tensa. Felizmente, perceberam o erro e corrigiram-no publicamente, repetindo "Jimmy Wilson, Zindabad!", e seguimos adiante. No consulado, os meninos de rua não puderam entrar no complexo, mas um amigo e eu tivemos permissão de entregar a carta de protesto ao cônsul-geral, um ocidental mestiço e sisudo chamado Spengler. Ele aceitou nossa carta, disse que estávamos sendo enganados pela propaganda comunista, insistiu que Wilson fora julgado e considerado culpado pelo júri e que isso era tudo que tinha a nos dizer. Então anotou nosso nome, disse que escreveria ao diretor da escola e faria uma queixa formal. Na segunda-feira seguinte, descobrimos que não fora uma ameaça vazia. Foi minha primeira vivência concreta da democracia norte-americana.

O balanço geral do evento foi que tínhamos evitado um desastre total, principalmente por causa do apoio adicional que tivemos *en route*. Depois daquele dia, e nos anos que se seguiram, toda vez que encontrava algum dos que tinham engrossado nossas fileiras com tanta generosidade eu o ouvia sussurrar, sorrindo:

— Jimmy Wilson, Zindabad, hein?

1958

O ano dos generais. Na França, o general De Gaulle, apoiado pelo exército francês, tomou o poder e deu fim à instabilidade política que caracterizara a Quarta República. Declarou a Quinta República e arrogou a si poderes e privilégios de "presidente". Como homem forte da nova República, construiu um partido político capaz de refletir as preocupações e os interesses das classes dominantes francesas. No Paquistão, o general Ayub Khan revogou a Constituição e declarou lei marcial. Sua meta era impedir que a primeira eleição geral do país, marcada para a primavera de 1959, fosse realizada. Na primeira reunião do gabinete, dominado por generais e alguns civis escolhidos a dedo, Ayub apresentou diretrizes estritas que estabeleciam o perímetro político de seu governo. Muitos anos depois, um dos civis, Zulfiqar Ali Bhutto, me contou que, quando lhe perguntaram sobre a política externa do país, Ayub respondera:

— No que nos diz respeito, só há uma única embaixada importante: a norte-americana.

Em conseqüência, houve poucas dúvidas sobre a orientação intensamente conservadora da ditadura militar, em termos nacionais e internacionais. Na época, uma de minhas tias paternas era casada com um dos três generais que ladeavam Ayub. Seu marido era o novo ministro do Interior.

— O novo regime — contou-nos no almoço, certo dia — é ferozmente anticomunista.

Nós já sabíamos.

Depois do golpe, a maioria dos jornais do país saudou o general como um salvador. A única exceção foi o conjunto de jornais e revistas editados pela Progressive Papers Ltd, já que o regime militar impusera uma censura estrita. Não foi permitida nenhuma crítica à lei marcial. A Progressive Papers sempre fora uma anomalia no Paquistão, onde o grosso da *intelligentsia* pós-divisão não era meramente conformista, mas engajava-se no projeto de reescrever a história da luta pela independência indiana para dar razão de ser ao novo Estado. Mian Iftikharuddin, proprietário dos jornais, era um parlamentar radical e sempre fora um crítico vigoroso e coerente dos sucessivos governos e da todo-poderosa embaixada dos Estados Unidos. Esta última achava de fato estranhíssimo que a maior cadeia de jornais de um país umbilicalmente ligado aos Estados Unidos demonstrasse uma hostilidade tão uniforme aos interesses norte-americanos na região. Instalada a ditadura de Ayub, o espinho incômodo agora poderia ser extraído sem dor.

Tanto na França quanto no Paquistão, os políticos haviam perdido a vontade de resistir aos generais. É verdade que Paris assistira à manifestação de apoio de um quarto de milhão de homens e de mulheres à democracia. Essa manifestação acabou sendo o cortejo fúnebre da Quarta República. Guy Mollet, líder socialista e defensor fiel da Guerra do Vietnã, da ocupação da Argélia e da desafortunada expedição a Suez, escreveu uma carta particular a De Gaulle em que insistia na ocupação do país. Mas não houve greve geral contra a emasculação da democracia, nem na França nem no Paquistão. A ascensão e a queda de sucessivos governos parlamentares, resultado da oscilação contínua da lealdade parlamentar, tornaram-se um passatempo nacional em ambos os países. Essa variante legislativa da dança das cadeiras intensificou a alienação de muita gente no sentido de uma política burguesa tradicional. A visão de um homem forte montado num cavalo branco parecia trazer alguma esperança a setores do populacho desmoralizado. Os partidos comunistas e radicais franceses tentaram resistir à onda, mas não conseguiram muito apoio. Na verdade, os socialistas franceses haviam aberto o caminho para De Gaulle com sua atitude infeliz nas guerras coloniais em que a França se envolvera.

Na Grã-Bretanha, a reação à vitória de De Gaulle era previsível. A imprensa direitista ficou felicíssima; a executiva nacional do Partido Trabalhista foi aquiescente. Os trabalhistas de esquerda da época condenaram a dissolução da Quarta República. Aneurin Bevan foi eloqüente em suas acusações e Michael Foot, seu fiel lugar-tenente, condenou a pusilanimidade dos políticos franceses. Por esse ato, ele foi expulso da França. Richard Crossman defendeu De Gaulle nas páginas de *The Daily Mirror*, retratando o general como o único líder capaz de impedir a queda no fascismo. O mesmo Richard

Crossman atacou os comunistas franceses nas colunas da *New Statesman* por não terem resistido a De Gaulle com todas as suas forças. É muito interessante que logo a *New Statesman* defendesse o regime do general Ayub Khan como um interregno benigno e cavalheiresco na história do país. Isso foi escrito na época em que Kingsley Martin ainda dirigia a revista.

Os generais De Gaulle e Ayub Khan tomaram o poder no mesmo ano. Uma década depois, ambos teriam de enfrentar o surgimento de novos e poderosos movimentos de massa.

1959

Em janeiro, uma pequena ilha do Caribe, situada bem ao largo do continente norte-americano, tornou-se conhecida no mundo inteiro. Enquanto Batista, ditador apoiado pelos Estados Unidos, fugia de Cuba rumo a Miami, as unidades rebeldes do Movimento 26 de Julho, com Fidel Castro a sua frente, entravam em Havana. Toda a cidade parou para saudar os heróis da guerra revolucionária. O regime de Batista, marcado pela combinação de sadismo com corrupção, transformara Havana num porto seguro para a máfia. Os combatentes da Sierra Maestra sempre foram muito menos numerosos que os soldados que apoiavam a ditadura, mas a luta travada pelos guerrilheiros conquistou os corações e as mentes dos camponeses pobres e dos trabalhadores das cidades. Como costuma acontecer na maior parte do mundo, os pobres constituíam a maioria avassaladora da população do país. Para eles, em 1959 Fidel Castro era um gigante. Marx escreveu que "os homens fazem sua própria história, mas não a fazem como querem; não a fazem sob circunstâncias de sua escolha e sim sob aquelas com que se defrontam diretamente, legadas e transmitidas pelo passado". Nos primeiros dias da revolução, Castro parecia fazer a história como bem queria. A série de episódios e encontros que fez a guerra revolucionária constituía uma lista impressionante de atos de coragem e de ousadia. Alguns anos depois, Régis Debray, o mais conhecido cronista europeu da Revolução Cubana, descreveu Fidel Castro, Che Guevara e seus camaradas como uma gente que "arriscou tudo para ganhar tudo" e concluiu que, "no fim, mereceu ganhar tudo". Para toda uma geração da América Latina e da Europa ocidental, essa revolução seria uma experiência educativa. Ensinaria que era possível desafiar a opressão, lutar e vencer. O sucesso de Cuba radicalizou milhões na América Latina e dezenas de milhares na Europa.

Seria bom registrar que, de Lahore, eu acompanhava fielmente o avanço da guerra; os vales, as gargantas e as selvas impenetráveis da Sierra Maestra estavam profundamente gravados em minha consciência e, quando Havana foi libertada, e de um só golpe passou de bordel de mafiosos a fornalha da revolução continental, meu coração também se inflamou. Seria bom, mas totalmente falso. Com certeza a queda de Batista foi registrada pela imprensa paquistanesa, mas dominava ali uma confusão não muito diferente da perplexidade que reinava em Washington. Quem era Fidel Castro? Ele nunca fora comunista nem esquerdista. Isso deu esperanças a Washington e deixou a velha esquerda, amarrada a concepções moscovitas, desconfiada e nervosa. Pequim e Hanói haviam se juntado às forças do comunismo tradicional. O que Castro faria com Cuba? Ele se tornaria um nacional-populista como Perón ou um simples nacionalista como Arbenz, na Guatemala, que seria derrubado dali a alguns anos por um golpe instigado pelos Estados Unidos? Ou alteraria para sempre o mapa da América Latina, rompendo totalmente com as empresas norte-americanas que dominavam a economia de seu país?

No Paquistão, tínhamos pouquíssimas notícias de Cuba. Não havia embaixada cubana, logo nenhuma literatura cubana repousava sobre a escrivaninha de meu pai. Na verdade, o único material que parecia chegar regularmente até nós naquela época era a comunicação diária do censor oficial, num envelope grande que continha editoriais ou reportagens cortados de qualquer jeito. Produzir jornais de oposição em regime de lei marcial era um exercício ao mesmo tempo arriscado e estressante, mas tenho certeza de que o nosso lado não teria cometido nenhum erro estratégico ou tático. Os generais, infelizmente, também achavam irritante lidar todos os dias com um conjunto de jornais recalcitrantes, ainda mais que todos os outros jornais e revistas haviam entrado na linha sem esforço nenhum. Numa reunião confidencialíssima do gabinete, eles definiram um plano para resolver o problema. Fabricaram provas falsas para acusar Mian Iftikharuddin de receber "ouro de Moscou". Isso foi usado como pretexto para a desapropriação dos jornais. Mian tentou forçar os bandidos fardados a julgá-lo num tribunal civil; não conseguiu e morreu de coração partido alguns anos depois.

Eu também fui profundamente afetado pelo episódio. Certa manhã de abril, antes do café-da-manhã, a calma de nossa casa foi perturbada pelo som de uma buzina, dos portões sendo abertos e de uma atividade incomum. Olhei pela janela do quarto e vi uma limusine do governo com a bandeira oficial. Como eu era o único membro da família que já estava vestido para ir à escola, corri para fora a tempo de ver apenas um ministro do gabinete sair do carro e me acolher com um sorriso. Era Zulfiqar Ali Bhutto, um dos civis prediletos de Ayub na época. Exigiu falar com meu pai imediatamente. Levei-o até o escritório e saí. Para minha profunda irritação, não me permitiram esperar o resultado e tive de ir para a escola. Percebi instintivamente que, fosse qual fosse a razão da visita de Bhutto, deviam ser notícias graves e ruins. Passei o dia sem conseguir me concentrar.

Quando voltei para casa, havia caras fechadas por toda parte. Minha mãe me disse, com uma voz muito calma e nada típica dela, que o exército havia ocupado os jornais, que policiais armados haviam cercado o prédio, que meu pai havia se demitido na mesma hora e ido buscar seus pertences pessoais e que eu não devia me preocupar. Lembro-me de ter perguntado a ela por que Bhutto aparecera pela manhã? Acontece que fora um gesto de cortesia que visava alertar meu pai de que seu escritório estava sob ocupação militar e, ao mesmo tempo, pedir que ele permanecesse como editor-chefe de todas as publicações para garantir que o padrão fosse mantido. Meu pai explicara que o "padrão" era determinado pela postura política dos jornais e que agora toda independência real ou crítica do regime seria impossível. O ministro então lembrou ao editor que como agora, tecnicamente falando, ele era funcionário público, a lei de manutenção de serviços essenciais poderia ser usada para mantê-lo no cargo. O editor sorriu com tristeza e disse ao ministro que, se esse mecanismo fosse utilizado, eles teriam de prendê-lo, já que ele não estava disposto a permanecer nem um único dia. Finalmente Bhutto concordou. O número do *Pakistan Times* que noticiou a ocupação do exército também divulgou a demissão do editor. O restante da imprensa, que reclamava da concorrência feita pela Progressive Papers, agora agradecia editorialmente ao governo por expulsar "os estranhos da casa". A revista *Time* observou, de passagem, que o regime militar ocupara "o diário mais bem editado da Ásia". Nos anos seguintes, a imprensa paquistanesa tornou-se cada vez mais servil e vendida para atender às preferências dos sucessivos líderes. Os jornalistas do país foram muitas vezes comparados a prostitutas. Isso não é justo. As mulheres citadas vendem apenas seu corpo. Os jornalistas venderam sua alma.

1961

Quando ingressei na Universidade de Lahore, o regime militar estava no poder havia quase quatro anos. O general Ayub promovera-se e agora carregava o bastão de marechal-de-campo, mas a mudança de posto não ajudou a impedir o declínio de seu governo. O discurso oposicionista era cada vez mais duro nos diretórios e nos refeitórios estudantis. A política continuava amordaçada. As atividades de partidos políticos e de sindicatos continuavam proibidas; as manifestações eram ilegais e qualquer desobediência a certas determinações da lei marcial constituía, tecnicamente, crime passível de pena de morte. Ainda assim, a temperatura começava a subir nos *campi*. Em países onde a ditadura sufoca qualquer discordância e não permite assembléias livres, as universidades transformam-se em principal centro de organização política. Isso acontece principalmente em países do Terceiro Mundo, onde o grosso da população ainda mora no campo. Em 1961, no Paquistão os camponeses constituíam mais de 80% da população.

Eu estudava no Colégio do Governo. Instalada em 1864 num prédio neogótico, essa instituição formara incontáveis advogados e funcionários públicos na época do Raj, mas também se tornara ponto de encontro dos líderes da oposição cultural ao imperialismo. Em outras palavras, o *campus* desenvolvera a tradição da liberdade acadêmica e cultural, elogiada regularmente por professores e mestres, todos eles, é preciso lembrar, funcionários do Estado e freqüentemente à mercê de servidores públicos inescrupulosos. O reitor, dr. Nazir Ahmed, era cientista, embora a aparência descuidada e o cabelo comprido lembrassem mais um guru hippie. Era despretensioso e muito inteligente. Desdenhava os colegas que achavam difícil tomar decisões controvertidas sem consultar o Ministério da Educação. Estes se enganavam bobamente com sua aparência e subestimavam o poder de seu cérebro. Ele amava a poesia e era um dos maiores especialistas em poetas sufis do Punjab, que haviam abraçado um existencialismo popular e eletrizado as pessoas comuns nos séculos XV, XVI e XVII.

O bom doutor era extremamente hostil ao regime de lei marcial e a seus devotos. Descobriríamos isso ao escutar um de seus discursos numa assembléia da faculdade. Com um ar levemente indiferente, ele fez algumas referências à situação no país. Então ajeitou o cabelo com as duas mãos e fez um gesto como se dissesse que era inútil falar mais. De repente, mudou a metáfora.

– Tempestades estranhas – murmurou – não duram para sempre. O tempo sempre volta ao normal.

Como isso foi dito num dia de verão quente e normal, quando a temperatura ao ar livre passava dos 40 °C, não demoramos a entender a mensagem. Depois da surpresa inicial, houve uma explosão de aplausos e risos. O doutor riu e pediu silêncio. Então, disse-nos que devíamos aproveitar o abrigo oferecido por sua administração na faculdade para criar grupos de estudo e analisar o significado das tempestades estranhas e por que aconteciam. Prometeu que não haveria repressão no *campus*.

Quando decidimos comemorar o Dia da Argélia e homenagear a resistência naquele país, além de levantar recursos para os guerrilheiros, o Ministério da Educação intrometeu-se e proibiu qualquer atividade relativa ao assunto. Na época, o Paquistão apoiava a França. Ambos os países haviam colaborado em organizações de defesa conjunta criadas pelos Estados Unidos. Ainda assim realizamos uma assembléia com discursos combativos, e as autoridades da faculdade nada fizeram. O doutor subiu ainda mais em nossa estima.

Em fevereiro, houve novo acréscimo à longa lista de mártires do Terceiro Mundo: Patrice Lumumba, líder eleito do Congo Livre, fora deposto e vergonhosamente assassinado. Os matadores eram mercenários nativos pagos pelo tirano colonial que estava de partida, a Bélgica, e tinha o apoio da ONU e dos EUA. Com medo das maquinações belgas, Lumumba ingenuamente convidara a ONU para mandar uma força de manutenção da paz ao país e supervisionar a partida dos belgas. Sem dúvida, a maioria das autoridades da ONU era profundamente hostil a Lumumba. Naquela época, o preconceito era generalizado no Ocidente. Assim, Clyde Sanger, correspondente de *The Guardian*, era famoso por sua hostilidade ao líder congolês. Sua descrição da festa do Dia da Independência tachou Lumumba de "ofensivo" por condenar o domínio colonial, e o jornal, sem a mínima vergonha, intitulou a reportagem de "Estragadas as festividades no Congo". É exercício inútil comparar colonialismos, mas o domínio belga no Congo foi o ponto mais baixo a que chegou o colonialismo europeu. Foi marcado por sadismo, tortura sistemática, assassinatos em massa que beiraram o genocídio e violência institucionalizada.

Mais tarde, o Ocidente fingiria surpresa com a crueldade do Congo pós-colonial. Esqueceu-se das aulas cotidianas de massacre que deu durante um século. Lumumba era "ofensivo" porque se recusou a proferir nulidades e, com firmeza e educação, pôs o sinal de condenado na lapela do rei belga Balduíno, cujo avô iniciara o dilúvio de perversões políticas na África. Um dos poucos ocidentais a se solidarizar com o sofrimento dos congoleses foi um irlandês da ONU chamado Conor Cruise O'Brien, que denunciou a cumplicidade das Nações Unidas na derrubada de Lumumba e descreveu o domínio belga no Congo como uma "forma sem igual, nos anais coloniais, de exploração de recursos humanos e outros, pela ganância assassina e destrutiva".

O assassinato de Lumumba nos deu coragem para enfrentar a proibição generalizada de passeatas sob o regime militar. Ficamos chocados com as notícias do Congo. Como presidente eleito da ala estudantil da União dos Estudantes, convoquei uma reunião da executiva no mesmo dia em que a morte dele foi anunciada. Para minha grande surpresa, não houve discordância. Até os representantes mais apolíticos ficaram horrorizados com a rapidez com que o Ocidente removera Lumumba do cenário. Então discutimos se faríamos ou não a passeata. Inevitavelmente surgiram divisões. O país estava sob lei marcial. O custo seria alto. Devíamos deixar que o crime passasse despercebido em nosso país? Conversamos muito. Afinal, os que defendiam ação imediata venceram. Dizer que estávamos nervosos seria pouco. Estávamos apavorados, mas decididos a agir. Folhetos e cartazes foram preparados às pressas e distribuídos entre os estudantes. A rapidez de nossa atividade pegou todo mundo de surpresa. Uma hora depois de tomada a decisão, quase quinhentos estudantes se reuniram e marcharam em silêncio para fora da faculdade. Na época não nos demos conta, mas fomos a vanguarda de um movimento que um dia derrubaria o marechal-de-campo. Nas ruas, denunciamos a cumplicidade norte-americana no assassinato de Lumumba e marchamos até o consulado dos Estados Unidos. Usávamos braçadeiras pretas em sinal de luto e, na frente do consulado, aprovamos uma resolução que descrevia o assassinato como "um dos crimes de maior sangue-frio e mais indesculpáveis da história recente". Apelamos para os países recém-independentes da África e da Ásia para que punissem os assassinos. Enquanto seguíamos para a sede do governo para fazer um comício, avistamos uma figura conhecida vir de bicicleta em nossa direção, furiosamente, o cabelo comprido adejando ao vento. Era nosso muito amado dr. Nazir Ahmed. Nós o saudamos quando ele apeou e caminhou até a frente da passeata.

– Por favor – implorou, olhando diretamente para mim –, voltem imediatamente. Não posso defendê-los aqui.

Declinamos. Não sendo homem de ameaças, ofereceu incentivos. Prometeu Coca-Colas e pastéis grátis. Um manifestante gritou:

– Que vergonha, doutor! É contra a Coca-Cola que estamos marchando hoje!

Ele riu e ofereceu suco de frutas, mas conseguimos convencê-lo a voltar, o que ele fez, balançando tristemente a cabeça.

No caminho de volta à faculdade, fomos encorajados pela solidariedade demonstrada pela população das ruas. Nossa passeata, ilegal até os ossos, ganhava confiança a cada minuto. Bêbados de sucesso, começamos a recitar palavras de ordem contra Ayub e a lei marcial e a exigir a ordem democrática no Paquistão. Muitos transeuntes aplaudiram, o que aumentou a intensidade da recitação. Não houve recriminações na faculdade, mas a polícia foi ao consulado norte-americano e anotou o nome dos organizadores, inclusive o meu. No dia seguinte, os jornais noticiaram a manifestação, mas não mencionaram nenhuma palavra de ordem contra a ditadura. No entanto, o juiz distrital da cidade de Lahore interveio e a *Gazeta Civil & Militar*, que ainda existia na época, publicou: "Comícios e passeatas estão proibidos no distrito de Lahore depois das manifestações estudantis na segunda-feira contra o assassinato do falecido premiê do Congo, sr. Lumumba. A proibição foi imposta com base no artigo 144 do Código de Processo Criminal por Agha Ahmed Raza, juiz distrital, que proibiu reuniões de cinco ou mais pessoas dentro dos limites do distrito de Lahore. O juiz distrital disse que a proibição foi imposta por serem temidas mais manifestações, em virtude da situação no Congo". O juiz distrital não explicou como os estudantes conseguiram desafiar os regulamentos da lei marcial, nem por que a crise congolesa ameaçava a paz em Lahore. Também deixou de mencionar que as palavras de ordem contra o regime haviam alarmado muitíssimo as autoridades. O sucesso da passeata em homenagem a Lumumba não se deixou esquecer pela população estudantil do país.

1962

Nesse ano, nosso mundo no Paquistão começou a parecer pequeníssimo. Não que tivéssemos nos tornado passivos; de fato, o ritmo e a têmpera das mobilizações estudantis contra a ditadura vinham aumentando. Uma grande manifestação provocara problemas graves. A polícia, incapaz de nos impedir de marchar, tentou demarcar uma linha (no sentido mais literal da palavra) antes que chegássemos à sede do governo. Pintaram uma linha branca que cruzava a rua e avisaram que, se a cruzássemos, nos fariam voltar com gás lacrimogêneo. Três filas atrás da linha de frente estava a nossa cavalaria mecanizada, na forma de um efetivo de cem motonetas. A um sinal, elas foram ligadas, nós nos afastamos e elas avançaram sobre a linha branca, pegando a polícia completamente de surpresa. Começamos a correr e em poucos minutos a linha de frente da polícia estava desfeita e nós, a caminho. Chegaram mais policiais e fomos atacados com cassetetes, mas sem sucesso. A escalada parecia inevitável. Primeiro veio o gás lacrimogêneo, mas ele foi lançado sem eficiência e o vento mudou de direção, fazendo vários policiais tossir sufocados. Depois vieram as balas, atiradas para o alto. Jogamo-nos no chão. De repente, houve um berro. Um estudante fora morto. No dia seguinte, praticamente toda a população estudantil compareceu ao cortejo fúnebre e a agitação espalhou-se para outras cidades, principalmente Karachi, onde a esquerda era muito mais forte nos *campi*. Dezenas de estudantes foram presos, alguns foram torturados.

Antes, naquele mesmo ano, Hassan Nasir, comunista famoso, fora torturado até a morte no Forte Lahore. Ficamos incrivelmente emocionados com o discurso que sua velha mãe, que viera da Índia para o funeral, fez ao lado do túmulo.

– Ele morreu por uma boa causa – disse ela com lágrimas correndo pelo rosto –, mas sei que tenho muito mais filhos que continuarão a luta pela qual Hassan Nasir deu a vida.

Tínhamos poucas ilusões quanto aos métodos violentos usados pela polícia. Os relatos de tortura que vinham de Karachi eram assustadores e conseguiram deter os protestos durante alguns meses. Então o governo decidiu expulsar os estudantes problemáticos. Vários líderes estudantis de Karachi receberam ordem de sair da cidade. Foi o que fizeram e vieram para Lahore, onde pela primeira vez tivemos descrições detalhadas e exatas do que ocorrera. Pouco depois, fui obsequiado com uma ordem para sair de Lahore por um ano. Fui defendido pelo inimitável doutor e também houve muitas manobras de familiares nos bastidores. Essas pressões ilícitas resultaram no cancelamento da ordem de expulsão, para minha grande vergonha. Em vez disso, recebi do governador da província instruções por escrito para parar de concorrer às eleições na faculdade e de participar em debates políticos. Se eu desafiasse essa ordem, seria expulso.

Inventamos métodos de contornar algumas dessas restrições e uma das mais populares eram os debates esopianos. Escolhíamos um tema que, superficialmente, não era político, e tornei-me adepto de buscar frases que tivessem duplo sentido. Assim, num debate cujo tema era "*Lasee* (soro de leite, bebida cotidiana dos camponeses do Punjab desde tempos imemoriais) é melhor que Coca-Cola", não nos dávamos o trabalho de discutir os ingredientes das bebidas em questão, mas sim a política mundial.

Foi a crise dos mísseis cubanos que me fez pensar a sério sobre Cuba pela primeira vez. Se os EUA e a URSS estavam à beira da guerra nuclear por causa de uma ilhota, concluía-se que o que Fidel Castro fizera tinha de ser importante. As opiniões sobre o confronto estavam divididas. Quando Kruschev, o líder soviético, decidiu retirar unilateralmente os mísseis, soltamos um suspiro de alívio. Um avião-espião norte-americano, o U-2, usara uma base militar dos Estados Unidos em Peshawar para sobrevoar a União Soviética. O piloto, Gary Powers, pulara de pára-quedas e fora capturado pelos russos. Os norte-americanos negaram que o vôo tivesse se realizado. Então Kruschev mostrou o piloto. E fez mais. Ameaçou retaliar a ditadura paquistanesa caso o episódio se repetisse e afirmou que Peshawar estava marcada a lápis vermelho. Assim, sabíamos que, se houvesse guerra, nossas cidades sofreriam.

No entanto, essa não era a maior preocupação na época. Foi o confronto real que se tornou tema de debates acalorados. Um amigo, hostilíssimo ao regime paquistanês, mostrou-se pró-norte-americano nesse caso.

— Para começar, por que — não parava de perguntar, de um jeito ao mesmo tempo irritante e ofensivo — eles se arriscaram e puseram os mísseis lá?

— Porque — respondia eu — os norte-americanos têm bases na Turquia, no Irã e no Paquistão e duas dessas satrapias fazem fronteira com a União Soviética. Por que os russos não deveriam responder do mesmo jeito?

— Nesse caso — diria alguém —, por que Kruschev voltou atrás?

Essa parecia fácil.

— Para salvar a paz mundial — era a minha resposta.

E assim continuavam as discussões. Então, certo dia, li uma declaração chinesa a esse respeito, bem típica daqueles primeiros anos de disputa sino-soviética. Os chineses tachavam Kruschev de "aventureiro" por ter enviado os mísseis e de "oportunista e capitulacionista" por tê-los tirado sob pressão norte-americana. A declaração chamou minha atenção porque mostrou que é possível assobiar e chupar cana ao mesmo tempo, mas principalmente por mostrar uma nova regra: podia haver diferenças dentro do movimento.

Coincidentemente, no mesmo ano, meus pais visitaram a Grã-Bretanha e trouxeram com eles um exemplar de uma revista que eu nunca vira e da qual nunca ouvira falar. Era o número duplo de janeiro-abril de 1962 da *New Left Review*. A maioria dos artigos era sobre a Grã-Bretanha; pareciam chatíssimos. Evitei-os, mas dois temas me interessaram: Claude Bourdet, que falava da guerra argelina e suas conseqüências para a política interna na França e revelava a força das correntes protofascistas naquele país, e um documento interno do Partido Comunista italiano que discutia todo tipo de problema. Esse texto tinha uma introdução de um tal de Perry Anderson, que assim descreveu uma de suas principais reivindicações: "A liberdade de expressão e o direito à discordância são princípios que têm de ser tão válidos e importantes nas relações internas dos partidos comunistas quanto entre eles. O principal alvo aqui é o conceito de *monolitismo*".

Tudo isso me ajudou a ver a guerra de palavras entre Moscou e Pequim como algo ao mesmo tempo necessário e saudável. Vale a pena recordar que o principal impulso do ataque chinês aos russos era que estes haviam amolecido com os norte-americanos e se preparavam para sacrificar os movimentos revolucionários dos três continentes no altar da coexistência pacífica. Os chineses publicaram uma série de folhetos populares para explicar sua posição. As imagens usadas pelos escribas de Pequim foram escolhidas para agradar aos militantes do Terceiro Mundo. Conseguiram, e exultamos com "O imperialismo e todos os reacionários são tigres de papel", "Comemorai a vitória sobre o fascismo alemão! Conduzi até o fim a luta contra o imperialismo norte-americano!" e muito mais na mesma linha. O nível da argumentação tendia a ser retórico, mas a mensagem era fácil de entender: "O imperialismo e seus lacaios em todos os países são como o sol poente no céu ocidental, enquanto o socialismo e os movimentos revolucionários nacionais que têm seu apoio são como o sol nascente no céu oriental. Eis a característica de nosso tempo". Simples e direto. Foi por isso que os chineses tiveram impacto. As reações soviéticas tendiam a ser pouco inspiradoras, chatas, cheias de citações de Lenin fora de contexto e totalmente sem vida.

No fim do ano, informaram-nos que um ministro do gabinete queria falar aos estudantes numa reunião fechada. O ministro, Zulfiqar Ali Bhutto, era o membro mais jovem e mais inteligente do *entourage* do ditador. Teve permissão de Ayub para iniciar o diálogo com estudantes escolhidos. A delegação da nossa faculdade foi deixada à escolha da União dos Estudantes. Fomos para uma sala muito bem guardada no antigo prédio da universidade e nos encontramos com alunos de outras escolas, alguns dos quais conhecidos políticos. Bhutto entrou bem vestido, mas levemente nervoso. Era óbvio que achava que nos entusiasmaria com uma diatribe cuidadosamente escolhida contra a Índia. Exigiu que os indianos permitissem que o povo da Caxemira escolhesse o próprio futuro e decidisse se queriam ou não continuar na Índia ou passar a fazer parte do Paquistão.

– Tem de haver um plebiscito na Caxemira – troou, esperando aplausos. Não houve nenhum.

Incapaz de me conter, gritei lá do fundo:

– Que tal um plebiscito no Paquistão primeiro?

Ele ficou tão chocado com a minha afronta que, atipicamente, ficou alguns segundos em silêncio enquanto franzia a testa para mim. Isso foi considerado um sinal, e os apartes começaram em enorme escala.

– Por que o senhor participa do governo militar?

– O senhor tem medo de disputar eleições livres?

– Morte a Ayub Khan!

Bhutto recusou-se a responder a essas perguntas e ficou insistindo que estava ali para falar de outro assunto. Dissemos que não estávamos interessados naquele tópico, que queríamos discutir o Paquistão. Ele se recusou. Os apartes começaram a ficar ameaçadores, e nós nos recusamos a ouvir o discurso. Ele prometeu, ao sair:

– Sei quem são seus líderes, mas dou-lhes minha palavra de que não haverá investigação do Departamento de Investigações Criminais (DIC).

Ficamos espantadíssimos. Em meio ao silêncio súbito, ele saiu bruscamente, suando em profusão. Em certo momento, durante a reunião, ele tirara o paletó e desafiara qualquer um de nós a um duelo de boxe. Rolamos de rir. Naquela noite, no Hotel Park Luxury, ele quebrou alguns copos de uísque e amaldiçoou-nos a noite inteira. Mas os incidentes daquele dia marcaram-no. Ele recordaria tudo isso vários anos depois, enquanto tomávamos café no Dorchester, em Londres. Na época, ele levou uma forte reprimenda de Ayub. Manteve a palavra quanto ao DIC. Não houve prisões nem interrogatórios, embora minha pasta no DIC começasse a engordar.

Um dos irmãos de minha mãe, homem amigável e jovial, não ficou nada contente quando, como chefe do serviço de informações militares, recebeu relatórios sobre as minhas atividades. Entretanto, ficou mais preocupado que zangado e recomendou particularmente que eu fosse encorajado a sair do país o mais depressa possível. Foi muito prestativo ao assegurar que eu receberia meu passaporte, coisa nada fácil naquela época para quem estava na lista negra.

A idéia de partir para sempre de Lahore nunca me passara pela cabeça. Eu não tinha tanta vontade assim de ir para Oxford, já que sentia que a política do Paquistão estava destinada a atingir um clímax explosivo mais cedo do que se pensava. O que me ajudou a decidir foi que o pai de uma jovem amiga acabara de ser transferido para o Alto Comissariado do Paquistão em Londres e, nessas circunstâncias, alguns anos no exterior não me pareceram tanto tempo assim.

PRIMEIRAS IDÉIAS SOBRE
A GRÃ-BRETANHA: DE 1963 A 1965

Conheço tua conduta: não és frio nem
quente; oxalá fosses frio ou quente!
Assim, porque és morno, nem quente nem frio,
estou para te vomitar de minha boca.

Apocalipse, 3:15-16

Eu nunca pensei muito sobre a Grã-Bretanha antes de chegar lá, em outubro de 1963. É claro que sabia que os *tories* estavam no poder havia mais de uma década e que a expansão econômica do pós-guerra gerara pleno emprego e elevação do padrão de vida, juntamente com o forte Estado de bem-estar social. A mensagem *tory* ao eleitorado predominantemente operário da década de 1950 resumia-se num *slogan* eficiente: "You've never had it so good" ["Nunca foi tão bom"]. Com certeza era verdade, só que quem cunhou a frase sempre esteve muito melhor que aqueles de cujos votos ele precisava para se manter no poder. Uma série de escândalos sexuais envolvendo ocupantes de altos cargos prejudicara o conservador Partido Tory, mas não definitivamente. Foi interessante que o caso Profumo* também ficou famoso em nosso canto do mundo. As razões dessa vez foram puramente nacionalistas. Foi amplamente divulgado que o marechal-de-campo Ayub Khan estivera na mesma piscina com Christine Keeler. Ambos haviam se hospedado em Cliveden e diziam que Keeler comentara favoravelmente certos atributos do marechal-de-campo. Infelizmente esse evento não derrubou o ditador. Na verdade, se

---

* Em 1963, John Profumo, então ministro britânico da Guerra, foi forçado a renunciar ao cargo quando se tornou público o caso extraconjugal que mantinha com Christine Keeler, prostituta de dezenove anos que também tinha como cliente um adido da marinha soviética. O primeiro-ministro *tory* na época era Harold Macmillan e o escândalo apressou sua saída. (N. T.)

fez alguma coisa foi aumentar seu prestígio no país. Afinal de contas, ele não era igual (melhor, disseram alguns) a certo integrante do governo britânico?

Como leitor regular da *New Statesman*, eu também sabia que em seu longo reinado no pós-guerra os *tories* britânicos haviam descartado três líderes. Churchill fora derrubado por senilidade, Eden por causa de Suez e Macmillan, provavelmente o mais esperto dos três, aposentara-se depois do caso Profumo. Tudo isso era fácil de entender. O que eu não entendia era como Alec Douglas-Home, 14º conde e veterano de muitas e desabonadoras escapadelas *tories* (acompanhara Neville Chamberlain a Munique) conseguira suceder Macmillan e encabeçar um partido em que ainda estavam Butler e Macleod. Esse mistério continuou não resolvido quando desembarquei nessas praias para uma visita que eu supunha curta, de apenas três anos.

Eu tinha muito mais condições de entender o funcionamento do Partido Trabalhista britânico. Harold Laski sempre fora muito estimado em nossa casa e seus livros é que me deram a primeira idéia da política da classe operária na Grã-Bretanha. Na estante, estavam com ele G. D. H. Cole, John Strachey, Tawney e Nye Bevan e muitos outros. Então, a intervalos regulares, chegava até nós a *Labour Monthly* e a retórica inimitável de R. P. Dutt informava-nos que mais um desses socialistas veteranos havia abandonado suas crenças e se tornado um renegado. Lembro-me que o último ato de traição de Strachey provocou muita raiva. Como ministro do governo Attlee, foi fotografado na Malásia com um colega, triunfante, enquanto a seus pés jaziam as cabeças cortadas de guerrilheiros comunistas executados. Triste epitáfio para um dos grandes divulgadores do socialismo na década de 1930. Bevan nunca se deslocou tanto para a direita, mas na verdade ele teria de percorrer uma distância menor. Acossado e vilipendiado pela imprensa britânica no final da década de 1940 e início dos anos 1950, ele se tornou uma mascote mansa depois de renunciar ao desarmamento nuclear unilateral. A recompensa foi a vice-liderança do Partido Trabalhista, mas ele morreu pouco depois, mitificado por todos os lados da disputa partidária interna.

Hugh Gaitskell, líder do partido e antigo adversário de Bevan, sobreviveu-lhe poucos anos mais. Quem sucedeu a ambos foi Harold Wilson. Aclamado pela esquerda, Wilson foi eleito líder com votos da direita e do centro, que dominavam o Partido Trabalhista no Parlamento. Tentou criar uma nova síntese que transcendesse Gaitskell e Bevan, unisse o partido e abrisse caminho para a vitória eleitoral.

Quando entrei para o Clube Trabalhista da Universidade de Oxford, no outono de 1963, não havia nenhum sinal de unidade. As facções ainda estavam em guerra. Os gaitskellistas remanescentes da Campanha pelo Socialismo Democrático controlavam o clube. A combinação de política fabiana com normas organizacionais stalinistas (o stabianismo) sempre fora a estratégia escolhida pela direita do Partido Trabalhista. No Clube Trabalhista de Oxford, eu veria isso funcionar com regularidade. Do grupo que comandava o clube, um personagem importante é, hoje, líder de um dos conselhos trabalhistas mais direitistas do país, em algum lugar do nordeste. Três colegas seus tornaram-se fundadores do Partido Socialdemocrata. Isso não surpreende, já que os dois personagens cultuados na direita de Oxford depois da morte de Gaitskell eram William Rodgers e Brian Walden, que falavam regularmente no clube e mantinham seus seguidores abastecidos de fofocas contra Wilson.

A oposição de esquerda, uma coalizão multicolorida, reunia-se separadamente, como Grupo Socialista, dentro do Clube Trabalhista. Era uma coletânea heterogênea de socialistas de esquerda, simpatizantes do Partido Comunista e um punhado de trotskistas. Os palestrantes convidados a falar ao grupo eram um reflexo bem exato de sua composição política: Michael Foot, Konni Zilliacus, Ian Mikardo, assim como vários luminares do Partido Comunista e da Internacional Socialista (então organizada no Partido Trabalhista, com um boletim periódico, *Labour Worker*, que apresentava sua opinião sobre uma série de temas). Compareci a muitas reuniões dessas, simpatizava bastante com muito do que ali se afirmava, mas nunca me convenci inteiramente das estratégias por trás dos discursos. Minha maior preocupação na época estava muito distante das minúcias da política britânica. Não é que eu não me interessasse. É simplesmente que, comparadas ao que acontecia no resto do mundo, as preocupações do Clube Trabalhista de Oxford pareciam totalmente provincianas e irrelevantes.

A gangue que controlava o clube era repulsivamente óbvia. Eram carreiristas desavergonhados, permanentemente inspirados pela imagem de uma escada altíssima que tinha de ser escalada degrau por degrau. Nada que obstruísse a lenta subida seria tolerado. Existiam grupos parecidos no país inteiro. Sua principal função era suprir o Partido Trabalhista parlamentar com soldados de infantaria confiáveis e robustos. Discutir com eles sobre socialismo era total perda de tempo. Não havia premissas em comum, a não ser, claro, que éramos todos a favor da vitória trabalhista. Em todas as outras questões havia um abismo gigantesco. Queríamos mudanças fundamentais; eles louvavam o *status quo*. O Clube Trabalhista, para a maioria deles, era apenas a plataforma de lançamento para o futuro deles. Em conseqüência, gozavam da claustrofobia que impunham a si mesmos.

Devo confessar que a palavra de ordem que me deu mais prazer quando cheguei a Oxford não estava diretamente relacionada com a política. Se havia no Paquistão inimigo maior que o marxismo, era o ateísmo. Ambos foram expulsos do domínio público, mas pelo menos podíamos falar de marxismo e socialismo na faculdade e nos cafés. A religião tinha de ser questionada aos cochichos e, mesmo assim, era preciso ter cuidado. Nunca acreditei em deidades sobrenaturais, nem quando criança, mas aprendi a não divulgar o fato. Na faculdade, os professores e os colegas a quem era possível revelar o ateísmo eram, em vários aspectos, amigos pessoais bem mais íntimos do que aqueles que estavam na mesma sintonia política, mas não haviam abandonado as velhas superstições. Quando vi pela primeira vez um rapaz cheio de espinhas, com uma jaqueta puída de veludo cotelê púrpura, em pé numa cadeira diante de uma barraca da Feira dos Calouros gritando a plenos pulmões: "Abaixo Deus", fiquei ao mesmo tempo entusiasmado e emocionado. Na verdade, senti-me um tantinho incrédulo, o que talvez explique o fato de ter me limitado a ficar ali, olhando. Finalmente, um pouco sem graça, o rapaz de jaqueta de veludo desceu e me recrutou para o Grupo Humanista da Universidade de Oxford. Vim a descobrir, para minha surpresa, que os debates e discussões ali eram muito mais estimulantes do que os realizados nos limites carreiristas do Clube Trabalhista. E não se restringiam à religião, apesar dos estranhos excessos aistóricos, como um debate do grupo sobre o tema "Jesus Cristo deveria ter sido crucificado", imaginado mais para chocar do que para educar.

Naquela época, a única arena para discutir contra o outro lado da política nacional e internacional era a Oxford Union*. Os guerreiros da esquerda de Oxford eram participantes ativos, principalmente a partir de 1962, quando se permitiu que as mulheres se associassem por direito próprio, depois de uma luta longa e muitas vezes acirrada. A principal função da esquerda era questio-

---

* A Oxford Union Society, fundada em 1823, é uma sociedade de debates. Para ser sócio não é preciso ser aluno da universidade, embora a maioria o seja. (N. T.)

nar em todos os sentidos as ortodoxias existentes e, quando possível, escandalizar a oposição com ataques ferozes a ícones nacionais.

Uma dessas ocasiões foi a morte de Winston Churchill. A diretoria eleita da entidade propôs, como de costume, que a Union exprimisse suas condolências pondo-se coletivamente de pé e observando um minuto de silêncio em memória do líder falecido. Em circunstâncias normais seria mera formalidade, mas para surpresa de todos a moção foi questionada por Richard Kirkwood, membro ativo tanto dos Socialistas Internacionais quanto da Oxford Union. Vi Kirkwood em ação pela primeira vez numa das palestras de Isaiah Berlin, quando estourou com eficácia o balão de pompa e arrogância de um dos mais louvados cavaleiros acadêmicos da universidade. Agora era muito mais sério. A audácia de Kirkwood criou uma pequena sensação. Foi saudado com as agressões de sempre pelos *tories*, que insinuaram que ele precisava de um banho e de uma surra de vara. Mas regras eram regras. Kirkwood tinha de ser ouvido. Ele foi direto ao ponto, questionando a mitologia que cercava Churchill, sem negar sua posição de um dos líderes mais eficientes da classe dominante britânica. Tinham todo o direito de chorar seu falecimento, mas o Movimento Trabalhista deveria ser mais atento. Kirkwood ressaltou diante da platéia espantada que Churchill fora decididamente rejeitado pela classe operária britânica em 1945, depois de seus maiores triunfos. Leu, então, uma lista que descreveu casualmente como os mais famosos "crimes de Churchill". É preciso admitir que a lista era impressionante. Churchill foi o proponente mais vociferante da intervenção armada contra a Revolução Russa de 1917; foi ele que justificou o uso de soldados contra os mineiros galeses em Tonypandy; que comandou o cerco da rua Sidney na zona leste de Londres contra um punhado de anarquistas; que serviu de provocador durante a greve geral de 1926; que apoiou a extrema direita grega contra a Resistência em 1944; e que se opôs à independência da Índia. Era por sua extensa e coerente ficha de vingança e hostilidade para com os trabalhadores de todo o mundo que ele estava sendo chorado. Somente por essas razões, gritou Kirkwood por cima do rumor crescente, ele, pelo menos, não ficaria de pé para observar nem um segundo de silêncio. Sentou-se sob um coro de vaias, diante de adversários que literalmente espumavam de raiva. Kirkwood, no entanto, ficou impassível. Quando mais de 400 pessoas se levantaram para cumprir as formalidades, cerca de 25 de nós permaneceram sentados e foram contados. Kirkwood exultou. Afinal de contas, ele separara os bolcheviques dos mencheviques.

108   Tariq Ali

Enquanto isso, no palco da política nacional, já começara o duelo político que, para observadores inexperientes como eu, parecia desigual. O 14º conde defendia "treze anos desperdiçados" contra ninguém mais que Harold Wilson. Era inconcebível que os trabalhistas perdessem. Wilson exalava autoconfiança e parecia superior em todos os aspectos. Seus discursos eram incisivos, concisos, inteligentes, hábeis e radicais, tanto no tom quanto no conteúdo. O tema central era a necessidade de modernizar a Grã-Bretanha. Wilson, ex-catedrático de História de Oxford, podia mobilizar seu conhecimento sobre o passado, quando apropriado, para marcar pontos contra o rival antediluviano. Num dos comícios a que compareci no distrito londrino de Putney, Wilson lembrou ao público os famosos debates de Putney Heath no século XVII, quando os *levellers* do Novo Exército Modelo apresentaram conceitos radicais de democracia contra Oliver Cromwell. Wilson deliciou-nos ao argumentar que algumas dessas reivindicações mantiveram sua importância e passou então a expor as pretensões democráticas de um partido político cujos grupos secretos gostavam de impor novos líderes ao eleitorado. Na verdade, Wilson deve ter ficado felicíssimo quando o círculo mágico conservador se decidiu por Douglas-Home. Ele sabia que Butler ou Macleod seriam adversários formidáveis. Douglas-Home transformou-se em símbolo útil para Wilson e contraste ideal para a espada da modernização trabalhista. Num discurso realizado nos últimos meses de 1963, Wilson fez quatro referências aos antecedentes do líder *tory* numa única frase:

> Pois o fato de o pico culminante da indústria britânica ser hoje controlado por homens cuja única pretensão é o parentesco aristocrático ou o poder da riqueza herdada ou das finanças especulativas é tão irrelevante para o século XX quanto seria a compra de postos nas Forças Armadas por nobres amadores.

O "nobre amador" então encafuado no número 10 da Downing Street não achou adequado nem necessário responder no mesmo tom. Confiava que o *status* e o respeito conferidos à aristocracia britânica pelas pessoas comuns que realmente importavam seria suficiente para manter acuado o *parvenu* trabalhista. Não era uma avaliação totalmente boba. A descrição a seguir de um debate pré-eleitoral na TV, feita por um dos comentaristas políticos mais astutos da Grã-Bretanha, mostra bem um aspecto da reverên-

O PODER DAS BARRICADAS   109

cia e do conformismo que sem dúvida existiam na época. Tom Nairn escreveu nas páginas da *New Left Review*:

> O plano era óbvio. O mui honrado sir Alec Douglas-Home, cavaleiro da Ordem do Cardo e o mais absoluto aristocrata, deveria ir ao estúdio da BBC para uma entrevista ao programa *Panorama* na noite de segunda-feira, 17 de fevereiro [de 1964]. Para o alto mistagogo Richard Dimbleby, essa ocasião era prenhe demais de significado para procedimentos comuns. O simbolismo era obrigatório. Portanto, assim que terminou o globo simbólico do *Panorama*, os espectadores viram sir Alec passar simbolicamente por trás de um biombo para entrar no estúdio, seguido à distância apropriada pelo entrevistador Robin Day. Os aristocratas permitem que outras pessoas entrem à toa em suas casas e às vezes até as cumprimentam com um aperto de mão, não é? Ali estava um aristocrata mostrado nos domínios de Dimbleby, numa bela inversão de papéis que claramente pretendia mostrar que hoje em dia somos todos da classe alta. Tudo deveria ser astutamente natural. Sir Alec caminhou com elegância e estendeu a mão frouxa ao proprietário. "Boa noite, sir...", começou Dimbleby, ao aceitá-la com decidida tranqüilidade. Então, o símbolo trabalhosamente construído ruiu diante de nossos olhos quando o contato imediatamente transformou sua mão no casco fendido do mero burguês. A ilusão das mil noites, a luta de séculos dos gentis-homens burgueses da Inglaterra, tudo evaporou num relâmpago. Um técnico vulgar ficou ali tremendo em terno jaquetão, demonstrando educação diante de seu superior.

O *Panorama* de Dimbleby podia ser um bastião do servilismo, mas não seria correto descrever a BBC da época como um posto avançado de conformistas assustados. Um programa ao mesmo tempo mais representativo da época e com audiência muito maior que *Panorama* era o programa satírico semanal *That Was The Week That Was* [Eis a semana que passou], mais conhecido como *TW3*. O primeiro-ministro *tory* e seu gabinete eram os principais alvos dos humoristas da BBC. A sátira e o ridículo foram usados com efeito devastador nos últimos meses de gerência de Douglas-Home. As caricaturas impiedosas do ultra-reacionário Henry Brooke, secretário do Interior *tory* da época, exibidas no *TW3*, transformaram-no em motivo de riso no país inteiro. Também diminuíram a credibilidade de um gabinete que ainda cambaleava por efeito dos escândalos sexuais e da partida de Macmillan. O próprio sucesso do *TW3* garantiu seu falecimento. Pouco tempo depois, a sátira eficaz foi banida para sempre da telinha. Os governos, seja qual for seu matiz, simplesmente não se sentem seguros. Nunca mais se viu nada como o *TW3*, e os bonecos brilhantes do *Spitting Image** só serviram para enfatizar esse fato. O duro porrete não chega ao nível do florete ágil.

Enquanto subia a febre eleitoral, o mesmo aconteceu com o ritmo de nossa caça aos votos. A tarefa era assustadora e ainda mais difícil por sabermos que o possível candidato parlamentar trabalhista de Oxford era um oportunista incolor. A política que abraçara ficava um tantinho à direita do parlamentar conservador local, C. M. Woodhouse. Descobrimos, para grande alívio nosso, que o eleitorado de Oxford estava muito mais interessado em Harold Wilson do que no espécime do partido que tínhamos para exibir. O que muito me surpreendeu então foi o apoio que Douglas-Home tinha entre os eleitores operários mais velhos. De vez em quando, encontrávamos manifestações de afeto genuíno pelo líder *tory* vindas de gente que estava, em todos os sentidos concebíveis, diametralmente contrário a ele. As expressões mais usadas a seu favor é que ele era "distinto" e "está nisso há muito tempo". Eis um indício de que o *TW3* não prevalecia sobre *Panorama* em todas as esferas.

Logo ficou óbvio que os trabalhistas não venceriam em Oxford, mas não deixamos que isso nos desanimasse. Afinal de contas, Oxford dificilmente representaria o país como um todo. Ficamos acordados observando os resultados da disputa de outubro de 1964 e percebemos que não estava em pauta uma grande maioria trabalhista. O "nobre amador" da Escócia chegara bem perto de manter o poder. A vitória trabalhista deveu-se a uma minúscula maioria de três — margem estreita que se tornou álibi para o conservadorismo consensual que caracterizou o governo Wilson. Durante treze anos, os ativistas do partido haviam se sentido sufocados e reprimidos. Queriam as mudanças prometidas por Wilson na campanha eleitoral. Poucos esperavam que Wilson implementasse políticas socialistas, mas descartar tão cedo todas as promessas de inovação radical e modernização? Isso alimentou a raiva e o desespero.

Como líder da oposição e secretário do Exterior do gabinete paralelo**, Wilson prometera abandonar a dissuasão nuclear independente. Na verda-

---

* Humorístico com bonecos que foi ao ar na TV britânica de 1984 a 1996. (N. T.)

** Na Grã-Bretanha, os partidos minoritários costumam criar *shadow cabinets*, gabinetes paralelos cujos "ministros" são, na verdade, porta-vozes das propostas do partido para as várias pastas. (N. T.)

de, essa promessa estava contida no programa eleitoral do partido. Já em maio de 1964, Wilson atacara os *tories* por se curvarem diante dos Estados Unidos na Indochina e fora explícito quanto a sua própria opinião: "Foi correto alertar o governo para que não avançasse na subordinação das políticas britânicas aos Estados Unidos. Acredito, no momento, que o perigo para o acordo de paz negociado na Ásia venha da periferia lunática do Senado norte-americano. A Ásia, como outras regiões do mundo, está em revolução e hoje, neste país, o que temos de aprender é a marchar ao lado dos povos nessa revolução e não ao lado de seus opressores".

Entretanto, Polaris foi mantido. A vitória eleitoral trabalhista coincidiu com o maior envolvimento norte-americano no Vietnã. Em 24 de março de 1965, Wilson afirmou, como primeiro-ministro: "Disse várias vezes na Câmara, e meu mui honrado amigo [secretário do Exterior] repetiu ontem, que apoiamos inteiramente a ação dos Estados Unidos de resistir à agressão no Vietnã".

Viradas semelhantes na frente nacional levaram *The Economist* a resumir assim a ficha do governo trabalhista depois de um ano no poder: "Bombardear os comunistas no Vietnã, manter os negros fora da Grã-Bretanha e malhar os sindicatos". Em 1965, quando Michael Foot e Ian Mikardo foram falar ao Grupo Socialista do Clube Trabalhista, eles foram recebidos com uma revolta quase unânime. Até setores da direita trabalhista se espantaram com a iliberalidade das políticas do governo. Foot se explicou usando a pequena maioria no Parlamento.

– Com certeza – lembro-me de ter perguntado –, se parlamentares de direita como Wyatt e Donelly conseguem impedir a renacionalização do aço ameaçando votar contra o governo, por que a esquerda não pode fazer o mesmo no caso do Vietnã? Por que não deixar claro que ele mantém a política externa *tory* com os votos dos *tories*?

Michael Foot não tentou defender a ficha do governo. Em vez disso, aconselhou-nos a esperar até que houvesse novas eleições e os trabalhistas obtivessem uma maioria mais representativa.

– Com uma maioria de cinqüenta cadeiras – declarou –, veremos o socialismo.

Essa observação foi recebida com zombaria, o que fez Foot berrar:

– Harold Wilson é o primeiro-ministro mais de esquerda que este país já teve ou que provavelmente terá.

Então rimos de horror, mas, em retrospecto, muitas vezes me perguntei se esse não seria o modo de Michael Foot nos ensinar os limites da democracia britânica.

Recebíamos aulas mais eficientes na própria universidade. Em junho de 1964, os *tories* de Oxford convidaram Carel de Wet, embaixador sul-africano, para falar das virtudes da eliminação do comunismo na África do Sul. Nelson Mandela acabara de ser condenado, e os massacres de Sharpeville ainda estavam frescos em nossa memória. O grupo anti-*apartheid* local, apoiado pelo Partido Trabalhista, convocara um piquete para a palestra, que seria no Northgate Hall, bem na frente do prédio da Oxford Union. Reuniu-se uma multidão de quinhentas pessoas, principalmente estudantes universitários, além de conselheiros trabalhistas veteranos, como Olive Gibbs e Roger Dudman. Não aconteceu muita coisa além de uma rixa entre manifestantes e policiais quando o embaixador saiu. Ele foi embora de carro, e foi forçado a parar em Saint Clement por causa de um pneu furado. Nesse ponto, um grupo de alunos desconhecidos cercou o carro e bateu com força no teto. Quando a polícia chegou, os estudantes foram embora. As principais palavras de ordem foram a favor da libertação de Nelson Mandela. A polícia considerou o caso relativamente sem importância, mas a University Proctors – os bedéis da universidade, instituição disciplinar oriunda da Idade Média – decidiu que a manifestação "trouxera descrédito ao bom nome da universidade". Seis de nós foram convocados a comparecer diante dos bedéis. Informaram-nos que nossos atos haviam violado as normas da universidade. Conseqüentemente, fomos multados em 10 libras cada (uma boa quantia na época) e mandaram que saíssemos de Oxford até a meia-noite. Não tivemos direito a recurso. Além disso, o desagradabilíssimo sr. McGuinness informou-nos que, quando voltássemos no início de outubro daquele ano, passaríamos semanas confinados. Fiquei meio semestre confinado. A carta do xerife ou buldogue-chefe da universidade foi explícita:

O período de confinamento vai das 21 horas do domingo, 11 de outubro, às 6 horas de domingo, 8 de novembro. Durante esse período, o senhor tem ordem de permanecer em seu local de residência em Oxford no horário das 21 horas às 6 horas da manhã seguinte, a menos que obtenha permissão por escrito dos bedéis [...]. Devo informar-lhe que sua obediência ao confinamento será submetida à costumeira supervisão.

Também recebi ordem de não participar de nenhuma manifestação em Oxford durante um ano inteiro. Quando falei num comício local de 1º de Maio, organizado pelo Conselho de Ofícios de Oxford, fui repreendido e multado.

Às vésperas do confinamento, organizamos uma "festa da liberdade" em meu alojamento. Tomamos muito vinho e os convidados se espalharam pelas ruas, marcharam até os Clarendon Buildings, onde os Proctors se reuniam, e queimaram o boneco de um deles. No século XIV, alguns bedéis foram linchados e queimados por turbas de estudantes rebeldes. Nossa geração era relativamente moderada.

Os Proctors concordaram gentilmente que eu deixasse meus aposentos toda noite de quinta-feira para comparecer aos debates da Union. Era uma pequena concessão, mas ainda assim bem-vinda, pois foi numa dessas noites que conheci o líder negro norte-americano Malcolm X. Ele fora convidado para falar a favor da moção de que "o extremismo em defesa da liberdade não é vício, a moderação na busca de justiça não é virtude". Essa frase de um discursista ficou famosa na boca de Barry Goldwater, senador norte-americano direitista do Arizona, flagelo do liberalismo dos Estados Unidos. Malcolm X fora convidado a falar a favor da frase e não hesitou nem um instante. É claro que eu lera sobre Malcolm X, mas na época em que ele era seguidor de Elijah Mohammed e da seita norte-americana conhecida como Black Muslims [Muçulmanos Negros]. Ainda que nossa simpatia pendesse instintivamente para o lado dos negros dos Estados Unidos – de Martin Luther King para a esquerda –, os Black Muslims sempre me pareceram um grupo sinistro. Não era só o fundamentalismo religioso, por si só bastante ruim, mas era também a sensação de que eles nem sequer eram sinceros em sua crença. Às vezes eu achava que a coisa toda era uma gigantesca fraude publicitária para levantar dinheiro para regimes árabes ingênuos; em outras ocasiões, suspeitei que o FBI havia inventado o grupo para criar confusão nos guetos negros dos Estados Unidos.

Malcolm X era o orador mais inspirado dos Black Muslims, e naquela noite eu estava desconfiadíssimo, ainda que eu soubesse que ele havia rompido com Elijah Mohammed. Antes de se unir aos Black Muslims, Malcolm X fora gângster, traficante de drogas e cafetão. Em 1964, era um dos negros mais temidos dos Estados Unidos. Quando fomos apresentados, ele sorriu ao ouvir meu nome e disse em voz baixa: "Colega muçulmano?". Apertei sua mão com firmeza e cochichei-lhe ao ouvido: "Só no nome". Ele riu alto. Naquela noite, sentamo-nos juntos na sala de debates. Ele observou a platéia e disse que nunca tinha falado a tantos brancos bem vestidos. O discurso – todos concordaram – foi o mais brilhante que se ouviu naquela sala durante muitas décadas. A platéia ficou enfeitiçada com o uso que ele fazia das palavras, com as imagens e, surpreendentemente, com a total falta de demagogia. O debatedor adversário, Humphrey Berkely (um *tory* radical na época, mais tarde trabalhista conservador e depois liberal sem filiação), provocou algumas risadas ao zombar do sobrenome "X", escolhido por Malcolm.

– Por que X? – caçoara Berkely. – Por que não Malcolm A, C ou mesmo Z? Com certeza Malcolm Z soa melhor!

Malcolm retesou-se levemente, mas manteve a calma. Mais tarde, quando foi sua vez de encerrar o debate, ele permitiu que sua voz se elevasse um pouco e a raiva reprimida se fez sentir em toda a sala. Ele explicou por que se recusara a continuar usando o sobrenome de um senhor de escravos e mostrou como a escravidão degradara os brancos e oprimira os negros. Recordou à Oxford Union que a Grã-Bretanha tivera um papel de liderança no comércio de escravos e muitos membros da chamada nobreza haviam enriquecido com a compra e a venda de seres humanos negros. As mãos da classe dominante britânica estavam manchadas com o sangue dos negros que haviam morrido de doenças nos porões apinhados dos navios negreiros ou trabalharam até a morte prematura no Novo Mundo. Quando terminou, Malcolm fitou Berkely e disse:

– Foi por essas razões, sr. Berkely, que decidi me chamar X.

Houve um silêncio momentâneo e em seguida ele foi longamente aplaudido. No final do discurso, que evocara a luta dos negros nos Estados Unidos e nos três continentes, Malcolm X recebeu uma ovação emocionante, com todos de pé. Poucos que ouviram aquele discurso conseguiriam esquecer seu impacto.

Depois de terminadas as formalidades na Union (numa de suas paredes ainda pende uma fotografia da diretoria e dos membros do comitê da entidade com Malcolm X, sentado no meio, como convidado de honra), fomos para o hotel dele. Conversamos horas enquanto ele consumia seu chá e eu tomava meu *brandy*. Expliquei-lhe por que a religião jamais poderia ser solução para os problemas de ninguém, no sentido coletivo. O islamismo não era melhor nem pior que o judaísmo ou o cristianismo. Muitos crimes foram cometidos em nome dessas três fés. Ele escutou muito atento e só se aventurou a dar sua opinião quando lhe dei oportunidade.

— Suponha — disse-lhe agressivamente num dado momento — que você morasse na Arábia Saudita, no Paquistão ou em algum outro paraíso muçulmano. Como você se definiria? Dizer que é muçulmano não significa nada. Todo mundo é muçulmano. Em que você é diferente do rei da Arábia Saudita?

Ele sorriu bastante enquanto falei e parei, esperando receber uma réplica devastadora.

— É bom ouvir você falar assim — disse ele, para meu grande espanto. — Estou começando a me fazer muitas dessas perguntas.

Então lhe disse o que pensava dos Black Muslims. Ele não contestou, mas explicou as condições que os ajudavam a recrutar negros jovens. Disse que também não confiava neles e criara seu próprio grupo, chamado Organização pela Unidade Afro-Americana. Não acreditava na não-violência. Nisso era firme, contumaz e recusava-se a negociar.

— Martin Luther King faz o jogo deles — disse. — A Klan lincha negros, aterroriza e mata garotos brancos que vão para o sul registrar eleitores. A polícia faz parte do sistema da Klan. King diz ao povo para dar a outra face. Não dá para lidar com brutamontes desse jeito... Sei que é por isso que o *establishment* liberal branco adora King e me condena. Tenho de dizer a verdade. Digo a eles que o sistema é corrupto e baseado na opressão dos negros nos Estados Unidos e no resto do mundo. Os negros são um barril de pólvora. King quer molhar o barril com água. Acho que temos de acender o pavio. É o único jeito de ensiná-los a nos respeitar.

Malcolm X era grande admirador de Cuba e do Vietnã. Falava com afeto de Fidel Castro e de Che Guevara por "terem feito a coisa certa debaixo do nariz de Washington". Recordou a decisão de Castro de ficar no Harlem quando visitou Nova York para falar nas Nações Unidas e insistiu que os norte-americanos negros se lembrariam desse gesto por muito tempo ainda. Sua verdadeira raiva estava reservada para o que os Estados Unidos estavam fazendo no Vietnã. Era uma "expressão horrível do pesadelo norte-americano", mas ele estava convencido de que seu país seria humilhado, "igualzinho aos franceses".

Às 2 horas da madrugada percebi que estava infringindo o regulamento proctorial e expliquei a Malcolm os porquês e portantos. Ele ficou espantadíssimo e riu. Enquanto me preparava para ir embora, apertamos as mãos e declarei ter esperanças de que logo voltaríamos a nos encontrar. Ele sorriu e, sem nenhum sinal de emoção, disse:

– Acho que não. Ano que vem, mais ou menos nessa época, vou estar morto.

Parei de repente, fitando-o incrédulo. Sentamo-nos de novo. Ele explicou que, enquanto fora um Black Muslim, tinham-no tolerado. Mas depois que rompera com a Nação do Islã, avançara em outra direção. Percebera que a raça sozinha nunca seria critério suficiente para se obter mudanças sociais. Abandonara a oposição aos casamentos mistos. Aliara-se abertamente aos inimigos de Washington em Havana, Hanói e Argel. Esses fatos significavam que "já ordenaram minha execução. Não gostam de pretos arrogantes. Nunca gostaram. Vão me matar. Tenho certeza". Quem eram "eles"? Ele deu de ombros, como se dissesse que a pergunta era boba demais para merecer resposta. Abraçamo-nos calorosamente e saí do Hotel Randolph meio tonto, perguntando-me se acreditava nele ou não, mas achando difícil tachar o caso todo como bravata, paranóia ou algum tipo de exibicionismo. Não foi nada fácil dormir naquela noite. As imagens e as palavras de Malcolm X se recusavam a sair da minha cabeça.

Alguns meses depois, em fevereiro de 1965, Malcolm X falou a uma assembléia no Audubon Ballroom, em Nova York, no lado sul da Rua 166 Oeste. Ele nunca permitiu que revistassem quem comparecesse aos seus comícios e argumentava que, se não estava em segurança entre seu próprio povo, todo o seu projeto político perdia o valor. Alguns minutos depois que se levantou para falar, três negros da primeira fila ficaram de pé, pegaram as armas e atiraram nele ao mesmo tempo. Malcolm chegou morto ao hospital. Uma mulher que estava no comício disse aos jornalistas: "Parecia um pelotão de fuzilamento". Na noite em que ouvi a notícia, sentei-me, lembrei-me de Malcolm e escrevi num caderno tudo que consegui me lembrar de nosso rápido encontro e de nossa conversa. Depois de sua morte, houve numerosos pedidos à Oxford Union de cópias da gravação de seu discurso. Todos os debates da Union eram gravados. O responsável disse-me que o gravador não funcionara direito naquela noite. Nada do evento fora gravado. A explicação podia ser perfeitamente verdadeira, mas nenhum dos numerosos solicitantes dos Estados Unidos, que queriam muito a fita, acreditou que sua inexistência fosse um acidente. E, quem sabe, talvez estivessem certos.

O PODER DAS BARRICADAS   117

Mais ou menos na mesma época, conheci Enoch Powell, um membro importante do gabinete paralelo *tory*, na época. Por sua forte defesa do princípio de negociação salarial livre e coletiva, ele ficava do mesmo lado da esquerda local na hora de atacar a idéia de política salarial que o governo trabalhista decidira impor aos sindicatos. Powell ainda não decidira aproveitar a situação dos negros. Depois do debate, ele veio até mim e falou comigo em hindustâni. Fiquei um pouco surpreso até ele me falar de seu histórico colonial (fora funcionário na Índia) e da saudade que sentia do subcontinente. Sorri educadamente, do jeito que se deve fazer nessas ocasiões. Então ele embarcou numa discussão sobre o significado do meu nome, o que indicava que ele entendia melhor a língua do que eu pensava.

– É interessante que seu nome signifique "história" – disse ele, ou coisa parecida.

– História é *tariikh* – corrigi –, com a tônica no *ikh*, que é um som totalmente diferente.

Ele pensou bem e aceitou, mas aí me perguntou o que meu nome significava. Fiquei aturdido. A idéia nunca me passara pela cabeça e, pior ainda, eu não sabia a resposta. Em tais circunstâncias, muitas vezes o improviso é a única solução.

– Sei que o senhor não vai gostar – disse-lhe com um sorriso de falso triunfo –, mas na verdade significa "progresso". Tariq é uma derivação simples de *taraqqi*. Progresso!

Ele riu e aceitou essa versão, o que foi um modo de eu saber que seu domínio do persa era muito mais limitado que o conhecimento que ele tinha do latim e do grego.

Não consigo recordar que outros caminhos tomou a conversa naquela noite. Não houve razão, nem na época nem depois, para registrar minhas reflexões sobre o encontro em algum caderno. Mas Powell pareceu-me um político conservador extremamente capaz e inteligente. Em seus olhos não havia nenhum brilho fanático, embora eu me recorde de sentir que sua atitude diante da Índia era meio estranha. Não consegui defini-la na época; não era jingoísmo nem simples saudade, mas também não era o interesse acadêmico do historiador nem as reflexões desapaixonadas do lógico. Muitos anos depois, ao ler a obra de Paul Scott sobre os britânicos na Índia, recordei-me de repente de Powell. Um dos principais personagens dos romances de Scott me fez lembrá-lo. Era Ronald Merrick, cuja ambígua origem de classe na Grã-Bretanha acabou explodindo na Índia colonial. Era o reflexo de algo que jazia fundo em muitos ingleses e inglesas de classe média e média baixa que trabalharam como administradores ou funcionários coloniais na Índia. Foi isso que me fez sentir algo estranho nas recordações de Powell sobre a vida na Índia naquela noite de 1965, mas o que ele disse não foi suficientemente articulado para me alertar sobre seus traumas reprimidos nem sobre as bombas políticas que explodiriam em 1968.

O governo trabalhista de Harold Wilson decidira-se por uma única prioridade: tudo teria de se subordinar à tarefa de defender e ressuscitar o capitalismo britânico. Como Wilson chegara ao poder numa época em que a expansão econômica do pós-guerra já terminara, era óbvio que seriam necessárias medidas drásticas. A decisão de Wilson de não desvalorizar a libra fora tomada sob fortíssima pressão dos Estados Unidos, que temiam que medidas assim tivessem efeito negativo sobre o dólar. Em vez disso, Wilson decidiu tomar dinheiro emprestado e, com isso, provocou uma imensa dívida externa. Ele conhecia bem os riscos envolvidos nessa operação e fora agradavelmente franco ao se dirigir ao Trades Union Congress (TUC) [Congresso Sindical] às vésperas das eleições de 1964:

– Nós até podemos recorrer ao penhor, mas aí não é possível falar de política externa independente nem de política de defesa independente...

Em 1965, Wilson penhorara as promessas da campanha trabalhista e Washington era um penhorista severíssimo. Assim, o primeiro-ministro britânico virou um apologista abjeto da política externa norte-americana e disse ao Parlamento que "apoiamos inteiramente a ação dos Estados Unidos de resistir à agressão no Vietnã". Alguns meses depois, negou, zangado, que essa virada fosse resultado da dependência econômica trabalhista em relação ao sistema bancário internacional e contradisse sua própria declaração ao TUC:

– Fico até surpreso de me fazerem essa pergunta. Em momento nenhum, e digo isso categoricamente, houve a tentativa de vincular a cooperação econômica a algum aspecto da política externa.

É uma pena que os fatos tenham falado por si sós.

No próprio Vietnã, os Estados Unidos preparavam a intensificação maciça da guerra e aumentavam o efetivo de menos de 100 mil soldados para 400 mil. Na época, enquanto o líder sueco Olaf Palme estava na linha de frente da oposição à guerra norte-americana, os líderes trabalhistas britânicos foram econômicos com a verdade e agiram como cachorrinhos da Casa Branca. Criamos em

Oxford um Comitê do Vietnã e, em fevereiro de 1965, organizamos uma das primeiras manifestações na frente da embaixada norte-americana, na Grosvenor Square. Levávamos uma faixa que dizia: "Aonde foi Harold Wilson? Ao Pentágono, rastejando!". Alguns de nós também escreveram juntos uma nova letra para "Where Have All the Flowers Gone?". A canção, para nosso grande prazer, foi mostrada ao presidente francês De Gaulle por seu biógrafo Alexander Werth, que disse que o general riu e observou que a letra parecia apropriada. De Gaulle, que entendia melhor que a maioria a tenacidade dos vietnamitas, opunha-se à intervenção dos Estados Unidos na Indochina, opinião que o deixou bem à esquerda do governo trabalhista britânico.

Nessa época, a guerra no Vietnã já se tornara uma obsessão no que me dizia respeito. Ela dominou meus pensamentos e desorganizou gravemente a rígida rotina da vida acadêmica. O que piorava as coisas era a sensação de total impotência diante do duplo ataque lançado pelos Estados Unidos. A situação da Espanha na década de 1930 estava bem enraizada em minha consciência e eu sentia que não se podia permitir que o Vietnã ficasse isolado só porque era um país asiático a milhares de quilômetros da Europa. Pensei várias vezes na possibilidade de organizar brigadas internacionais na Europa, na América e no sul da Ásia que nos permitissem lutar ao lado dos vietnamitas, e a idéia só me abandonou quando estive no Vietnã e discuti a questão com o primeiro-ministro do país.

Pelas telas de TV tínhamos vislumbres das batalhas travadas no delta do Mekong. Víamos o uso indiscriminado do poder de fogo e soldados norte-americanos em ação, mas era o outro lado que obtinha as vitórias – um lado invisível nas telas de TV britânicas, mas que, ainda assim, determinava o rumo da guerra. O país industrializado mais poderoso do mundo media forças com um país pobre e predominantemente camponês, cujo povo combatia a opressão havia quase três décadas. Era uma guerra do Ocidente contra o Oriente, do Norte contra o Sul e, acima de tudo, do imperialismo contra a revolução. Um conflito de tal escala precisava também da guerra de palavras. Enquanto os fuzileiros navais seguiam para a batalha contra o inimigo na Indochina, seus partidários civis deflagravam uma ofensiva ideológica que usava imagens da Guerra Fria e linguagem violenta para justificar a dimensão genocida da guerra real.

Nos Estados Unidos, as distorções grotescas e as mentiras deslavadas da máquina de propaganda começaram a ser questionadas por jornalistas norte-americanos que estavam no Vietnã. A revista *Time*, dificilmente um repositório de sentimentos liberais, começou a censurar e a cortar até as raias da desfiguração as notas de Charles Mohr, o famoso correspondente de guerra. Elas descreviam uma realidade que não afinava com a música fornecida pelo Pentágono e pelo Departamento de Estado. Mohr, enojado, pediu demissão da revista. David Halberstam, de *The New York Times*, passou quinze meses no sul do Vietnã e enviou algumas das reportagens mais fortes já redigidas por jornalistas em tempo de guerra. O material não foi censurado, mas a família que administrava o Vietnã do Sul para os norte-americanos, os famosos Nhu, ficaram ofendidos. Madame Nhu exigiu que Halberstam fosse "churrascado" e ela mesma se ofereceu para "fornecer o querosene e o fósforo". Foi Halberstam quem ganhou esse duelo específico. Suas reportagens sobre a corrupção em grande escala e os tropeços da CIA provocaram o envio de Henry Cabot Lodge a Saigon como procônsul dos Estados Unidos. Esse rebento de uma aristocrática dinastia republicana tinha uma ficha impecável no que se refere à Guerra Fria. Recebeu poderes para tirar a família Nhu da sede do poder, o que fez organizando um golpe de Estado.

Mesmo no que dizia respeito à TV, as reportagens de Morley Safer para a CBS eram muito mais informativas do que boa parte da cobertura da televisão britânica. Na França, o respeitado *Le Monde* publicava reportagens diárias de seus correspondentes em Washington, Saigon e Hanói que arrasavam a política norte-americana e contradiziam a versão oferecida pelo governo dos Estados Unidos em praticamente todos os detalhes. A imprensa britânica, ao contrário, mostrou-se mansa e conformista a ponto de ser servil. Os dois jornais liberais, *The Guardian* e *Observer*, foram exemplos clássicos de até que ponto a Guerra Fria contagiara os mandarins da imprensa. Ambos os jornais facilitaram a vida dos Estados Unidos, publicaram *releases* de propaganda norte-americana e apoiaram editorialmente as metas gerais da política daquele país[1]. Claro que eles eram a favor da "paz" no Vietnã, mas o verdadeiro obstáculo à tal "paz" era a intransigência vietnamita. Isso era verdade porque a "paz" que Harold Wilson e os editores

---

[1] A política de *The Guardian* não era uniforme. Os editoriais redigidos por Frank Edmead, de Manchester, eram hostis aos Estados Unidos. Edmead, quacre, era muito bem informado sobre a realidade asiática.

dos dois grandes jornais liberais da Grã-Bretanha queriam impor aos vietnamitas era a paz do túmulo.

Certa manhã de domingo da primavera de 1965, fiquei tão ofendido com o *Observer* que me sentei e datilografei um parágrafo zangado na forma de carta ao editor. Convenci um amigo que estava tomando café-da-manhã comigo naquele dia a co-assinar a carta. Esta foi publicada na semana seguinte, com uma resposta previsível e patética. O assunto poderia ter acabado por aí, só que alguns dias depois eu recebi pelo correio uma carta do País de Gales. Era do "conde Russell, O. M., F. R. S."*, e as duas linhas diziam: "Gostaria de congratulá-lo pela carta justa e excelente ao *Observer* de hoje. A resposta do jornal me provocou náuseas. Sinceramente, Bertrand Russell". Fiquei emocionadíssimo. Conheci Bertrand Russell, por alguns de seus livros, havia muito tempo. Ele era um personagem lendário, que vivia em algum lugar nas nuvens, e receber uma carta dele completamente do nada foi, ao mesmo tempo, choque e inspiração. Logo fiz contato com a Bertrand Russell Peace Foundation e fui conhecer seu diretor, um norte-americano chamado Ralph Schoenman, no escritório da Shavers Place, pertinho de Piccadilly, no coração de Londres. Schoenman foi extremamente amistoso, cortês e muito encorajador. Também estava obcecado pelo Vietnã, principalmente pelos horrores praticados no país por seu próprio governo. Seu rosto se contorceu de raiva e ódio quando descreveu o uso de napalm e de desfolhantes e entrou nos detalhes mais horripilantes do efeito dessas armas sobre as vítimas. As críticas corrosivas de Schoenman eram bem conhecidas da esquerda britânica. Norte-americanos radicais como ele eram uma espécie rara naquela época, e o ódio de Schoenman às ações dos Estados Unidos chocavam as almas mais delicadas da Inglaterra liberal. Em muitos jantares, quando o assunto levava a Schoenman e às suas atividades, invariavelmente algumas pessoas se perguntavam, em voz alta, é claro, se Schoenman não seria um agente provocador enviado para desorganizar o movimento pacifista. Isso sempre foi uma calúnia vil. Schoenman, sem dúvida, tinha muitos defeitos, mas o que algumas pessoas consideravam máculas atraía minha sensibilidade. Ele não respeitava ninguém, era impiedoso na abordagem

---

* As abreviaturas significam: Order of Merit (condecoração da Ordem do Mérito) e Fellow of the Royal Society (membro da Royal Society, instituição britânica fundada em 1660 que congrega os maiores cientistas do país). (N. T.)

para atingir os fins que escolhera, fossem eles quais fossem, e não se abstinha de dizer as verdades desagradáveis, às vezes com um veneno que lhe era difícil ocultar.

Schoenman era de origem húngaro-judaica. O pai, quando era apenas um garoto de quinze anos na Hungria pós-imperial, apoiara a revolução de Bela Kun, em 1918, e participara dos comitês revolucionários como representante dos alunos de sua escola. Vários meses depois, quando a contra-revolução triunfou, Schoenman pai, ao lado de milhares de outras pessoas, fugiu do país para escapar do banho de sangue. Trabalhou como empacotador de carne na América Latina e por fim foi parar nos Estados Unidos. Orgulhava-se do radicalismo precoce do jovem Ralph e viu-o ingressar em Yale, onde em geral foi considerado um aluno talentoso. Schoenman foi para a Grã-Bretanha para fazer pós-graduação, participou ativamente da antiga Campanha pelo Desarmamento Nuclear (CDN) e foi um dos integrantes originais do Comitê dos Cem, voltado para a ação direta, onde conheceu Bertrand Russell. O lutador veterano impressionou-se com a energia e a inteligência do jovem norte-americano e contratou-o como secretário. A criação da Peace Foundation foi uma das primeiras idéias de Schoenman.

Naquele dia de abril de 1965, ouvi-o falar a respeito do mundo com uma intensidade espantosa. Ele tinha emoção, qualidade que considerei estimulante; foi uma surpresa agradável encontrar alguém como ele na Grã-Bretanha. Ele me falou sobre uma idéia que lhe ocorrera certo dia, depois de ler as notícias sobre a extensão do bombardeio norte-americano no Vietnã. Queria criar um tribunal ao estilo de Nuremberg para acusar os Estados Unidos de crimes de guerra contra o povo do Vietnã e a humanidade. Conversamos horas sobre as várias possibilidades e sugeri que um importante liberal, Mahmud Ali Kasuri, advogado defensor das liberdades civis no Paquistão, fosse convidado como um dos juízes. Kasuri era um advogado meticuloso cujos conhecimentos em direito internacional seriam úteis num tribunal como aquele. Voltei a Oxford naquela noite em estado de êxtase, porque finalmente alguém poderia fazer algo de útil pelo Vietnã e também porque Schoenman sugerira um encontro com Russell antes da abertura do tribunal. Achei difícil esconder meu entusiasmo com a simples idéia.

Eu fora eleito presidente da Oxford Union naquele semestre de verão depois de uma disputa que se polarizara (como não deveria acontecer) entre duas ideologias políticas diametralmente opostas. Meu adversário fora

Douglas Hogg, personagem importante da Associação Conservadora da Universidade de Oxford e, no dia da eleição, vários membros vitalícios da Union, que também pertenciam ao gabinete paralelo conservador, foram vistos votando. Nem Hogg nem eu tentamos ocultar nossas crenças políticas, e o comparecimento às urnas foi o maior registrado na história da Union. O resultado foi apertado, mas venci. Esse fato foi decisivo para que eu fosse procurado por dois jovens catedráticos, David Caute, do All Souls College, e Steven Lukes, do Nuffield College, para participar de uma comissão de três e organizar em Oxford um encontro estudantil sobre o Vietnã.

A idéia dos encontros começara no *campus* de Berkeley, na Califórnia. O objetivo era convidar ambos os lados para debater a guerra da maneira mais completa possível. Os encontros estudantis espalharam-se como catapora pelos *campi* dos Estados Unidos e tiveram um papel importante ao ajudar a gerar a radicalização estudantil que no ano seguinte, 1966, levou à formação da Students for a Democratic Society (SDS) [Estudantes pela Sociedade Democrática]. Muitos acadêmicos liberais dos Estados Unidos manifestaram-se contra a guerra. Lukes e Caute achavam que devíamos repetir a experiência na Grã-Bretanha. Concordei, e alguns dos acadêmicos mais famosos de Oxford consentiram em atuar como patrocinadores, inclusive os dois cavaleiros, Isaiah Berlin e William Hayter. Os catedráticos de Oxford estavam divididos em relação à guerra, mas Caute assegurou que ambos os lados estariam igualmente representados. Entre os patrocinadores contra a guerra estavam Christopher Hill, Alan Montefiore e A. J. Ayer. A voz da América era Max Beloff. Por causa dos patrocinadores, o Foreign Office concordou em mandar Michael Stewart, secretário do Exterior trabalhista, gaitskellista sem cor e sem destaque, desdenhado por muitos membros do Partido Trabalhista por defender a política norte-americana. Importunamos a embaixada dos Estados Unidos para que mandassem o embaixador, mas eles só se decidiram quando souberam que Stewart falaria. Telefonaram certo dia e disseram que Henry Cabot Lodge, procônsul norte-americano em Saigon, viria de Massachusetts para falar no encontro. O "Third Programme" da Rádio BBC já obtivera permissão para transmitir todo o evento. A presença de Cabot Lodge fez com que a BBC TV também resolvesse fazer a cobertura ao vivo, durante o programa *Gallery*, tendo como apresentador na Union um jornalista chamado Ian Trethowan. Os vietnamitas não foram representados. Os representantes não-oficiais em

Londres não tinham autoridade para falar e o Home Office não podia garantir a emissão de vistos para os vietnamitas que viviam em Paris, ainda que encontrassem algum que falasse inglês.

O encontro estudantil coincidiu com a visita oficial do ditador paquistanês Ayub Khan à Grã-Bretanha. Ele viera acompanhado do ministro do Exterior, Zulfiqar Ali Bhutto, famoso pela hostilidade à aventura norte-americana no Vietnã. Deixei recados no Alto Comissariado do Paquistão pedindo a Bhutto que falasse no encontro. Ele ligou e pediu desculpas, alegando compromissos mais urgentes. Alguns anos depois, ele me admitiu que discutira desesperadamente com Ayub, mas o marechal-de-campo proibira-o de falar naquele dia.

Várias centenas de estudantes compareceram ao encontro. Eu avisara a Cabot Lodge que convencer a platéia não seria tão fácil quanto organizar um golpe de Estado em Saigon. O conselho foi reforçado, de forma não muito ortodoxa, por "Big Joe" Richards, chefe de oficina da fábrica de automóveis Cowley. Enquanto eu escoltava Lodge até a sala de debates, Big Joe foi até ele e berrou: "Assassino em massa, filho da mãe!". Lodge continuou andando e o incidente não o advertiu para que mudasse o roteiro que preparara. Supôs que a platéia estaria no mesmo comprimento de onda das Filhas da Revolução Norte-Americana. Foi um erro estúpido. Foi constantemente vaiado e quando se referiu aos camponeses vietnamitas sob domínio norte-americano como um "povo risonho e feliz que se delicia com suas bananas", o grosso da platéia veio abaixo numa gargalhada incontrolável.

Naquele dia, a posição do Departamento de Estado foi apresentada com mais eficiência pelo secretário do Exterior trabalhista. Ele também foi vaiado, mas não se desconcertou e continuou o discurso preparado por algum mandarim bem treinado na fraseologia da Guerra Fria do Foreign Office. O discurso foi demolido pelos professores Ralph Miliband e Bill Wedderburn, da London School of Economics, que receberam os aplausos mais calorosos do dia. Quando o encontro de sete horas e meia chegou ao fim, o veredicto dos que compareceram foi avassaladoramente contrário à presença norte-americana na Ásia. Essa também foi a reação dos que ouviram a transmissão vespertina do *Third Programme* e escreveram sobre a cobertura televisiva para nós e para BBC. No entanto, quando Ian Trethowan foi ao ar, mais tarde naquela noite, o evento todo se transformou. Nem Miliband nem Wedderburn foram mostrados (nem mesmo um trechinho simbólico de trinta segundos para manter a fachada de imparcialidade); em vez disso, Michael Stewart foi apresentado como um Daniel que sobrevivera à cova dos leões. Os organizadores do evento enviaram cartas à BBC para se queixar, mas elas não tiveram efeito nenhum. O veredicto de Ian Trethowan foi que "a esquerda britânica recebeu um duro golpe". Não se permitiu aos espectadores que julgassem por si mesmos.

Um dia depois, Cabot Lodge foi defendido em *The Daily Telegraph* por três missivistas. Das profundezas de Surrey e de Sussex, eles pediam desculpas ao distinto visitante pelo comportamento "desgracioso e ofensivo" dos "estudantes indisciplinados" e lamentaram o fato de que "grande parte dos estudantes de Oxford parece ser de outras terras". É muito interessante que nenhum dos missivistas tenha feito referência ao Vietnã.

O encontro estudantil em Oxford não se restringiu às pessoas da universidade. Fora um evento aberto e viera muita gente de outras cidades. Pouco tempo depois, foi organizado outro encontro em Central Hall, em Westminster, ao qual não foi surpresa que Michael Stewart e Henry Cabot Lodge se recusassem a comparecer. Foi nesses dois eventos que conheci alguns personagens radicais ativos na CDN, entre eles Peggy Duff, brilhante organizadora que fumava sem parar, o que fazia com que muitas vezes seu riso contagiante se fundisse a terríveis acessos de tosse; Malcolm Caldwell, da Escola de Estudos Africanos e Orientais; Richard Gott, Dick Gilbert e John Gittings (os três Gs) e muitos outros que mais tarde reapareceriam como ativistas no movimento a favor do Vietnã. Pouco depois dos encontros estudantis, recebi uma carta do Comitê da Paz britânico que perguntava se eu gostaria de participar da delegação da Grã-Bretanha que compareceria às Conferências de Paz de Helsinque, durante as férias de verão. Quando soube que Peggy Duff e Malcolm Caldwell também haviam sido convidados, decidi aceitar.

As conferências de paz foram uma das reações de Moscou à Guerra Fria. Serviam a vários propósitos. O primeiro era orquestrar as ofensivas propagandísticas de Moscou; outro era reunir membros de partidos pró-Moscou do mundo todo e assegurar que compreendessem as nuanças táticas mais recentes aperfeiçoadas pelo Kremlin. Era também uma oportunidade de juntar simpatizantes e notáveis do Ocidente e exibi-los diante dos delegados reunidos. Como tais, as conferências eram um acontecimento sem vida, em que uma seqüência de bocas pagava tributo à paz, à justiça, à irmandade (*sic*) e questões incômodas nunca eram discutidas. Assim, os levantes na Alemanha Oriental e na Hungria, as mobilizações em massa na Polônia e outras "diferenças em família" dentro do "campo socialista" tornaram-se os grandes indizíveis. Levantar uma questão desse tipo – e os delegados eram cuidadosamente escolhidos para impedir tal calamidade – era como pertencer ou estar sob a influência de órgãos de espionagem ocidental e de suas redes ideológicas. Ou os delegados estavam 100% no "campo socialista" e, *ipso facto*, a favor de todos os crimes ali cometidos *contra* o socialismo, ou estavam do lado inimigo.

Decidi comparecer à Conferência de Paz de Helsinque de 1965 por uma razão muito simples. A disputa entre a União Soviética e a China estava chegando ao clímax e era óbvio que os chineses dessa vez não tolerariam uma assembléia amansada e tentariam apresentar seus argumentos. Também eram esperados delegados do Vietnã e da Indonésia, que tinha o maior Partido Comunista depois da China e da URSS. Eu não queria perder os debates nem abrir mão da oportunidade de conhecer os vietnamitas.

Fomos levados de avião de Londres a Moscou, o que me permitiu o primeiro vislumbre da capital soviética. Fomos colocados numa monstruosidade arquitetônica que me lembrava uma estação ferroviária de Milão, mas o cronograma era apertado e não havia tempo para explorar nem ver a antiga cidade. Naquela mesma noite fomos levados para a estação ferroviária, onde um "trem da paz" especial aguardava para nos transportar a Helsinque via Leningrado. Era um trem antigo, lindamente conservado, com samovares em todos os vagões e um atendente que cuidava para que ficássemos bem supridos de chá. Malcolm Caldwell e eu dividimos o mesmo compartimento-leito, e, antes que as luzes se apagassem, juntaram-se a nós Peggy Duff e alguns veteranos do PC britânico. A combinação era perfeita para provocar atritos. E eles não demoraram a surgir. Peggy exprimira a esperança de que pelo menos aquela conferência fosse animada. G., um comunista de cinqüenta e poucos anos, ficou horrorizado com a idéia. Ele sabia que viriam pessoas cujo único objetivo era destruir tudo, mas esperava que a delegação da Grã-Bretanha considerasse que sua principal tarefa era ajudar a patrocinar a amizade anglo-soviética. Malcolm não gostou da referência aos chineses como "destruidores" e perguntou educadamente por que haviam sido convidados, se seu único objetivo era destruir. Houve uma troca de olhares, mas não houve resposta. Perguntei por que nós três estávamos na delegação se o que realmente queriam eram propagandistas. Nenhuma resposta. Peggy então aliviou o clima sugerindo que, para o tipo de conferência que G. queria, não se deveria perder tempo e dinheiro com transporte de delegados. Só seria preciso uma grande reunião de pombos-correio, que levariam as boas notícias de volta às várias capitais do Ocidente. Malcolm achou que não seria muito barato organizar algo assim. A mão-de-obra era cara em Helsinque e os organizadores teriam de limpar a titica dos pombos. Alguns riram com a piada, mas não G. Ele iniciou uma arenga e disse que não sabia por que gente como nós estava no "trem da paz". Levaria o assunto ao Comitê da Paz quando voltasse. Até então muita vodca já havia sido consumida e alguns camaradas mais esclarecidos de G. deram fim à discussão levando-o embora.

Mais tarde, naquela noite, Malcolm e eu fomos acordados pela recitação em voz alta e incoerente de "A bandeira vermelha", bem junto à nossa porta. Isso foi seguido de sons físicos e pesados de duas pessoas brigando e depois de um ruído forte, quando um corpo bateu no chão. Assassinato no "trem da paz"? Era minha vez de me levantar e olhar. Foi o que fiz e encontrei G. e o atendente russo num abraço profundo e apaixonado no chão, esquecidos do mundo. Voltei, engasgado com um riso contido, e contei ao meu companheiro de viagem. Ele se recusou a acreditar em mim até espiar o corredor e ver com seus próprios olhos. Também voltou rindo incontrolavelmente. Na manhã seguinte, contamos a Peggy. Ela riu ao acender o cigarro pré-café-da-manhã. Algumas horas depois, quando G., de olhos vermelhos, passou pelo compartimento onde estávamos jogando bridge, Peggy gritou que ele devia entrar e fazer as pazes. Quando ele entrou, Malcolm e eu começamos a rir, enquanto Peggy, muito séria, perguntava:

– Por quanto tempo o senhor consolidou as relações anglo-soviéticas na noite passada?

G. ficou roxo e saiu pisando duro, mas não antes que Malcolm o aconselhasse a ter mais cuidado, se não o pobre trabalhador soviético poderia perder o emprego. (A homossexualidade era considerada uma doença naquela época.) Depois do episódio, G. não falou conosco nem se aproximou de nós nos dez dias seguintes.

Enquanto isso, à medida que o trem corria para Leningrado, percebemos por que estávamos sendo levados a Helsinque num estilo tranqüilo, amistoso e confortável. Normalmente, seríamos jogados num velho Aeroflot e transportados sem cerimônia para a capital finlandesa. O trem levava muitas outras delegações, inclusive a brigada pesada da União Soviética. Houve uma intensa campanha propagandística durante toda a viagem. No bar, topei com Faiz Ahmed Faiz, louvadíssimo poeta de língua urdu, que estava representando o Comitê da Paz do Paquistão. Cumprimentamo-nos e abraçamo-nos, e ele me deu notícias de casa. Então, da maneira mais paternal possível, tentou me pressionar a sair da delegação britânica e a me juntar ao seu grupo de um homem só.

– O problema – disse ele, lentamente – é que sou membro da mesa diretora e não estaremos representados na base da conferência. Você devia estar lá para falar e mostrar nossas cores.

Eu estava disposto a trocar de delegação, mas achei que seria justo adverti-lo de que minha simpatia não era atraída pela abordagem neutra de "coexistência pacífica a qualquer custo" dos delegados soviéticos. Faiz compreendeu imediatamente e, sem deixar de ser afetuoso (nossas famílias eram velhas amigas e eu o conhecia desde criança), retirou o convite, o que resolveu meu dilema. Naquela tarde, estávamos tomando chá e jogando cartas quando bateram à porta e dois delegados soviéticos entraram. Apresentaram-se e saudaram-nos em nome do Comitê da Paz soviético. Acho que G. não os avisou que nós três éramos, por assim dizer, dissidentes e, portanto, era melhor nos deixar em paz. Os russos nos mostraram o esboço de resolução da conferência e disseram que esperavam nosso apoio. Eram ambos adultos, de cinqüenta e poucos anos. Um deles apresentou-se como delegado do Komsomol (a Liga da Juventude Comunista da URSS), levando Peggy Duff, então da mesma idade que ele, a observar que ela devia se inscrever na Liga da Juventude Comunista quando voltasse à Grã-Bretanha. Em tom mais sério, dissemos a eles que não poderíamos decidir sem ver as resoluções apresentadas pelas outras delegações, principalmente a chinesa, a vietnamita e a indonésia. Os dois se entreolharam, sorriram educadamente e saíram.

Na estação de Leningrado, o clima era festivo. Bandeiras vermelhas, jovens pioneiros, música e muitos brindes trocados entre os líderes das várias delegações e o Comitê da Paz de Leningrado. Observamos as formalidades pela janela e Peggy Duff, com seu jeito inimitável, reconheceu alguns líderes de outras delegações.

– Céus! Aquela mercenária da França está aqui... Achei que já tinha morrido... E lá está fulano. Achei que tinha sido expulso do partido... – e assim por diante, até que o trem finalmente partiu para o último trecho até Helsinque.

No centro de conferências, havia muita tensão e entusiasmo. Até os burocratas pareciam agitados. Por fim, a notícia transpirou até gente como nós. Para evitar um debate público, a delegação soviética propusera que a sessão plenária se limitasse aos discursos dos companheiros mais conhecidos e que, em seguida, a conferência se dividisse em grupos de trabalho menores, nos quais as questões poderiam ser discutidas em mais detalhe. A manobra não tinha sutileza, mas o comitê pertinente aprovou uma variante emendada, que só foi questionada em plenário pelos indonésios, que informaram aos delegados que um avião estava a espera no aeroporto de Helsinque para levá-los de volta naquele mesmo dia caso a conferência fosse manipulada e transformada em uma farsa. É claro que a ironia era que todas as delegações dissidentes, principalmente a chinesa e a indonésia, realizavam suas conferências exatamente do mesmo jeito. Jamais se deixava nada ao acaso. Até os discursos individuais dos delegados eram cuidadosamente tramados. Como entendiam o sistema, os indonésios ficaram ainda mais irados por serem privados de voz. Naquele mesmo dia, um personagem conhecido chegou de repente à conferência e foi levado diretamente à mesa diretora. Era Ralph Schoenman, da Bertrand Russell Peace Foundation. Ele trazia uma mensagem de Bertie para a grande reunião pública da cidade, naquela noite. Schoenman estava ali havia poucos minutos e já entrava na briga. Foi reconhecido e andou zangado até o pódio, onde exigiu o direito de expressão para os chineses e para os outros. Finalmente, houve acordo em torno de uma fórmula negociada e vários discursos contra a visão soviética de coexistência pacífica foram ouvidos por todos.

A questão mais importante para os que eram simpáticos à posição chinesa na época era que, com o Vietnã sendo bombardeado diariamente, e com seu povo, no norte e no sul, sendo submetido à tortura e ao terror em grande escala pelos Estados Unidos e por seus aliados, falar em "coexistência pacífica" era quase obsceno. Defendi vigorosamente essa posição no grupo que discutia o Vietnã e depois me vi calorosamente abraçado por Pham Van Chuong e Dinh Ba Thi, os dois vietnamitas da Frente de Libertação Nacional (FLN), do sul. Depois disso, passamos a nos encontrar praticamente todos os dias para discutir a guerra.

Eu dividia o quarto com um pacifista veterano da Grã-Bretanha. Certa noite, um inglês rotundo e falador entrou em nosso quarto. Fomos apresentados. Ele era Geoffrey Bing, ex-parlamentar trabalhista que apoiara ativamente a independência africana nas décadas de 1940 e 1950. Mais tarde, quando a Costa do Ouro se tornou independente e mudou o nome para Gana, Bing fora convidado por seu amigo Nkrumah para auxiliar na transição do colonialismo para a independência. Tornara-se assessor particular e, mais tarde, advogado-geral do Estado recém-libertado. Sem dúvida alguma, Kwame Nkrumah foi um dos grandes líderes nacionalistas do continente africano, mas cercou-se de sicofantas que não o questionavam e alimentavam suas ilusões egomaníacas, como aceitar o título de "Redentor". Não surpreende que a oposição a ele aumentasse. Dado o fato de a política externa de Nkrumah ser de estrito não-alinhamento, somado à defesa corajosa de muitos países que lutavam contra o domínio ou o controle norte-americano, como Vietnã e Cuba, não é inconcebível que a CIA estivesse envolvida no aumento da hostilidade ao novo regime. Isso foi usado como acusação genérica para condenar e prender todos os que ousavam levantar a voz contra erros e enganos óbvios. Bing, como advogado-geral, tornou-se o braço punitivo do Estado ganense. Como tal, foi odiado por muita gente não intrinsecamente antipática a Nkrumah, mas que se escandaliza por ele não furar o casulo cuidadosamente construído pelos oportunistas que tomaram conta do governo.

Em Helsinque, tarde da noite, depois do número regulamentar de uísques com soda, Bing gabou-se de ter sido providencial por convencer Nkrumah a liderar uma Missão de Paz em Hanói e de Harold Wilson tê-lo congratulado pela iniciativa e querido que a Grã-Bretanha se envolvesse também. Fiquei com raiva do tom auto-elogioso do homem.

– Com certeza – aventurei-me –, o lugar para o qual se deve levar a Missão de Paz da Commonwealth é Washington. É lá que a questão pode ser rapidamente resolvida.

Foi um comentário bastante suave, ou assim pensei. Bing ficou furioso. O que gente como eu sabia de política e de diplomacia e de como as guerras chegam ao fim? Admiti que meu conhecimento nesses assuntos era limitado, já que nunca trabalhara como assessor de um chefe de Estado. Entretanto, disse a ele que a operação que descrevera com tanto orgulho mais parecia uma coisa de cafetão que de estadista. Bing ficou roxo.

– Por que – perguntei – o senhor esta fazendo papel de corretor e se gaba de suas ligações com Wilson? Ele está envolvido nessa guerra sangrenta. Ele apóia os norte-americanos. Como ele ou o pobre secretário do Exterior podem participar de uma genuína Missão de Paz?

Bing atacou-me com tal ferocidade que percebi por que Nkrumah o nomeara promotor do Estado. Ele era bom. Por fim, foi meu colega de quarto, cansado, que pôs fim na discussão, pedindo para dormir. Desejei a Bing um amistoso boa-noite, mas ele não respondeu ao sair aos tropeções do quarto.

É uma pena que a nota de rodapé dessa história não seja muito edificante: Nkrumah embarcou de fato em sua desafortunada missão alguns meses depois. No meio do vôo, soube da notícia de que houvera um golpe militar em Gana e alguns de seus colegas mais próximos estavam presos. O homem que queria ser o Garibaldi africano passaria o resto da vida exilado em Conakry, na Guiné. É preciso dizer a seu favor que, com a queda, Nkrumah aprendeu algumas lições. O resultado foi um conjunto de entrevistas e ensaios penetrantes sobre o futuro do continente. Infelizmente, não se pode dizer o mesmo de Geoffrey Bing, que voltou à Grã-Bretanha e morreu alguns anos depois.

Uma das maiores delegações do mundo não-comunista era o contingente da Índia. Incluía membros dos partidos Comunista e do Congresso, juntamente com um punhado de simpatizantes profissionais, veteranos de muitas conferências. Eles pareciam os mais envergonhados com os debates políticos. Era como se uma linda pantomima tivesse sido estragada por crianças malcomportadas. Ainda assim, foi bom conhecer o romancista indiano Mulk Raj Anand e o dr. Z. Ahmed – ambos tinham muitos amigos no Paquistão – e passamos uma tarde inteira passeando à beira do lago e discutindo a dor que a divisão do país causara no norte da Índia. Uma das ironias da história foi que os primeiros indianos que conheci depois de 1947 estivessem em Oxford ou em Helsinque. A restrição a viagens entre o Paquistão e a Índia era muito rígida naquela época.

Outro escritor muito em evidência em Helsinque era o romancista soviético Ilia Ehrenburg. Tanto Anand quanto Ehrenburg haviam escrito romances realistas socialistas. O último por obrigação e o primeiro por amor à Revolução. O resultado nada surpreendente, em ambos os casos, foi um desastre literário, como Ehrenburg admitiu parcialmente em suas memórias. Entretanto, em Helsinque, Ehrenburg era praticamente o decano da *intelligentsia* pró-soviética. No último dia da conferência – que terminou sem um verdadeiro acordo e só aprovou resoluções negociadas do tipo mais banal –, houve um comício público gigantesco na cidade. O escolhido para presidir essa grande reunião pela paz foi Ehrenburg. O que, em circunstâncias normais, seria um evento concebido para estimular o moral dos fiéis, terminou, como a conferência, numa confusão total. Um dos oradores era Schoenman, que leria a mensagem de Bertrand Russell.

– Como está a mensagem de Bertie hoje, Ralph? – perguntara inocentemente Peggy Duff, no vestíbulo do grande salão de reuniões.

– Mediana. Um tanto discreta e menos boa do que outras – fora a resposta um tanto entorpecida de Schoenman.

– Ora vamos, Ralph! – retorquira Peggy, com um brilho no olhar. – Você não costuma ser tão modesto.

Todos caímos na risada, inclusive o secretário do filósofo, que não tinha muita idéia do que o esperava.

A reunião pública começou com os tributos de sempre ao heroísmo dos vietnamitas e a outras lutas globais. O hesitante discurso de abertura de Ehrenburg deu o tom da ocasião. A noite ameaçava ser tediosa. Seguiram-se alguns discursos e os clichês e homilias se acotovelaram, competindo para ver qual dominaria. Então chegou a hora da mensagem de lorde Russell. A voz de Schoenman foi agressiva desde o princípio. Seu estilo oratório combinava com a linguagem. Os lábios curvaram-se num muxoxo, que aos poucos envolveu todo o seu rosto. A platéia, despreparada para surpresas, acordou, e o salão até então morto ganhou vida quando a tensão se espalhou da tribuna para o salão. A mensagem "discreta" de Bertie era um ataque selvagem à "coexistência pacífica" de Moscou. O presidente norte-americano foi comparado a Hitler. Peggy Duff, sentada ao meu lado, perguntou num sussurro como terminaria esse desafio declarado às normas burocráticas. Não tivemos de esperar muito. Ilia Ehrenburg, zangado e ofendido, disse a Schoenman que parasse porque seu tempo terminara. Schoenman recusou-se a dar ouvidos ao romancista de cara vermelha e continuou a falar. Estava acostumado com essas táticas. De repente, Ehrenburg levantou-se, deu a volta na mesa e, de costas para a platéia, tentou agarrar o microfone de Schoenman, mas o norte-americano o segurava com força e um simples puxão não o privaria do aparelho. Seguiu-se um cabo-de-guerra, nada dignificante, mas muito divertido, cuja platéia se encontrava igualitariamente dividida. Finalmente, alguns ajudantes robustos chegaram e gritamos para Schoenman

O PODER DAS BARRICADAS   133

aceitar a derrota e descer. Foi o que ele fez, entre aplausos e vaias. Enquanto andava em nossa direção, foi rodeado por dois albaneses que o abraçaram e beijaram expressivamente em ambas as faces e o convidaram para visitar seu país. Esse foi um dos poucos convites que, acredito, a Peace Foundation não aceitou. O diretor provavelmente sabia que qualquer tentativa de questionamento do monolitismo na minúscula república stalinista poderia levar a uma punição mais drástica do que simplesmente ser privado do microfone.

Quando decolei de Helsinque, tive a forte sensação de que aquela seria a última conferência de paz a contar com a presença dos chineses e dos partidos que apoiavam a linha de Pequim. A disputa sino-soviética chegara a um ponto de virada. Em breve, as disputas ideológicas seriam superadas quando ambos os Estados, exalando bobagens chauvinistas e ultranacionalistas, viessem a se enfrentar militarmente no rio Ussuri. Na ocasião, os que ficaram mais tristes com essa divisão foram os vietnamitas. Entre quatro paredes, não esconderam sua raiva. Estavam preocupados, e com razão, porque sabiam que quem tiraria proveito dessa amarga colheita seriam os homens de Washington.

REVOLUÇÃO E CONTRA-REVOLUÇÃO: DE 1965 A 1967

> *"A ordem reina em Varsóvia", "a ordem reina em Paris", "a ordem reina em Berlim". A cada meio século os guardiões da "ordem" obtêm os comunicados vitoriosos dos holocaustos das guerras e conflitos mundiais. Esses "vencedores" exultantes são incapazes de perceber que uma "ordem" que necessita ser mantida periodicamente à custa de sangrentas hecatombes inelutavelmente caminha para seu destino histórico, sua perdição. [...] "A ordem reina em Berlim!" Esbirros estúpidos! Vossa "ordem" é um castelo na areia. Amanhã a revolução se "levantará de novo clamorosamente", e para espanto vosso proclamará: Era, sou e serei!*
>
> Rosa Luxemburgo, "A ordem reina em Berlim", 1919*

As conversas com os vietnamitas em Helsinque convenceram-me de que havia uma prioridade maior que todas para os radicais, socialistas e democratas do Ocidente. Tínhamos de fazer tudo que estivesse ao nosso alcance – se necessário, virar o mundo de pernas para o ar – para ajudar os vietnamitas a expulsar os norte-americanos de seu país. Lancei-me de todo o coração nas atividades políticas relacionadas com a Guerra do Vietnã ao voltar à Grã-Bretanha. Aceitara convites para falar à Juventude Comunista, à CDN, a grupos quacres, a alguns clubes trabalhistas e a várias outras organizações.

Num desses eventos, em Croydon, conheci Carl Oglesby, membro importante da SDS norte-americana, que dividiu comigo a tribuna e descreveu a ampliação do movimento pacifista nos Estados Unidos. Os *campi* começavam a assumir o papel de organizar centros contra a guerra, auxiliados nessa tarefa por cantores como Pete Seeger, Joan Baez e Bob Dylan.

---

* Rosa Luxemburgo, "A ordem reina em Berlim", em Juarez R. Guimarães, *Rosa, a vermelha: vida e obra da mulher que marcou a história da revolução no século XX* (São Paulo, Buscavida, 1987), p. 183 e 187. (N. E.)

Pelo que Oglesby contou àquela minúscula assembléia, numa cidadezinha suburbana inglesa, era óbvio que os ares estavam começando a mudar e a nova geração não estava disposta a permitir que as necessidades da guerra fria determinassem o futuro da humanidade. O crescimento simultâneo das campanhas pelos direitos civis e o início do radicalismo antibelicista traziam esperanças. Se os próprios Estados Unidos podiam mudar, então tudo era possível.

Essa linha de pensamento otimista foi rompida em outubro de 1965 pela notícia que vinha da Indonésia. Havia um holocausto em andamento. As vítimas eram os membros e os partidários do PKI [Partido Comunista indonésio] e os sindicatos afiliados. O *Sunday Times* publicara reportagens sobre o terror branco que me deixaram muito deprimido. Eu conhecera vários indonésios em Helsinque e discutira com eles o apoio acrítico a Sukarno, mas eles tinham garantido a Malcolm Caldwell e a mim que estava tudo sob controle. Um deles insinuara que Sukarno concordara em abrir caminho para a vitória do PKI. Então, um golpe misterioso, encabeçado por uma nulidade chamada Untung, tentara, em nome de Sukarno, homem forte do país, decapitar a liderança do Exército indonésio. Dois generais, Nasution e Suharto, escaparam, organizaram as tropas e contra-atacaram. Sukarno renegou o golpe, mas era inegável certo envolvimento do PKI, embora nenhuma decisão como tal tivesse sido tomada pelo Partido. Sem formalidades, a junta militar ordenou a prisão e a execução de D. N. Aidit, secretário-geral do PKI, e de outros líderes. Foi o sinal para um banho de sangue generalizado. O PKI afirmava ter 3 milhões de filiados e mais de 10 milhões de simpatizantes em várias organizações de frente. Ainda que esses números fossem exagerados, reconhecia-se que o PKI gozava da lealdade de milhões de indonésios pobres nas cidades e no campo. As notícias na imprensa européia eram terríveis. O *Frankfurter Allgemeine Zeitung* publicou o relato de um correspondente especial na ilha de Bali. Esse paraíso tropical era um baluarte do PKI. O jornal dizia que corpos juncavam as estradas; os rios estavam cheios de cadáveres; e empilhavam-se corpos semiqueimados em covas recém-abertas no campo. Semanas depois, até as estimativas mais conservadoras falavam da eliminação de um quarto de milhão de pessoas. Sukarno nada sofreu, mas o PKI, que o ditador usara como importante pilar para seu projeto bonapartista, foi física e politicamente eliminado pelos generais mais identificados com o Pentágono. Nos velhos tempos, Nasution colaborara com os colonialistas holandeses e auxiliara o massacre dos comunistas em 1948, após a independência, mas, em comparação com o terror de 1965 e 1966, aquele foi um caso relativamente menor.

Os assassinos de Jacarta alegaram que o PKI estava se preparando para deflagrar uma insurreição e "vietnamizar" as ilhas. Se fosse verdade, não teria sido possível destruir o partido com tanta facilidade. Insurreição envolve luta armada e o partido que prepara uma rebelião, na maioria dos casos, arma e prepara seus partidários. Caso a alegação fosse verdadeira, talvez os generais não tivessem tido sucesso. A tragédia do PKI foi depender quase totalmente de Sukarno e do Estado. O partido deixara de tomar as precauções mais elementares. Afinal, eles eram membros comunistas do governo de Sukarno. Andavam em carros oficiais com bandeirolas e eram saudados pelos generais nos aeroportos. Às vésperas de ser executado pelo exército indonésio, Njoto, vice-presidente do PKI, disse a dois jornalistas japoneses que o partido se recusava a criar seu próprio exército porque tinha inteira confiança no exército indonésio, que "não era igual aos exércitos dos países imperialistas nem ao da Índia de hoje". Era um verdadeiro "exército nacional". Também reafirmou o apoio imorredouro do PKI a Sukarno como "grande líder da revolução". No dia seguinte, Njoto foi fuzilado sem nenhuma palavra de protesto do "grande líder". O poder de Sukarno foi reduzido, mas ele teve permissão para viver do modo que o fez famoso no mundo inteiro.

Por que o PKI, partido de milhões, depositara toda a sua confiança na capacidade desse demagogo esperto de conservar indefinidamente um *status quo* apenas empatado? Se tivessem reservado parte dessa confiança para seus próprios partidários...

Acho que o que me deixou zangado foi o fato, irrelevante para todos, exceto para mim, de que eu jamais achara que Sukarno fosse um líder político tão inspirador assim. Sua retórica era banal, sua visão era limitadíssima e suas realizações, poucas. Nehru gerara o conceito de não-alinhamento, Nasser nacionalizara o Canal de Suez, Nkrumah sonhara com a unidade africana, Mao Tsé-tung e Fidel Castro lideraram revoluções bem-sucedidas e Ho Chi Minh estava em vias de concluir mais uma. Mas o que fez o mistagogo degenerado de Jacarta, além de um confronto inútil e impensado com a Malásia que acabara em desastre? Na prática, ele fortaleceu os ele-

138 TARIQ ALI

mentos mais revanchistas do exército: os mesmos homens que haviam sido responsáveis por 150 mil mortes somente em Bali. Lembro-me da visita oficial de Sukarno ao Paquistão, alguns meses antes da minha partida para a Grã-Bretanha. Ele foi recebido com toda a pompa pelo marechal-de-campo Ayub. Fez então uma visita a Daca, na época capital do ainda Paquistão Oriental. Antes de ir de Daca para Lahore, acompanhado de Zulfiqar Ali Bhutto, ministro do Exterior do país, o líder indonésio foi presenteado com uma "guarda de honra" especial. A empresa aérea do país anfitrião alinhou uma dúzia de aeromoças dentre as mais "apresentáveis" e pediu ao dignitário visitante que escolhesse as duas que gostaria que o acompanhassem no vôo naquele dia. Sukarno o fez com um grande sorriso. O avião pousou em Lahore com mais de uma hora de atraso. O "grande líder" estivera muito ocupado e, evidentemente, o ministro do Exterior paquistanês instruíra o piloto a só pousar quando a luxúria do presidente tivesse se esgotado por completo. A instrução fora obedecida, mas não se conseguiu manter em segredo as circunstâncias do atraso. O próprio Bhutto observou que Sukarno jamais "chegaria na hora".

Depois disso, passei meses deprimido com as notícias da Indonésia. Elas despertaram em mim as primeiras dúvidas reais sobre a política chinesa. O PKI era extremamente próximo de Pequim. O conselho recebido de Peng Chen e de outros líderes chineses foi de que a aliança com Sukarno deveria ser a pedra fundamental de sua política, em virtude da postura antiimperialista do ditador indonésio. Os partidos pró-Moscou não se acanharam com o rumo dos acontecimentos, porque tiveram oportunidade de criticar os supostos "erros esquerdistas" do PKI, coisa que o jornal *Neues Deutschland*, da Alemanha Oriental, fez em 24 de outubro de 1965, dando o maior apoio possível a Sukarno. Os líderes chineses haviam condenado repetidamente Moscou por defender a "tese absurda e revisionista" de que seria possível existir um Estado que não fosse branco nem preto, nem socialista nem burguês. Cobriram de desdém e insultos os analistas soviéticos por sugerirem que no Terceiro Mundo era perfeitamente permissível que os comunistas locais fizessem alianças com os governantes, desde que estes fossem antiimperialistas. Os líderes do PKI eram culpados de todos esses erros, e o assassinato em massa de pelo menos 250 mil comunistas foi a indicação mais clara dos vínculos entre teoria e prática. Os tropeços políticos do PKI levaram à perda de vidas em uma escala inaudita. Qual seria a reação de

Pequim? Esperamos ansiosa e avidamente algum esclarecimento, mas Pequim manteve o silêncio. Nenhuma explicação. Nenhuma análise. Nenhuma crítica. A derrota na Indonésia tinha muita semelhança com o expurgo dos comunistas chineses realizado por Chiang Kai-shek em Xangai, em 1927. Pequim optou por se calar, já que toda discussão real da debacle lançaria luz sobre seu próprio papel. Os líderes da China conheciam muito bem a orientação do PKI e tinham-na apoiado com entusiasmo. Já em setembro de 1963, D. N. Aidit, líder comunista indonésio, delineara suas teses na Escola de Estudos Avançados do Comitê Central do Partido Comunista Chinês, em Pequim. Não tentara ocultar a verdade e explicara como a "burguesia nacional indonésia começa a se voltar para o lado da revolução". Confessara orgulhoso aos camaradas chineses:

> Já estamos colaborando com a burguesia indonésia há quase dez anos e, nesse período, as forças revolucionárias cresceram constantemente, em vez de diminuir, enquanto as forças reacionárias sofreram fracasso após fracasso. [...] O presidente Sukarno teve um papel importante na luta contra a comunofobia e a favor da unidade nacional.

Na época, os chineses não fizeram objeções. Depois dos massacres, preferiram esquecer o pesadelo.

Em vários aspectos, o silêncio no Ocidente foi muito mais opressivo. A incapacidade de liberais, humanistas, defensores tradicionais dos direitos humanos e simpatizantes de reagir ao terror do regime de Suharto foi a manifestação inconfundível do padrão duplo que predominava nesses casos. Em 1927, o banho de sangue de Chiang Kai-shek contra os comunistas em Xangai provocou um dos textos mais vigorosos de Malraux, na forma do romance *A condição humana*. A notícia dos campos de morte em Sumatra e em Java revelou que a matança era muito maior que a de Xangai em 1927, mas ninguém se mexeu nas principais cidades do Ocidente. Como se vê, os generais da Indonésia foram bem-sucedidos na eliminação dos comunistas. Se suas ações tivessem provocado uma guerra civil e se o PKI controlasse o centro de Java e Bali, se houvesse uma guerrilha em Sumatra, talvez se fizesse muito barulho e se condenassem ambos os lados. Mas o sucesso foi aplaudido em segredo e muitos estrategistas do Pentágono perguntaram em público por que o que era possível em Jacarta parecia difícil de se realizar em

Saigon. Na verdade, e os comunistas vietnamitas sabiam muito bem disso, a derrota na Indonésia tornou ainda mais importante a vitória no Vietnã.

No fim de 1965, recebi da CBS, rede de TV norte-americana, uma carta que me perguntava se eu estaria disposto a participar de um debate sobre o Vietnã de Oxford versus Harvard. A intenção era realizar um debate pela televisão usando o satélite Early Bird (isso era novidade na época). A BBC montaria um estúdio para os alunos de Oxford em sua filial de Shepherds Bush e a CBS faria o seu em Harvard. As duas universidades teriam equipes de três representantes. Harvard defenderia a política dos Estados Unidos e nós seríamos contra. Havia uma condição: as duas equipes tinham de incluir um integrante mais velho ou um ex-aluno famoso. Concordei imediatamente e sugeri Stephen Marks como meu acompanhante e Michael Foot como "membro mais velho". Fomos também convidados a levar cinqüenta alunos da universidade para o estúdio, cujo transporte e alimentação seriam pagos.

Em 21 de dezembro de 1965, chegamos todos e fomos recebidos calorosamente pelo diretor-geral, sir Hugh Greene, que mostrou ser extremamente liberal, inteligente e culto. Muito diferente, devo acrescentar, de Ian Trethowan, a única pessoa da BBC com quem eu tratara até então. Greene exprimiu a esperança de que esmagássemos Harvard e tive a nítida impressão de que não era chauvinismo impensado. Ele era visivelmente hostil ao esforço de guerra norte-americano. Foot, Marks e eu tínhamos uma idéia muito clara do que pretendíamos propor naquela noite. O único mistério eram nossos adversários. Isso se resolveu quando trocamos palavras de cortesias na apresentação por satélite. Os dois alunos eram democratas do *campus* e o "membro mais velho" de Harvard era um professor chamado Henry Kissinger.

O debate começou e terminou de maneira bastante previsível. Nenhum de nós ficou impressionado com Kissinger, cujo desempenho foi obtuso e medíocre. O mais interessante foi que alguns alunos na platéia de Harvard concordaram conosco. Quando Kissinger repetiu a fantasia desgastada que acusava os vietnamitas de recusarem a paz por não quererem negociar, qualifiquei essa observação de obscena e perguntei se os Estados Unidos teriam negociado com os japoneses alguns meses depois do ataque a Pearl Harbor. Alguns alunos de Harvard aplaudiram, mas Kissinger fitou-me na tela horrorizado. Suponho que, num ambiente ideológico altamente protegido, fórmulas do tipo que propus eram loucas demais para serem sequer admitidas.

Do nosso lado, a opinião geral era que tínhamos vencido o debate, assistido ao vivo nos Estados Unidos, mas nunca transmitido na Grã-Bretanha. Com certeza essa foi a opinião dos chefes da BBC presentes, e Michael Foot concordou. Como foi um debate bastante antigo e comum, logo esqueci a história toda. Algumas semanas depois, após o feriado de Natal, fiquei espantado ao receber centenas de cartas dos Estados Unidos. Algumas delas incluíam recortes de jornais sobre o debate, na maior parte favoráveis ao nosso lado. A maioria avassaladora das cartas apoiava a postura que eu assumira. A correspondência vinha de todos os cantos dos Estados Unidos. Cheguei a receber de Dallas uma carta de fã. O grosso da correspondência vinha de alunos secundaristas e de universitários que escreveram para exprimir sua espantosa hostilidade (ou ao menos assim me pareceu na época) à guerra de seu próprio governo na Ásia. Foi o primeiro sinal concreto, no que me dizia respeito, de que alguma coisa estava mudando nos Estados Unidos. Anos mais tarde, muitas vezes me perguntei quantos dos jovens de quatorze a dezesseis anos que me escreveram, e a quem respondi longamente, formaram-se e uniram-se à SDS ou aos Comitês pelo Fim da Guerra no Vietnã, que brotavam como cogumelos.

A política da Grã-Bretanha continuou dominada pela marcha acelerada do trabalhismo rumo à direita. Enquanto os editores de jornais e de revistas começavam a descobrir o encanto discreto de Harold Wilson, a repulsa à sua política interna e externa crescia rapidamente dentro do Partido Trabalhista, principalmente entre os estudantes, que a princípio se entusiasmaram com a possibilidade de um governo trabalhista. A razão principal para essa rápida desilusão foi que Wilson não cumprira nenhuma das promessas de mudança radical. Sua política, como confessaria mais tarde, era ditada pela City e pelos banqueiros internacionais. Em janeiro de 1966, em Hull, houve eleições parlamentares para uma cadeira então pertencente aos trabalhistas. Vários de nós acreditavam que um candidato independente deveria desafiar os trabalhistas e transformar o Vietnã em ponto central da campanha. Houve uma pequena reunião em Londres, à qual compareceram vários ativistas da CDN, dos quais alguns tiveram papel ativo ao aventar a idéia de termos candidatos monotemáticos contra os parlamentares trabalhistas de direita e a favor da postura da CDN. A reunião foi pequena e pouco representativa, fato que ninguém tentou negar nem questionar. O papel central coube a um certo Michael Craft, dentista dinâmico e ativista da CDN de muito tempo. Ele prometeu conseguir apoio e levantar fundos para a campanha.

O candidato escolhido para a tarefa de criar problema para Wilson foi Richard Gott, um jornalista de barba ruiva de *The Guardian*, participante ativo da onda de encontros estudantis e seminários sobre o Vietnã. (Se Gott recusasse, a opção mais provável seria Pat Arrowsmith, poetisa e veterana do Comitê dos Cem.) Foi decidido que chamaríamos nosso estranho grupo de Aliança Radical, embora Arco-Íris talvez fosse um nome mais adequado. Como o tempo era curto, decidimos que a candidatura seria anunciada imediatamente e que tão logo quanto possível enviaríamos voluntários e cabos eleitorais com seus sacos de dormir a Hull. No dia do lançamento da candidatura de Richard Gott, a esquerda nos jogou um balde de críticas. Algumas foram amistosas, outras hostis, outras perplexas. Amigos ligaram para Richard Gott para dissuadi-lo dessa aventura quixotesca, mas a decisão foi prosseguir. O Vietnã tinha de se tornar a questão central da política britânica, para forçar Wilson e os trabalhistas a mudar sua política pavorosa. Mais ou menos nessa época, o faz-tudo parlamentar de Wilson, um galês chamado Harold Davies, acabara de voltar de Hanói, onde fora recebido com relutância pelos vietnamitas. Davies recusara-se a visitar as áreas bombardeadas da capital ou das cidades próximas, dizendo que não queria fazer parte da máquina de propaganda vietnamita. Kevin MacNamara, candidato trabalhista de Hull, era um seguidor típico de Wilson, o que deixou mais fácil a tarefa de justificarmos nossa decisão, mas muitos notáveis da esquerda se recusaram a apoiar a campanha de Gott. Nesse aspecto, eles estavam ao lado do jornal do próprio Gott, que criticou sua decisão.

Telefonei a Bertrand Russell e ele concordou em receber a mim e a Richard Gott no dia seguinte. Ralph Schoenman opunha-se à campanha, mas não tentou nos dissuadir de visitar o velho ou vice-versa. Chegamos pontualmente à porta do apartamento de Russell, em Chelsea, às 11 horas da manhã do dia seguinte. O dissidente veterano, uma das poucas personificações vivas da antiga tradição radical da política britânica, era alvo regular dos franco-atiradores mais cruéis da grande imprensa. Por suas opiniões políticas, era sempre tachado de idiota senil, cujos melhores dias já haviam passado. O contraste com o recém-falecido Churchill, cuja senilidade era real, não podia ser maior.

Russell abriu a porta, recebeu-nos calorosamente e mandou-nos sentar, enquanto punha a chaleira no fogo para fazer chá. A sugestão de que um de nós se encarregasse disso foi recebida com desdém. Contamos a ele por que estávamos ali. Ele cumprimentou Gott pela decisão, que considerava boa, apesar de não acreditar que ele fosse muito longe. Só recentemente cancelara a filiação ao Partido Trabalhista, depois de pertencer a ele durante décadas. A razão? O apoio trabalhista aos norte-americanos no Vietnã. Ele conhecera todos os líderes do Partido desde Keir Hardie. Perguntei se via a todos sob a mesma luz ou se havia algum que o desagradasse mais que os outros. Ele deu uma risadinha enquanto acendia o cachimbo.

– Na verdade, não tenho uma opinião muito boa sobre Wilson, sabe. É um homem desprezível. Fui convidado a conhecer Nkrumah no Alto Comissariado de Gana, há alguns dias. Quando ele me acompanhou de volta até o carro, vi Wilson chegar, provavelmente para discutir a chamada Missão de Paz em Hanói. Ele me viu, avançou com a mão estendida e disse "Olá, lorde Russell", como se fôssemos amigos íntimos. Não consegui me forçar a apertar a mão daquele homem. Cruzei as mãos com firmeza atrás das costas, ignorei o camarada, despedi-me de Nkrumah e entrei no carro.

Ele parou para ver como reagiríamos, já que obviamente se deleitava com o que fizera.

– Então – comecei –, Wilson é o pior deles?

Ele pareceu refletir profundamente. Depois fez que não com a cabeça.

– Wilson é um homem pequeno e mesquinho, mas não é o pior. Acho que, se tivesse de escolher, diria que Ramsay MacDonald era pavoroso. Ainda consigo ouvir sua voz horrenda nos dizendo que o socialismo seria construído "tijolo a tijolo". Um homem assustador. Alguns dizem que os partidos têm os líderes que merecem. Não acho que o Partido Trabalhista merecesse MacDonald ou Wilson.

A questão que mais o perturbava naquela época era a disputa sino-soviética. Ele via os russos como vilões, principalmente porque não faziam o suficiente para ajudar os vietnamitas. Russell escrevera uma de suas famosas cartas abertas a Kosiguin, primeiro-ministro soviético, perguntando por que a Força Aérea soviética não podia ser mandada para o Vietnã do Norte para defender aquele Estado amigo e fraterno do ataque estrangeiro. Kosiguin respondeu afirmando, talvez corretamente, que os próprios vietnamitas nada tinham pedido. Russell se zangou.

– É óbvio que os vietnamitas são cautelosos ao tratar com Moscou e Pequim. Eles têm de ser, mas nós não. Pendo mais para a visão de mundo chinesa nessas questões, vocês não?

Admitimos que em várias questões as posições chinesas eram mais combativas, mas acrescentei que a Indonésia me deixara cauteloso. Ele não respondeu, mas assentiu com a cabeça. Os chineses o convidaram para visitar Pequim, mas era uma viagem longa e, se ele fosse a algum lugar, seria a Hanói. Richard Gott perguntou se ele enviaria uma mensagem de apoio à campanha de Hull e ele concordou alegremente. Perguntei qual seria, na opinião dele, a possibilidade de o Tribunal de Crimes de Guerra que levava seu nome ter êxito. Ele disse que o próprio fato de estar sendo organizado já era um êxito.

– Fazemos isso diante da hostilidade universal. Nem os russos estão a nosso favor, mas ele tem de ser organizado e os Estados Unidos têm de ser julgados por genocídio. Não há outro caminho.

A guerra na Indochina ressuscitara o lado apaixonado do caráter de Bertrand Russell. Suas atividades políticas haviam abarcado duas guerras mundiais e ele passaria os últimos anos de sua vida completamente mergulhado nas batalhas travadas no Vietnã. Usou a enorme autoridade de seu nome no mundo inteiro para ajudar a causa vietnamita. O fato mais espantoso era que ainda tinha pleno domínio de suas faculdades mentais. O corpo parecia frágil, afinal ele já estava com 93 anos, mas falava com lucidez, e a clareza de suas idéias era a maior refutação aos insultos lançados contra ele pelos escribas mercenários que o caluniavam impiedosamente. Sua posição na sociedade britânica era praticamente inigualável. Ao contrário da França, o país natal de Russell evitara com o máximo cuidado encorajar o crescimento de uma *intelligentsia* que, de uma forma ou de outra, não dependesse do Estado. Os escritores e filósofos costumavam ser tratados com muito menos respeito nestas ilhas do que no resto da Europa. Russell elevava-se acima de todos, tanto pela força do intelecto quanto, é claro, pelo fato de ter sobrevivido a quase todos os seus pares. Seus textos lhe trouxeram um público internacional e era respeitado em todos os continentes (embora não por todo mundo) como uma pessoa profundamente humana e racional. Seus ensaios me atraíram depois que li o livro sobre os riscos do conflito nuclear e a troca de cartas com Kennedy, Kruschev e Nehru durante a crise dos mísseis cubanos. É fato que, em muitas regiões do Terceiro Mundo onde Wilson era tachado de bajulador da Casa Branca, a voz intransigente de Russell é que permitia explicar que havia outras opiniões na Grã-Bretanha. Richard Gott e eu nos despedimos e, ao sairmos no frio, ficamos algum tempo na calçada, maravilhados com o vigor daquele velho notável.

A campanha em Hull começou. Gott falou em vários comícios, mas não conseguiu fazer o candidato trabalhista debater conosco sobre o Vietnã. Não faltaram debates durante a campanha, mas foram principalmente com aqueles que concordavam conosco na questão do Vietnã, mas discordavam da decisão de nos opormos aos trabalhistas. Conquistamos algum apoio. Um fazendeiro partidário da CDN prometeu lançar nossos folhetos sobre a cidade com seu avião particular! Muitos alunos da Universidade de Hull se uniram aos nossos grupos de caça a votos, que em geral faziam expedições desesperançadas aos condomínios residenciais. Alguns eleitores eram solidários, muitos diziam achar que os trabalhistas não deveriam apoiar os norte-americanos, mas que ainda assim votariam neles. Não podiam permitir que os *tories* vencessem, e "o candidato de vocês não tem chance de ganhar".

Uma grande conquista da nossa campanha foi dividir a família Saville. John Saville era um professor importante da universidade, mas para todos nós era muito mais do que isso. Saíra do Partido Comunista em 1956, depois do caso da Hungria, e ajudara a fundar *The New Reasoner*, revista de vida curta que editou com E. P. Thompson até se unir à *Universities* e à *Left Review* e se transformar na *New Left Review*. Sob o comando de Saville e Thompson, *The New Reasoner* tornara-se uma mistura animada e estimulante de política britânica e européia. A qualidade e o fôlego da cobertura cultural não tinha igual na esquerda da Grã-Bretanha. Em 1964, Saville unira-se a um colega da revista, Ralph Miliband, para criar um anuário, *The Socialist Register*, que pretendia ser a versão socialista das crônicas políticas de antigamente. Escrevo tudo isso para esclarecer que John Saville tinha credenciais impecáveis em quase tudo. Chegara a servir de agente duplo a serviço da Coroa durante a Segunda Guerra Mundial. Como soldado do Exército britânico, fora enviado à Índia, onde não demorou a fazer contato com os comunistas indianos, ajudando-os de várias maneiras.

A casa dos Saville foi nosso quartel-general natural durante a campanha. Constance, companheira de John Saville, e Richard, o filho mais novo, eram partidários ferrenhos da candidatura Gott, mas o veterano leninista foi inabalável. Em vão defendemos os méritos de nosso candidato. Ele não aceitou nem sequer participar do debate em nível tão insignificante. Não se opunha a romper o monopólio trabalhista da representação operária no Parlamento, mas não acreditava que a Aliança Radical fosse o instrumento para isso. A divisão dentro de casa era bem visível do lado de fora. Os quartos dos andares de cima exibiam cartazes "Vote em Gott", enquanto o andar térreo proclamava a preferência mais tradicional. O eleitorado concordou com John Saville e reenviou Kevin MacNamara ao Parlamento. Ganhei a aposta por ser o que chegou mais perto do número de votos que acabamos obtendo. Quase trezentos valorosos cidadãos de Hull se dispuseram a virar o barco trabalhista na ocasião. Pena que o eleitorado britânico não costuma ver com bons olhos os votos de protesto.

Naquele ano houve outra eleição geral e os trabalhistas receberam um imenso voto de confiança. Obtiveram uma maioria de setenta cadeiras no novo Parlamento e podiam tentar implementar o programa do partido. Michael Foot, entre outros, descreveu bem a questão:

> Havia uma desculpa para governar da mão para a boca entre 1964 e 1966, porque o governo tinha de organizar as coisas de modo a conquistar a maioria, e nisso teve sucesso. Mas fortaleceu-se achando que poderia continuar com esse tipo de política de consenso e, na verdade, toda a idéia do consenso se entranhou ainda mais profundamente do que antes. Foi entre março e junho de 1966 que o governo acabou cedendo e aceitou por completo a política deflacionária. Foi a admissão da derrota. Então, quando aceitou as medidas de julho, aceitou também a doutrina financeira internacional. Todos os esforços para ir além da ortodoxia foram abandonados. A grande oportunidade deste governo perdeu-se quando se conseguiu a maioria de cem cadeiras em 1966. Era naquele momento que o governo teria de agir para mostrar quem mandava na casa, e, em vez disso, avançou no sentido oposto.

A campanha eleitoral de 1966 foi relativamente mansa. Ao contrário de 1964, não se falou em "filosofia alternativa" aos *tories*, "que identificam o interesse nacional com o interesse dos endinheirados, não com o interesse dos assalariados, com os especuladores e não com os produtores". Em 1964, Wilson prometera construir uma sociedade cuja prioridade "não será mais o lucro privado e a acumulação de riqueza pessoal". Em 1966, tudo isso foi esquecido enquanto Wilson se deleitava com os elogios de *The Economist*. Em Oxford, saímos de novo cabalando votos e descobrimos que a maioria do povo queria dar aos trabalhistas uma maioria ainda substancial. Richard Crossman viera falar num grande comício trabalhista em Oxford. Alguns de nós o questionaram sobre vários tópicos, principalmente sobre a péssima ficha trabalhista nas questões relativas à raça e à imigração. A resposta que Crossman me deu foi simbólica da campanha inteira. Ele não tentou esconder o caráter reacionário da postura trabalhista, que teria chocado Gaitskell, mas sua desculpa abriu um novo campo:

– Houve pressão maciça dos eleitores trabalhistas das Midlands – argumentou. – Pode-se dizer que estão errados e são racistas, mas não podemos nos dar ao luxo de ignorar essa pressão.

Lógica perigosa, porque indicava uma linha política na qual, para permanecer no poder, o mínimo denominador comum se tornava o único critério. Também era míope. Os *tories* eram os mestres naturais desse processo e sempre conseguiriam flanquear e manobrar o Partido Trabalhista. Não que isso impedisse Monty Woodhouse, o *tory* local, de me deixar sem graça em mais de uma ocasião. Ele costumava me parar na rua e dizer:

– Estou à esquerda do candidato trabalhista local nas questões de imigração, Vietnã, Rodésia e provavelmente também nas medidas econômicas. Mas suponho que você e seus amigos vão votar nele.

A isso, eu respondia que votávamos em partidos e não em indivíduos e afastava-me rapidamente, antes de me envolver numa discussão sobre as posições políticas do candidato trabalhista que, por acaso, depois de eleito em 1966, se tornou o porta-voz menor do Foreign Office e mais tarde ajudou a fundar o Partido Socialdemocrata.

Não havia uma Muralha da China entre o conservadorismo doméstico e a política externa radical. Ambos estavam inextricavelmente vinculados. Harold Wilson tinha poucas ilusões a esse respeito. O artista Gerald Scarfe também. Ao seu modo, ele também tinha consciência da realidade do poder. Numa de suas caricaturas mais ferozes, ele desenhou Wilson servil, de joelhos, agarrado às calças caídas do presidente norte-americano Lyndon Johnson, cujo traseiro seminu ele tentava penetrar com uma língua longa e bifurcada. Scarfe intitulou a obra-prima de "Relacionamento Especial". Rejeitada pelo *Sunday Times* pela "falta de gosto", a charge acabou no Soho e virou capa da *Private Eye*. Pôde ser vista em paredes de cozinha e em quadros de aviso do *campus* por muitos anos.

Harold Wilson conquistara a maioria parlamentar de que precisava para questionar a ortodoxia reinante. Em vez disso, preferiu sufocar os partidários naturais do trabalhismo ao aceitar e justificar todas as restrições impostas a seu governo pelo *establishment* financeiro e ideológico nacional e internacional. O resultado era previsível. O fracasso do trabalhismo de direita nos importantíssimos anos pós-1966 abriram caminho para um regime *tory* de novo estilo. Margaret Thatcher, ao contrário de Wilson, recusou-se a tratar como sacrossanto o consenso do pós-guerra e transformou em virtude a demolição de truísmos.

Eu terminara meu curso em Oxford e enfrentava vários dilemas. Deveria me tornar advogado, prestando os exames finais em Gray's Inn*, onde já passara pelo processo esquisitíssimo de comparecer ao número exigido de "jantares" – um dos muitos rituais medievais que deveriam ter sido eliminados pelo governo trabalhista modernizador –, ou deveria participar da abertura de "novas frentes" contra os Estados Unidos? A idéia de passar os próximos anos folheando tomos tediosíssimos sobre legislação não era uma possibilidade atraente. Um telefonema e uma carta, sem ligação entre si, facilitaram a decisão.

O telefonema foi uma surpresa total. Uma americana ligou dizendo que era secretária de Marlon Brando e que queria me convidar para jantar com ele na data que me conviesse. Afirmava que Brando passaria uma quinzena em Londres. Minha primeira resposta foi tratar o caso como piada. Respondi que estava ocupado demais porque já assumira o compromisso de jantar com Henry Fonda e Laurence Olivier. E desliguei. A segunda resposta, quando ela voltou a ligar dali a uma hora, foi mais amistosa e pedi a ela que me dissesse que amigo meu a envolvera na brincadeira. Ela ficou confusa e

---

* Os exames são semelhantes aos da OAB brasileira, mas na Grã-Bretanha a tradição é muito mais antiga e peculiar. No século XIV, havia perto ao Real Tribunal de Justiça em Londres várias "inns" (estalagens) onde os advogados moravam e trabalhavam e onde se ia buscá-los quando o tribunal assim exigia; com o tempo, essas "inns" se reduziram a apenas quatro: Lincoln's Inn, Middle Temple, Gray's Inn e Inner Temple. Vem dessa época a exigência de participar dos "jantares". Hoje, essas entidades funcionam como associações profissionais, com funções disciplinares e de supervisão, e em suas sedes há bibliotecas, restaurantes, acomodações profissionais e capela. (N. T.)

achou graça, mas continuou afirmando que o convite era verdadeiro. Da terceira vez, ela disse:

– Não desligue, tem alguém aqui que quer falar com o senhor.

Fiquei curioso. Para meu total espanto, a voz era inconfundivelmente de Brando. Eu assistira a *Sindicato de ladrões* e *Viva Zapata* vezes o suficiente para saber que aquela não era uma imitação barata; era o produto genuíno. Pedi desculpas. Ele riu. Isso me permitiu recuperar a compostura. Agradeci o convite para jantar e combinamos dia e hora. Então perguntei por que estava *me* convidando.

– Assisti na CBS ao debate com Harvard sobre o Vietnã – respondeu –, e o senhor se saiu muito bem. Gostaria de conhecê-lo.

Na semana seguinte, cheguei ao apartamento que ele alugara em Chelsea e sua secretária, a sra. Sanchez, divertindo-se muito, me recebeu e me apresentou ao anfitrião. Sentamo-nos e conversamos sobre o Vietnã. Brando era profundamente hostil à guerra e foi ele que me contou que Kissinger não era um zé-ninguém insípido, mas sim um homem ansiosíssimo para se tornar a eminência parda dos importantes e poderosos. Perguntou se eu achava que os Estados Unidos conseguiriam vencer a guerra. Dei-lhe três razões por que nunca conseguiriam a vitória permanente e seriam obrigados a partir mais cedo ou mais tarde. Ele concordou. Então perguntei se sua posição seria a mesma caso ele achasse que seu país poderia vencer a batalha. Expliquei-lhe que muitos norte-americanos estavam desanimados porque achavam que a situação era desesperada e não porque, por princípio, se opusessem à intervenção. Ele sorriu e assegurou-me que não pertencia a essa categoria:

– O senhor disse na TV que, em sua opinião, a intervenção norte-americana no Vietnã era tão imoral quanto a da Alemanha nazista e da Itália fascista na Espanha na década de 1930. Bem, concordo com isso...

Havia duas mesinhas lindamente postas para o jantar e logo chegaram mais convidados, um pouco menos pontuais do que eu. Kenneth e Kathleen Tynan e Eleanor Bron sentaram-se à mesma mesa que eu, enquanto várias estrelinhas e Ursula Andress, com um vestido extraordinariamente decotado, instalaram-se na outra, a pequena distância de nós. Brando era um anfitrião perfeito, e dividia igualmente sua atenção entre nós e os outros convidados. Tynan insistiu que, antes de começarmos a comer, cada um de nós explicasse o que estava fazendo ali naquela noite. Descobri que Eleanor Bron também começara achando que o convite era brincadeira. Fora vista pelo mestre num programa satírico na BBC. Tynan não recebeu nenhuma explicação especial, a não ser que sua companhia seria muito apreciada, e realmente a apreciamos muito naquela noite, enquanto ele nos regalava com história atrás de história. O jantar foi seguido de dança e mais tarde Brando ofereceu-se gentilmente para me hospedar aquela noite, mas os Tynan, que saíram mais cedo, insistiram para que eu ficasse em seu apartamento em Mayfair. Pareceu-me a opção mais tranqüila.

No café-da-manhã do dia seguinte, Tynan ficou indignado com a idéia de eu me tornar advogado.

– Por que quer parar de viver?

Lembro-me dessa frase e, como não era uma pergunta sem importância, pensei muito a respeito. Na verdade, a única razão para me tornar advogado era que, quando voltasse para casa, eu poderia ser independente. Entretanto, como na Inglaterra eu mergulhara em atividades contra a ditadura e escrevera uma diatribe de quatro páginas contra Ayub na revista *Isis*, fui aconselhado a não voltar nas férias, pois meu passaporte poderia ser confiscado. Em minha cabeça, Gray's Inn começou a se afastar consideravelmente, mas, ainda assim, talvez eu me tornasse advogado, não fosse uma carta que me esperava quando voltei a Oxford.

Era outro convite para ir a Londres, dessa vez de Julian Critchley, que acabara de ser nomeado editor da revista *Town* (a tentativa britânica de recriar a *Esquire*). Ele perguntava se eu estaria interessado em trabalhar na revista. Liguei imediatamente para marcar o encontro e no dia seguinte embarquei no trem para Londres. Depois de uma conversa amigável, Critchley perguntou o que eu gostaria de fazer na revista. Sugeri a crítica teatral, já que havia muito me interessava pelo teatro. Meu futuro editor aquiesceu, mas achou que eu deveria me responsabilizar também por livros e filmes. Concordei, fui nomeado editor de resenhas e levado para conhecer o proprietário e editor-geral, Michael Heseltine, da *Esquire*. Ele foi igualmente afável e perguntou quanto eu queria ganhar. Ao ouvir minha resposta – o salário do Sindicato Nacional de Jornalistas, o NUJ –, grunhiu que concordava, mas advertiu-me, da maneira mais amistosa possível, para não tentar sindicalizar a equipe. Assim, durante um ano inteiro fui empregado da Haymarket Press. Tenho de admitir que era um jeito agradável de passar o dia. Critchley não era um editor autoritário. Na verdade, era liberal por natureza e me dava muito espaço, em todos os sentidos da palavra. Também era perfeitamente possível encomendar um ou outro artigo para outras seções da revista; um dos meus prediletos foi uma "Opinião" de Paul Foot, de dezembro de 1966, na qual ele delineou um perfil devastador da nova raça de parlamentares jovens que havia acabado de entrar para a Câmara dos Comuns. Foot descreveu assim o influxo Hattersley–Walden:

O jovem reformador vem de longe, de algum lugar do Norte, e seu pai foi um sindicalista ferrenho dos velhos tempos vermelhos que flertou com o Independent Labour Party (ILP) [Partido Trabalhista Independente] e até com os comunistas. O jovem reformador freqüentou boas escolas, e uma universidade melhor ainda, e conquistou uma ou duas presidências na política universitária. Aprendeu um pouco de direito, um pouco menos de economia, mas acima de tudo estudou a linguagem; a linguagem certa; o tipo de linguagem que realmente quer dizer alguma coisa nesse mundo duro, realista, moderno. E como assiste muito à tevê, o jovem reformador aprendeu a falar a linguagem corretamente, ou seja, o tom comovido e didático de Ian Trethowan e de Alan Whicker*.
Nada mais proveitoso ao jovem reformador que esse conhecimento da linguagem certa. Ele aprendeu a exprimir oposição a "práticas restritivas de *ambos* os lados do setor", o que para ele significa manter Frank Cousins** sob firme controle. Aprendeu, também, os epítetos atuais que substituem as bobagens rudes e atrasadas da década de 1930.
Em vez de "igualdade", ele fala em "aumento da produtividade"; em vez de "irmandade", em "tecnologia mais eficiente"; e em vez de "Deus", "crescimento".
Normalmente, o jovem reformador não lê livros; mas leu *Como se faz um presidente* (1960 e 1964), de Theodore White, duas vezes cada. Encoraja a esposa a trabalhar porque acredita na emancipação feminina e porque assim ela o deixa mais livre para cumprir seu dever. Mandou os dois filhos para a escola pública local, depois que não passaram nas provas de admissão da escola particular. Gosta da casa comprada pronta no loteamento de Wates, perto de Charing Cross, e entusiasma-se com as "instalações comuns" da propriedade, embora secretamente reze por um jardim de muros altos, separado dos vizi-

---

* Importantes jornalistas e locutores da BBC, na época. (N. T.)

** Frank Cousins (1904-1986) foi líder sindical e político trabalhista e ocupou a secretaria-geral do TGWU (Sindicato de Transporte e Trabalhadores em Geral, um dos maiores da Grã-Bretanha) de 1956 a 1969. Durante o governo de Harold Wilson, foi ministro de Tecnologia de 1964 a 1966; em 1965, elegeu-se para o Parlamento e ali ficou até 1966. (N. T.)

nhos. Vai à ópera uma vez por ano e todo ano conta duas piadas sujas quando julga o concurso de beleza do distrito.

O jovem reformador fica feliz enquanto há trabalho a fazer; reuniões às quais comparecer; jornais locais para ler; propostas em que votar. Fica absolutamente entediado com a família, os amigos e o tempo livre, e faz o que pode para excluí-los ao máximo, desde que politicamente possível.

Sua vida é a política. E a política é sempre a política de seu partido.

Ah, sim, *claro*, ele pertence a um partido político. Só que nesse instante não consegue recordar qual.

Acho que foi um marco daquela época que a mistura político-cultural que formava cada edição de *Town* em 1966-1967 fosse bastante radical. Os números editados por Critchley, analisados com atenção hoje em dia, fariam com que ele, parlamentar conservador que representava Aldershot, parecesse esquerdista demais para ser considerado colaborador da revista do Partido Comunista, a *Marxism Today*, que glorifica a vida burguesa cotidiana com muito mais intensidade do que fazia a *Town*. É uma pena que a profissão que eu escolhera começasse a me deprimir. Muitas vezes me perguntei por que pedira para ser crítico de teatro. O que a princípio me parecera um modo interessante de passar o tempo se tornou, na realidade, uma obrigação medonha. Comparecer a estréias teatrais era como visitar o cemitério na companhia de cadáveres vestidos de preto. A média de três noites por semana passadas na companhia de almas mortas, assistindo a eventos sem nenhuma importância, fosse artística, fosse outra qualquer, bastava para amortecer meus sentidos. No clima predominante, não chega a surpreender que os inteligentes jogos de palavras de Tom Stoppard, embora superficiais, parecessem a alguns uma pausa bem-vinda.

Além de Joan Littlewood, o único diretor que eu admirava era Peter Brook. Saí de Oxford para ver sua montagem de *Marat/Sade*, de Peter Weiss. Foi uma experiência reveladora. Acho que foi uma das poucas ocasiões em que saí do teatro sentindo ao mesmo tempo emoção e entusiasmo. *Perseguição e assassinato de Jean-Paul Marat* – título completo da peça – era Weiss a prestar homenagem a Brecht. A combinação do marxismo puro do dramaturgo com a direção de Brook eletrizou as platéias. A peça, com seu casamento perfeito entre forma e conteúdo, foi um triunfo artístico, aclamado até pelos que mais discordavam da mensagem. O diálogo e as músicas foram traduzidos para o inglês por Adrian Mitchell, que lhes deu o vigor que garantiu o sucesso do espetáculo. Weiss falava à platéia por meio do personagem do padre revolucionário francês Jacques Roux, a voz dos *sans-culottes*, mas, para a platéia britânica, o tom mais contemporâneo foi dado por Marat, que, numa de suas falas, se referiu diretamente ao lema eleitoral *tory*: "Nunca foi tão bom". Isso foi antes da eleição de Harold Wilson, e os versos a seguir nunca deixaram de provocar reação no público:

Não deixeis que vos enganem
nossa Revolução foi agora sufocada
E se vos dizem
que as circunstâncias agora melhoraram
mesmo que não vejais as privações
porque as privações foram disfarçadas
mesmo que ganheis dinheiro
e que possais comprar algo com aquilo
que as indústrias vos pagam
e vos pareça
que vosso bem-estar está adiante da porta
isto não é nada mais do que a invenção daqueles
que continuam tendo muito mais que vós.
  Os Pacientes e os Quatro Cantores caminham para diante lentamente,
Não acrediteis neles
quando batem amavelmente sobre vossas costas
e dizem que não vale mais falar em distinções
não havendo mais motivo
para discussões
  Coulmier olha ao redor de si intranqüilo.
pois é neste momento que eles estão mais alto
  Vira-se para o público.
em seus novos fortes de mármore e de aço
de dentro dos quais saqueiam o mundo
sob a alegação de que
difundem a cultura
  Coulmier abandona a tribuna e corre até onde está Sade. Fala com este.
Cuidado
  Sade não reage.
pois logo que lhes aprouver
mandar-vos-ão
defender vossos montinhos
na guerra

154   TARIQ ALI

Sade ergue-se e vai até a área de representação.
cujas armas em desenvolvimento rápido
produtos da ciência comprada
são cada vez mais eficientes
destruindo-vos em números cada vez maiores*

O sucesso do *Marat/Sade* de Brook levou aqueles que desejavam um novo tipo de teatro a esperar, alguns anos depois, que sua nova produção, *US*, repetisse e transcendesse o sucesso anterior. O título era um trocadilho proposital, já que a peça era sobre o Vietnã. *US* era tanto os *United States* [Estados Unidos] quanto *us* [nós]. Dessa vez, fui assistir à peça como crítico. O próprio fato de Brook achar importante montar uma peça sobre o Vietnã era uma inovação espantosa numa companhia teatral tradicional como a Royal Shakespeare Company. A peça fora condenada com antecedência pela direita por ser anti-americana e, em conseqüência, minha simpatia, mesmo antes de me sentar na platéia, estava totalmente do lado de Brook e do elenco. Mas a peça foi um desapontamento total. Deixou-me frio, sem emoção, e sentindo-me envergonhadíssimo pelas atrizes e pelos atores que participaram dela. No final do primeiro ato, o elenco, com a cabeça coberta com sacos de papel, rastejou para fora do palco em uma agonia simulada. Era um teste. A platéia mostraria a saída a eles? No caso, ninguém se mexeu. Brook chamou a platéia de "insensível", mas isso estava longe de ser verdade. O fato é que a irregularidade da encenação era resultado de um texto elaborado por gente demais, que não conseguia transmitir nada coerente. Não seria possível demonstrar de maneira mais dolorosa o contraste com os episódios da Revolução Francesa, hábil e cuidadosamente marchetados por Weiss. Como escrevi na época, a fraqueza estrutural da peça era, em essência, política:

E a razão pela qual *US* não foi bem-sucedida é que o sr. Brook recusa-se a tomar partido. Essa falta de compromisso é tão irritante que há momentos em que desejamos que ele tivesse apoiado com coerência a posição de Lyndon Johnson, Wilson e Ky: deixaria a peça bem mais provocante. Afinal, de que

---

* Peter Weiss, *Perseguição e assassinato de Jean Paul Marat* (São Paulo, Grijalbo, 1966), p. 63-4. (N. E.)

adianta ter um teatro de compromisso quando as pessoas se recusam a comprometer-se e tentam disfarçar, brincando com a emoção dos outros? Se o único propósito do sr. Brook era nos irritar, ele conseguiu. Estamos muito zangados com ele por desperdiçar uma excelente oportunidade. O fato de todas as guerras serem ruins é um axioma repetido com bastante freqüência e não precisamos de sua mera reafirmação [...]. Esperávamos algo mais e é triste ser desapontado.

Alguns meses depois, encontrei Brook num evento no Hyde Park. Um integrante de sua coorte nos apresentou e, para minha surpresa, ele foi extremamente amistoso. Foi ele que mencionou a resenha (nenhum outro crítico atacara a peça por razão semelhante), sorriu e disse: "Foi interessante". Não prolonguei a discussão e segui em frente. A verdadeira razão para tratar desse episódio não foi reviver as lembranças de meu tempo de crítico de teatro. Foi porque a publicação dessa resenha específica fez com que eu recebesse outro telefonema de alguém que eu não conhecia. Era Clive Goodwin, que se apresentou como "agente literário", disse que gostara muito da minha resenha – "só porque concordei com tudo o que o senhor disse" – e sugeriu que almoçássemos juntos. Eu tinha de viajar para um serviço em Praga, mas Clive insistiu que tinha de ser antes da minha partida. No dia seguinte, almoçamos no Biaggi's, que fica junto à Edgware Road, bem perto da redação da *Town*.

Ele não me contou muito sobre si nessa ocasião, mas conversamos bastante sobre o Vietnã e sobre a situação no teatro e na televisão, que era seu principal interesse. Ele acreditava que era muito mais fácil apresentar peças radicais na TV do que no teatro e citou uma série de nomes de dramaturgos que nada significavam para mim na época. Entre eles, Denis Potter, Trevor Griffiths, Jim Allen, John McGrath e Troy Kennedy Martin.

– E David Mercer? – perguntei, pois assistira a *Morgan: caso bom para tratar* três vezes naquele mês.

Ele me fitou como se eu tivesse descoberto seu calcanhar de Aquiles.

– Não – disse de maneira bem decidida. – Concordo que ele é muito bom, mas não é um dos meus. Margaret Ramsay ficou com ele.

Entretanto, a verdadeira razão para a cúpula ao meio-dia não tinha nada a ver com esses assuntos. Clive estava convencido de que precisávamos fundar um novo jornal totalmente comprometido com a esquerda. Perguntou-me o que eu pensava da idéia. Concordei com grande entusiasmo. Ele disse que organizaria uma reunião em seu apartamento na Cromwell Road para discutir melhor o assunto quando eu voltasse de Praga. Durante a conversa, fiquei sabendo que era muito amigo dos Tynan, que lhe contaram tudo sobre o jantar com Marlon Brando. Gostei de Clive instintivamente. Ele era extremamente franco, muito inteligente e totalmente despretensioso. Nós dois sentimos que a desilusão crescente com a política do governo trabalhista criava um espaço na esquerda e que era extremamente necessário um jornal ou uma revista que preenchesse esse vácuo.

Na véspera de minha partida para Praga, fui chamado à sede da Bertrand Russell Peace Foundation. Lá, Ralph Schoenman disse que precisava de mim para formar uma equipe investigatória que visitasse o Camboja e o Vietnã do Norte para o Tribunal de Crimes de Guerra. Talvez eu tivesse de partir diretamente da capital checa e ficar por lá durante várias semanas. Avisei logo Julian Critchley, que foi extremamente solidário, mas disse que eu teria de fazer uma longa reportagem para a revista. Prometeu que enviaria para Praga um adiantamento para minhas despesas com a viagem ao Vietnã.

DE PRAGA A HANÓI:
JANEIRO E FEVEREIRO DE 1967

> *Pero años impuros, la sangre del hombre distante*
> *recae en la espuma, nos mancha en la ola, salpica la luna, son nuestros:*
> *son nuestros dolores aquellos distantes dolores*
> *y la resistencia de los destruidos es parte concreta de mi alma.*
> *Tal vez esta guerra se irá como aquellas que nos compartieron,*
> *dejándonos muertos, matándonos con los que mataron,*
> *pero el deshonor de este tiempo nos toca la frente con dedos quemantes,*
> *¿y quién borrará lo inflexible que tuvo la sangre inocente?*
>
> Pablo Neruda, *La barcarola termina*, 1967

Estamos a caminho de Praga depois de trocar de avião em Bruxelas. O minúsculo Sabena que nos levava era um aparelho com hélices. Clive Arrowsmith, fotógrafo que me acompanhava, era o único passageiro além de mim, fato comemorado com champanhe pelas duas aeromoças, que serviram a bebida durante toda a viagem. Voamos sobre vastidões de neve. Quando sobrevoamos a capital checa, tudo parecia congelado, menos as agulhas das torres, o que dava à cidade um ar mágico.

O primeiro vislumbre de Praga em terra confirmou o esplendor que avistei de cima. Era uma cidade para todas as estações. Estava arquitetonicamente intacta e, ao contrário da maioria das grandes capitais da Europa ocidental, não fora amaldiçoada pelo fluxo excessivo de tráfego e poluição. Ficaríamos no hotel Europa, na praça Wenceslas, no coração da cidade. O hotel não era uma monstruosidade moderna de cinco estrelas, mas um prédio *art déco* construído nos primeiros anos do século XX. Os quartos eram grandes e a sala de jantar era um retorno espetacular à *belle époque*, com balcões e tudo. Nos dias seguintes, vi a Praga velha e nova. Foi uma experiência estética incrível. Apaixonei-me pelas ruas antigas e estreitas, pelo passeio na neve pela ponte Charles, pelas casas e palácios barrocos inacreditavelmente bem conservados, assim como pela vitalidade cultural que existia por trás da fachada burocrática. Desde então, fui a Praga várias vezes, e a cidade mudou nas duas últimas décadas, mas ainda é minha cidade européia favorita.

Praga estimulou meus sentidos numa época em que meus pensamentos costumavam vaguear para longe da gelada Vltava rumo aos campos de batalha da Indochina e aos cheiros da Ásia. Afinal, era para lá que eu iria em seguida. Apesar das preocupações com a guerra, fui distraído pelo esplendor da cidade. E seus habitantes? Infelizmente, não conheci nenhum dos ativistas que ocupariam a frente do palco nos dias inebriantes da primavera de Praga. Uma das razões foi que, na época, poucos deles sabiam o que ia acontecer ou o papel que a história lhes reservava. Nos píncaros do governo do Partido Comunista checo, já se discutiam as reformas, mas tudo ainda era muito primitivo.

Certa noite, fui tomar cerveja com alguns estudantes socialistas de Berlim Oriental na taberna que Hasek tornou famosa em *O bravo soldado Schweik**. Contei-lhes que estava a caminho do Vietnã como representante do Tribunal Russell. Para minha surpresa, eles sabiam tudo sobre a iniciativa e deram-me todo o apoio. Percebi, então, que minha obsessão pelo Vietnã não era nada excepcional. Ali estavam aqueles alemães, de vinte e poucos anos, como eu, que também não conseguiam pensar em mais nada além da guerra. Conversamos até tarde da noite e descobrimos que, apesar de nosso histórico político e cultural variado, havíamos sido afetados de maneira muito parecida pelos mesmos eventos. Quando estávamos saindo do *U kalicha*, um dos berlinenses lançou-se de repente numa diatribe contra os estudantes checos. Só se interessavam por música pop e roupas ocidentais e não se preocupavam com o Vietnã. A passividade política que encontrara deixara-o chocadíssimo.

Minha pauta para a *Town* era traçar o perfil cultural de Praga, e recebemos intérpretes e transporte dos ministérios concernentes, cujos burocratas nos prestaram a ajuda necessária. Eu sabia quem queria conhecer e rejeitei de forma educada, mas firme, sugestões de quem deveria entrevistar. Acho que um fator importante que me afastou da burocrata encarregada de nos ajudar foi que ela não tinha nenhum senso de humor. Chegou a fazer um leve muxoxo quando insisti em conhecer o diretor teatral Otto Krecma, um

---

* Jaroslav Hasek, *O bravo soldado Schweik* (Rio de Janeiro, Teatro Carioca de Arte, 1967). (N. E.)

Peter Brook checo cujas inovações experimentais eram toleradas pelo regime e adoradas pela massa. Na Checoslováquia, como em boa parte da Europa oriental e na URSS, toda cultura é popular. Quanto maior a qualidade, maior a popularidade. A insinuação de desdém na testa da burocrata, somada ao rosto grave, foi enganosa. Um dos nomes indicados por ela para nos ajudar a avaliar o passado e o presente do cinema checo foi o de Milan Kundera. Declinei da oferta.

A mesma mulher me dissera que não havia nada para ver no que dizia respeito ao teatro de mímica. Nessa questão ela foi inflexível. Implorei-lhe que pelo menos nos deixasse fotografar e entrevistar Ladislav Fialka, mímico lendário, mas ela disse que simplesmente não era possível. Certa manhã, ela ligou para me informar, com uma voz severa que tentava esconder a vergonha burocrática, que podíamos ver Fialka se apresentar naquela tarde. Ao chegarmos, percebemos por que isso se tornara possível. Havia um norte-americano na cidade interessado em levar o Teatro Checo de Mímica para uma turnê nos Estados Unidos. E quando o dólar levanta a voz, de repente tudo se torna possível. Naquele dia, agradeci ao homem dos dólares quando Fialka se apresentou, durante mais de uma hora, para uma platéia de menos de uma dúzia. Seja o que for que ele sentiu ou deixou de sentir por ser assim exposto, seu gênio era avassalador. Os movimentos faciais e corporais exprimiram amor e felicidade, raiva e finalmente tristeza e desespero. Ainda posso ver o ar triste e inesquecível em seu rosto quando o solo chegou ao fim. Foi o rosto que me veio à lembrança quando pensei no sofrimento de Praga no verão de 1968.

Os dois últimos dias foram passados na companhia de Jiri Mucha, escritor e filho de Alphonse Mucha, famoso pintor *art nouveau*, cuja Sarah Bernhardt apareceu em muitos pôsteres dos anos 1960. Jiri Mucha morava numa linda casa antiga de Hradcany, na frente do palácio onde residia, em isolamento consciente, o decrépito presidente Novotny. A casa de Mucha era cheia de objetos de arte admiráveis, além de uma bela coleção de livros sobre história da arte e do cinema, romances em inglês, alemão e checo e uma série de lembranças reunidas por Mucha *père* nas viagens pela Europa. As pinturas do pai adornavam a sala de visitas e eram o pano de fundo indispensável da vida do filho.

Jiri Mucha tinha cabelo comprido e grisalho e usava camisa pólo preta e calça preta. Vestido com seu uniforme de sátiro, recebia em grande estilo os habitantes do mundo do cinema. Sua casa era sede de pequenas festas noturnas organizadas de improviso para comemorar algum fato ou acontecimento. Na primeira ocasião em que estive ali, ninguém discutiu política, mas quando o visitei em 1972, até Mucha ficara mais sério com o restabelecimento da "ordem" e discutiu o passado com um sentimento de perda. Nessa minha primeira viagem, ele representou com perfeição o papel do boêmio e mostrou um prazer especial ao indicar quais atrizes presentes chegariam ao topo da profissão. Eram todas talentosas, mas isso não bastava, nem mesmo na Checoslováquia. A teoria do triplo corredor polonês de Mucha era explicada assim:

– Sabe, em Hollywood a candidata a estrela só tem de dormir com o diretor ou com o diretor de elenco, dependendo de até onde vai sua ambição. Aqui é o diretor, o produtor e, mais importante, o burocrata encarregado do Ministério.

Os presentes o acusaram de calúnia, mas era óbvio que a piada de Mucha era seriíssima.

Na manhã de 9 de janeiro, recebi um telegrama informando que me esperavam em Phnom Penh nos próximos três dias. A passagem chegou no dia seguinte, assim como algum dinheiro da *Town*, cortesia de Julian Critchley. Na véspera da partida, sentei-me para datilografar as entrevistas e a reportagem sobre o submundo cultural de Praga e, às primeiras luzes do amanhecer, entreguei-as ao sonolento Clive Arrowsmith. Ele acabara de voltar de uma festa e não gostou nada da visita, mas aceitou o pacote, abraçou-me e murmurou alguma coisa sobre tomar cuidado com o foco. Ele me dera algumas dicas úteis sobre fotografia e me ajudara a comprar uma Pentax de segunda mão como preparativo para o trabalho na Indochina. Dali a algumas horas, embarquei no vôo da empresa aérea checa para Phnom Penh e só pensei em Praga outra vez na primavera de 1968.

Era uma sensação estranha estar voando de fato para a zona de guerra. Pensei tão constantemente no Vietnã, com exclusão quase total de tudo mais, que a viagem parecia irreal. A guerra me afetara a tal ponto que escrevera sobre ela em todas os trabalhos de fim de curso em Oxford. Em alguns casos foi fácil, já que em Política e Filosofia Moral a guerra, no que me dizia respeito, tinha um lugar natural. Em Economia foi mais difícil, mas dei um jeito. Ao responder a uma questão que pedia aos examinandos que explicassem a forma mais barata de transporte público do mundo, citei a contribuição norte-americana no Vietnã e descrevi o serviço ininterrupto de helicópteros que decolavam de hora em hora de Saigon e outras cidades rumo às florestas do interior do país. O único problema aqui era que o custo de reposição dos helicópteros perdidos em "acidentes" estava se tornando proibitivo e, portanto, os contribuintes norte-americanos logo cortariam o subsídio. John Vaizey, presidente da banca examinadora naquele ano, não achou graça nenhuma e sugeriu que eu fosse reprovado, mas os outros passaram por cima dele e me aprovaram com Terceiro Louvor (nota mínima para receber louvor), sem sequer me fazerem a cortesia da prova oral – desapontamento terrível, já que eu ansiava pelo debate com Vaizey.

Dormi a maior parte da viagem, mas acordei em Rangum para desembarcar e respirar ar fresco. Algumas horas depois, estava na capital cambojana, onde fui recebido por alguém do protocolo do Ministério do Exterior que me fez passar por todas as barreiras a uma velocidade espantosa e me levou diretamente para o Hotel Royale. O resto da equipe já havia chegado e esperava ansiosamente por mim, já que teríamos de viajar pelo Camboja no dia seguinte. O príncipe Sihanouk decidira que o Tribunal de Crimes de Guerra receberia apoio total, e assim fomos tratados como convidados de honra. Sihanouk insistira que viajássemos para ver com nossos próprios olhos a chamada trilha de Ho Chi Minh, interrogássemos o povo das aldeias e verificássemos se os norte-vietnamitas usavam-na ou não para abastecer os exércitos guerrilheiros do sul. Nessa época, Sihanouk era o Estado cambojano. Era o chefe de Estado, o chefe de governo, o maior compositor e o diretor de cinema mais famoso do país. Sem dúvida, o príncipe era excêntrico e burlesco, mas não queria que o Camboja se envolvesse na guerra. Era um desejo perfeitamente compreensível e não duvido que a neutralidade cambojana teria sido preservada se os elementos favoráveis aos Estados Unidos dentro da máquina estatal do país não tivessem organizado um golpe dali a alguns anos.

No hotel, tomei banho, comi e fui para a sala especial da delegação, onde o plano de viagem nos seria informado. Lawrence Daly, líder dos mineiros escoceses, homem de forte senso de humor e boa ficha de envolvimento na política esquerdista britânica, encabeçava o grupo. Em 1959, Daly criara a Liga Socialista de Fife e enfrentou o candidato oficial trabalhista. Recuperou o depósito* e obteve alguns milhares de votos, experiência bem diferen-

---

* Para participar de eleições na Grã-Bretanha, é preciso fazer um depósito (atualmente de 500 libras), que só é devolvido se o partido obtiver no mínimo 5% dos votos. (N. T.)

te da desafortunada Aliança Radical de Hull. Além disso, Daly era um leitor apaixonado, declamador inflamado de poesia e consumidor habitual de uísque. Recebeu-me calorosamente. A primeira frase que disse foi que trouxera consigo uma garrafa a mais de Glenfiddich para Ho Chi Minh, que apreciava os destilados da Escócia. Daly soubera disso por um comunista escocês que visitara Hanói na década de 1950.

Os outros membros do grupo eram Carol Brightman, editora do *Viet-Report*, revista norte-americana radical e efetivamente contra a guerra; o dr. Abraham Behar, do Partido Socialista Unificado (PSU) da França, dirigido na época por Michel Rocard; e um canadense meio esquisito e incrivelmente desajeitado chamado Gustavo Tolentino, que podíamos descrever como um médico às vésperas da formatura. Eu esperava que essa parada em Phnom Penh fosse rápida para seguirmos logo para Hanói, mas fomos informados de que nossa viagem obrigatória pelo Camboja duraria dez dias.

Sihanouk estava fora do país. Em sua ausência, conhecemos alguns membros do gabinete, numerosos governadores de províncias e várias autoridades. Como eram todos bem-educados e formais, o único método que tínhamos para diferenciar os elementos pró-Sihanouk dos pró-norte-americanos era a atitude para com a nossa equipe. Num banquete ultra-oficial, usei um gigantesco emblema de Mao para aliviar o tédio. O presidente do banco, nosso principal anfitrião, quase engasgou de raiva e não conseguiu comer direito. O chefe de protocolo insinuou, sem sequer olhar para mim, que não era costume que delegações visitantes usassem emblemas. Fingi inocência.

– O quê? – perguntei. – Nem a chinesa?

O homem parecia muito sério.

– Eles, sim – respondeu –, mas usam porque são chineses.

Comecei a rir e prometi que nunca mais usaria o broche ofensivo em solo cambojano.

Na primeira reunião de informações, o oficial militar cambojano que nos acompanhava informou que naquele dia veríamos a "Ho Chi Minh *piste*" [pista]. Lawrence Daly, cujo domínio do francês era limitado, caiu na risada. O oficial parou.

– Ouviu o que ele disse? – cochichou Daly em meu ouvido.

Fiz que sim com a cabeça.

– Claro que não ouviu – continuou Daly. – Ele disse que vamos ver Ho Chi Minh *pissed* [mijado, bêbado].

O PODER DAS BARRICADAS   163

Aí foi minha vez de cair na risada enquanto Behar explicava ao perturbadíssimo cambojano que no futuro era melhor usar a palavra *trail* [trilha].

Saímos de carro para ver a trilha inexistente. Quando o caminho se tornou difícil demais, passamos para jipes. Inspecionamos uma área onde, segundo os norte-americanos, os aviões do Vietnã do Norte pousavam com suprimentos para os exércitos do Sul. À distância, do outro lado da fronteira entre o Camboja e o Vietnã do Sul, pudemos ver nuvens de fumaça causadas por bombardeiros norte-americanos que se livravam de seu estoque diário de bombas. Quando nos aproximamos da fronteira, pudemos até ouvir as bombas. A trilha que seguíamos fora visivelmente bombardeada pelos Estados Unidos, mas como dizer que nunca fora usada pela resistência vietnamita? Decidi perguntar a Wilfrid Burchett, jornalista veterano de origem australiana que presenciara o efeito das armas atômicas contra o Japão, cobrira a Guerra da Coréia e a segunda Guerra do Vietnã e era um dos poucos jornalistas ocidentais que podiam visitar quando quisessem qualquer capital comunista. Na época, Burchett morava em Phnom Penh e certa noite, depois de uns drinques em seu delicioso terraço, perguntei-lhe sobre a trilha Ho Chi Minh. Era óbvio que os vietnamitas do Norte forneciam armas, alimentos e remédios ao Sul. Uma das rotas mais fáceis cortava o Camboja. Por que, perguntei, não se podia admitir isso publicamente? Por que o véu absurdo do segredo? Burchett me olhou com curiosidade por trás dos óculos. Sorriu, mas nada disse. Insisti. Finalmente concordou que era isso mesmo, mas não seria bom para Sihanouk admiti-lo, e se era assim que Sihanouk queria jogar, por que os vietnamitas se recusariam a colaborar?

As viagens ininterruptas cobraram seu preço. Lawrence Daly decidiu unilateralmente que Ho Chi Minh teria de esperar outro portador da Escócia e consumiu a garrafa de malte que lhe restava. Certa tarde, quando voltamos de uma viagem especialmente cansativa, fomos informados de que o governador da província (Svay Rieng) organizara um banquete para nós naquela noite. Houve um forte gemido em nossas fileiras, mas nessas ocasiões o protocolo é que mandava. Daly e eu nos sentamos um de cada lado do governador. Os copos foram enchidos com a morna cerveja cambojana. Daly já a classificara de "pior que mijo", avaliação com a qual eu concordava de coração. Entretanto, ao governador foi servido uísque. Mesmo antes de o jantar ser servido, observei que em duas ocasiões Daly tomou o uísque do governador enquanto a atenção do homem era desviada para outra coisa. Isso foi visto por todos, menos pelo governador. Estava se tornando cada vez mais difícil para nossa delegação manter o decoro exigido em tais ocasiões. A vontade de rir não se restringira ao nosso lado. Alguns cambojanos também davam suas risadinhas e, finalmente, informaram ao governador que houvera uma quebra de protocolo. Até então, Daly já consumira o terceiro copo do líquido âmbar. Aconselhado a agir rapidamente sob pena de ver a noite destruída, o governador mandou trazer outro copo e colocá-lo diante do mineiro escocês, ato que a mesa aplaudiu. Daly então se levantou para propor um brinde, não a Sihanouk, como ditava o costume, mas ao poeta escocês Robert Burns, cujo aniversário afirmou cair naquele dia. Recitou então alguns versos do bardo, que não pude traduzir para o inglês e ninguém conseguiu traduzir para o francês. Sem exceção, a mesa inteira levantou-se para homenagear Robbie Burns. Depois disso, a noite ficou tranqüilíssima. Mais tarde descobrimos que o governador era um dos partidários mais ferrenhos de Sihanouk. Isso explicou a tolerância.

Os dez dias que passamos no Camboja foram politicamente indefinidos e fisicamente exaustivos. A maioria dos verdadeiros amigos do tribunal estava na clandestinidade e a atitude oficial variava da indiferença antagônica à neutralidade contida. Do nosso lado, também houve muita encenação. Claro que sabíamos que entre as rotas de comunicação dos vietnamitas do Norte com as tropas da Frente de Libertação Nacional (FLN) no Sul havia uma que cruzava o Camboja. Mas era preciso fingir que talvez não fosse bem isso e em nosso grupo havia atores melhores do que eu.

A impressão que tive do país propriamente dito foi favorável. A população era pequena para os padrões asiáticos. Podiam-se ver muitas disparidades grotescas, mas não notamos sinais de fome. Phnom Penh mantinha as características de cidade colonial francesa, apesar do Boulevard Mao Tsé-tung e outros nomes exóticos nas ruas. A arquitetura, os hábitos sociais e a língua da elite continuavam franceses e Sihanouk era um grande admirador de De Gaulle. Em várias ocasiões, Lawrence Daly e eu abandonamos os carros oficiais com seus "chefes de protocolo" e passeamos sozinhos pela cidade. Comíamos nas ruas do mercado circular, onde a culinária era muito mais satisfatória que os insossos pratos pseudofranceses oferecidos pelo hotel. Eu costumava acordar de manhã bem cedo e caminhar pelas ruas vazias, que ainda estavam sendo lavadas e varridas. Nesses passeios matutinos, só encontrava monges budistas de várias idades e tamanhos, usando túnicas cor de açafrão e caminhando com rapidez e silêncio rumo a seu destino. Depois do café-da-manhã, o quadro era totalmente diferente: as ruas se apinhavam de riquixás e bicicletas. Essas imagens voltaram com muita força a minha mente depois da evacuação forçada da cidade pela soldadesca de Pol Pot. Na época, houve muita conversa puritana sobre "decadência" e "cidade inchada", excrescência parasita que tinha de ser destruída. É verdade que havia bares e bordéis na cidade, mas sua presença não simbolizava Phnom Penh. Se alguma cidade pudesse ser chamada de bordel da Ásia, seria Bangcoc, "centro de descanso e recreação" dos soldados norte-americanos cansados da guerra. Ironicamente, foi nessa cidade que os moralistas de Pol Pot se refugiaram, refestelando-se com os recursos fornecidos pelos Estados Unidos e seus aliados.

Alguns dias antes da partida marcada para Hanói, nossos anfitriões cambojanos tiveram pena de nós. Arranjaram um aviãozinho para nos levar até Angkor Wat, onde poderíamos nos maravilhar com a magia dos palácios de 850 anos do Khmer. A ocasião foi um tanto surrealista. No país vizinho, travava-se uma guerra acirrada e cruel; do Camboja, podíamos ouvir o som dos bombardeios. Mas mesmo assim as antigas ruínas produziam uma incrível tranqüilidade. Caminhei em silêncio por elas e em volta delas. Observei sua riqueza de todos os ângulos possíveis e fitei admirado o rico repertório de imagens. Os lindos relevos dos plintos que sustentavam os terraços combinavam com as frisas de grupos eróticos e deidades menores da escultura hinduísta tradicional. Ali, no meio da selva cambojana, tinha-se um vislumbre dos mitos e das lendas da Índia medieval. Ali também uma casta de aristocratas militares deve ter imposto seu domínio sobre povos tribais e "bárbaros". Enquanto perambulava meio aturdido, pensei nas qualidades polimáticas, no talento e na perseverança que devem ter sido a marca registrada dos arquitetos, dos pedreiros, dos mestres-pintores e de seus aprendizes, estes últimos famosos pelo erotismo declarado das esculturas sexuais. E os escravos que carregaram as pedras e tornaram tudo isso possível? Quanto duravam suas vidas? Naquela noite, vi o sol se pôr em Angkor Wat e quase esqueci a guerra. É uma das maravilhas do mundo, impossível de registrar a não ser com os olhos da mente. Nenhum filme ou cartão postal conseguiria transmitir a riqueza do céu cambojano ou o jogo de sombras e reflexos rubros e dourados nas pedras e estátuas das antigas obras do Khmer.

Na mesma noite, na ruína de um palácio vizinho, vimos a lua nascer e, à sua luz, assistimos a uma demonstração maravilhosa de dança folclórica cambojana, outra variante das antigas danças do sul da Índia. Ao fundo, a escuridão da floresta. A noite estava envolta em silêncio. Não se podia ver nem ouvir a tecnologia do século XX. Poderíamos estar no cenário de outra época. A imagem de Angkor Wat continua viva em mim. Quando fecho os olhos, ainda consigo recordar muitas imagens do sol se pondo nos relevos delicados e graciosos. Pensei muito neles nos anos seguintes, primeiro quando Kissinger e Nixon embarcaram em sua campanha de guerra e bombardearam o país até devolvê-lo à Idade da Pedra, levando à selvageria que deu origem aos esquadrões endoidecidos de Pol Pot. Fico feliz em dizer que nenhuma dessas variantes destruiu os palácios de Angkor Wat. Ainda estão lá, e não desisti da idéia de visitá-los de novo, algum dia.

O sonho terminou de manhã cedo, com o já conhecido barulho surdo das bombas que começavam a cair no vizinho Vietnã. Estávamos de partida para Hanói. Naquela época, a única linha aérea que ia do Ocidente para a capital do Vietnã do Norte pertencia a uma estranha entidade chamada Comissão de Controle Internacional (CCI), criada em 1962 para monitorar violações da trégua no Laos, o menor integrante do triunvirato de nações indochinesas. Seus membros eram o Canadá (indicado pelos Estados Unidos), a Índia (escolha dos Estados não-alinhados) e a Polônia (indicada pela URSS). O único serviço útil prestado por essa augusta entidade era o vôo regular de Phnom Penh a Hanói, com escala na cidade laosiana de Vientiane. Em 1965, um avião da CCI sumiu ao cruzar o espaço aéreo do Laos. Parece que os guerrilheiros comunistas do Pathet Lao, que controlavam três quartos do campo e eram regularmente submetidos a bombardeios norte-americanos, desenvolveram um ódio patológico aos aviões. Atiravam em tudo que voasse. Em conseqüência, todos os visitantes que iam de Hanói a Phnom Penh ficavam meio tensos. A CCI também devia se sentir nervosa, porque logo antes de embarcar tivemos de assinar um documento dizendo que voávamos por nossa própria conta e risco e, caso morrêssemos, nenhum parente teria direito a indenização. Abri mão de minha vida sem problemas, ansioso para que a pobre máquina decolasse.

Era um vôo de cinco horas, mas fizemos uma escala de três horas em Vientiane, um lixo de cidade, apinhada de agentes da CIA e de outros espiões que examinavam todos os viajantes que iam para Hanói e tiravam fotografias para os arquivos de Langley, na Virgínia. A longa espera em

Vientiane foi para aguardar o pôr-do-sol. Não era seguro voar para Hanói durante o dia e tive a estranha sensação de sobrevoar uma cidade invisível. Hanói estava amortalhada em trevas quando o avião começou a descer. Não se via nada. Behar, o médico francês, ficou um pouquinho nervoso, mas o piloto era experiente. De repente, pouco antes que o avião tocasse o solo, as luzes do aeroporto se acenderam para ajudar no pouso e foram apagadas imediatamente depois de pousarmos. Essa era Hanói. As luzes do avião foram desligadas e ficamos sentados em silêncio na máquina escura. As portas se abriram, mas não fazia diferença. Quando meus olhos se acostumaram à pouca luz, vi da janela do avião um grupo de sombras se mover em nossa direção. Já dentro do avião, acenderam lanternas para nos reconhecer e marcaram nossos nomes numa lista. Depois, os anfitriões apertaram nossas mãos calorosamente e deram-nos as boas-vindas ao Vietnã.

Os motoristas das limusines fabricadas na Rússia que nos levaram do aeroporto para o centro de Hanói eram tão experientes quanto os pilotos da CCI. Conseguiam ver no escuro e evitavam os piores obstáculos com presteza e habilidade. Chegamos ao Hotel da Reunificação por volta das 9 horas da noite. Lá dentro havia luz, mas as cortinas pretas mantinham-se fechadas, outro lembrete de que a capital vietnamita não era imune aos ataques dos B-52. O hotel parecia vazio, mas havia uma mesa posta para comermos com nossos intérpretes vietnamitas e o sr. Protocolo, cujo olhar preocupado nunca o abandonou durante toda a nossa estada. O hotel propriamente dito era um prédio anterior à Primeira Guerra Mundial, em estilo colonial francês. Era grande e os quartos eram espaçosos, com boa parte da antiga mobília intacta, principalmente as grandes camas de dossel. Tomamos banho, comemos, fizemos alguns brindes, agradecemos aos anfitriões e preparamo-nos para o dia seguinte. Antes de irmos para o quarto, mostraram-nos onde ficava o abrigo antiaéreo do hotel e instruíram-nos educadamente a ir depressa para lá assim que soasse o alarme. Em toda ação ou gesto de nossos anfitriões vietnamitas, por menor que fosse, havia o lembrete tácito de que eram um povo e um país em guerra.

O sono não veio fácil naquela noite. O zumbido em minha cabeça foi interrompido por uma batida na porta. Abri-a e encontrei um alegre mineiro da Escócia de gorro de dormir. Ele também estava emocionadíssimo com nossa presença no Vietnã. Passamos algumas horas discutindo as numerosas tragédias do movimento trabalhista britânico. Naquela noite, Daly falou de seu próprio passado. O rompimento com o Partido Comunista em 1956 fora doloroso. Muitos amigos íntimos o viram como traidor, mas ele provara que estavam errados quando continuou a luta usando outros canais. Quando decidimos encerrar a conversa, eu tinha um quadro claríssimo da riqueza e da vitalidade da cultura política do proletariado escocês. O próprio Daly era viciado em livros. E pelos socialistas de classe média que achavam que para atrair os trabalhadores para o socialismo o melhor era se aproveitar de seu atraso, ele só sentia desprezo.

– Não há substituto para os livros e para a educação política – observou, pouco antes de eu declarar encerrada a discussão e levá-lo até o quarto ao lado.

Fui acordado numa hora inconveniente pelo barulho da rua. Mal clareara. Corri à janela e vi gente de bicicleta pedalando depressa em ambos os sentidos. Às vezes passava um comboio militar. Os ciclistas afastavam-se para os lados com tanta velocidade que a cena mais parecia ensaiada. Tomei banho, vesti-me e desci correndo. Nenhum dos outros acordara e então saí e observei em silêncio os habitantes de Hanói cuidarem da vida. Quando voltei ao hotel, o café-da-manhã estava prestes a ser servido, mas meus colegas ainda não haviam aparecido. Enquanto esperava, comecei a folhear à toa o livro de visitantes do hotel. Pouquíssimos ocidentais haviam visitado o país, mas o jornalista norte-americano Harrison Salisbury era uma exceção. Escrevera no livro: "É uma experiência curiosa ser correspondente 'atrás das linhas' de uma terra engajada numa guerra pesada com meu país. Mas neste hotel alegre e amistoso não se vê nada desse sentimento. É uma experiência bacana, luminosa, agradável. Agradeço a todos vocês por deixar um norte-americano, em tempo de guerra, compartilhar desse espírito. Seu, pela Paz, Harrison Salisbury".

Desde o primeiro dia, observamos que não havia manifestações oficiais de hostilidade para com os norte-americanos como um todo. Fazia-se uma forte diferenciação entre "o povo" e "o governo". Era um contraste interessante com as atitudes oficiais britânica e russa em relação aos alemães durante a Primeira e a Segunda Guerras Mundiais, ou com o confinamento e a perseguição dos Estados Unidos aos cidadãos de origem japonesa durante o segundo conflito. Em suas memórias, *No Jail for Thought* [Nada de prisão para o pensamento]*, o dissidente soviético Lev Kopelev (que inspirou o

---

* Lev Kopelev, *No Jail for Thought* (Londres, Secker & Warburg, 1977). (N. E.)

personagem Rubin em *The First Circle* [O primeiro círculo]*, de Soljenitsyn), descreveu como, ao se dirigir a prisioneiros alemães em sua própria língua ("a língua de Goethe, Marx e Beethoven"), quando era oficial do Exército soviético, eles mal conseguiram acreditar no que ouviam. Kopelev recordou a natureza contraproducente dos temas eslavos chauvinistas que Stalin utilizara durante a guerra. Defendeu de forma convincente que a abordagem internacionalista aplicada a soldados e prisioneiros de guerra alemães talvez tivesse tido conseqüências sensacionais.

É verdade que agora as circunstâncias eram outras. Havia um movimento antibélico cada vez maior nos Estados Unidos, mas o volume de bombas lançadas no Vietnã excedia em quantidade e "qualidade" o que fora utilizado contra os Estados fascistas na Segunda Guerra Mundial. Os vietnamitas tinham muitas razões para se zangar, mas a máquina de propaganda do regime evitava cuidadosa, mas firmemente, o antiamericanismo grosseiro. Em certo sentido, essa foi uma das descobertas mais espantosas e inesperadas da viagem. Carol Brightman ficou muito mais espantada com isso do que eu. Ela havia se preparado para a hostilidade das pessoas comuns das ruas, mas nada aconteceu. Na verdade, as pessoas costumavam se aglomerar em torno de Carol para cumprimentá-la e pedir que transmitisse seus melhores votos ao povo comum dos Estados Unidos.

Nosso grupo se dividiu no dia seguinte. Lawrence Daly e Tolentino viajaram para as três províncias do norte: Phu Tho, Vinh Phuc e Bac Thai. Behar, Brightman e eu fomos para o sul, para as províncias de Ninh Binh e Thanh Hoa, onde as bombas caíam como chuva nas monções. O que se segue são trechos do meu diário, onde registrei todos os dias que passei no Vietnã.

Hanói, 26 de janeiro de 1967

Esta noite vamos partir para o sul. P. e V. (os intérpretes vietnamitas) nos mandaram preparar a mochila. Só viajaremos à noite. Durante o dia é perigoso demais e, como vamos em antigos carros de comando soviéticos, podemos facilmente virar alvo de bombardeiros. P. disse que nem à noite é seguro, já que os novos aparelhos de infravermelho conseguem captar seres humanos no

---

* Aleksandr Soljenitsyn, *The First Circle* (Londres, Harvill, 1988). (N. E.)

escuro. Depois do café-da-manhã, fomos levados ao Museu da Guerra, onde vimos a reprodução da Batalha de Dien Bien Phu. É espantoso que, no meio de mais uma guerra e mais cruel, eles ainda tenham tempo de pensar na anterior. Talvez seja para estimular nosso moral e *nos* convencer de que vitórias são possíveis. Mas os norte-americanos não são os franceses.

Às 10h25, depois da exibição sobre Dien Bien Phu, fomos levados a uma salinha onde o coronel Ha Van Lau nos esperava. De uns quarenta anos, muito sério, pouco dado a fingir bonomia e bem objetivo. Ele nos explicou a situação da guerra, começou com essas palavras:

– Os senhores estão bem informados sobre o Vietnã. Minha dificuldade é como explicar a situação de um jeito que possa lhes ser útil. Desculpem-me se eu repetir coisas que já sabem. Meu objetivo é ajudá-los a compreender. Antes de dizer alguma coisa quero deixar claro para os senhores que nesta guerra entre os imperialistas norte-americanos e o povo vietnamita, este último será vitorioso.

Sua confiança tranqüila é convincente e, em conseqüência, contagiante. Ele falou durante duas horas, mas minha concentração é sólida, ainda que ele estivesse falando em vietnamita e P. traduzisse tudo para o inglês. Muito útil para fazer anotações detalhadas. Ha Van Lau analisou a história recente do país e as razões da intervenção norte-americana. Depois questionou a tese de que o que aconteceu foi uma intervenção norte-americana a favor de um lado da guerra civil.

– Muitos dos senhores talvez acreditem nisso, mas não é verdade. Quando dizemos que há uma guerra civil, significa que o povo se revoltou para derrubar um governo legal que se tornou impopular. Mas o governo Diem nunca foi o governo, em nenhum sentido da palavra. Ele foi uma criação dos Estados Unidos. O exército de Saigon é formado por traidores e mercenários que podem ser comprados na maioria dos países. A guerra é entre o povo e os Estados Unidos, que criaram e fundaram um governo títere. Os sucessores de Diem também são escolhidos a dedo por Washington. É por isso que temos tanta certeza de que venceremos. Esses governos títeres não têm base social independente. Na vitória de Ap Bac, em 1963, duzentos guerrilheiros da FLN derrotaram um contingente de 2 mil títeres. Em 1964, estávamos prestes a conquistar grandes vitórias militares. Os norte-americanos deveriam ter recuado, mas decidiram travar a guerra com seus próprios soldados. Para todo o povo, foi o sinal mais claro do caráter desta guerra.

Ha Van Lau usou pouquíssimas anotações. Recorreu várias vezes a um grande mapa na parede para apontar nomes de lugares e a localização das grandes bases norte-americanas. Seu conhecimento do terreno no sul é tamanho que me perguntei enquanto ele falava se já teria estado por lá. Isso é coisa que aqui ninguém menciona. Sabemos que eles estão lá e eles sabem que sabemos, mas ninguém admite. Ha Van Lau costuma temperar a análise com pequenos aforismos. Depois de detalhar várias pequenas vitórias da FLN em regiões diferentes do sul, parou, sorriu e disse:

– Pequenos arroios formam um rio.

Sua tese, se verdadeira, explica o incrível otimismo. Ele lista os cinco objetivos da política norte-americana: 1) eliminar a força principal do exército da FLN; 2) pacificar o Vietnã do Sul; 3) consolidar o regime títere e seu exército; 4) isolar o Vietnã do Sul; e 5) travar uma guerra de destruição para obrigar o Vietnã do Norte a se render. Ele examina os cinco e demonstra de maneira convincente que nenhum deles está perto de se cumprir. Diz que cada intensificação da guerra é uma admissão de derrota. Diz que o bombardeio de Hanói e Haiphong, em 29 de junho de 1966, não passou de terrorismo e banditismo. Repete mais uma vez:

– Acreditamos que o imperialismo norte-americano pode ser derrotado. Para nós, isso agora é uma possibilidade concreta. Antes que os Estados Unidos entrassem na guerra, essa era uma possibilidade apenas teórica. Ninguém sabia de verdade isso se seria possível. Depois de dois anos de guerra direta contra a Força Expedicionária norte-americana, chegamos à conclusão de que isso é real.

Quando ele termina, questiono sua confiança. Como pode ter tanta certeza? Os Estados Unidos são a nação industrializada mais poderosa da Terra. Têm poder de fogo e meios de destruir o Vietnã da noite para o dia. Ha Van Lau admite que as armas nucleares dariam fim ao conflito, mas duvida que as usem, já que têm meio milhão de soldados no país. Além disso, é preciso considerar a reação da URSS e dos chineses. Em outro nível, ele explica:

– No sul, a FLN distribuiu 2 milhões de hectares de terra a camponeses das zonas libertadas. Todos os soldados títeres que têm família nas áreas libertadas ganharam terras, cultivadas por familiares em sua ausência. No Norte, como vocês verão, adaptamo-nos totalmente às condições da guerra. Os norte-americanos bombardeiam nossos grandes centros industriais. Desenvolvemos indústrias locais e descentralizamos as operações. É claro que a guerra travada contra nosso povo é cruel e selvagem. Gases tóxicos e napalm, desfolhantes e outros produtos químicos, mas o moral do povo não se alquebrou. No final, será este o fator decisivo.

Ele nos deseja boa sorte na viagem e espera nos ver de novo quando retornarmos a Hanói.

De volta ao hotel para almoçar. Hoje a garçonete colocou um pezinho de pimenta decorativo em nossa mesa. Inspeciono-o atentamente e, sim, é de verdade. Enquanto como a carne e o arroz, cato uma pimenta e consumo-a para estimular o paladar um tanto entediado. Há uma explosão de riso. A garçonete estava me observando. Logo, ela e as colegas cercam a mesa. Agrado-as mais uma vez e acabo consumindo toda a produção da planta no vasinho. Até Lawrence Daly se espanta. Ele consegue esvaziar facilmente uma garrafa de uísque numa noite, mas fica perturbado com meus hábitos pimentofágicos.

Descanso após o almoço. Depois, jantar cedo. Sou reabastecido de pimenta por um novo grupo de garçonetes, que ficam me observando para ver se é verdade a história que ouviram sobre esse louco. Agrado-as e é uma delícia ver a formalidade sumir de seus rostos quando riem ou tentam cobrir o rosto para que eu não as ache grosseiras. P., nosso intérprete mais experiente (N. é seu aprendiz), interroga-me detalhadamente sobre pimentas e o subcontinente indiano. Explico que esse é um hábito bastante plebeu, não imitado pela aristocracia nem pela *haute bourgeoisie*. A refeição de meio-dia dos camponeses do subcontinente costuma ser composta de um pedaço de bolo seco de trigo (*roti*) e algumas pimentas, pois são ricas em vitaminas. É claro que as como por apreciar o sabor. Melhora os pratos insípidos. P. corre para explicar tudo às garçonetes. Todas elas vêm apertar minha mão e nos desejar tudo de bom. Sentirei falta de Lawrence Daly. Despedimo-nos e Daly murmura:

– Ainda bem que vamos para o norte. Boa sorte, camarada.

27 DE JANEIRO DE 1967

Saímos de Hanói depois de escurecer. Eu imaginara estradas vazias e um motorista veloz correndo para o sul. Como estava errado! As estradas estão apinhadas. O país inteiro parece acordado. Deixam nosso carro de comando ultrapassar vários comboios militares e numerosos caminhões, carretas e carroças. Às vezes, quando as pontes estão destruídas, nosso ritmo se reduz consideravelmente enquanto esperamos nas longas filas para atravessar as pontes improvisadas montadas às pressas para permitir a circulação do tráfego. Só três pessoas da equipe vão para o sul, mas somos levados em três veículos separados. Parece um desperdício terrível, mas P. explica que é por medida de segurança. Se houver um ataque direto, só um de nós será ferido ou morrerá.

– Melhor do que três – explica com um sorriso.

Protesto veementemente. Nossas vidas são menos importantes, se tanto, que as dos vietnamitas. Por que usaríamos dois carros a mais e ocuparíamos mais espaço na estrada em tempo de guerra? Digo a P. que todos conhecíamos o risco quando decidimos vir. Ele sorri, mas não responde. Ele logo adormece, mas não consigo dormir. Chegamos ao pouso oficial às 3h30 da madrugada. É uma noite fria, mais fria ainda por que falta uma parede – alvo do último ataque! Descarregamos a bagagem e dormimos.

Phat Diem é uma cidadezinha da província de Ninh Binh. Era um bastião católico na época do domínio francês. A Igreja possuía 70% da terra. A reforma agrária pós-revolução distribuiu a terra entre os camponeses, mas boa parte dela continuou desocupada quando o bispo e os padres católicos fugiram para o sul, em 1954, afirmando que seguiam a Virgem Maria que fugira para Saigon. Área considerada tranqüila pelos Estados Unidos, que lançaram comandos ali em 1963. Todos os soldados foram imediatamente capturados. Total de 119 igrejas católicas e pelo menos 40 mil católicos. Barcos de pesca e igrejas vinham sendo bombardeados sem parar desde junho de 1965. Encontrei um padre ferido e vi as igrejas danificadas. Registrei os fatos, mas cochichei para Behar:

– Os norte-americanos estão nos fazendo um favor ao bombardear essas igrejas. Os vietnamitas jamais ousariam fazer isso.

Ele ri, concordando. Fico contente por a tradição anticlerical ainda ser forte na França.

28 DE JANEIRO DE 1967

Passamos mais um dia nesta província. Vejo os ferimentos de crianças entre dois e oito anos. É doloroso de ver. Um menino de quatro anos perdeu um braço, mas ainda está cheio de alegria. A mãe nos conta como a escola local foi bombardeada certo dia e descreve o sofrimento das crianças. Enquanto ela fala e P. traduz, Carol Brightman e eu choramos. O que dizer? Até Thu Van, intrépida operadora de câmera que já filmou tanta coisa na guerra e nos acompanha, começa a tremer e tem de baixar a pesada câmera de 16 mm para limpar os olhos. Os heróis dessas cidadezinhas são os médicos e as enfermeiras. Vê-los trabalhar e ouvi-los falar é uma experiência que comove profundamente. Um médico idoso conta em francês a Behar:

– Nesta mesma região, durante o domínio francês, tínhamos 3 mil habitantes por leito de hospital. Todos os leitos eram para os ricos. Hoje, só em Ninh Binh temos oito hospitais e centros de saúde em todas as aldeias, por mais pequenas que sejam. A proporção ainda não é suficiente, mas é de trezentos habitantes por leito. Assim, você vê que até o pobre mais apolítico sabe o que acontecerá se formos ocupados de novo.

Behar responde com uma torrente de xingamentos contra a iniqüidade do colonialismo francês.

Partimos, novamente à noite, mais para o sul. Quanto mais perto chegamos da fronteira, maior o perigo de sermos bombardeados. Cercados permanentemente por histórias de outras mortes e pela agonia dos que logo morrerão, a morte propriamente dita não me preocupa mais. Se tiver de morrer jovem, onde melhor do que no Vietnã? Infinitamente melhor que ser alvejado pelo Pathet Lao viajando num avião decrépito da CCI. Também nesta viagem passamos por vários comboios militares. Às 2 horas da madrugada deparamos com um enorme engarrafamento. Saí do carro com P. Ele reconheceu a área. O pai, guerrilheiro do Vietminh, morreu em batalha não muito longe dali, em 1952. E agora, penso com meus botões, a geração de P. vive a guerra *dela*. Nas duas últimas décadas, este país não conheceu paz. Estar aqui nesta época é uma instrução muito melhor que as dúzias de livros que li sobre o país.

Há mais pânico porque aviões norte-americanos foram avistados mais ao sul. Em certa ocasião, chegamos a parar e a nos proteger. À distância consigo ouvir o barulho das bombas. Onde? Qual foi o alvo desta vez? São perguntas que todos fazemos, mas não há resposta. É interessante que ninguém pergunta por quê; conviver com as bombas parece ter se tornado parte da vida cotidiana. Às 4 horas da madrugada chegamos a uma aldeola abrigada, a uns seis quilômetros da cidade de Thanh Hoa. A aldeia é obviamente um centro de comando do governo local. Está muito bem camuflada. Mostram nossas camas e ocorre um colapso instantâneo. Estou exausto.

29 DE JANEIRO DE 1967

Thanh Hoa é a maior província do Vietnã do Norte. Os franceses nunca conseguiram recapturá-la depois de 1945, mas bombardearam-na impiedosamente, já que sua produção agrícola abastecia os exércitos de Vo Nguyen Giap durante o cerco de Dien Bien Phu. O café é excelente. Somos recebidos pelo presidente do Comitê Administrativo, que nos aconselha a nos prepararmos para tudo. O bombardeio é pesadíssimo.

– Espero que tenham dormido bem – diz ele –, porque os norte-americanos têm o hábito irritante de nos acordar às 3 horas da madrugada.

Nossa escolta militar é o major Van Bang. Ele tem 42 anos, é vice-comandante da província e lutou em Dien Bien Phu. Informa-nos sobre a situação local e nos apresenta ao dr. Tran Van Quy, diretor do hospital de Thanh Hoa, que visitaremos esta tarde. Passamos a manhã em nossa base. Vejo muitos veteranos feridos de guerras anteriores. À noite, avisam-nos de que haverá uma apresentação cultural em nossa homenagem. Troco olhares com P. e mais tarde, em particular, queixo-me de novo. É errado desperdiçar recursos conosco. Mas P., que agora já conhece bem minhas reações instintivas, desta vez está preparado. Informa-me que nossa visita é ótima para o moral local. Mostra a solidariedade mundial, e a presença de um francês e, principalmente, de uma norte-americana é importante para a cidade. Parece convincente.

Logo antes do almoço, o major Van Bang nos faz uma preleção. Ele é ainda mais otimista que Ha Van Lau:

– Os norte-americanos não podem optar entre a vitória e a derrota. A alternativa é somente entre a derrota e a derrota esmagadora.

Essa é uma variante nova e alegra-me imensamente. Van Bang diz:

– O objetivo dos ataques é simplesmente nos desmoralizar. Não há outra explicação. Mas não conseguiram desmoralizar Thanh Hoa. Como ter sucesso contra uma província com nosso histórico de resistência? Com seus crimes, eles só põem mais lenha na fogueira.

Almoço às 12h30. A culinária local é excelente e, para meu grande espanto, um prato de pimentas é posto na minha frente. P. sorri e até Van Bang me observa. Fico muito emocionado. De repente, um jorro de mensageiros. Van Bang e o presidente Nguyen Van Truong deixam a mesa. Voltam um tanto abalados. Um novo bombardeio começou e nossa visita à cidade, marcada para as 2h30 da tarde, está cancelada. Afirmo com vigor que devíamos ir, mas de repente as bombas parecem mais próximas. Podemos ouvi-las. Imploro de novo que devemos ir, já que esta é a nossa tarefa: contar o que está sendo bombardeado e por quê. Van Bang recusa-se a permitir nossa partida. O prefeito de Thanh Hoa parece preocupado. Está convencido de que estão bombardeando o centro da cidade. Duas horas depois, após o ataque, visitamos a cidade. Deveríamos estar no hospital às 2h30. Ele foi bombardeado às 3 horas. Vários pacientes foram mortos pelas primeiras bombas. Enquanto eram removidos do hospital e levados para o posto de primeiros-socorros, houve outro ataque e o posto foi totalmente destruído. Também foram usadas bombas incendiárias e vimos casas ainda fumegando. A sra. Nguyen Thi Dinh saíra correndo de casa bem a tempo de ver a casa e todo o seu conteúdo se queimar completamente. Chorava em silêncio quando falei com ela.

— O senhor acha que vou perdoá-los pelo que estão fazendo conosco? Nunca, nunca. Eles têm de ser punidos.

Duzentas moradias foram destruídas. Dang Batao, organizador da Cruz Vermelha local, morreu carbonizado. A srta. Ho Thi Oanh também morreu, poucas semanas antes de se casar. Seu enxoval está espalhado, manchado e chamuscado.

É impossível ver essa agonia do Ocidente. Não fiquei muito afetado quando ouvi os aviões sobrevoarem a cidade, mas isso é demais. Há cadáveres dilacerados. Um hospital com a marca da Cruz Vermelha foi escolhido e destruído. Se os abrigos não tivessem sido evacuados, as baixas seriam altíssimas. Procuro alvos militares. Não há nenhum. A tristeza se mistura à raiva e à fúria. Os norte-americanos bombardeariam hoje, dessa maneira, uma cidade européia? Está claro que, no que diz respeito a Washington, os vietnamitas não são seres humanos.

Depois de ver as ruínas do hospital, percorremos seis quilômetros para inspecionar a ponte Ham Rong (Mandíbula do Dragão), cujos defensores derrubaram muitos aviões norte-americanos. A ponte é conhecida em toda a região e muitas canções foram escritas a seu respeito. É defendida por um pelotão de moças. Vejo-as nas trincheiras, fitando muito sérias o céu. A comandante da milícia local é Ngo Thi Truyen, de 18 anos, que participou de mais de cem "batalhas". Ela estava na aldeia perto da ponte, um povoado que parece ter apenas mulheres. Os homens estavam em "outras frentes". Ela sorriu timidamente quando fomos apresentados, mas as primeiras frases transpiravam essa confiança que está se tornando um refrão familiar. É óbvio que essa é a linha do partido, mas é também a opinião generalizada. As longas conversas com P. me convenceram da popularidade do Partido Comunista vietnamita. Se este não tivesse o apoio da massa, o apoio à guerra contra os Estados Unidos não seria tão completo. P. não é extrovertido por natureza. Não fala muito, mas quando consigo espremê-lo aprendo mais numa única sessão sobre o país e seus sentimentos do que em numerosas palestras oficiais, por mais úteis que estas sejam em vários aspectos. É interessante que nenhum dos bombardeiros de hoje tenha se dado o trabalho de atacar a ponte, que *é* um alvo militar. Volto à base oculta emocionalmente exausto.

Esta noite, o jantar foi silencioso. Os horrores eram recentes demais para alguém brincar. Van Bang estava azedo.

– Viu os alvos militares que bombardearam hoje?

Concordei em silêncio. Para variar, os vietnamitas presentes esquece-ram-se da nossa existência e conversaram entre si durante muito tempo. Achei isso um alívio enorme. As formalidades foram abandonadas.

Nada de dormir esta noite, já que vamos viajar outra vez. Nosso destino é o distrito de Tinh Gia, na extremidade sul da província. Nenhum estrangeiro foi até lá por medo de baixas. Seguimos devagar. No carro de comando, perguntei a P. qual fora o assunto da discussão em vietnamita naquela noite. Ele não se acanha. A conversa principal foi sobre a campanha da FLN no sul e nossas baixas. P. explicou que, sempre que há um bombardeio mais intenso no norte, em geral todos tendem a falar das condições no sul, que todos sabem ser muitíssimo piores. Acho que nessas condições não surpreende que surjam formas de autoterapia coletiva.

A segunda parte da conversa concentrou-se nas baixas em Thanh Hoa e em algumas pessoas de nossa aldeia-base que perderam parentes.

– Para mim é impossível avaliar essa sensação de perda – confessei a P. –, já que a perda diária de amigos e parentes deve ser uma experiência emocional entorpecedora.

Ele concordou com um ar triste no rosto e depois voltou ao assunto sobre a nossa segurança.

– É uma perda que não queremos que seus pais sofram. É por isso que tomamos tanto cuidado.

Mas não aceitei o argumento. Chegamos a Tinh Gia em segurança. Dormi algumas horas.

30 DE JANEIRO DE 1967

Este foi o dia mais deprimente que vivi até agora. Vi escolas e hospitais bombardeados. Foram diretamente atingidos. Na aldeia litorânea de Hai Nan, não muito distante da Sétima Esquadra norte-americana, todas as casas foram destruídas. O ataque ocorreu há quatro dias. Conversei com uma menina de doze anos, Nguyen Thi Tuyen, que perdeu uma perna. Ela descreveu o acontecido:

— Tinha acabado de voltar da escola e ia tomar banho quando os aviões vieram do mar. Mergulharam e soltaram montes de bombas. Agarrei a mão do meu irmão mais novo e corri para o abrigo, mas foi tarde demais. Um estilhaço atingiu a barriga dele. Ele morreu nos meus braços. Outro estilha-ço arrancou minha perna. Nossa casa foi destruída. Agora moro com paren-tes. O senhor pode me dizer por que estão nos bombardeando?

Murmurei qualquer coisa. Ela respondeu:

— O senhor está vendo como sofremos. Eu os odeio, mas agora nem para a milícia eu posso entrar!

Ela disse que, se sobrevivesse à guerra, seria professora.

Outras vítimas não foram tão moderadas. Todas juraram vingança. Foi a mesma história em várias outras aldeias que visitei. Em certo lu-gar, havia uma escola improvisada com uma placa: "O bom dever de casa é uma bala no agressor norte-americano". Perguntei à professora como era possível passar deveres de casa em tais condições. A professora primária disse que as crianças resmungavam muito todos os dias por não terem permissão de ajudar a milícia (todos tinham entre cinco e nove anos). A concessão que ela fez foi dar notas em aviões norte-ame-ricanos derrubados ao dever de casa, em vez de números. Vi os cadernos da escola com os aviões derrubados. Quando eu estava saindo, uma moça aproximou-se. P. lhe disse que eu tinha de ir embora, mas pude ver que ela queria falar. Então intervim. Seu nome era Nguyen Thi Hien. Tinha 23 anos. Eis o que disse:

— Meu filho de 4 anos e meu marido de 24 morreram no último ataque. Perdi os dedos do pé, como você pode ver. Estava com três meses de gravi-dez. Odeio os norte-americanos. Odeio-os de verdade. Como esperar que eu os perdoe?

Ela começou a chorar e a gritar.

O PODER DAS BARRICADAS 179

– Haverá ódio e amargura. O que mais podemos fazer? Vou esperar que meu filho de dois anos cresça e aí o mandarei vingar o pai.

Então ela desmoronou e foi consolada por outras mulheres, que acariciaram seu cabelo e a abraçaram. Esses são crimes de guerra.

31 DE JANEIRO DE 1967

Visitamos mais aldeias em Tinh Gia. Mais horrores. Mais atrocidades. Os alvos civis são a meta dos belicistas norte-americanos. Não são erros nem acidentes. É o bombardeio sistemático e deliberado da população como um todo.

Partimos depois do jantar de volta à base de Thanh Hoa. Chegamos às 4 horas da madrugada e mandaram que dormíssemos bastante.

1º DE FEVEREIRO DE 1967

Tomamos o café-da-manhã mais tarde e visitamos o distrito de Quang Xuong. Registramos detalhes do horror. Depois voltamos à base para almoçar. A tarde era livre e P. perguntou o que queríamos fazer. Sugeri, se possível, uma viagem ao litoral para que pudéssemos ao menos vislumbrar o mar. Van Bang concordou e partimos para a costa de Sam-Son, onde caminhamos pela praia, observamos o golfo de Tongkin e conversamos sobre a guerra, principalmente, mas também imaginamos o que poderia estar acontecendo no resto do mundo.

À noite, o governo local organizou um banquete e uma noite cultural. Houve discursos depois do jantar e, como P. estava cansado, seu aprendiz fez a tradução. Ele era bom e usava mais coloquialismos que P., embora tenha cometido um erro quando traduziu o discurso do presidente.

– Agradeço a vocês por tudo – traduziu N. –, do fundo da minha bunda*.

Nessa hora, Carol Brightman e eu caímos na risada. E então P. traduziu a piada para o idioma vietnamita. Foi a primeira vez que rimos coletivamente desde que chegamos a Thanh Hoa e os vietnamitas riram mais que nós. Pelo resto da viagem, o pobre N. não conseguiu se recuperar.

---

* Confusão entre "my bottom", minha bunda, e "my bosom", meu peito. (N. T.)

A noite cultural consistia principalmente em canções, a maioria delas baladas de guerra cantadas em voz delicadíssima por homens e mulheres da milícia.

2 DE FEVEREIRO DE 1967

Depois de visitar mais um distrito e encher vários cadernos com detalhes sobre bombardeios e atrocidades, conversamos muito tempo com o dr. Quy, do hospital de Thanh Hoa. Ele admitiu que faltavam aos vietnamitas antibióticos básicos, como penicilina. A ética médica de Behar entrou em ação: ele declarou seu horror e prometeu ajudar a providenciar o envio de suprimentos da França.

Durante o almoço, ouvimos barulho de aviões, a reação antiaérea e o barulho de bombas. Parecia muito perto e fomos obrigados a sair da sala e correr para o abrigo com nossos capacetes. Nada aconteceu. Mais barulho de aviões; saí do abrigo e cheguei a ver um deles, assustadoramente perto. Fui arrastado de volta para o abrigo. Meus apelos para que me dessem um fuzil e me deixassem me juntar à milícia foram ignorados. Essa foi a parte mais frustrante da viagem. Detesto ficar enfiado num abrigo enquanto gente em trincheiras do lado de fora atira em aviões. Um deles foi derrubado nesse dia, não muito longe da aldeia. Um miliciano voltou do desastre com um pedaço de metal e alguém fabricou anéis para nós ali, na hora, com a data e o lugar. Foi meu equivalente a notas de dever de casa em aviões derrubados!

Mais tarde, fomos informados do número total de ataques na província, dos tipos de bomba e de armas usadas e da composição (sexo e idade) das baixas, principalmente idosos – homens e mulheres – e crianças. Durante toda a viagem, observei que todos os níveis do governo eram comandados por mulheres. Algumas fazendas em sistema de cooperativa funcionavam somente com mulheres. A guerra também obrigara os líderes vietnamitas a adotar a descentralização maciça da autoridade. Essas medidas foram bem recebidas pela população, e os administradores locais do partido pareciam atentos às necessidades das pessoas comuns das cidades e das aldeias.

Mesmo passando poucos dias aqui, apeguei-me muito aos camaradas locais. Despedimo-nos e abraçamo-nos. Depois, de volta a Hanói. Fiquei pensando em quantos deles, na aldeia-base, sobreviveriam à guerra. Durante alguns dias, aquele lugar fora um lar.

Chegamos a Hanói nas primeiras horas. O hotel dormia, com uma exceção. Ralph Schoenman estava no bar, diante de copo cheio. Correu para nos receber.

– Não agüentava mais esperar.

Ele estava comemorando. O camarada Protocolo vietnamita estava a seu lado, parecendo cansadíssimo. Eu estava esgotado demais para qualquer coisa que não fosse dormir. Durante a viagem, não pensara muito em seus rigores, mas Hanói e o Hotel Reunificação foram um alívio bem-vindo. E a cama foi simplesmente o paraíso.

Um dia antes de a trégua do Ano Novo lunar (Tet) nos dar 48 horas de descanso, houve um ataque a Hanói. Ouvi a sirene e corri para a rua, sem ser notado pelo camarada Protocolo nem pelos outros. Ouvi os aviões e fotografei o povo correndo para os abrigos. Os vietnamitas haviam construído abrigos de um só homem em toda a cidade. Em forma de trincheira, com cobertura de concreto, eles davam proteção eficaz e reduziam consideravelmente as baixas em caso de bombardeio direto. Foi só quando ouvi o som das bombas explosivas que voltei ao hotel. As garçonetes estavam todas com uniforme de combate, fuzis pendurados nos ombros e a caminho do telhado para se unirem à bateria antiaérea. Implorei de novo que me permitissem subir com elas, mas P., que surgira do nada, arrastou-me gentilmente para o abrigo do hotel. Ali havia uma coleção interessante de gente. Os asiáticos – laosianos, cambojanos, coreanos – estavam zangados, como eu, por não poder participar da resistência. Os europeus orientais riam nervosos, parecendo totalmente deslocados, o que dava a impressão de que Hanói devia ser um castigo para muitos burocratas. Os canadenses eram todos da CCI e mais tarde, naquela noite, num bar, um deles, em avançado estado de embriaguez, observou:

– Ainda bem que os norte-americanos voltaram a bombardear. Eles têm mais é que pulverizar essa canalha de tanta bomba.

Lawrence Daly ia partir para cima do bêbado quando colegas dele o levaram embora. O cônsul britânico, com quem tomei chá no dia seguinte, era muito diferente. Disse que Hanói lhe recordava Londres durante a guerra. As bombas uniram a população e o regime. Tinha muito tato, mas suas opiniões não combinavam com as do governo Wilson. Surpreendeu-me ao confessar que sua reação espontânea quando ouviu a sirene foi unir-se aos seus empregados vietnamitas e dar uns tiros nos aviões. Era óbvio que seus relatórios ao Foreign Office eram simplesmente ignorados.

Os norte-americanos usavam muitos tipos de bomba. De todas elas, as antipessoais eram as piores. Havia duas bombas específicas que me mostraram por toda parte. Foram apelidadas de "goiabas" e "abacaxis" por causa de seu formato. Espalhavam bombinhas do tamanho de uma goiaba. Cada uma continha trezentas pelotas de aço que penetravam no corpo e eram difíceis de tirar. Em conseqüência, muitas vítimas morreram ou ficaram aleijadas. As bombas só tinham um objetivo: matar e ferir civis. Centenas de milhares dessas bombas foram lançadas em todo o país. As crianças foram as maiores vítimas, e isso explicava uma estranha característica de Hanói. Eu sentira algo errado na cidade. Durante dias tentei descobrir o que me parecia tão estranho. Mencionei isso a P., que concordou e me deu uma pista atrás de outra. Finalmente entendi a mensagem. Não havia crianças na cidade. Haviam sido todas mandadas para áreas seguras na parte mais ao norte do país. Perguntei a P. se ele não se preocupava o tempo todo com o filho.

– Como? Não há tempo para preocupação. Essa guerra é cruel. Fico feliz que meu filho esteja em segurança. Ficaria mais preocupado se ele estivesse aqui.

Tudo isso mudou durante o feriado de Tet. Ao percorrer as ruas, vi que elas estavam transformadas. Hanói voltara ao normal, com um alvoroço de cores e de fogos de artifício. As crianças haviam se reunido temporariamente aos pais. Os amantes aconchegavam-se nos bancos à beira do lago. Bicicletas carregadas de frangos e hortaliças, poupados durante semanas e meses, cruzavam as ruas. Tudo voltara à vida. Participamos da comemoração sem saber que dali a exatamente um ano os guerrilheiros vietnamitas do sul iniciariam uma ofensiva militar que anunciaria a derrota dos Estados Unidos. Mesmo que alguém me contasse, duvido que tivesse acreditado.

Os vietnamitas me perguntaram várias vezes se havia algo especial que eu desejasse durante a viagem. Costumava responder com um nome: Ho Chi Minh. Queria escrever sua biografia e Anthony Blond me encomendara a produção. Telegrafara ao líder vietnamita e ele respondera: "Obrigado pela mensagem. A idéia de escreverem minha biografia nunca me ocorreu – Ho Chi Minh". Eles costumavam sorrir. Todos que iam à cidade queriam conhecer o lendário revolucionário indochinês. Disse-lhes que na verdade queria lhe perguntar sobre os dias que passou como *chef* em Londres, onde trabalhou na cozinha de um antigo hotel, na década de 1920. Isso era importante porque era a única confirmação do panfleto mais utópico de Lenin,

*Estado e revolução**, no qual ele cunhou a imagem do Estado murchando e uma situação em que até "um cozinheiro governaria o Estado". Esse pedido não pôde ser atendido. O líder estava velho, cansava-se com facilidade e as visitas tinham de ser restringidas porque ele queria dedicar sua energia à supervisão das táticas adotadas para combater os Estados Unidos. Em vez dele, foi marcado um encontro com o primeiro-ministro Pham Van Dong. Não era a mesma coisa, mas Pham Van Dong, que também era um veterano revolucionário, era sem dúvida a pessoa mais bem informada sobre a realidade político-militar de todo o Vietnã. Espantei-me com o fato de não haver nenhum culto à personalidade em torno de Ho. Isso era ainda mais digno de nota diante dos excessos do culto a Mao, na China vizinha. Na verdade, é provável que se escrevesse menos sobre Ho Chi Minh na imprensa vietnamita e se falasse menos dele no rádio do que sobre Churchill e Roosevelt em seus respectivos países durante a Segunda Guerra Mundial. Quando interroguei P., ele disse que Ho simplesmente não precisava de culto. Ele era genuinamente popular. O outro lado da moeda, naturalmente, era que o tipo de adoração cega encorajada por Stalin e Mao, por exemplo, indicava falta de confiança.

Encontramos o primeiro-ministro Pham Van Dong logo depois de voltarmos a Hanói. A visita de Lawrence Daly ao norte não fora tão movimentada quanto a nossa, mas ele vira o suficiente e estava horrorizado com a destruição sem sentido. Pham Van Dong vestia a túnica e a calça vietnamitas usadas pelos homens do país inteiro. Recebeu-nos afetuosamente e disse que ficaria muito feliz em responder a todas as nossas perguntas. Perguntei-lhe por que os vietnamitas não convocavam brigadas internacionais. Alguns de nós queriam lutar, mas o mais importante era que seria uma enorme vitória propagandística ter norte-americanos lutando lado a lado com os vietnamitas contra o inimigo comum. Pham Van Dong, sentado na outra ponta da grande sala de recepções, levantou-se e caminhou em minha direção. Surpreso, levantei-me e esperei. Ele me abraçou e beijou, como se me agradecesse a idéia. Depois, voltou ao seu lugar.

– Há muitos problemas nessa proposta – respondeu. – Em primeiro lugar, aqui não é a Espanha da década de 1930, quando o nível tecnológico

---

* Vladimir Lenin, *Estado e revolução* (São Paulo, Hucitec, 1983). (N. E.)

do combate era primitivo. Vocês viram a escala dos ataques norte-americanos contra nós. Brigadas internacionais não adiantariam nada contra bombardeiros B-52. No sul, nenhuma brigada estrangeira conseguiria funcionar com eficiência. Muitas áreas que controlamos à noite são invadidas pelo inimigo durante o dia. Conseguimos desaparecer porque, afinal de contas, somos vietnamitas. Imagine tentar esconder vários milhares de rostos europeus nas florestas do sul. Esse é um problema. E há também o fato de que existem hoje dois grandes Estados socialistas, a União Soviética e a China. Eles podem não entender bem a convocação de brigadas internacionais.

Nessa hora, eu franzi a testa, sem entender o que ele queria dizer. Ele notou e sorriu.

— Veja, amigo, eles podem pensar que é um modo de criticá-los por não nos dar apoio suficiente e não queremos que eles pensem assim, não é? O peso da propaganda, concordo, seria bom, mas ainda que viessem nos ajudar a consertar pontes, estradas, escolas, hospitais, ficaríamos preocupados com sua segurança e teríamos de gastar mais recursos para hospedá-los e protegê-los. Mas apreciamos a sugestão.

Perguntei sobre os Acordos de Genebra de 1954. Será que se tivessem continuado a guerra na época, em vez de se curvar à pressão sino-soviética, não teríamos sido poupados da fase mais recente do conflito? Ele fez que sim e ficou em silêncio por algum tempo. Depois, veio a resposta:

— Foi a época mais infeliz de nossa história. Não faríamos isso de novo.

Como os muitos vietnamitas com quem conversei, Pham Van Dong confiava no sucesso final. Explicou calmamente que os Estados Unidos não conseguiriam mudar a relação de forças no sul.

— O número de soldados que eles podem despejar no Vietnã tem limite. A maioria de suas tropas terrestres já está aqui; um terço da Força Aérea e um terço da Marinha estão engajados na batalha para nos derrotar. Lembrem-se de que há mais de 14 milhões de habitantes naquele país. Assim, nossas forças podem aumentar dez vezes e no ano que vem, prometo, os senhores verão uma deserção em grande escala dos soldados títeres.

Então, ele insistiu na importância do movimento contra a convocação nos Estados Unidos.

— Para eles, aumentar o efetivo de meio milhão para um milhão de soldados criaria uma grande crise em seu próprio país. Já há um movimento crescente e em breve mais norte-americanos se convencerão de que nunca vencerão esta guerra. A combinação dessa consciência com nossas ofensivas político-militares vai levá-los à derrota.

Por essa razão, o líder norte-vietnamita estava convencido de que a invasão terrestre do Vietnã do Norte estava praticamente excluída. Exigiria demais dos norte-americanos. Quando discutimos a política britânica, ele foi cáustico com relação ao governo trabalhista.

– Estão acorrentados como escravos ao calcanhar financeiro dos Estados Unidos e, nessas condições, só podem apoiar a política norte-americana. É tristíssimo, mas é a lógica da nova posição da Grã-Bretanha no mundo. No que nos diz respeito, só existe um inglês ousado e corajoso. O nome dele os senhores conhecem bem... Bertrand Russell. O Vietnã nunca esquecerá o apoio que ele nos tem dado. Nunca.

Disse a Carol Brightman que o Vietnã estava honrado com sua presença.

– Agradeça ao movimento pacifista norte-americano. Nós os respeitamos muito. O internacionalismo está em nosso sangue e apreciamos os sacrifícios que tantos norte-americanos estão fazendo por nós.

O traço mais espantoso daquela viagem foi o otimismo e a compreensão que encontramos por toda parte. O efeito disso sobre a Europa ocidental só poderia ser dramático. Se um país predominantemente agrícola conseguia resistir à nação mais poderosa do mundo, então, com certeza, a decidida classe operária da França ou da Itália conseguiria destronar sua própria burguesia. Conseguiria? Contaram-nos em Hanói como, meses antes, Ho Chi Minh deixara perplexa uma delegação de alto nível do *politburo* do Partido Comunista italiano. Depois de uma longa conversa amistosa com o líder vietnamita, os italianos perguntaram que tipo de ajuda seria mais útil na luta. Ho Chi Minh respondera imediatamente:

– A melhor maneira de nos ajudar é os senhores fazerem a revolução na Itália.

Os italianos ficaram tão espantados que se calaram, porque essa linguagem não era ouvida no movimento comunista mundial havia muito tempo. Não havia dúvida de que a guerra radicalizara em todos os níveis a sociedade vietnamita. O país pelo qual os vietnamitas sentiam mais simpatia era Cuba. De fato, o embaixador cubano era também um técnico que conhecia bem a capacidade dos mísseis SAM fornecidos pelos russos na época, em quantidade limitadíssima, para permitir que os vietnamitas defendessem a capital.

O cubano brincara que só eram suficientes para defender algumas embaixadas e mais nada. Quando nossa entrevista com Pham Van Dong terminou, ele reafirmou o papel da solidariedade e disse que, se os norte-americanos pudessem ser isolados em termos globais, isso encurtaria a guerra.

– Sua luta é muito importante para nós – disse ele quando nos despedimos –, é a *nossa* segunda frente. Tudo ajuda.

Um dos dias mais desgastantes que passamos em Hanói foi no Ministério da Saúde, com os médicos mais experientes do país e responsáveis pelo atendimento aos feridos. Ficamos com eles quase um dia inteiro. O dr. Behar fazia perguntas detalhadas e eles respondiam com tristeza nos olhos. Falaram dos remédios substitutos que haviam desenvolvido, inclusive para a penicilina. Um médico jovem também explicou que, para enfrentar a escassez de gesso, eles usavam casca de árvores para imobilizar ossos quebrados. Ouvimos até o fim e aí o francês explodiu.

– Já sei o que os senhores são obrigados a fazer, mas, por favor, amigos, não finjam para nós que isso é satisfatório. Remédios de verdade seriam infinitamente melhores. Por que não os recebem? Por quê? Por quê?

Os vietnamitas se entreolharam, mas não responderam. No almoço, um deles nos contou, com lágrimas nos olhos, que haviam encomendado remédios aos europeus orientais, mas não tinham dinheiro suficiente para pagar tudo. Contou que havia uma grande fábrica de gesso na Polônia que poderia facilmente lhes fornecer o produto, mas... Ele deu de ombros. Fiquei lívido de raiva. Eu havia conhecido um membro polonês da CCI no hotel, naquela semana. Recordei então o que ele havia dito:

– Muitas atitudes da Europa oriental estão impregnadas de racismo no que diz respeito ao Vietnã e à China. A maioria dos europeus orientais simpatiza com os norte-americanos.

Ele insistira que não era um desses, mas, ao ouvir o médico vietnamita, eu me perguntei até que ponto aquela atitude atingia o âmago dos partidos governantes.

Havia outra explicação que ilustrava com muito mais clareza a falta de ajuda *suficiente*. O fato era que, na época, a URSS e seus aliados forneciam mais equipamento militar à Índia e ao Egito. Os vietnamitas conheciam perfeitamente bem esse fato, mas nunca o comentavam em público, exceto por alusões cuidadosamente veladas em editoriais isolados no *Nhan Dhan*, o jornal do Partido. Certa noite, em Hanói, um alto funcionário do partido, zangado com as manobras desajeitadas de Kossiguin com Wilson em Londres, na mesma época, decidiu falar.

– O problema – disse ele diante de uma dose de Moutai, um uísque assassino fabricado na China (cujo nome, em urdu, significa "a morte está próxima") – é que os russos não acreditam que podemos vencer. Esqueceram o que é vencer. Talvez prefiram que não vençamos, porque nossa vitória será um golpe contra o modo como muita gente pratica a coexistência pacífica. Defendemos a paz e a coexistência, mas não quando isso significa ser ocupado por uma potência imperialista. Então eles não nos dão ajuda militar para nos empurrar para mais perto da opinião deles, mas dessa vez não faremos concessões. Genebra nos ensinou isso muito bem. Estamos dispostos a negociar a retirada norte-americana do país a qualquer momento. Quando estiverem dispostos, podem parar o bombardeio e negociaremos. Mas nosso grande irmão em Moscou quer que *nós* façamos concessões. Dissemos não. Eles que nos punam. Sei que nossos médicos falaram a vocês sobre a situação da saúde. Ela também faz parte do preço que pagamos para preservar nossa independência.

Fiquei muito contente por ele ter confiado assim em mim.

– Por que – indaguei – os senhores não dizem isso em público? Ressoaria como uma trovoada e talvez fizesse com que eles se envergonhassem e mandassem mais ajuda.

Ele balançou a cabeça.

– Sabe – começou –, estamos no começo de uma luta sino-russa pela hegemonia do movimento comunista. Não queremos tomar partido. Houve ocasiões em que Guardas Vermelhos atacaram trens russos que cruzavam a China para nos trazer suprimentos. Reclamamos em particular. Os chineses também estão nos ajudando com armas e, o que é mais importante, arroz. Assim, precisamos ter cuidado.

Quando contei essa conversa a Lawrence Daly, ele não ficou muito surpreso. Sentira correntes submarinas parecidas na viagem ao norte.

No primeiro dia depois do cessar-fogo de Tet, Hanói foi bombardeada outra vez, mas o ataque foi pequeno em comparação com a devastação a que eu assistira em Thanh Hoa e Tinh Gia. É estranho como a gente se acostuma à guerra e às suas conseqüências. Fiquei nervosíssimo durante a primeira semana que passei no país, mas agora, um mês depois, a guerra passara a fazer parte da paisagem. Estava lá e era inevitável.

Behar tinha de voltar à França, mas nós nos preparamos para a segunda fase da investigação. Visitaríamos Haiphong e as cidades mineiras de Ha Tu e Cam Pha, e também uma "surpresa" anunciada. Haviam concordado que Lawrence Daly e eu viajaríamos no mesmo carro. Ele ficou contentíssimo, porque isso significava que evitaria Tolentino. (Ainda não expliquei por que esse camarada era um tremendo pé no pacotinho. Acho que era porque ele simplesmente não tinha muita inteligência e compensava a falta de confiança adotando um ar pomposo. Assim, quando visitávamos hospitais, ele fazia uma pose horrível ao examinar os pacientes, deixando-os extremamente sem graça. Muitas vezes Daly e eu fomos rudes, mas ele nunca entendeu direito nossa irritação. Há uma fotografia dele na pasta do Vietnã que todos recebemos antes de voltar. Ele aparece tocando o seio de uma mulher ferida. Lawrence Daly disse que era a melhor pose que ele poderia ter feito e insistiu em pôr a seguinte legenda na fotografia: "Tolentino apalpa teta direita".)

Saímos de Hanói naquela noite e chegamos a Haiphong antes do amanhecer. A "surpresa" foi um dia de descanso num antigo bangalô francês que dava para uma das baías mais lindas da Ásia. A baía de Halong caracterizava-se por uma extraordinária formação rochosa, que lembra um dragão recém-pousado na água. Vem daí o nome. Embora fosse bombardeada às vezes, permitiram que fizéssemos um passeio de barco sensacional. Ali dava para esquecer a guerra, enquanto a incrível beleza do litoral envolvia nossos sentidos. O jantar naquela noite, no bangalô, foi um banquete de frutos do mar. Nunca provei camarões gigantes tão deliciosos em nenhum lugar do mundo. E, suponho que, para mostrar que ainda estavam atentos, fui presenteado com um prato especial de pimentas, com a observação de que "são muito mais ardidas que as de Hanói".

O idílio acabou no dia seguinte. Visitamos as cidades mineiras, situadas no alto dos morros que davam para o mar. As duas cidades haviam sido completamente destruídas. Como era difícil atingir diretamente as minas, os mineiros e suas famílias foram considerados alvos legítimos. As cidades foram atacadas depois do turno da noite, quando os mineiros tomavam o café-da-manhã. Foram evacuados às pressas para cabanas de bambu construídas na encosta perto das minas, mas elas também foram bombardeadas. Então, a mais moderna das guerras do século XX obrigou os mineiros a morar nas cavernas. Lembro-me de um general norte-americano que defendia que os vietnamitas "deviam ser bombardeados até voltar à Idade da

Pedra". Mas o moral era alto, embora Lawrence Daly chorasse ao ver em que condições os mineiros vietnamitas viviam e trabalhavam. Ele discursou durante uma reunião de trabalhadores numa das gigantescas cavernas. Orador maravilhoso, naquela noite ele falou com grande emoção. A caverna era iluminada por lanternas de mão. Ele falou como mineiro que conhecia a vida nos poços e, enquanto falava, observei que a platéia inteira parecia enfeitiçada. Quando chegou ao fim do discurso, o coração de Daly uniu-se ao seu intelecto.

– Estou chocado e zangado – rugiu – porque, enquanto a Sétima Esquadra dos Estados Unidos viola águas territoriais e manda máquinas cruéis bombardeá-los todas as semanas, seus aliados não enviam esquadras nem força aérea para protegê-los. Falo agora da União Soviética, cuja Marinha não tem rival. Por que não a enviam ao Vietnã e explodem esses canalhas?

Os mineiros podiam sentir a emoção de Daly e esperavam ansiosos a tradução. O intérprete trocou olhares com o membro graduado do Comitê Central que nos acompanhava na viagem. Ele fez que sim e o intérprete, aliviado, traduziu a peroração final de Lawrence no mesmo estilo. Os mineiros pularam de pé e gritaram e aplaudiram até parecer que o teto da caverna ia desabar. Naquela noite, Daly foi abraçado e beijado por muitos vietnamitas, por dizer o que todos pensavam, mas não ousavam comentar em público.

Uma semana depois, parti do Vietnã. Foi uma experiência educativa que eu jamais conseguiria esquecer. A luta ainda não chegara ao ápice, mas eu não tinha dúvida de que assistira à resistência mais épica jamais encontrada nos anais sórdidos do imperialismo. Muitos anos depois, conversei com um líder comunista veterano da Índia. Ele descreveu a reunião que teve com Ho Chi Minh em 1964, dois anos antes de minha visita. O indiano pediu a Ho Chi Minh que explicasse como o Partido Comunista indochinês, formado mais ou menos na mesma época que o Partido Comunista indiano, tivera sucesso, enquanto eles, na Índia, fracassaram. O vietnamita riu e respondeu:

– Na Índia, vocês tiveram Gandhi. Aqui, o Gandhi sou eu!

O comentário foi mais sério do que se pode imaginar.

TEMPO DE MUDANÇA: 1967

Comida e até pinga terás –
Tens um grande futuro à vista!
Mas rejeita do diabo estrangeiro à espreita
A tentação das opiniões radicais!
Heinrich Heine, *Poems For The Times*

– Meu Deus! – gritou Gudrun. – Que maravilha seria se toda a
Inglaterra explodisse de repente como fogos de artifício!
– Não explode – disse Úrsula. – Eles são úmidos demais,
neles a pólvora se molha.
– Não tenho tanta certeza assim – disse Gerald.
– Nem eu – disse Birkin. – Quando os ingleses começarem mesmo a
explodir em massa, vai ser hora de tapar os ouvidos e correr.
– Não vão explodir nunca – disse Úrsula.
– Veremos – respondeu ele.
D. H. Lawrence, *Mulheres apaixonadas**

Londres parecia muito irreal depois de Hanói. Há um trecho curtinho de *Homenagem à Catalunha***, de Orwell, em que ele descreve as emoções de voltar à Inglaterra depois dos dias passados na frente de batalha de Barcelona, na Guerra Civil espanhola. Ele transmite bem a placidez e o isolamento de uma ilha tão afastada da rinha européia. Escreve, meio triste, meio desdenhoso, sobre o fato de que o leite estaria como sempre na soleira da porta e o *New Statesman* seria entregue na hora certa toda semana. E isso o deixa zangado, porque ainda está repleto da Espanha. Li o livro alguns anos depois de visitar o Vietnã, mas ele resumiu o que senti no dia em que voltei –

---

* D. H. Lawrence, *Mulheres apaixonadas* (Rio de Janeiro, Record, 2004). (N. E.)

** George Orwell, *Homenagem à Catalunha* (Porto, Livros do Brasil, 1984). (N. E.)

com uma grande diferença. Orwell escrevia como alguém que pertencia à Grã-Bretanha e quase apreciava suas excentricidades institucionais. Eu era um estrangeiro congenitamente incapaz desse sentimento.

Comparada às lutas de vida e morte que ocorriam na Ásia e na América Latina, a política na Grã-Bretanha parecia ainda mais trivial. O consenso tácito paralisara a arena parlamentar. A esquerda trabalhista tornara-se prisioneira voluntária, embora infeliz, do trabalhismo. Quando Wilson sucumbiu à pressão norte-americana e decidiu pleitear a entrada na Comunidade Européia, Edward Heath achou difícil diferenciar a bancada *tory* da wilsonista. Assim, um grupo de altos quadros *tories* reuniu-se em Selsdon Park para preparar uma série de políticas que rompessem o velho consenso. A maior beneficiada foi Margaret Thatcher. O respeito pela Câmara dos Comuns, que nunca fora muito, a não ser nos anos de guerra, estava em seu ponto mais baixo. Os parlamentares trabalhistas de esquerda estavam dispostos a admitir que "o verdadeiro poder de tomar decisões foi praticamente retirado do Parlamento" e que "a Casa era a arena ideal da evasão, da procrastinação e da demora", mas eles eram incapazes de agir e extremamente hostis a toda idéia de formar uma resistência extraparlamentar ao governo trabalhista. Foi essa incapacidade dos socialistas do Partido Trabalhista de lutar – contra o que agora todos reconheciam ser um regime conservador consensual – que lançou as bases para a pequena explosão de política revolucionária na Grã-Bretanha na década seguinte.

Logo após voltar da Indochina, dediquei-me a uma série variadíssima de atividades. Escrevi alguns artigos sobre a viagem, o mais longo dos quais publicado na *Town*, com algumas fotografias que tirei, e os textos mais polêmicos saíram no *Tribune* e no *New Statesman*. O que mais me deu prazer foi que Tom Blau, da *Camera Press*, me telefonou para elogiar a qualidade de minhas fotografias e comprar seus direitos. Ainda recebo da agência um ou outro cheque. O resultado dessa agitação literária foi que me encheram de convites para falar pelo país afora. Vinham principalmente de universidades, mas espantei-me com o número de secundaristas que me pediram para falar a eles sobre o Vietnã. Esse período de consciência política crescente sobre o Vietnã coincidiu com um golpe na redação da revista *Town*. Michael Heseltine, por razões que na verdade nunca descobri, decidira demitir seu leal amigo e camarada Julian Critchley do cargo de editor. O episódio encerrou-se em questão de horas. Critchley, um oficial e um *gentleman*, nunca manifestou sua raiva na minha frente. Simplesmente fez as malas e partiu. A equipe toda logo recebeu ordem de zarpar e, praticamente sem aviso prévio nem pagamento de indenização, também partimos. Não consigo me lembrar de nenhuma lágrima. A maioria de nós ficou aliviadíssima, já que os boateiros vinham dizendo que a *Town* só teria mais uma chance de sobreviver e depois fecharia para sempre. O único outro bolchevique da revista era Ken Thomson, editor de moda, cópia australiana marrenta de Dudley Moore, que nos manteve abastecidos de amostras de camisas e calças nas épocas mais difíceis. Ele saiu da revista e tornou-se assessor de imprensa da confecção de luxo Aquascutum; nesse cargo vantajoso, presenteou-me, em 1968, com uma capa de chuva vermelho-vivo que me manteria seco em muitas manifestações.

O clima nos *campi* começava rapidamente a mudar. O tamanho dos meus comícios aumentou num ritmo que me pegou de surpresa. Havia duas razões para essa transformação. A primeira era o total desencanto com o trabalhismo, em razão da ficha de Wilson no governo. A segunda era a conjuntura internacional. Na época, o exemplo das revoluções cubana e vietnamita foi inspirador. Ganhava terreno um sentimento universal: se os vietnamitas conseguiam resistir aos norte-americanos, então, com certeza, inimigos menores também poderiam ser vencidos. A primeira ocupação estudantil ocorreu em março daquele ano. O local foi a London School of Economics (LSE), onde o conselho administrativo nomeara Walter Adams para o cargo de diretor. Os estudantes opunham-se terminantemente a essa nomeação por causa do passado de Adams como personagem acadêmico importante na Rodésia, onde Ian Smith declarara independência entre seu regime de colonos e a Grã-Bretanha. Wilson, partidário ferrenho da ação violenta no Vietnã, decidira não usar a força contra os brancos rodesianos. Nesse clima, a decisão da LSE de nomear Adams foi uma provocação impensada. Já houvera um boicote de palestras em 1966 que atraíra poucas censuras, mas dessa vez as autoridades ficaram ofendidas. Nomeações e clientelismo eram um território preservado com zelo. Como os alunos ousavam questionar uma tradição tão antiga e respeitada?

A primeira ocupação da LSE durou uma semana e dois dos ativistas envolvidos, Adelstein e Bloom, foram suspensos. Um comício gigantesco no New Theatre recusou-se a aceitar as suspensões, votou pela continuação da luta contra Adams e exigiu a volta dos dois alunos. Foi o primeiro sinal concreto da turbulência que logo se espalharia pelos *campi* do país inteiro. A partir daí, virou moda tachar qualquer greve ou luta de organizada, liderada ou "manipulada" por uma "minoria minúscula". Mas a característica mais espantosa no caso da LSE, em 1967, foi o grau de participação dos estudantes comuns. Era óbvio que a grande maioria não era a favor de Adams.

O radicalismo dos *campi* espalhou-se da Grã-Bretanha para os Estados Unidos. Ali o catalisador foi a Guerra do Vietnã e a questão candente (em sentido literal) da raça e da segregação no sul. A organização norte-americana Students for a Democratic Society (SDS) [Estudantes pela Sociedade Democrática] fora fundada em 1960, mas passara para a esquerda em 1962 na convenção realizada em Port Huron, no estado de Michigan. A declaração de Port Huron, redigida por Tom Hayden, não era absolutamente um manifesto revolucionário, mas era radical no sentido em que declarava guerra ao sonho norte-americano. A SDS entendia o sonho como uma prisão. Em Port Huron, os estudantes decidiram não pôr a prisão abaixo, mas concordaram que os muros tinham de ser rebaixados para que se pudesse vislumbrar o mundo real lá fora. Assim fizeram, e eles viram feiúra e violência. Os delegados da SDS tinham consciência de sua situação de filhos de classes abastadas, mas exprimiram sua angústia em voz alta, na esperança de que a parte liberal dos Estados Unidos os escutasse. Era um apelo à *intelligentsia* das costas leste e oeste, e o núcleo estava no seguinte apelo:

> Entretanto, quando crescemos, nosso conforto foi invadido por acontecimentos incômodos demais para serem desprezados. Em primeiro lugar, o fato generalizado e vitimizador da degradação humana, simbolizado pela luta sulista contra a intolerância racial, empurrou a maioria de nós do silêncio para o ativismo. Em segundo lugar, o fato limitador da Guerra Fria, simbolizado pela presença da bomba, trouxe a consciência de que nós mesmos, nossos amigos e milhões de "outros" abstratos, que conhecemos mais diretamente por causa do risco comum, podemos morrer a qualquer momento. Podemos deliberadamente ignorar, evitar ou não sentir todos os outros problemas humanos, mas não esses dois, pois eles são imediatos e esmagadores demais em seu impacto, desafiadores demais na exigência de que nós, como indivíduos, assumamos a responsabilidade pelo enfrentamento e pela solução. Enquanto esses e outros problemas nos oprimiam diretamente ou magoavam nossa consciência e se tornavam preocupações subjetivas nossas, começamos a ver paradoxos compli-

cados e perturbadores no país que nos cerca. A declaração "todos os homens são criados iguais" soa vazia diante dos fatos da vida dos negros no sul e nas grandes cidades do norte. As proclamadas intenções pacíficas dos Estados Unidos contrariam seus investimentos econômicos e militares no *status quo* da Guerra Fria [...].

A deflagração da Guerra do Vietnã e o envio de meio milhão de soldados norte-americanos àquele país empurraram a SDS cada vez mais para a esquerda. Em 1967, a entidade dedicava-se a ajudar os que resistiam à convocação. Naquele ano, 2 mil jovens norte-americanos queimaram publicamente seus cartões de convocação na tentativa de enfrentar o governo e questionar o direito de se prosseguir a guerra. Os alunos de Berkeley, na Califórnia, foram a ponta-de-lança de um movimento nacional contra a guerra. Proclamaram que o *campus* era uma "zona livre no centro imperialista" e a nova resistência foi estudada com espanto por alunos e professores das maiores cidades da Europa.

Na Grã-Bretanha, decidimos fundar a Vietnam Solidarity Campaign (VSC) [Campanha de Solidariedade ao Vietnã], para promover a resistência pública à política de Wilson e mobilizar apoio à luta vietnamita. A decisão concreta fora tomada por um punhado de trotskistas-marxistas que editavam uma revista minúscula e mimeografada chamada *The Week*. Essa revista tinha uma lista extensa de patrocinadores, que incluía sindicalistas importantes, um punhado de parlamentares trabalhistas de esquerda e outros notáveis. Os dois cabeças por trás da revista eram Ken Coates e Pat Jordan. Coates fora mineiro e membro do Partido Comunista. Jordan servira como mecânico do Exército Britânico e depois trabalhara como metalúrgico. Também se filiara ao Partido Comunista e se tornara organizador regional profissional, sinal de que gozava da confiança da estrutura partidária. Em épocas diferentes, esses dois saíram do PC e decidiram seguir para a esquerda em vez da direita. Tornaram-se trotskistas e, a princípio, trabalharam com os militantes numa organização comum, mas finalmente perceberam que não dava para conviver com uma variante política dos Adventistas do Sétimo Dia. Criaram um pequeno grupo trotskista, alinhado com grupúsculos semelhantes da Europa e da América do Norte, conhecidos no mundo miúdo da esquerda como Quarta Internacional. Não eram o único produto com mesmo nome no mercado, mas sem dúvida eram o mais pró-

196 TARIQ ALI

ximo da realidade política. Em sua maioria, as várias correntes trotskistas da época estavam incrustadas no Partido Trabalhista, algumas mais profundamente do que outras. A *Week* não vira com simpatia a candidatura de Richard Gott, em Hull, mas, ao contrário de outras publicações, permitira um debate saudável sobre a questão. Nunca encontrei a revista em Oxford. Os dois grupos ativos ali eram uma seita ultra-ortodoxa conhecida na época como Socialist Labour League (SLL) [Liga Socialista Trabalhista], administrada como um pequeno Estado unipartidário por Gerry Healey, seu líder supremo, e o International Socialism Group (IS) [Grupo do Socialismo Internacional], cujo principal ideólogo era Ygael Gluckstein, palestino que escrevia sob o pseudônimo de Tony Cliff. Não há dúvida de que eu era muito verde na época, mas a forma de sectarismo particularmente esotérico adotado pela SLL não me entusiasmou. Todos os meus instintos se revoltaram contra aquele estilo de política absolutista.

Os membros do IS eram inteiramente diferentes e, na maioria das questões, mostravam um antidogmatismo animador, mas sua visão sobre política mundial parecia-me esquisita e demasiado eurocêntrica. Quando os ouvi falar entre si, tive a impressão de que eram uma estranha raça de anticomunistas profissionais. Quando descobri que, para eles, não havia diferença qualitativa entre Chiang Kai-shek e Batista, de um lado, e Mao Tsé-tung e Fidel Castro, de outro, percebi que sempre seria um estranho no ninho. A hostilidade às revoluções chinesa e cubana e à possibilidade de novas explosões parecidas no futuro era, aos meus olhos, como jogar fora grande parte do globo. Nunca me senti intelectualmente atraído por eles, embora vários de seus integrantes tenham se tornado meus amigos. A SLL era tão rígida que a amizade com homens e mulheres que não fossem "cem por cento" era malvista pelos *aparatchiks*. Na década de 1960, o estilo dos IS era diametralmente oposto a esse absurdo.

Senti-me atraído por *The Week* por um fato bastante simples. Seus administradores decidiram que a solidariedade ao Vietnã seria prioritária, que viria antes de tudo mais. Isso combinava bem com minhas preocupações e comecei a me entusiasmar com a abordagem política que faziam sobre o resto do mundo. Quando Pat Jordan me telefonou para perguntar se eu seria um dos fundadores da VSC e se ajudaria a estabelecê-la na Grã-Bretanha, eu concordei imediatamente. Bertrand Russell abençoara a iniciativa, e a Peace Foundation concordou em fornecer recursos para ajudar a preparar a campanha. Quando eu estava prestes a embarcar num torvelinho de viagens para tentar conquistar mais gente para a idéia da VSC, peguei caxumba.

A versão da doença que me atacou não foi a branda. A princípio, apenas as glândulas do pescoço foram afetadas, mas, quando achei que estava me recuperando, tive uma recaída dolorosa. Dessa vez o vírus decidiu me atingir abaixo da linha da cintura. Meus testículos incharam como balões e o médico, rindo, sugeriu um estilingue. Ao ver meu sofrimento, uma amiga de bom coração me comprou uns livros. Ela sabia que eu precisava de algo forte para distrair a cabeça do terrível padecimento e assim veio me visitar certa tarde com os três volumes da biografia de Trotski, de Isaac Deutscher.

É claro que eu já ouvira falar de Deutscher. Sua biografia de Stalin chegara às estantes do escritório de meu pai, em Lahore, mas eu não me sentira tentado a lê-la. Entretanto, a trilogia de Trotski era uma coisa totalmente diferente. Era, e continua a ser, o tipo de livro que pode mudar a vida de alguém. Com certeza mudou a minha. Fiquei extasiado. Os amigos com quem eu dividia a casa à beira do rio em Chiswick, na época, podem testemunhar que fui incapaz de dar atenção a outras coisas. Fiquei na cama até terminar os três volumes. Levei uma semana, e nesse tempo minha doença regrediu misteriosamente. A característica mais cativante da trilogia é a prosa impecável de Deutscher, que dá vida à Revolução Russa e a seus lideres ao descrever a ascensão e a queda de Trotski. É difícil lembrar outra biografia que tenha reunido com tamanho brilhantismo o intelecto de um extraordinário historiador marxista a um estilo literário cuja riqueza tantas vezes atordoou os *connaisseurs*. Ao descrever a tragédia de Trotski, Deutscher explicou algumas das razões da degeneração da Revolução.

Deutscher nasceu em Cracóvia, na Polônia, em 1907. Vem de um meio fortemente rabínico e seus primeiros choques com a ortodoxia familiar e religiosa foram descritos com honestidade e humor em *O judeu não-judeu e outros ensaios**. Filiou-se ao Partido Comunista polonês em 1926 e encontrou um estranho mundo novo onde predominava a confusão teórica. Em maio daquele ano, o partido polonês apoiou o golpe de Pilsudski contra a nobreza. Essa decisão chocou os militantes comuns. Começou o debate no

---

* Isaac Deutscher, *O judeu não-judeu e outros ensaios* (Rio de Janeiro, Civilização Brasileira, 1970). (N. E.)

TARIQ ALI

Comitê Central entre os líderes que apoiavam as facções rivais de Zinoviev e Bukharin dentro do partido russo. Deutscher não ficou impressionado com o nível do debate e mais tarde o descreveria como uma "querela de almas condenadas presas no círculo encantado do stalinismo".

Ele cortou os laços com as "almas condenadas" depois da ascensão de Hitler. Lera os apelos apaixonados de Trotski, no exílio em Prinkipo, que profetizavam tanto a vitória do fascismo quanto o holocausto e imploravam pela unidade de socialdemocratas e comunistas contra os nazistas. Deutscher concordou com essa análise, mas ele e seus partidários estavam isolados. Em 1932, eles foram expulsos pelo crime de insistir, na Internacional Comunista, na política de unidade da classe operária da Alemanha contra o fascismo. Seis anos depois, toda a liderança do Partido Comunista polonês fugiu para Moscou a fim de escapar da repressão no país. Foram considerados independentes demais. Stalin mandou prendê-los e executá-los como "agentes e traidores fascistas". Foi um golpe arrasador para Deutscher. Discordara da maioria deles em sua época, mas a maneira violenta como foram eliminados foi uma experiência traumática. Mais tarde, ele falaria de sua lembrança de um dos líderes mortos:

> Recordo a imagem de Warski na praça do Teatro, em 1º de maio de 1928. Ele marchava à frente de uma imensa manifestação ilegal, sob a rajada de fogo das metralhadoras e os tiros de fuzil com o qual fomos recebidos (pela milícia de Pilsudski). Enquanto dezenas de centenas de feridos caíam em nossas fileiras, ele mantinha a cabeça grisalha erguida, alvo alto e fácil, visível de longe; e, indômito, falou à multidão. Foi essa imagem dele que me veio à cabeça quando, alguns anos depois, Moscou o acusou de traidor, espião e agente pilsudskista.*

A vitória de Hitler na Alemanha confirmou a crítica de Trotski ao sectarismo criminoso que emanava de Moscou, mas Deutscher achava que não era a hora de lançar a Quarta Internacional e romper completamente com o movimento comunista. Decidiu dedicar sua energia à escrita e retirou-se para a "torre de vigia", como fizera Marx depois da derrota da Comuna de

---

* Idem, "The Tragedy of Polish Communism Between the Wars", *Temps Modernes*, XIII, 1956, p. 22-3. (N. E.)

Paris, em 1871. Alguns meses antes da invasão da Polônia, Deutscher deixou o país natal e buscou refúgio na Grã-Bretanha. Foi recrutado pelo Exército polonês no exílio, mas passou a maior parte da guerra como jornalista. Lera referências a *The Economist* em *O capital* de Marx e foi essa revista que aceitou e publicou seu primeiro artigo. Deutscher só aprendeu inglês quando chegou à Grã-Bretanha. Seu domínio da língua espantava a todos e não demorou a surgirem as inevitáveis comparações com Joseph Conrad, compatriota da geração anterior.

Deutscher começou a escrever regularmente em *The Economist* e no *Observer* sobre a Europa oriental e a URSS. Foi uma disciplina estimulante, que permitiu mostrar seu talento de analista político. A trilogia de Trotski foi concluída numa época em que a Guerra Fria ainda era feroz. A biografia, como descobri por mim mesmo naquele verão, era um ataque vigoroso tanto ao antimarxismo grosseiro da *intelligentsia* da CIA quanto aos intelectuais enfeitiçados pelo stalinismo dentro ou em torno dos partidos comunistas. Deutscher foi atacado com ferocidade por todos os lados. Os mercenários do Congresso pela Liberdade Cultural atacaram seu trabalho; a imprensa comunista oficial condenou-o selvagemente; e as seitas trotskistas acharam sua abordagem heterodoxa demais. Foi a recusa obstinada de Deutscher de aceitar falsidades e meias-verdades que o levou ao isolamento. Nunca recebeu bolsas de nenhuma instituição acadêmica nem cátedras em universidades. Certa vez, candidatou-se ao cargo de professor-assistente de estudos russos na Universidade de Sussex. O vice-chanceler Asa Briggs achou que era um cargo muito modesto para historiador tão importante. Convenceu Deutscher a candidatar-se à cátedra. Pena que esse cargo elevado exigisse mais do que a aprovação de Asa Briggs. Deutscher, relutante, candidatou-se e foi recusado por Isaiah Berlin, o grande adepto da liberdade e da democracia, que se opunha ao fato de um marxista ensinar história russa.

O ativismo reprimido de Deutscher foi despertado pela Guerra do Vietnã. Ele participou dos encontros estudantis nos Estados Unidos em 1964 e 1965 e concordou em ser um dos juízes do Tribunal de Crimes de Guerra. Descobri Deutscher na trilogia. Logo o veria em ação nas sessões do tribunal. Meu relatório sobre o efeito dos bombardeios estava pronto. A única coisa incerta era a localização do tribunal. O governo trabalhista recusara o pedido de Russell para que a sessão se realizasse em Londres. Roy Jenkins, secretário do Interior, disse que "não seria do interesse nacional". Russell queixou-se a Wilson, que se referiu ao "caráter unilateral do tribunal" e apoiou a decisão de Jenkins. Na realidade, os Estados Unidos deixaram claro que esperavam que seus aliados rejeitassem qualquer tentativa de reunir o tribunal em capitais amigas. Jean-Paul Sartre escreveu a De Gaulle, pedindo que permitisse que o tribunal realizasse suas sessões em Paris. Numa longa resposta a Sartre, o presidente francês disse que ele também se opunha à Guerra do Vietnã. A recusa foi redigida numa roupagem quase jurídica:

> Não é uma questão de direito de reunião nem de liberdade de expressão, mas de dever, ainda mais para a França, que adotou uma postura amplamente conhecida sobre o assunto e precisa estar em guarda caso um Estado ao qual está ligada e que continua a ser amigo tradicional, apesar de todas as diferenças de opiniões, seja alvo, em território francês, de processos que excedam os limites da lei e do costume internacionais. Parece ser esse o caso, agora, com relação à atividade cogitada por lorde Russell e seus amigos, já que pretendem dar forma jurídica às suas investigações e aparência de veredicto às suas conclusões [...].

Sartre respondeu zangado e publicamente, nas páginas do *Nouvel Observateur*, fazendo picadinho do argumento de De Gaulle e avisando o general que estava em curso um movimento mundial contra a guerra, de Tóquio a Londres. Admitiu que a França não chegara ao estágio das greves gerais, como o Japão, "mas o povo está ficando inquieto".

Finalmente, foram os socialdemocratas escandinavos que ofereceram um lar ao tribunal. Olaf Palme, então membro do gabinete sueco e firme adversário da guerra, afirmou que seu país receberia o Tribunal Russell. Uma das razões para querermos sediar o tribunal em Londres era para permitir que Russell comparecesse, já que estava fraco demais para viajar. No caso, ele enviou uma mensagem cáustica que deu o tom dos trabalhos. Foi Jean-Paul Sartre quem presidiu a sessão, auxiliado pelo historiador iugoslavo Vladimir Dedijer. Formavam o tribunal James Baldwin, Simone de Beauvoir, Lázaro Cárdenas (ex-presidente do México), David Dellinger (pacifista norte-americano veterano), Stokely Carmichael (líder do Black Power), Peter Weiss, Isaac Deutscher, Amado Hernandes (poeta filipino), Mahmud Ali Kasuri (jurista paquistanês), Sara Lidman, Laurent Schwartz (matemático francês), além de um advogado turco e um físico japonês.

Quando cheguei a Estocolmo para apresentar meu relatório, parecia que o governo sueco fizera do tribunal um evento oficial. A cidade toda falava do processo e o tribunal recebeu imensa cobertura da imprensa sueca, além de ser noticiado todos os dias pela televisão. Quando cheguei ao centro de conferências, encontrei Ken Tynan. Ele cobria o evento para a *Playboy* e estava ansioso para conhecer alguns dos membros do tribunal e ter uma idéia do que estava acontecendo no Vietnã. Encontramo-nos mais tarde e, no jantar, Tynan amaldiçoou a covardia do governo trabalhista.

— Afinal de contas, Olaf Palme também é socialdemocrata — disse ele enquanto eu comia meu bife. — Por que é tão diferente do maldito Wilson?

Cogitei que a diferença talvez não fosse de ideologia, mas de localização estratégica. A Grã-Bretanha era um pilar fundamental da aliança da Otan, enquanto a Suécia se recusara a ser membro dela. Olaf Palme estava simplesmente promovendo a política que Wilson prometera seguir como líder da oposição.

No dia seguinte, falei no tribunal e fui devidamente interrogado. Observei que havia um elemento de racismo na guerra dos Estados Unidos contra o Vietnã. Recusei-me a aceitar que as pessoas se comportariam da mesma maneira na Europa, ainda mais depois dos horrores da Segunda Guerra Mundial. Vi Sartre concordar vigorosamente com a cabeça, mas Deutscher fez um muxoxo. Ele me interrogou incansavelmente. Por que eu pensava assim? Se houvesse uma revolução no sul da Europa ou na Escandinávia, eu achava mesmo que os Estados Unidos tratariam a questão com mais gentileza? Defendi obstinadamente minha posição, mas ele não se convenceu. No fim da sessão, tanto Lawrence Daly quanto eu tentamos convencer Deutscher de que o desprezo das vidas asiáticas tinha um componente a mais que aumentava o fervor contra-revolucionário do Pentágono. Os *gooks*, os nativos, eram apenas semi-humanos. Ele sorriu, mas continuou discordando.

Enquanto eu explicava a Deutscher como apreciara sua trilogia de Trotski, um estranho confronto explodiu ao fundo. Ralph Schoenman estava sendo entrevistado por Michael Barratt, do canal de TV BBC. Claramente, o repórter recebera instruções para atacar impiedosamente e, em conseqüência, as perguntas perderam toda e qualquer pretensão de objetividade. Schoenman, que conhecia bem a tática, respondeu no mesmo tom. Ele usava de propósito, nas respostas, uma linguagem que tornava impossível a transmissão. Barratt perguntava alguma coisa como:

– Sr. Schoenman, o senhor não acha que este tribunal é um exercício de propaganda do regime comunista de Hanói, totalmente unilateral e irrelevante?

A resposta de Schoenman:

– Quando você fodeu sua mulher pela última vez?

Depois de três tentativas intercaladas por brigas furiosas, a BBC desistiu e foi em busca de vítimas menos agressivas.

Russell e Sartre nunca tentaram esconder suas opiniões nem fingiram que estavam criando um órgão jurídico. Como poderiam? Eles não tinham autoridade de Estado. O evento todo era considerado uma intervenção moral para desmascarar uma guerra imoral. O grosso dos meios de comunicação do Ocidente, com exceção da Escandinávia, acusou os dois filósofos de fantoches bem intencionados de Hanói, mas havia muito mais coisa em jogo. A extensão das atrocidades reveladas em Estocolmo, e depois em Copenhague, era desmedida. A destruição sistemática do meio ambiente, somada à tortura de prisioneiros e aos ataques planejados a não-combatentes, era inegável. Tudo isso foi denunciado dois anos antes de os massacres de My Lai chocarem a consciência liberal dos Estados Unidos. Russell e Sartre tentaram criar um clima no qual futuros My Lais não pudessem acontecer. A descrição mais detalhada do tribunal foi redigida por Tynan e publicada na *Playboy*. Pena que sua referência ao corpulento advogado paquistanês como um Orson Welles do subcontinente – um cumprimento de Tynan – não tenha sido bem recebida em sua terra natal. A esposa de Kasuri, senhora ortodoxa com fortes tendências religiosas, ficou chocadíssima quando descobriu um exemplar da revista escondido na pasta do marido. As explicações dele não foram consideradas satisfatórias.

No que me diz respeito, o tribunal foi um sucesso parcial. Foi realizado. Foi noticiado, ainda que com distorções, embora estas tenham sido muito piores na Grã-Bretanha do que nos Estados Unidos. Conheci Sartre e Simone de Beauvoir, a cubana Melba Hernández e o romancista latino-americano Alejo Carpentier. Bastaria isso para a viagem valer a pena para mim. Mas "O genocídio", condenação devastadora de Sartre na conclusão do tribunal, foi um *tour de force*. O filósofo reuniu seus múltiplos talentos para o massacre. Foi uma argumentação brilhante e ele, ao menos, entendeu a tese que eu tentara explicar a Isaac Deutscher. Sartre ressaltou que, embora o Tribunal de Nuremberg ainda estivesse vivo na lembrança de todos, o governo colonial francês na Argélia massacrara 45 mil argelinos em Sétif para "dar exemplo". Em outras palavras, os julgamentos de Nuremberg não se aplicavam aos povos do Terceiro Mundo. Afinal, eles não eram seres humanos de verdade. A tragédia norte-americana era que eles estavam seguindo a rota genocida e conseguindo se iludir, acreditando que faziam isso por uma boa causa:

> Esse racismo – contra negros, contra asiáticos, contra mexicanos – é uma atitude norte-americana fundamental, com profundas raízes históricas, e que já existia, de forma latente e declarada, antes do conflito vietnamita. Prova disso é que o governo dos Estados Unidos se recusou a ratificar a Convenção do Genocídio. Isso não significa que, em 1948, o país pretendesse exterminar algum povo; significa, de acordo com declarações do Senado norte-americano, que a Convenção entraria em conflito com as leis de vários estados; em outras palavras, os formuladores da política atual têm carta branca no Vietnã porque seus antecessores aquiesceram ao racismo dos brancos do sul contra os negros. De qualquer modo, desde 1966, o racismo dos soldados ianques, de Saigon até o paralelo 17, vem se tornando cada vez mais marcante. Os jovens norte-americanos usam tortura, matam mulheres desarmadas para praticar tiro ao alvo, chutam a genitália de vietnamitas feridos, cortam as orelhas dos mortos para levá-las como troféu para casa. Os oficiais são os piores; um general gabou-se de caçar "vietcongues" de helicóptero e derrubá-los nos campos de arroz. Na mente confusa dos soldados norte-americanos, "vietcongue" e "vietnamita" tendem cada vez mais a se confundir. Eles costumam dizer: "O único vietnamita bom é o vietnamita morto"; ou o que acaba dando na mesma: "Todo vietnamita morto é um vietcongue" [...].
> A guerra total pressupõe certo equilíbrio de forças. As guerras coloniais não eram recíprocas, mas o interesse dos colonialistas limitava a extensão do genocídio. O genocídio atual, resultado último do desenvolvimento desigual das sociedades, é a guerra total travada até o limite por um dos lados, sem a mínima reciprocidade.
> O governo norte-americano não é culpado de inventar o genocídio moderno nem mesmo de tê-lo escolhido entre outras medidas possíveis e eficazes contra a guerrilha. Não é culpado, por exemplo, de preferir o genocídio por razões estratégicas e econômicas. Na verdade, o genocídio apresenta-se como ÚNICA REAÇÃO POSSÍVEL ao levante de um povo inteiro contra seus opressores.[*]

---

[*] Jean-Paul Sartre, "On Genocide", *New Left Review*, 48, mar.-abr. 1968. (N. E.)

O texto completo das observações finais de Sartre foi publicado em *Le Monde*, mas ignorado por todos os outros grandes jornais diários do Ocidente. Mas trechos extensos saíram em muitos jornais do Terceiro Mundo: Índia, Paquistão, México, Chile, Uruguai, Argélia e Egito. No geral, Sartre e Russell foram caricaturados pela grande imprensa de seu próprio continente. Em muitos países do Terceiro Mundo, foram pintados como gigantes numa terra de pigmeus[1].

Quando voltei a Londres, havia uma mensagem urgente de Clive Goodwin que pedia que eu entrasse em contato "no minuto em que voltar". Telefonei-lhe imediatamente e fui convocado para jantar. Em seu espaçoso apartamento-escritório na Cromwell Road, conversamos sobre a situação mundial e também sobre projetos mais concretos. O jornal que tínhamos discutido antes de eu partir para Praga era importantíssimo, na opinião de Clive, e concordamos que ele deveria marcar uma reunião de pessoas interessadas para levantar fundos e discutir o formato e a tendência da publicação proposta. Aí ele mencionou o aumento da repressão policial contra os fumantes de maconha.

— É claro que são os negros quem mais sofre, mas a polícia começou a atacar os ricos. Está na hora de fazer alguma coisa para reverter essa tendência. Aliás, você fuma?

Fiz que não com a cabeça e disse-lhe que simplesmente detestava cigarros e sua fumaça fedorenta. Ele riu.

— Tudo bem, mas a fragrância da erva é bem agradável. Seja como for, é uma questão de liberdade civil. Todos os médicos especialistas admitem que a maconha é menos prejudicial que o fumo e o álcool. Os grandes *lobbies* capitalistas sabem muito bem disso e recusam-se a legalizá-la porque temem a queda maciça dos lucros com a bebida e o fumo.

Havia (e há) um núcleo racional nesse argumento. Concordei que devíamos fazer alguma coisa. A proposta de Clive foi um anúncio de página inteira em *The Times* assinado por "gente conhecida", que exigiria a legali-

---

[1] Houve uma continuação interessante. Exatamente dez anos depois, tive problemas com o regime paquistanês e eles me "desembarcaram" de três aviões diferentes em dois aeroportos. Amigos no Ocidente fizeram uma campanha imediata e vários parlamentares trabalhistas enviaram telegramas, mas foi o protesto vigoroso de Sartre e de Beauvoir que mais incomodou o governo do país e causou o efeito desejado. Eles me deixaram partir!

zação da erva e chocaria a sociedade burguesa. Concordei em assinar e o anúncio saiu com uma lista de nomes que incluía os Beatles, David Bailey, Humphrey Berkely, Graham Greene, Tom Driberg, Kenneth Tynan, dr. Stafford-Clarke e Jonathan Aitken. Logo após o anúncio, os Beatles lançaram o LP *Sergeant Pepper's Lonely Hearts Club Band*, com músicas como "I'd love to turn you on" [Adoraria deixar você ligado].

Já se escreveu muito sobre a cultura popular da época. A música, a nova permissividade sexual etc. tornaram-se tema de numerosos artigos de revistas ilustradas e programas de televisão. Para alguns, isso e certo tipo de alegre misticismo definem 1968. A política tende a ser ignorada. Ao corrigir esse desequilíbrio, não pretendo afirmar que havia uma muralha da China entre a cultura pop e a política revolucionária. De fato, nos pontos altos do movimento, houve uma mistura forte e inebriante de ambas. Absorvemos um pouco de música e os devotos dos grupos de rock aprenderam um pouco de política.

No verão de 1967, R. D. Laing e David Cooper organizaram uma conferência no Roundhouse intitulada "Dialética da libertação – pela desmistificação da violência". Foi uma reunião de intelectuais marxistas – Paul Sweezy, Ernest Mandel, C. L. R. James – e ativistas políticos. Pediram que eu falasse no último dia, mas, como eu planejava viajar para o exterior, declinei do convite. Entretanto, consegui comparecer a um dia da conferência. Stokely Carmichael estava a toda naquele dia. Foi uma retórica arrebatadora, uma defesa da violência contra uma sociedade violenta e de tom extremamente nacionalista negro. Ele recebeu um apoio importante de Ronnie Laing, que defendeu a violência como reação ao sistema. Conversei com Carmichael durante a pausa para o almoço. Sentamo-nos no sol, fora do Roundhouse, e conversamos sobre o que ele dissera na palestra. Estávamos cercados de militantes negros da Grã-Bretanha que não gostaram nem um pouco quando questionei alguns pressupostos do Black Power norte-americano e insisti que a situação dos negros na Grã-Bretanha era totalmente diferente da dos Estados Unidos. O próprio Carmichael se manteve amistoso durante a discussão, mas alguns de seus acólitos locais não toleravam críticas. O principal argumento de Carmichael era que a parte branca dos Estados Unidos, inclusive o operariado branco, não cederia a nenhuma exigência sem luta. Sobre isso não havia discordância, mas, quando ele começou a discutir as possibilidades da revolução negra, não fiquei nada convencido.

Mais tarde, o escritor C. L. R. James, nascido em Trinidad e cujos físico e comportamento eram diametralmente opostos aos dos norte-americanos, subiu à tribuna para falar. Ele mal levantou a voz naquele dia, mas foi ouvido em silêncio por uma platéia que saudara Carmichael com entusiasmo. C. L. R. James, exemplo de erudição clássica, passou a demolir, sem muito esforço, a tese nacionalista negra, ao mesmo tempo em que defendia sua causa. Fez isso com elegância, mas sem misericórdia. Ali sentado, ouvindo aquele negro de cabeça branca, vi-me concordando inteiramente com sua abordagem da questão. Não poderia haver melhor antídoto para Carmichael e, quando James se sentou sob aplausos bem-educados – afinal de contas, ele remara contra a maré daquele dia –, eu o aplaudi longa e vigorosamente para exprimir minha gratidão. Naquela mesma semana, comecei a ler o estudo clássico de James sobre a rebelião escrava no Haiti no século XVIII, *Os jacobinos negros**. Ali estava outro historiador de qualidade, diferente de Isaac Deutscher em vários aspectos, mas essencialmente da mesma tradição política.

A Campanha de Solidariedade ao Vietnã foi fundada no mesmo período. Esperávamos reunir todos que, na Grã-Bretanha, se dispunham a declarar em público seu apoio aos vietnamitas. Já existia uma entidade chamada British Campaign for Peace in Vietnam (BCPV) [Campanha Britânica pela Paz no Vietnã], clássica organização de fachada do Partido Comunista. Claro que não havia nada de errado nisso, mas a BCPV acreditava na política de pressão discreta. Os que mexiam os pauzinhos dentro da entidade apoiavam os vietnamitas, mas em segredo e aos cochichos. Em público, eram simplesmente pela paz. Nossa abordagem era o contrário. Queríamos a paz duradoura e sentíamos que ela só viria com a vitória vietnamita. Portanto, insistimos em nossa solidariedade à luta vietnamita e planejamos uma série de manifestações para enfatizar nossa maneira de agir. Os norte-vietnamitas tinham na Grã-Bretanha três representantes semi-oficiais: Nguyen van Sao, o camarada Ba e o formidável Linh Qui. Este último era casado com Sao. Ela era o cérebro do grupo. Discutimos com eles, bem abertamente, a formação da VSC e convidamo-los a comparecer à assembléia de fundação, como observadores. Eles perceberam o que estava em jogo, já que a BCPV era

---

* C. L. R. James, *Os jacobinos negros* (São Paulo, Boitempo, 2002). (N. E.)

O PODER DAS BARRICADAS   207

o organismo "oficial" nesse aspecto. Ainda assim, compareceram à nossa reunião e leram uma mensagem do Vietnã. Isso tornou difícil para o PC britânico nos condenar com excessiva violência, mas não impediu que nos atacassem constantemente e argumentassem que estreitaríamos a base de oposição à guerra ao insistir em nossas palavras de ordem favoráveis à FLN. Respondemos que eles não haviam conseguido mobilizar a oposição ao eixo Downing Street–Casa Branca e explicamos que a aliança deles com certa camada de parlamentares trabalhistas tribunistas* parecia mais importante que a agonia e o sofrimento dos vietnamitas. Recebemos mensagens de apoio de vários grupos do mundo inteiro e um pedido de Berkeley para organizarmos manifestações mundiais contra a guerra em 22 de outubro de 1967. A assembléia da VSC concordou por unanimidade em tornar isso uma prioridade, mas, como sabíamos muito bem que nem todo mundo estava na VSC, decidimos iniciar, segundo o modelo norte-americano, com a conclamação de um comitê específico do qual todas as outras organizações pudessem participar com representantes. No fim das contas, o grosso da organização foi realizado pela VSC e seus ativistas.

Na semana seguinte ao nascimento da VSC, houve uma reunião no apartamento de Clive Goodwin para discutir o projeto do jornal. Compareceram alguns rostos conhecidos. Todos estavam ansiosos para descobrir os porquês e portantos da VSC. Levei formulários de inscrição e a maioria dos presentes assinou imediatamente. Estavam na reunião os poetas Adrian Mitchell e Christopher Logue; os dramaturgos David Mercer e Roger Smith; Ken Tynan; Sheila Rowbotham e alguns outros que eu não conhecia. Os poemas de Adrian Mitchell sobre o Vietnã eram a dieta básica da maioria dos ativistas e ele era figurinha fácil em muitos comícios e manifestações. Christopher Logue escrevera um poema-cartaz intitulado "Por que votarei no trabalhismo" que lembrava a crescente desilusão com o governo Wilson. Mercer era um dramaturgo marxista muito conhecido por causa de *Morgan: caso bom para tratar*.

Concordamos que a publicação que queríamos combinaria política e cultura, ajudaria os vietnamitas, atacaria o governo trabalhista e serviria de porta-voz aos milhares de jovens que a cada dia se tornavam mais radicais. Foram

---

* Os tribunistas formaram um grupo de parlamentares trabalhistas de esquerda ligados ao jornal *Tribune*. A agremiação foi fundada em 1966. (N. T.)

aventados nomes, mas nenhum foi aprovado. Christopher Logue ofereceu-se para ir ao Museu Britânico e pesquisar sem descanso até encontrar algum jornal radical do século passado, havia muito esquecido, cujo nome pudéssemos reaproveitar. O próprio Clive ofereceu-se para levantar fundos, sem os quais, infelizmente, nada seria possível. Estávamos todos otimistas. Achávamos que, se levantássemos dinheiro suficiente para produzir dois ou três números, a qualidade e o sucesso da publicação gerariam seus próprios recursos. Como Clive era agente literário, ele sabia perfeitamente bem quanto dinheiro ganhavam os seus clientes. Ele fez uma lista com quantias apropriadas diante da maioria dos nomes. Uma das exceções era Denis Potter. Ele ajudaria ou não? Até hoje, não consigo me lembrar se Potter chegou a fazer alguma doação para o nosso Fundo de Combate. Entretanto, a maioria dos abordados contribuiu. Outros concordaram em escrever regularmente, em vez de dar dinheiro. Poucos, pouquíssimos, se mostraram céticos e duvidaram que o projeto decolasse. Eu mesmo tinha algumas dúvidas a respeito, mas Clive demonstrava tanta confiança que logo nos contagiou. Na assembléia de fundação, quando ainda nem tínhamos nome, ele já começou a falar em sede, listas de assinantes e metas de vendagem.

Na semana seguinte, numa reunião menor, Logue voltou triunfante da labuta no Museu Britânico. Encontrara um nome com história. *The Black Dwarf* [O anão preto] fora fundado em 1819 e fechado em 1828. Seu editor, Tom Wooler, era um gráfico de Sheffield que a princípio foi acusado de *escrever* material sedicioso contra a monarquia. Wooler argumentou que não *escrevera* uma única palavra, simplesmente as imprimira. A acusação teve de ser retirada. Mais tarde, a lei foi alterada. Wooler acreditava muito na ação política. Seu jornal era levado debaixo dos capacetes dos mineiros e sua prosa costumava encher a rua de manifestantes. Em 1819, foi preso em Warwick Gaol por defender o direito de voto universal dos adultos da Grã-Bretanha. Também era internacionalista. Insistia constantemente com seus leitores britânicos para que apoiassem revoltas e insurreições nacionais e internacionais – na América Latina e entre os escravos do Caribe . Seu lema para o mundo era bem apropriado: *O direito do Povo de resistir à opressão existe sempre e o poder necessário para fazê-lo reside sempre no Povo.* Mas se a liberdade não pudesse ser conseguida pela resistência passiva, Wooler cunhou outro lema: *Em paz se for possível. À força se for preciso.* E o programa do *Dwarf* de Wooler era de grande valor para todos nós. *Liderar a luta constante em prol dos interesses cotidianos das massas trabalhadoras e rechaçar os ataques a seu padrão de vida, e ao mesmo tempo aproveitar todas as reivindicações parciais para explicar a necessidade da revolução e mostrar a impossibilidade de melhora, ainda que moderadamente séria e duradoura, muito menos fundamental, enquanto se mantiver o poder do capital.*

Isso antecipava todos os clássicos socialistas. Wooler também era crítico teatral e tinha o hábito de resenhar os trabalhos no Parlamento e nos Tribunais como se comentasse uma peça. Toda semana, escrevia uma carta de *The Black Dwarf* ao Bonzo Amarelo do Japão para informar a este último os acontecimentos ridículos do período na Grã-Bretanha. Aplaudimos a descoberta de Christopher Logue e decidimos nos apropriar do nome sem mais delongas. O registro foi feito na mesma semana. Nossa única dúvida era se estávamos à altura da grande tradição de Tom Wooler. Sentíamos que precisávamos de um jornalista extremamente profissional e alguém mencionou D. A. N. Jones. Socialista radical, escrevia bem e era bom subeditor. Foi sondado e concordou em terçar armas conosco no projeto. Encontrar nome e editor foi um estímulo tremendo. Clive Goodwin começou então a cobrar as quantias prometidas, que já acumulávamos em grande número.

Mais ou menos nessa época, correu o boato de que Che Guevara, o revolucionário cubano que partira de Cuba havia alguns anos, estava na Bolívia. Liderava, supostamente, um bando de guerrilheiros em choque com o Exército boliviano. Além disso, Régis Debray, um jovem francês que teorizara a experiência da Revolução Cubana num livro chamado *A revolução na revolução**, supostamente fora preso quando deixava a guerrilha para voltar à Europa. A vida de Debray estava em perigo. Bertrand Russell queria mandar uma missão à Bolívia para descobrir o que estava acontecendo, tentar encontrar Debray e comparecer a seu julgamento. Recebi um telefonema de Ralph Schoenman que perguntava se eu estaria disposto a partir dali a uma semana. Em vão aleguei que não falava espanhol. Queriam gente "confiável" e, no meu caso, uma vantagem a mais é que eu sabia usar uma câmera. Minhas fotografias do Vietnã haviam deixado pasmos amigos e detratores. Era uma oferta que não se podia recusar.

---

* Régis Debray, *A revolução na revolução* (São Paulo, Centro Ed. Latino Americano, 1967). (N. E.)

O ÚLTIMO ANO DA VIDA
DE ERNESTO "CHE" GUEVARA: 1967

As ruas de meu tempo conduziam ao pântano.
A linguagem denunciou-me ao carrasco.
Eu pouco podia fazer. Mas os que estavam por cima
Estariam melhor sem mim, disso tive esperança.
Assim passou o tempo
Que sobre a terra me foi dado.
Bertolt Brecht, "Aos que vão nascer"*

Doze de outubro de 1967: era um dia frio e límpido de outono em Londres. Estávamos no meio dos preparativos para a primeira grande manifestação a favor do Vietnã. Eu deveria falar em dois comícios naquele dia. *The Guardian* daquela manhã publicara a notícia da morte de Che na Bolívia, juntamente com uma fotografia do cadáver e a reportagem enviada por Richard Gott. Não havia mais lugar para dúvidas. Sentei-me à escrivaninha e chorei. A sensação de perda e pesar era avassaladora e só nos restava chorar. E não fui o único. Em todos os continentes houve muitos outros que sofreram e reagiram de maneira parecida. Tudo que se associou àquele dia se tornou inesquecível. Não me lembro, para dizer a verdade, do que estava fazendo quando Kennedy foi assassinado. Mas consigo recordar cada detalhezinho do dia em que Che morreu. A conversa com Clive Goodwin. Os discursos que fiz nos dois comícios. A sugestão dada a Pat Jordan para organizarmos uma assembléia em sua memória no Conway Hall. A longa espera pela reação de Havana. A raiva que senti pelo modo como ele morreu e por nossa impotência coletiva. O que me deixou ainda pior foi que alguns de nós haviam estado na Bolívia havia

---

* Bertolt Brecht, "Aos que vão nascer", em *Poemas 1913-1956* (São Paulo, Editora 34, 2004), p. 213. (N. E.)

pouco tempo, na região onde Che e seu minúsculo bando de combatentes foram cercados e encurralados. Eu não percebera que sua morte estava tão próxima. A mera idéia seria inconcebível.

Não é difícil entender o segredo do encanto de Che. Ele era um líder revolucionário bem-sucedido em Cuba, onde ocupava um cargo importante. Mas abandonara a relativa segurança de Havana para retomar a luta em outras terras. Nele, teoria e prática estavam em plena harmonia. Não se via tamanha demonstração de internacionalismo desde as décadas de 1920 e 1930, mas nem naquela época nenhum dos principais líderes da Revolução Russa abandonou seu posto e partiu para outros centros tempestuosos da Europa. É verdade que, em certa fase, o Partido Comunista alemão, privado de Rosa Luxemburgo e de Karl Liebknecht, pediu, por meio do Comintern, que o talento de Trotski ficasse à disposição do partido. Trotski se dispusera a atendê-los, ficara até ansioso, mas o pedido foi negado pelo partido soviético sob alegação de que Trotski era mais necessário em seu país. Em Cuba, Castro também relutara muitíssimo em perder Che, mas o comandante veterano insistira que, para ajudar concretamente o Vietnã, era fundamental abrir novas frentes e afastar o imperialismo da Indochina. Sua partida de Cuba provocou muita especulação. A presença dele no Congo, no Vietnã, na Guatemala foi noticiada várias vezes... Todos os lugares, menos onde ele estava, no coração sem mar da Bolívia.

O mito de Che começou na América Latina, mas espalhou-se rapidamente na América do Norte e na Europa. Ele foi chamado de assassino e piromaníaco pelas oligarquias, mas para os pobres era um Robin Hood, um Cristo moderno, um Dom Quixote. Ele não tinha consciência da mitologia que cercava seu nome. Na última carta aos pais, em meados de 1965, despediu-se deles alertando que "talvez esta seja minha última carta. Não é minha intenção, mas está no campo das probabilidades lógicas. Se assim for, mando-lhes um último abraço". Começara a carta com uma referência a Cervantes e um comentário jocoso usando o herói de ficção: "Mais uma vez sinto sob os calcanhares as costelas de Rocinante, volto aos caminhos empunhando minha lança"*. Ele não era universalmente popular na esquerda euro-americana. Os maoístas e sectários de todas as cores uniram-se ao

---

* Che Guevara, *Cartas* (São Paulo, Edições Populares, 1980), p. 11. (N. E.)

coro de desaprovação. "Aventureiro!", gritavam em uníssono, irritados com sua popularidade. Guevara previra essa acusação e retrucara com antecedência. "Muitos", escrevera, "vão me chamar de aventureiro, e sou, mas de um tipo diferente – do tipo que arrisca a pele para provar suas convicções."

A escolha da Bolívia não foi tão tola assim. O país tinha forte tradição revolucionária; podia gabar-se de ter, entre os mineiros de estanho, os melhores sindicatos organizados de todo o continente; e as oligarquias militares eram corruptas ao extremo e racistas em sua atitude para com os camponeses predominantemente indígenas, vítimas de superexploração. A culpa não foi do país nem do povo, mas da forma escolhida para a luta, sem uma rede urbana forte e confiável.

A notícia da presença de Che na Bolívia começara a circular livremente pela América Latina nas fileiras da esquerda, mas só com a prisão de Régis Debray tivemos a confirmação de que era mesmo fato. Debray, chamado de Danton em *O diário de Che na Bolívia**, foi preso em maio de 1967, na rua principal da minúscula cidadezinha de Muyupampa. Estava em companhia de George Andrew Roth, fotógrafo anglo-chileno, e de Ciro Bustos, pintor argentino. Debray dera aulas de filosofia na Universidade de Havana e morara num quarto do 21º andar do Hotel Habana Libre. Foi lá que recebeu notícias de Che pedindo-lhe que corresse a Paris, onde uma mensagem urgente o aguardava. O ponto de encontro era "La Joie de Lire", livraria de esquerda do Quartier Latin que pertencia ao editor radical François Maspero. Che escolhera Debray para ser o primeiro jornalista a noticiar em primeira mão a criação de uma base guerrilheira nos Andes. *A revolução na revolução***, ensaio de Debray, fora amplamente aclamado em Cuba como a cartilha que levaria a experiência cubana a todo o continente latino-americano. Che ofereceu ao jovem Debray (que tinha 26 anos na época) a oportunidade de escrever sobre como essas táticas eram usadas na Bolívia. O poder de atração da oferta era óbvio. Debray voltou a Paris, onde um mensageiro lhe entregou as instruções. Diziam que seguisse para La Paz, a capital boliviana, onde às 6 horas da tarde de toda terça-feira um mensageiro chamado

---

* Idem, *O diário de Che na Bolívia* (Rio de Janeiro, Record, 1997). (N. E.)

** Régis Debray, *A revolução na revolução* (São Paulo, Centro Ed. Latino Americano, 1967). (N. E.)

Andrés esperaria por ele na frente do Sucre Palace Hotel. Debray viajou com seu nome verdadeiro, munido de documentos oficiais que confirmavam sua condição de escritor e jornalista da editora de Maspero e da revista mexicana *Sucesos*. Essas credenciais foram devidamente validadas pelas autoridades bolivianas, assim como seu passaporte.

Debray encontrou-se com Andrés, que o levou a uma guerrilheira clandestina que usava o nome de "Tania". Ela viajou com ele de ônibus (viagem e veículo praticamente sem iguais no mundo) e acabaram chegando ao Hotel Grande, em Sucre. Lá, encontraram-se com Bustos e, no dia seguinte, seguiram viagem até a minúscula cidade petrolífera de Camiri. Depois de um dia de descanso, prosseguiram rumo ao norte, para o interior da densa selva, até uma fazenda isolada no distrito de Ñancahuazú. Até então não houvera choques entre os guerrilheiros e os soldados da ditadura militar de Barrientos. Na verdade, o plano de Che era esperar mais seis meses antes de realizar qualquer ação. Enquanto Debray esperava por Che na fazenda, foi vista uma patrulha militar seguindo naquela direção. Um engenheiro petroleiro denunciara a movimentação suspeita ao Exército. Os guerrilheiros emboscaram a patrulha, mataram três oficiais e aprisionaram quinze soldados. Era impossível permanecer na fazenda e Debray e Bustos foram levados até a unidade móvel na floresta.

Foi lá que Debray encontrou Che e entrevistou-o, mas como este último estava mais envolvido com o comando das unidades que se viam repentinamente em guerra, não houve muito tempo para discussões prolongadas. No início de abril, Debray cumprira sua tarefa e ele e o pintor tentaram sair via Gutierrez, mas descobriram que a cidade já estava ocupada pelos militares. Marcharam com os guerrilheiros durante mais quatorze dias. Ali, Debray deve ter ponderado o que escrevera dois anos antes: "A Bolívia é o país onde se combinam melhor as condições subjetivas e objetivas [da luta armada]. É o único país da América do Sul onde a revolução socialista está em pauta [...]". Até então, havia poucos sinais de amadurecimento das condições subjetivas. Os camponeses, miseráveis, mas não estúpidos, ainda não haviam se convencido da necessidade de uma luta armada. Che percebera que o contato com os mineiros era importantíssimo e tentava realizar esse objetivo, mas a descoberta imprevista de seus movimentos tornara tudo dificílimo.

Quando os guerrilheiros acamparam perto de Muyupampa, George Andrew Roth chegou a cavalo ao acampamento. Che, então, ficou alarmadíssimo e pressentiu que os três estrangeiros teriam de partir o mais breve possível, pois sua presença afetava negativamente as chances dos guerrilheiros. Eles se dirigiram a pé para a cidade, armados somente de câmeras fotográficas, e lá foram presos pela polícia local. Felizmente para eles, foram vistos por um jornalista boliviano e um missionário dominicano francês. Os três poderiam ter sido soltos não fosse um guerrilheiro desertor ter contado à polícia que vira Bustos e Debray no acampamento. A polícia entrou em pânico e informou ao Exército. Um helicóptero militar veio e levou-os a um quartel. Lá, os três foram violentamente espancados. Debray estava praticamente inconsciente ao ser examinado por um médico. Dias depois da prisão, um oficial mostrou a Debray seu obituário, publicado no exterior, e provocou-o com as palavras:

– O mundo já acredita que você morreu. Agora fica fácil darmos um tiro em você.

Mais sinistro ainda foi o fato de Debray ter sido interrogado sem parar por agentes da CIA e por exilados cubanos de Miami. A lógica era impecável: se Debray estava ali, o Che não poderia estar longe. Quatro dias depois da prisão do francês, dois militares norte-americanos hospedaram-se no Hotel Beirute, em Camiri. Algumas semanas depois, chegaram mais.

Debray foi regularmente torturado. Seus interrogadores queriam informações sobre a localização de Che. Várias vezes foi ameaçado de execução. O que o salvou foi a preocupação mundial. Seu pai era um advogado parisiense conservador; a mãe, uma gaullista fervorosa, era famosa na política parisiense pelas opiniões direitistas. Os dois entraram rapidamente em ação para salvar a vida do filho. Em 6 de junho, monsenhor Kennedy, prelado norte-americano e parente distante do famoso clã, obteve permissão para visitar Debray em sua cela. Kennedy contou ao resto do mundo que ele estava vivo e logo seria julgado em um tribunal público como colaborador da guerrilha.

Essa informação nos chegou quando estávamos ocupados com os preparativos do tribunal. Sartre sugerira a Russell que a Peace Foundation despachasse uma equipe de observadores com a meta de assegurar a segurança de Debray e de assistir ao julgamento. Algumas semanas depois, os cubanos fizeram contato com a Fundação com uma sugestão semelhante. Estavam preocupados com Debray e também com Che e os outros, cujo paradeiro fora prematuramente revelado. Ralph Schoenman pediu que eu comprasse um equipamento fotográfico moderno e levasse um bom estoque de filmes. Sugeriu também que fizéssemos contato com as unidades de Che e, portanto, a segurança era consideração primordial para a natureza e as circunstâncias da viagem.

A equipe seria formada por cinco pessoas. Além de Schoenman e eu, participavam Perry Anderson e Robin Blackburn. Ambos foram descritos num jornal de domingo como "jovens catedráticos britânicos", o que era tecnicamente exato, mas muito inadequado. Anderson editava a *New Left Review* e Blackburn era um de seus colegas mais próximos no comitê editorial da revista. Eu conhecera os dois em reuniões sociais, como na festa organizada por Fei Ling, esposa chinesa de Blackburn, no apartamento deles em Ladbroke Grove. Ficara impressionadíssimo com o estilo de dança frenético de Perry Anderson, que combinava bem com a música dos Rolling Stones, mas meu conhecimento de sua obra se limitava à introdução aos documentos do Partido Comunista italiano, que eu lera ainda no Paquistão. Naquela época, eu ainda não estudara a comentadíssima polêmica entre Anderson e E. P. Thompson sobre as raízes históricas da crise na Grã-Bretanha. O debate cobrira temas variadíssimos, como a natureza da Guerra Civil inglesa, a função e o papel da aristocracia fundiária na Grã-Bretanha, o efeito do protestantismo e do darwinismo na cultura e na história inglesas e, finalmente, a evolução do pensamento marxista neste século. Thompson e Anderson eram ambos experientes na arte da polêmica e os golpes e contragolpes de florete tornaram-se a batalha de idéias mais renomada e importante já vivida pela esquerda na Grã-Bretanha. É claro que eu notara tanto o ensaio de Thompson na *Socialist Register* quanto a resposta de Anderson na *New Left Review*, mas como as referências se limitavam à Grã-Bretanha, eu simplesmente não me interessara, reação filistéia de que mais tarde me arrependeria. No mínimo, teria permitido que eu entendesse muito melhor a complexidade do caráter de Anderson quando estivemos na América Latina.

Meu primeiro contato com Robin Blackburn foi por meio de um artigo dele em defesa da Revolução Cubana. Ele também era um dos editores de *The Week*, embora não me lembre de ter lido nada dele naquela minúscula, mas influente revista. Seu cabelo embranquecera prematuramente, mas, enquanto outros teriam entrado em pânico, Blackburn converteu esse acidente biológico num patrimônio sexual muito invejado. Eu conhecia Fei

O PODER DAS BARRICADAS 217

Ling um pouco melhor, porque ela atuava no movimento em prol do Vietnã e era partidária entusiasmada da Campanha de Solidariedade ao Vietnã. Na verdade, conheci Blackburn por meio de Fei Ling e, mais tarde, encontrei-o numa das festas de Clive Goodwin.

O quinto integrante de nossa equipe expedicionária era Lothar Menne, esquerdista alemão que na época estava acampado em Ladbroke Grove com Angela Davis e mais alguns, inclusive sua namorada. Sentimos que precisávamos de um representante mais tradicional do continente europeu e assim as atividades amorosas de Menne foram repentinamente encerradas e ele obteve credenciais da revista alemã *Konkret* para cobrir o julgamento de Debray.

Foi um estranho grupo que se reuniu num fim de tarde no aeroporto de Heathrow e embarcou para o Rio de Janeiro. Eu nunca visitara as Américas e, em circunstâncias normais, minha cabeça estaria cheia de imagens que poderíamos ver ou não, mas o turismo ficou muito longe de meus pensamentos naquele dia. Foi a figura daquele rosto de boina que me susteve durante toda a viagem. Sentei-me ao lado de Schoenman, cuja capacidade de conversar sobre assuntos variados era lendária. Ele me falou sobre sexo e política, revolução mundial, o interesse súbito de Russell por piadas sujas, a iniquidade da socialdemocracia britânica, e assim por diante. Descreveu como, certa ocasião, passara a noite toda à porta da suíte de Richard Burton e Elizabeth Taylor num hotel. Burton, admirador de Russell, prometera uma doação à Fundação, mas, como costuma acontecer com gente rica, houve atraso entre a promessa e seu cumprimento. Schoenman seguira o casal por meio mundo até decidir que a vigília noturna seria a única solução. Quando a sra. Taylor saiu da suíte conjugal, avistou Schoenman e gritou. Para se livrar da ameaça, Burton finalmente cumpriu a promessa. Essa foi uma das muitas cenas de *Quem tem medo de Ralph Schoenman*, um dos espetáculos da Peace Foundation que mais tempo ficou em cartaz, na época.

Perguntei a Schoenman por que brigara com Sartre e Simone de Beauvoir. Em Estocolmo, houve uma discussão cheia de xingamentos entre ele e Beauvoir que deixara todo mundo curioso, mas poucos sabiam a razão. Schoenman disse que o primeiro-casal da esquerda francesa era sensível demais e algumas de suas sugestões políticas haviam sido rejeitadas. Sartre dissera que Schoenman "sempre tenta me deixar com sentimento de culpa", enquanto Beauvoir comentara que Schoenman era "o único homem que deixa a barba crescer para esconder o queixo forte". Mas, na verdade, nunca consegui descobrir se fora simplesmente um choque de personalidades ou se as discordâncias eram mais profundas.

Nos intervalos dessa conversa, meus pensamentos voltavam invariavelmente para o Che. Ele nascera na Argentina, mas a ânsia de correr o mundo logo o dominara. Decidiu percorrer os Andes numa motocicleta velha e desmantelada quando ainda era adolescente. Trabalhou numa mina chilena e foi voluntário numa colônia de leprosos no Peru. As condições de vida dos leprosos emocionaram-no muito e levaram-no a pensar na situação da medicina no Terceiro Mundo. Decidiu voltar à terra natal e tornar-se médico. Uma das razões para essa decisão foi saber que, como médico, poderia trabalhar em qualquer lugar do Terceiro Mundo. Ele sempre achara estranha a formalidade das fronteiras na América Latina. Che formou-se, mas logo percebeu que, a menos que houvesse uma transformação social e econômica total, a medicina continuaria reservada aos ricos. Assim, a medicina tornou-se um degrau no caminho da revolução.

Quando soube que o governo da Guatemala mudara e que o novo regime de Jacobo Arbenz planejava nacionalizar a United Fruit Company, Che decidiu ir para Ciudad Guatemala. Ali conheceu a primeira mulher, Hilda Gadea, militante do Peru. Ela lhe contou dos exilados cubanos do Movimento 26 de Julho que haviam realizado um ataque heróico ao Quartel de Moncada, em 1953. Contou-lhe de Fidel Castro, na época preso por causa do ataque fracassado. Na Guatemala, Che foi ao Ministério da Saúde e pediu permissão para trabalhar num hospital. Disseram-lhe para se filiar primeiro ao Partido Comunista. Ficou lívido e saiu acusando a sugestão de corrupta. Quando a CIA derrubou Arbenz, Che defendeu o regime, mas ficou chocado com a falta de resistência. Mais tarde escreveu que, "quando ocorreu a intervenção dos Estados Unidos, tentei organizar um grupo de rapazes como eu para enfrentar os interesses da United Fruit. Na Guatemala era necessário lutar, e ainda assim quase ninguém lutou. Era necessário resistir e quase ninguém queria". Para evitar a repressão, refugiou-se na embaixada argentina, mas foi convidado a partir dali em algumas semanas. Hilda fora presa e libertada depois de fazer greve de fome. Então, cruzou a nado um riachinho até o México. Depois de expulso da embaixada, Che seguiu a mesma rota. Ali refez contato com os cubanos e tornou-se amigo de Raúl Castro, que o apresentou ao irmão Fidel. Os irmãos Castro tinham planos para iniciar a guerrilha em Cuba. Seu otimismo era inspirador e o argentino foi alistado como médico oficial.

Em 1956, 82 pessoas embarcaram num iate decrépito chamado Granma e, depois de seis dias no mar, desembarcaram numa praia cubana. Foram vistos pela Força Aérea de Batista e bombardeados. Vinte sobreviventes chegaram finalmente à segurança da Sierra Maestra. Conforme passavam os meses, ficou claro que, apesar da asma, o médico era um combatente incansável e hábil estrategista. "Se, como guerrilheiro, ele tinha seu calcanhar de Aquiles", diria depois Fidel Castro, "era essa característica excessivamente agressiva, o desprezo decidido pelo perigo." Che logo se tornou comandante e liderou uma unidade guerrilheira desde a Sierra Maestra até o centro de Cuba, com a meta de dividir a ilha ao meio. Em *Sierra Maestra: da guerrilha ao poder**, descreveu de forma simples, mas eloqüente, o sucesso da operação.

Em janeiro de 1959, a ditadura caiu e Che tornou-se comandante do forte La Cabaña, em Havana, onde prestou homenagem aos camponeses cubanos e prometeu que agora seria feita justiça. Tornou-se cidadão cubano e viajou muito pela Ásia, África e Europa. Sua paixão se concentrava na política mundial, mas concordou em se encarregar da economia. Começou a circular em Havana uma história apócrifa segundo a qual, numa reunião do Alto-Comando revolucionário, Castro perguntara: "Alguém aqui é economista?". Parece que Che entendeu errado. Achou que estavam perguntando se algum presente era comunista, então levantou a mão e foi nomeado comandante supremo da economia. Apesar da falta de experiência, decidiu na mesma hora converter as reservas cubanas em ouro e dólar que estavam no Fort Knox em moedas imediatamente exportadas para bancos suíços e canadenses. Foi uma ação premonitória, já que restava pouquíssimo para ser tomado quando os Estados Unidos decidiram desapropriar todo o patrimônio cubano no país. Um banqueiro norte-americano importante que, naqueles primeiros dias depois da revolução, teve de negociar com os cubanos em nome do Tesouro dos Estados Unidos surpreendeu-se com o conhecimento de Che sobre altas finanças. Mais tarde, escreveria: "Guevara

---

* Che Guevara, *Sierra Maestra: da guerrilha ao poder* (São Paulo, Edições Populares, 1980). (N. E.)

conhece e entende de câmbio internacional, balança de pagamentos etc. e, de fato, compreende as finanças e a economia e sabe exatamente o que pretende [...]. Foi como conversar com outro banqueiro, só que o filho-da-puta é marxista ortodoxo".

Mas o que encantava nele era o fato de não aceitar o *status quo* global. Sua posição em Cuba era inquestionável. Como Fidel Castro, era um herói nacional, embora seu estilo fosse muito diferente do de Fidel, por quem sentia grande afeto e cujo papel no comando da revolução ele nunca permitiu que ninguém esquecesse. Sua vida pessoal estava organizada. Durante a Guerra Civil, separara-se de Hilda Gadea, que ficara no México com a filha dos dois; começou a se relacionar com Aleida March, companheira na luta cubana, e tiveram quatro filhos. Dizem que o poder sempre corrompe e assim costuma ser, mas não foi o que aconteceu com Che Guevara. Ele sabia, mais que ninguém, quais eram as condições na primeira fase de uma guerra civil. Mas também sabia que numa ilha o socialismo seria sempre precário. Cuba precisava romper o bloqueio norte-americano e o isolamento. Ao mesmo tempo, os vietnamitas precisavam de ajuda. Ele visitara o Vietnã e percebera que para aquele país a luta era de vida ou morte. Castro tentou ao máximo mantê-lo em Havana, mas dessa vez nenhum argumento funcionou. Che era um dos poucos líderes da revolução que podiam discutir com Castro e discordar dele de maneira bastante feroz; Castro muitas vezes mudava de opinião e concordava. Dessa vez, nenhum dos dois conseguiu convencer o outro. Em meados de 1965, Che escreveu uma carta particular a Fidel que, mais tarde, foi divulgada. Nela, renunciava formalmente a todos os seus cargos em Cuba:

> Quero que se saiba que o faço com uma mescla de alegria e pena. Deixo aqui minhas mais puras esperanças de construtor e os meus entes mais queridos. E deixo um povo que me recebeu como filho. Isso fere uma parte do meu espírito. Carrego para novas frentes de batalha a fé que você me ensinou, o espírito revolucionário do meu povo, a sensação de estar cumprindo com o mais sagrado dos deveres: lutar contra o imperialismo onde quer que seja. Isso me consola e mais do que cura as feridas mais profundas.
>
> Declaro uma vez mais que eximo Cuba de qualquer responsabilidade, a não ser aquela que provém do seu exemplo. Se minha hora final me encontrar debaixo de outros céus, meu último pensamento será para o povo e especialmente para ti [...]. Não lamento por não deixar nada material para minha

mulher e meus filhos. Estou feliz que seja assim. Nada peço para eles, pois o Estado os proverá com o suficiente para viver e para ter instrução.

Ao mesmo tempo, escreveu cartas aos pais na Argentina, à companheira Aleida e aos filhos. São documentos extremamente emocionantes e lê-los de novo vinte anos depois traz as lágrimas de volta. Che tentou reduzir a preocupação dos pais, confidenciando: "Agora, uma força de vontade, que trabalhei com deleite de artista, sustentará umas pernas fracas e um par de pulmões cansados. Hei de conseguir [...]"*. Aos filhos, explicou os motivos por que os deixava, com a esperança de que se orgulhassem dele. As razões políticas foram explicadas com muito detalhe num documento que foi seu testamento político. Era uma mensagem para a Conferência Tricontinental em Havana e foi publicada em abril de 1967. O título, "Criar dois, três... muitos Vietnãs", tornou-se o grito de guerra dos delegados da Ásia, da África e da América Latina. Em sua mensagem de "algum lugar na América Latina", Che pediu que fosse rompido o isolamento dos vietnamitas. Ele explicou com grande paixão o âmago de seu argumento:

> Há uma penosa realidade: o Vietnã, essa nação que representa as aspirações, as esperanças de vitória de todo um mundo preterido, está tragicamente só. Esse povo tem de suportar os embates da técnica norte-americana... porém, sempre só. A solidariedade do mundo progressista para com o povo do Vietnã se assemelha à amarga ironia que significava para os gladiadores do circo romano o estímulo da plebe. Não se trata de desejar êxitos ao agredido, mas de viver sua mesma sorte; acompanhá-lo à morte ou à vitória.**

Guevara exigia uma estratégia revolucionária global para derrotar os Estados Unidos. Analisou derrotas e vitórias na América Latina, na Ásia e na África. Prestou tributo aos mártires que caíram: Lumumba, no Congo, padre Camilo Torres, na Colômbia, e numerosos outros na Ásia. Previu que, quando o povo negro da Rodésia e da África do Sul começasse sua luta, "uma nova era surgirá na África". Terminou com um apelo para que se corressem riscos:

---

* Idem, *Cartas*, cit., p. 12. (N. E.)

** Idem, *Por uma revolução internacional* (São Paulo, Edições Populares, 1981), p. 99. (N. E.)

Toda a nossa ação é um grito de guerra contra o imperialismo e um clamor pela unidade dos povos contra o grande inimigo do gênero humano: os Estados Unidos da América. Em qualquer lugar em que nos surpreender a morte, bem-vinda seja, desde que esse nosso grito de guerra tenha chegado até um ouvido receptivo, e outra mão se estenda para empunhar nossas armas e outros homens se apressem em entoar os cânticos fúnebres por entre o matraquear de metralhadoras e novos gritos de guerra e de vitória.*

O homem que escreveu essas palavras abandonara tudo, a revolução triunfante, o prestígio no mundo em geral, os pais, a amada Aleida e os filhos para pôr em prática sua teoria. O contraste com os líderes do Ocidente, que sem se mexer mandavam calmamente os outros para a morte, não podia ser mais acentuado.

Passamos um dia e meio no Rio à espera de conexão para Lima, já que não havia vôos regulares para a capital boliviana. Ralph Schoenman e Perry Anderson sumiram durante a maior parte do dia. Ambos tinham amigos na cidade e estavam ansiosos para fazer contato direto. Robin Blackburn e eu passamos o dia na praia de Copacabana, observando a paisagem e lendo jornais. Foi um interlúdio levemente surrealista. Não consegui aproveitar o mar. Minha mente estava fixa na Bolívia. Perguntei-me quanto tempo demoraria a vitória nos Andes. A de Cuba levara quatro anos, mas Washington não se preparara para Fidel Castro. Agora estavam muito mais atentos e, no Vietnã, eu vira diretamente sua capacidade tecnológica. A luta nunca mais seria tão fácil quanto em Cuba. Não podia me dar ao luxo de ser otimista, mas a idéia de que Che pudesse ser derrotado nem sequer me passou pela cabeça.

Partimos para Lima no dia seguinte, mas o avião atrasou e perdemos o único vôo para La Paz. Os outros tinham passaportes norte-americanos, alemães, britânicos e irlandeses e não precisavam de visto para entrar no Peru. Eu só tinha meu passaporte paquistanês e acho que, na época, esse documento nunca havia sido visto em Lima nem em La Paz. Implorei às autoridades do aeroporto que me dessem um visto temporário. Recusaram-se. Não havia embaixada do Paquistão no país e, portanto, não era possível nenhum

---

* Ibidem, p. 106. (N. E.)

O PODER DAS BARRICADAS   223

apelo consular. Não havia outro vôo para sair de Lima naquele dia. Fiquei prisioneiro das autoridades de imigração no aeroporto. Assim, separei-me de meus camaradas europeus e combinamos um ponto de encontro em La Paz. A noite foi extremamente fria e não havia nenhum tipo de acomodação no aeroporto. Felizmente, houve o equivalente a uma troca de guarda aí pelas 2 horas da madrugada e a nova equipe era muito mais amistosa. Consegui explicar-lhes meu problema e, para minha surpresa, arranjaram-me uma cama no alojamento da polícia. Na manhã seguinte, serviram-me o café-da-manhã e peguei o primeiro vôo para a Bolívia.

O aeroporto de La Paz, a capital mais alta do mundo, ficava situado a espantosos 4.071 metros de altitude, mais de 4 quilômetros acima do nível do mar. De repente, quando o avião sobrevoou o aeroporto, fiquei alarmadíssimo. Não havia prédios à vista e senti como se fôssemos aterrissar no meio de uma cratera da Lua. Tudo parecia irreal. O avião pousou e, sim, havia uma pista. Quando saí do aparelho e respirei o ar do Altiplano, fino e revigorante, procurei ansioso o prédio do aeroporto. Não havia nenhum à vista. Afinal, seguimos a aeromoça e os viajantes mais acostumados. Lá, a distância, estava um minúsculo barraco de madeira. Nele, havia uma escrivaninha improvisada, atrás da qual se sentava o funcionário da imigração. Meu passaporte foi atentamente examinado. "Paquistão? Paquistão?" O homem parecia genuinamente perplexo. Expliquei-lhe que era um país novo, perto da Índia. Sabiam onde ficava a Índia e, como meu visto da embaixada boliviana em Londres era genuíno, passei sem problemas. A alfândega, quando a bagagem finalmente chegou, foi menos que uma mera formalidade. Dividi um táxi para La Paz com alguns passageiros e tive o primeiro vislumbre do vale em forma de cuia que ficava abaixo. Lá, bem no fundo, estava a capital da Bolívia. No caminho, vi os barracos agarrados à encosta da montanha onde morava a população indígena. Esses lares eram feitos de barro, como em grande parte da Índia, mas até do táxi a pobreza parecia muito maior.

Hospedei-me no Sucre Palace Hotel, na avenida 16 de Julho. Era um prédio grande e branco, construído provavelmente na década de 1940. Os quartos eram limpos e espaçosos, mas infelizmente não havia vaga para os outros quando chegaram. Tomei banho, descansei e saí para um passeio pelas ruas. Era uma cidade indígena num país cuja maioria da população consistia em índios quéchuas e aymarás. Os primeiros afirmavam descender dos incas e os últimos eram herdeiros dos habitantes pré-incas da região. Os espanhóis conquistaram e ocuparam, mas não conseguiram destruir a população indígena nem assimilá-la. O país era administrado pelos mestiços, que eram muito orgulhosos de seu sangue espanhol e constituía um dos grupos dominantes mais racistas da América Latina. Tratavam os índios com desprezo. René Barrientos, presidente do país, foi o general que derrubou o regime civil. Fora treinado em Randolph Field, no Texas, e seu estilo rápido de caubói acabou por levá-lo à morte. Entretanto, o interessante é que Barrientos era meio índio e falava quéchua melhor que espanhol. Isso lhe permitia comunicar-se diretamente com os índios, mas não provocou nenhuma mudança fundamental. Perambulei pelas ruas absorvendo as cores e os cheiros e provando a culinária dos vendedores de rua. Sempre se pode avaliar a qualidade da comida de um país pelo que é servido nas ruas. Com muita freqüência, a melhor comida está nas pensões e nos cafés baratos, não nos restaurantes caros. Falo da maioria dos países do Terceiro Mundo, embora provavelmente o mesmo possa ser dito de parte da Europa mediterrânea.

Quando voltei ao hotel, disseram-me que alguém viera me ver. Isso me causou surpresa, porque não aguardava ninguém. Havia um homem à minha espera no canto do saguão. Não parecia um policial à paisana, por isso senti-me um pouco menos inquieto e fui até ele. Ele se apresentou, mas não falava inglês. Peguei meu livrinho de expressões em espanhol e seguiu-se uma difícil conversa. Dali a uma hora, percebi que ele esperava que nosso grupo chegasse naquele dia e era um dos contatos de Schoenman. Toda vez que perguntava quem era e o que fazia, a única resposta era uma risada. Envergonhado com minha incapacidade de me comunicar, desisti. Ficamos ali sentados, sorrindo um para o outro durante cerca de meia hora, até que ele se levantou, apertou minha mão e partiu, deixando-me perplexo.

Fomos avisados que não levássemos material de leitura que pudesse trair nossa tendência política. Isso queria dizer nada de literatura marxista, somente romances e peças. Naquela noite, depois do jantar solitário, fui para a cama com *Prometeu acorrentado**, de Ésquilo. Acontece que um amigo observara que era a única peça que o próprio Marx lia pelo menos uma vez por ano. Sempre me perguntara o que o atraía nos antigos. Naquela noite,

---

* Ésquilo, *Prometeu acorrentado* (Rio de Janeiro, Jorge Zahar, 1999). (N. E.)

no Sucre Palace Hotel, li, refleti, reli e entendi. A mitologia grega, uma das minhas preferidas na infância, eu sempre lera como histórias de aventuras. Marte e Atenas foram ídolos da minha adolescência. Agora eu lia como Zeus punira Prometeu por roubar o fogo dos céus e dividir seu segredo com os mortais. A solidariedade natural de Prometeu aos inferiores resultou em sua excomunhão pelos imortais. Marx deve ter identificado sua própria situação com a do deus grego deposto, pois ele também não dera aos sofredores do mundo o meio de se libertar das novas deidades do capital? E naquela noite também ficou claro que os mitos da Antigüidade tinham relação com as lutas de classes na Terra. As lutas dinásticas e faccionais da mitologia deviam ser reflexo da turbulência real daquelas sociedades.

O resto do grupo chegou na tarde seguinte e hospedou-se no Copacabana Hotel, muito mais grandioso, alguns quarteirões mais abaixo, na mesma rua. Fui encontrá-los e, no saguão, dei com meu estranho visitante da véspera, mergulhado numa conversa com Ralph Schoenman. Era militante sindical e foi ele que nos descreveu o que realmente estava acontecendo no país. Começamos a fazer planos para a viagem a Camiri, mas descobrimos que precisaríamos de um passe especial assinado pelo general Ovando, segundo maior personagem da oligarquia, para que tivéssemos permissão de entrar na "zona militar".

Os outros vinham bem munidos das necessárias credenciais. Entre eles, imperavam as poucas revistas de esquerda da Grã-Bretanha. Eu viera com meu cartão de filiado da União Nacional de Jornalistas, que não servia. O que fazer? Nosso amigo boliviano deu uma sugestão. Fui com ele a uma minúscula gráfica de esquerda num beco menor ainda de La Paz. Ali, inventei um papel timbrado, com certo talento, devo dizer, e o impressor procurou os melhores tipos e o melhor papel. Então, com meus próprios olhos, vi as folhas de papel, com um *Town magazine* orgulhosamente gravado no alto, com endereço e número de telefone corretos, deslizarem para fora da prensa – que devia ser uma antigüidade apreendida durante a Guerra do Chaco, contra o Paraguai. Fomos, então, à redação do jornal local *El Diario*, pegamos emprestada a melhor máquina de escrever e datilografei minhas credenciais de "Correspondente Estrangeiro Especial" responsável pela América Latina. Parei para decidir que assinatura forjaria e decidi-me pela de Michael Heseltine. Afinal de contas, era ele o editor e merecia o privilégio. Então, um intermediário arranjado por Schoenman deu início ao processo de obtenção da permissão oficial para viajarmos a Camiri. Tivemos de aguardar dois dias.

Certa noite, nosso amigo boliviano sugeriu que fôssemos com ele a uma *fiesta* organizada por vários grupos do bairro indígena da cidade. Prometeram-nos canções, música, dança e a oportunidade de ver o bairro onde morava o grosso da população. Era a parte mais alta da cidade e naquela noite fria comemos num café local e depois fomos ao salão onde a festa estava animadíssima. Era aquela a verdadeira Bolívia. Fiquei emocionado e exultante ao ver uma reunião principalmente de proletários e de subproletários tão cheia de riso e confiança. Unimo-nos à celebração. Mais tarde, em circunstâncias de que não me recordo direito, houve alguns discursos. Senti o anseio de dizer alguma coisa naquela reunião inigualável. A caminho dali, eu vira pichações contra a Guerra do Vietnã e achei que devia contar aos índios o que realmente estava acontecendo por lá e como as tropas da FLN lutavam. Como não falava sua língua, decidi explicar minha tese em forma de mímica. Houve total silêncio enquanto eu encenava a guerra com gestos e movimentos do corpo, com uma ou outra palavra explicativa. Quando terminei, o salão inteiro repetia: "Vietnã, sim, Ianque, não!". Isso trouxe à cena alguns policiais, e nessa hora nossos amigos bolivianos nos levaram embora discretamente por outra porta e seguimos de volta para a cidade. Não houve tempo para Ésquilo, já que conversamos até tarde da noite. Percebi que minha explosão na *fiesta* fora uma falha de segurança lamentável, mas foi interessante que nenhum dos outros tenha me repreendido e os rostos índios daquela noite me acompanharam por todos os lugares em que estive na Bolívia.

Na manhã seguinte, quando fomos buscar nossas credenciais no gabinete do general Ovando, observei o Exército boliviano desfilar em uniforme de gala e com a banda marcial. Ficamos todos parados, assistindo com espanto. Os soldados usavam uniformes prussianos, o que já era bem esquisito, mas a música que a banda tocava era angustiante: "Horst Wessel Song", um dos hinos prediletos dos nazistas. Não havia dúvida. Mais tarde, quando fizemos perguntas a um jornalista local, ele admitiu e contou-nos que um dos alemães que haviam ajudado a treinar o Exército boliviano na década de 1930 era um tal capitão Ernst Rohm! Que estranha classe dominante tinha esse pobre país, que certa vez a rainha Vitória apagara de todos os mapas da Grã-Bretanha depois que seu cônsul fora despido pelo ditador da época e forçado a cavalgar pelas ruas montado num burro – uma mistura de Cristo com lady Godiva.

Finalmente obtivemos nossos documentos e voltamos correndo para fazer as malas. Não havia vôo para a região tropical naquele dia, mas Schoenman insistiu que alguns de nós tinham de chegar lá imediatamente. Não era possível esperar mais. Apresentei-me como voluntário e Schoenman contratou um bimotor Cessna e um piloto para levar nós dois a Camiri. O trato foi fechado, mas os olhos injetados do piloto não inspiravam confiança. A viagem foi sensacional. Voando baixo, dos Andes aos trópicos, tivemos uma visão inigualável do país. Quando nos aproximamos do destino, perguntei-me onde estariam os guerrilheiros e Schoenman e eu apontávamos e trocávamos piscadelas espertas. Não houve desastres no caminho, nem mesmo quando o piloto me passou os controles e só os pegou de volta quando o avião começou a mergulhar um pouquinho. Aterrissamos num aeroporto militar minúsculo. No momento em que desembarcávamos, um helicóptero militar pousou e um oficial desceu, cercado imediatamente pelos soldados. Ele fitou nosso avião, depois nos encarou e nos chamou com um aceno de mão. Andamos lentamente rumo ao helicóptero. O coronel Reque Terán pediu para ver nossos documentos, examinou-os atentamente e perguntou por que estávamos na zona de guerra. Explicamos que estávamos ali para observar a batalha e noticiá-la para nossas respectivas revistas. Ele pareceu um tanto desconcertado, mas deu-nos carona até Camiri em seu jipe – mas só depois de posar para várias fotografias diante do helicóptero. Mais tarde, posaria para mim, com o braço estendido, apontando o revólver para o horizonte. O coronel queria ser famoso.

Chegar a Camiri escoltados por Reque Terán fez com que, naquele dia, ninguém nos perguntasse mais nada. Hospedamo-nos num hotel e depois descemos a pé a rua principal. Camiri era cercada de montanhas por todos os lados e somente uma única estradinha poeirenta levava à cidade. Poderia facilmente ser o cenário de um bangue-bangue hollywoodiano. As casas de um só andar, as ruas retangulares e os bares davam à pequena cidadezinha petrolífera um ar estranhíssimo. Naquela noite, num restaurante, soubemos que o último prefeito civil gostava de dar tiros para o alto quando os garçons demoravam a lhe servir a refeição. Assim, não era só minha imaginação que insistia nessas imagens de Dodge City. Depois do jantar, Schoenman e eu passeamos perto da prisão onde estava Debray, falando inglês em voz alta na esperança de que ele percebesse que havia amigos na cidade.

Na manhã seguinte, registramos nossa presença junto ao chefe de polícia local. Ele me fitou por um bom tempo e depois fez que sim com a cabeça. Depois murmurou algum insulto que nem eu nem Ralph entendemos, mas fez seus colegas rolarem de rir. Ficamos olhando em silêncio até que devolvesse nossos documentos e saímos rapidamente. Reque Terán estava livre naquela manhã e concordou em falar à imprensa. Sabia bem inglês. Treinara na Geórgia e fora adido militar na embaixada boliviana em Washington, entre 1964 e 1966. Estava no comando da campanha antiguerrilha da Quarta Divisão do Exército e confirmou muito do que já sabíamos, embora ficasse perplexo com o fato de que "há contato entre os mineiros e os guerrilheiros. Alguns dos que matamos são mineiros". Perguntamos a ele sobre Debray e os outros prisioneiros. Ele admitiu que Roth era jornalista de verdade, mas:

– Bustos é um agitador da Argentina. Veio receber instruções de Guevara. Sabe muito sobre os guerrilheiros. Sabe mais do que diz...

E Debray?

– Monsieur Debray é um comunista famoso, admirador de Guevara, amigo de Castro. Li o livro dele. É um livro bom para guerrilheiros. Recomendo. Mao Tsé-tung aqui não funciona. Ele escreveu para um país com população numerosa, embora alguns princípios possam ser usados aqui, é claro. Mas Debray veio ajudar os guerrilheiros e nós o pegamos. Espero que seja condenado à morte e não apenas a trinta anos. Quando a gente pega uma cobra, tem de matá-la imediatamente.

Foi uma tensão tremenda ouvir esse tipo de coisa sem poder responder à altura e, como o autocontrole não se incluía entre as maiores virtudes de Ralph Schoenman, decidimos que seria melhor continuar a entrevista em outra ocasião. Assim que nos afastamos o bastante do coronel para não sermos ouvidos, Schoenman explodiu e o fel escorreu sem restrições. Naquela tarde, os três membros restantes de nosso grupo chegaram e contamos a eles sobre as características especiais da região.

Nossa meta era visitar Debray na prisão para nos assegurarmos de que estava vivo e fazê-lo sentir que não estava sozinho. Ele conhecera Robin Blackburn em Havana e, portanto, era essencial que Blackburn fosse um dos visitantes. Perguntei a Reque Terán se eu podia entrar e fotografar Debray. Insisti que, com certeza, seria do interesse dele permitir que o mundo visse que ele estava vivo e que podia receber visitas. O coronel disse que era uma questão importante demais para ele decidir, mas que levaria o pedido a seus superiores. Entrementes, aconselhou-nos a ter paciência e convidou-me a acompanhá-lo numa de suas missões em Lagunillas, na semana seguinte. A simples idéia encheu-me de náusea, mas não havia como negar e concordei com falso entusiasmo. Ele prometeu que naquele dia me deixaria fotografar guerrilheiros capturados.

Enquanto isso, tudo que podíamos fazer era esperar até que La Paz nos desse permissão para visitar o prisioneiro em Camiri. A cidade estava cheia de oficiais, soldados e, cada vez mais, oficiais norte-americanos, que se recusavam a falar conosco. Devíamos parecer um grupo bem esquisito para os bolivianos. Com certeza não nos comportávamos como se esperaria que jornalistas se comportassem naquelas circunstâncias. Se decidissem nos espionar ou colocar microfones escondidos nos quartos de hotel, teriam um grave choque. Afinal, em particular conversávamos sem parar sobre política mundial, teoria marxista, o destino das revoluções russa e chinesa e assuntos semelhantes. Uma das discussões mais acaloradas deu-se entre Schoenman e Anderson a respeito da prática e da natureza do stalinismo. Perry Anderson insistia em explicar o stalinismo a partir de um ponto de vista genérico. Ele e Robin Blackburn, que, para grande incômodo de Schoenman, tendiam a concordar na maioria das questões, eram simpáticos às posições dos PCs pró-Moscou da Europa ocidental. Isso, no caso de Anderson, era moderado por uma interpretação muito pessoal dos textos de Isaac Deutscher sobre a URSS. Suponho que Schoenman fosse um trotsko-marxista libertário levemente contagiado pelo anarquismo.

Minha própria formação política ainda estava em andamento, mas, por ter lido Deutscher recentemente, nossos debates me fascinavam. É difícil descrever a orientação de Lothar Menne naquela época. Ele falava pouquíssimo e tendia a ficar passivo quando a temperatura política subia em nossos quartinhos. Era uma pena que fumasse sem parar, rompendo assim a frente unida contra o cigarro em nosso grupo. Certa vez, o barulho da discussão foi tão alto que os hóspedes dos quartos vizinhos se queixaram, batendo em nossa porta. Estávamos discutindo a escala da repressão na Rússia de Stalin. Schoenman tinha os fatos e as estatísticas na ponta da língua, mas insistiu também em descrever as torturas mais horrendas que os torturadores do NKVD impunham aos presos políticos, entre eles dezenas de milhares de bolcheviques veteranos. No fim da peroração, encarou os camaradas Anderson e Blackburn como se os desafiasse a responder. Perry Anderson reagiu, repreendendo-o por reduzir tudo a "uma questão moral". Nesse ponto, Schoenman explodiu:

– Stalin matou milhões, inclusive a maioria dos velhos bolcheviques, e você diz que isso é uma merda de uma questão moral. Estamos falando de um dos maiores crimes contra o socialismo neste século!

Robin Blackburn e eu agimos como segundos responsáveis nessa ocasião e levamos nossos respectivos pugilistas de volta a seus cantos.

Eu era muito mais solidário a Schoenman nessas batalhas e os argumentos por trás de seus ataques me atraíam muito mais que a lógica gelada de Perry Anderson. Entretanto, houve uma ocasião em que os dois se uniram contra mim e Blackburn. A discussão daquela noite era sobre os fatos que levaram ao sucesso da Revolução Chinesa. Tanto Schoenman quanto Anderson descartaram depressa demais, na minha opinião, as pretensões maoístas e o culto em volta de Mao. Anderson então afirmou que, se não tivesse havido a ocupação japonesa da China, os maoístas jamais teriam tido sucesso. Respondi dizendo primeiro que o argumento não tinha muito sentido, já que se podia argumentar que, sem a Primeira Guerra Mundial, talvez não houvesse a vitória bolchevique em Petrogrado, em 1917.

– Não é assim – disse Schoenman –, porque o partido de Lenin tinha as idéias e o entendimento certos e teria vencido no final. Não se pode dizer o mesmo de Mao. Ele era um rematado confusionista.

Defendemos Mao com vigor, mas a discussão terminou como todas as discussões, não porque tivéssemos resolvido alguma coisa, mas porque já era hora de dormir.

Não havia nenhum tipo de comida no hotel. Nosso café-da-manhã costumava compor-se de grandes porções de suco de frutas frescas nas várias casas de suco e depois ceávamos num bistrô italiano sem nome, de propriedade de um certo sr. Giuseppe. O outro único lugar onde se podia comer era um café pretensioso que servia pedaços irreconhecíveis de carne e cobrava uma fortuna. Pena que não houvesse vendedores de rua como em La Paz, assim nossas opções eram restritas. Certa noite, o dono do restaurante italiano juntou-se a nós debaixo da grande árvore onde costumávamos comer. O bate-papo fluiu com tanta liberdade quanto o vinho. Então perguntamos a ele por que saíra de sua Itália natal e se instalara na Bolívia. Era uma longa história. O sr. Giuseppe fora um fascista importante do partido de Mussolini, lutara muito e bem pelo Duce, mas depois, para não enfrentar a cadeia, fugiu para a América Latina e buscou refúgio ali. Calamo-nos. Quer dizer que nosso jovial anfitrião fizera parte da emigração fascista da Europa no pós-guerra. Imaginei os crimes que cometera. Deviam ser bem horrendos para que se escondesse ali naquele buraco. Depois, ele se levantou da mesa, sem perceber o terrível dilema moral que agora teríamos de enfrentar. Uma discussão se seguiu à sua saída. Poderíamos continuar comendo ali? Fui minoria de um. Os outros decidiram que o restaurante do Giuseppe tinha de ser boicotado. Aceitei a condição de "minoria leal" e fui atrás deles no dia seguinte, quando seguimos para o Café Lixo. Uma refeição bastou para que eu reabrisse a discussão. A decisão do dia anterior foi cancelada por unanimidade. O boicote terminara.

Todo dia, depois da ceia, passeávamos pela poeirenta rua principal da cidade. Quando passávamos pela prisão, assobiávamos a "Internacional", na esperança de que Régis ouvisse e reconhecesse a música. Certo dia a permissão chegou, mas somente para uma fotografia, sem nenhuma entrevista. Isso era um problema, já que as autoridades locais sabiam que eu era o fotógrafo. Insisti que precisava de alguém para me ajudar com a bolsa da câmera e a teleobjetiva e, para meu grande espanto, concordaram. Robin Blackburn foi comigo até a cela de Debray como assistente. Debray reconheceu-o na mesma hora e fez-lhe um gesto de cabeça. O ar de alívio em seu rosto fez tudo aquilo valer a pena. Enquanto eu o fotografava, consegui cochichar que mais e mais gente estava chegando ao país e que não o matariam. Ele fez outro sinal de cabeça e fomos levados embora.

Na praça, naquele dia, comecei a fotografar todos os oficiais militares à vista. Usei uma teleobjetiva poderosa. Sem que eu soubesse, outro coronel da Quarta Divisão me observava. Quando ele saiu de seu posto de comando, tirei várias fotos dele também. Ao vê-lo caminhando em minha direção, tirei o filme e pus no bolso. Ele marchou diretamente até mim e exigiu o filme. Mostrei-lhe a câmera vazia. Ele apontou para a bolsa. Enfiei a mão sem olhar, peguei um rolo de filme usado que estava no fundo e lhe dei. Ele resmungou, disse que ia mandar revelar e, se a imagem dele estivesse ali, voltaria para ter uma conversinha comigo. Então puxou a arma, apontou-a para meu peito e avisou-me que, se eu tirasse mais fotografias de militares sem autorização, não hesitaria em me matar. Não estava brincando. Na verdade, parecia estar sofrendo de hidrofobia, de tanto que sua boca espumava. Seja como for, concordei. No dia seguinte, o coronel Juan Delgado Molanoz, pois era este seu nome, devolveu o filme revelado. Por sorte, o rolo só continha belas paisagens dos Andes fotografadas do ar.

Na manhã seguinte, acompanhei o coronel Reque Terán numa de suas missões de helicóptero, com a improvável esperança de não ter de assistir a nenhuma violência contra os guerrilheiros. Uma ou duas vezes o helicóptero baixou ao sinal de algum movimento, mas foram alarmes falsos. Pousamos em Lagunillas, aldeia onde se sabia que havia operações guerrilheiras. Reque Terán foi saudado pelo oficial no comando da guarnição militar local. Não usava insígnias. Pedi-lhe uma estimativa do efetivo dos guerrilheiros.

– Os que servem a interesses estrangeiros – respondeu – são bandidos, não guerrilheiros.

Era uma distinção interessante, mas não pude deixar de responder que, se fosse assim, então o Exército boliviano poderia ser chamado do mesmo modo, dado que alguns diziam que estavam ali para defender interesses norte-americanos. Ele logo mudou de assunto e voltou à pergunta original. Esqueceu as restrições anteriores e usou a palavra proibida.

– Os guerrilheiros sofreram grandes baixas, mas isso não podemos revelar ainda.

Reque Terán interrompeu-o com um estranho aforismo:

– Se você quer que a mosca entre na boca, não deve fechá-la logo.

Os dois oficiais caíram na gargalhada. Então, o menos graduado explicou que havia montes de grupinhos de guerrilheiros, mas nenhuma tropa fixa. Também falou da "Operação Cíntia", que descreveu como um exercício de faxina. Disse-me que Che estava "em algum lugar aqui perto, mas não podemos lhe contar a localização exata".

Enquanto ele falava, Reque Terán afastou-se para conversar com alguns soldados. Vi-os apontando para mim a distância. Não dei muita atenção, já que minha aparência – cabelo compridíssimo e bigodes caídos – costumava provocar comentários negativos. Na véspera, uma atriz gorda e fascista que viera de Sucre entreter os soldados gritara:

– Você precisa cortar esse cabelo, seu...

Respondi à altura:

– E a senhora precisa de uma boa dieta...

Havia muito nervosismo em relação aos guerrilheiros e cabelo comprido era considerado um símbolo de rebelião. De repente, Reque Terán mandou um mensageiro me chamar. Fui até ele. Os dois soldados me fitavam. Então o coronel perguntou se podiam ver meu relógio. Arregacei a manga e deixei que o inspecionassem de todos os lados. Reque Terán então me fez algumas perguntas triviais e dei respostas igualmente triviais.

O coronel planejava passar a noite lá e voltei a Camiri de jipe. Quando o veículo entrou na cidade, fomos detidos. Dois soldados me pediram que descesse e os acompanhasse. Foi o que fiz e levaram-me para uma sala minúscula e sem janelas. Lá dentro havia uma mesa e uma cadeira. Mandaram-me esperar e trancaram a porta, deixando-me na total escuridão. Não me recordo quanto tempo fiquei ali sozinho, mas com certeza foi mais de uma hora. Enquanto estava ali sentado, tentei imaginar as razões possíveis para minha prisão. Era improvável que fosse a credencial falsa. Talvez tivessem descoberto que a Russell Foundation nos mandara, mas, se assim fosse, por que escolher só a mim? Dizer que eu estava apavorado seria pouco. Depois de algumas semanas na "zona de guerra", eu não tinha ilusões a respeito da capacidade dos coronéis de fazer o que quisessem. O coronel hidrófobo dissera o bastante na briga na praça.

Finalmente a porta se abriu. Dois homens entraram, sentaram-se na minha frente e começaram a me fazer perguntas em espanhol. Repeti várias vezes que não falava aquela língua. Um deles falava inglês e murmurou, como num filme B, que "temos maneiras de fazer você falar espanhol". Respondi calmamente que não falava espanhol, mas se ele achava que alguns dias de tortura podiam me ensinar um novo idioma, eu ficaria eternamente grato. O sarcasmo não foi totalmente desperdiçado e o homem informou-me que eu fora reconhecido por dois soldados em Lagunillas. Tinham sido capturados e depois soltos pelo grupo do Che. Fiquei espantado e minha incredulidade, até certo ponto, deve tê-los convencido.

— Está dizendo — gritei — que sou um guerrilheiro cubano?

Os dois fizeram que sim.

— Então por que, em nome dos céus, eu usaria um passaporte paquistanês? Com certeza isso não faz sentido, não é?

O que falava inglês chegou a sorrir e suspirei de alívio.

— Você não é um guerrilheiro cubano — continuou o inquisidor. — Você é Pombo, guarda-costas de Che Guevara.

Nesse momento, eu quis ser Pombo em algum lugar na selva. Para eles, simplesmente sorri e disse-lhes que, se eram tolos a ponto de me acusar disso, iam fazer papel de palhaços, já que não seria difícil, para mim, provar minha identidade.

Lá fora, sem que eu soubesse, Ralph Schoenman mobilizava apoio. Um repórter de *The New York Times* mandara um despacho afirmando que outro jornalista fora preso e os militares eram de uma estupidez incrível. O censor local não permitira o envio do despacho, mas ordenaram minha soltura. Disseram-me para ir à polícia no dia seguinte. Quando voltei, pela manhã, tive de caminhar na frente de todos os guerrilheiros presos, inclusive Bustos. Lentamente, todos fizeram que não com a cabeça. Mais tarde, visitamos um tal capitão Rúben Sánchez, que fora capturado e libertado pelo Che. Ele desenhara retratos dos guerrilheiros. Quando entramos, ele me mostrou o desenho que fizera de Pombo e havia certa semelhança. Era óbvio que Sánchez ficara impressionado com a conduta de seus captores, ainda que o tivessem libertado sem roupa e ele estivesse nu quando foi achado. Ainda nessa época, já dava para perceber que o oficial fora conquistado pelo Che. Cinco anos depois, ele morreu resistindo à ditadura de Banzer. Antes disso, anunciara sua adesão às idéias de Che Guevara.

Mais tarde, à noite, Schoenman insistiu em que eu voltasse à Europa. Temia que o incidente não fosse o último e o fato de os militares terem feito uma bobagem podia levar algum valentão a agir individualmente. Como o julgamento de Debray fora adiado mais uma vez, concordei, embora com relutância. Schoenman acompanhou-me a Cochabamba. Passamos um dia lá e, à noite, assistimos a *Dívida de sangue* no pulgueiro local. Não havia legendas em espanhol, muito menos em quéchua, embora a maior parte da platéia fosse indígena. Na manhã seguinte, despedime de Schoenman e voltei a La Paz. Tive de esperar alguns dias antes de pegar um avião e deixar o país. O Sucre Palace estava lotado e fiquei no Copacabana. Enquanto esperava o elevador, dei de cara com Richard Gott. Abraçamo-nos e contei-lhe minhas histórias. Ele ia tomar chá com outros jornalistas, inclusive um camarada de *The Times*, na embaixada britânica. Fui arrastado com ele e o jovial diplomata alegremente me concedeu cidadania honorária durante a ocasião. Richard perguntou-me sobre a situação real das guerrilhas. Eu disse que os coronéis estavam bastante confiantes de que Che estava encurralado e repeti Reque Terán, que me dissera que "é difícil sair do país enquanto a Bolívia inteira caça Che Guevara". Era bobagem, contudo, já que Pombo e mais dois cubanos conseguiram esca-

O PODER DAS BARRICADAS   235

par da rede e chegaram a Havana sãos e salvos muitos meses depois. Che recusara-se a abandonar o campo de batalha. Conversamos até tarde da noite e Richard regalou-me com os crimes mais recentes do governo trabalhista. No dia seguinte, ele partiu para Camiri. Mal sabíamos que, dali a alguns meses, pediriam a ele que identificasse o corpo de Che, que conhecera em Cuba. Em La Paz, também conheci a mãe de Régis, madame Janine Debray, e contei-lhe que vira seu filho com meus próprios olhos e ele estava bem. Ela trouxera a Barrientos um apelo de De Gaulle e do papa pedindo que ele fosse solto. Para ela, gaullista de direita, era uma experiência estranha ser obrigada a manter relações amigáveis com a máfia esquerdista, único grupo que também lutava ativa e sistematicamente pela liberdade de Debray.

Em meu último dia em La Paz, assisti à chegada do editor esquerdista italiano Feltrinelli com a namorada. Estavam na cidade havia poucos dias apenas, mas já haviam causado um escândalo em Roma. A companheira de Feltrinelli foi fotografada com ele e os jornais puseram na legenda que era sua esposa, o que fez a verdadeira *signora* Feltrinelli provocar uma tempestade na pátria. Quando fui cumprimentá-lo no saguão do hotel, Feltrinelli usava um grande casaco de pele. Estudava um mapa enorme da Bolívia e marcara a zona de guerrilha com asteriscos vermelhos. Ele me contou que trouxera dinheiro, muito dinheiro, para ajudar a comprar armas e remédios para os combatentes de Che. Isso foi dito em voz alta. A amiga coberta de jóias parecia não dar atenção ao mundo. Dali a 24 horas, ambos foram declarados *personae non gratae* e expulsos do país.

Uns dez dias depois de minha partida, Ralph Schoenman concebeu o plano de alugar um jipe, comprar comida e remédios e localizar o acampamento de Che. Subornou alguns oficiais e descobriu a região em que o revolucionário veterano deveria estar. Sempre me perguntei como eu reagiria a um plano desses. Sinto que o coração talvez superasse a razão. Essa também foi a reação secreta de Robin Blackburn, mas o intelecto de Perry Anderson estava no comando. Ele percebeu que era uma aventura maluca que poderia levar todos à morte. Schoenman agora estava em minoria de um. Cheio de raiva, correu atrás do jipe que levava os senhores Anderson, Blackburn e Menne para o aeroporto, a caminho de casa, com o dedo médio em riste. Ainda assim executou o plano, quase foi morto e acabou deportado. O governo trabalhista considerou-o "estrangeiro indesejável" e impediu que voltasse à Grã-Bretanha, presumivelmente obedecendo a instruções do Departamento de Estado norte-americano.

Fiz meu relatório à Peace Foundation, entreguei-lhes dezenas de filmes, que com certeza usaram, mas que sumiram misteriosamente. Alguns foram parar nos arquivos de Havana. Não há vestígio dos outros. Depois de descansar algumas semanas, a Fundação insistiu para que eu partisse em mais uma viagem. A Guerra dos Seis Dias, no Oriente Médio, resultara em mais refugiados palestinos e havia uma enorme pressão sobre a Fundação para que isso fosse registrado. Resisti, alegando fadiga de batalha. Isso foi visto como um ato de total insubordinação. Capitulei. Passamos três semanas deprimentes ouvindo as histórias de sofrimento que jorravam da boca de todos os palestinos, jovens e velhos, homens e mulheres. Nada justificava as expulsões e, enquanto percorríamos a Cisjordânia e os acampamentos palestinos na Síria e falávamos com os representantes mais articulados da nação palestina instalados no luxo calmo de Beirute, o quadro tornou-se claríssimo. Os antisionistas de origem judaica nunca alimentaram nenhuma ilusão em relação a Israel, mas eu era tão hostil aos monarcas parasitas que, com o apoio do Ocidente, dominavam grande parte do Oriente Médio produtor de petróleo que, em segredo, chegara a esperar que os israelenses os derrubassem, se não num ataque frontal, pelo menos indiretamente. Eram ilusões malucas. Afinal, o que aquela viagem revelou foi que os xeques, xás e reis eram aliados naturais do regime sionista. O único Estado que os sobreviventes do Holocausto conseguiram construir carregava em si a discriminação contra os árabes nativos e baseava-se na expulsão dos palestinos. Essa multiplicação de tragédias só podia levar a novas violências e mais derramamento de sangue. Não haveria paz enquanto os árabes palestinos não encontrassem um lar.

Uma pergunta dominava as entrevistas e discussões:

– Por que estão nos punindo? – perguntavam os palestinos, angustiados. – A luta deles é com a Europa, que os deixou morrer, ou com os Estados Unidos, que restringiram a imigração de judeus. Por que estão se vingando em nós? Por quê?

A situação era caótica, menos no Líbano, que parecia ser um oásis de sanidade e cultura numa região traumatizada e amargurada por causa da guerra recente. Derrotas no Oriente Médio, incertezas na Bolívia. Agora, o que acontecia no Vietnã teria efeito importantíssimo no equilíbrio de poder de três continentes.

Voltei a Londres e descobri que Isaac Deutscher morrera de enfarte aos sessenta anos. Encontrara-o em Estocolmo, mas mal o conhecia. Entretanto, por ter lido sua obra recentemente, tive uma enorme sensação de perda. Deutscher estava trabalhando numa biografia de Lenin, mas só terminara o primeiro capítulo do primeiro volume. Sua publicação póstuma, alguns anos depois, deu uma idéia da perda intelectual imposta à nossa geração. Deutscher teria evitado tanto a hagiografia quanto o antimarxismo cego. A Guerra do Vietnã obrigara-o a sair da "torre de vigia" e voltar à atividade política. Só se pode imaginar quanto ele apreciaria o ano que se seguiu à sua morte prematura. É interessante que sua última entrevista publicada foi para a *New Left Review*, sobre a recente guerra árabe-israelense. Deutscher não fora contrário à criação de Israel e conhecera satisfatoriamente Ben-Gurion. Estava zangado em suas últimas declarações, mas ainda era um perspicaz observador. Usou um velho ditado alemão, "Man kann sich totsiegen" ("O homem pode correr vitorioso para o próprio túmulo") para advertir os israelenses da armadilha que haviam armado para si mesmos. Depois, esse filho de rabino fez duas afirmativas importantes, entre muitas outras. Primeiro, insistiu que:

Não devemos permitir nem sequer a invocação de Auschwitz para nos chantagearem a apoiar a causa errada. Falo como marxista de origem judaica, cujos familiares mais próximos morreram em Auschwitz e cujos parentes moram em Israel [...]. Foi com nojo que assisti na televisão às cenas daqueles dias em Israel; às demonstrações de orgulho e de brutalidade dos vencedores; às explosões de chauvinismo; e às comemorações loucas do triunfo inglório, tudo isso em forte contraste com as imagens de sofrimento e de desolação dos árabes, com a marcha dos refugiados jordanianos e com os corpos de soldados egípcios mortos de sede no deserto. Vi as imagens medievais de rabinos e de hassidim pulando de alegria no Muro das Lamentações; e senti que os fantasmas do obscurantismo talmúdico – e conheço-os muitíssimo bem – se aglomeraram no país, e como o clima reacionário se tornou denso e sufocante.

Essas palavras, em tamanho contraste com a retórica triunfalista da máfia intelectual judaica de Nova York (muitos deles ex-socialistas que viraram a casaca com a Guerra Fria), somaram-se a um aviso:

A guerra e o "milagre" da vitória de Israel, em minha opinião, não resolveram nenhum dos problemas enfrentados por Israel e pelos Estados árabes.

Ao contrário, agravaram todos os antigos problemas e criaram novos, ainda mais perigosos. Não aumentaram a segurança de Israel, mas torna-ram-na mais vulnerável do que antes. Estou convencido de que, um dia, num futuro não muito remoto, o triunfo mais recente e demasiado fácil das armas israelenses será visto, isso sim, como desastre para a própria Israel.

O ritmo rápido da mudança da política mundial no final da década de 1960 tornou praticamente impossível refletir sobre um único episódio du-rante muito tempo. As notícias das zonas de guerra do Vietnã exigiam rea-ções imediatas. A campanha de solidariedade ao Vietnã e suas necessidades dominaram minha vida no ano seguinte, como demonstram os seguintes trechos de meu diário.

15 DE OUTUBRO DE 1967

Estivemos mergulhados nos preparativos para a primeira de nossas ações em prol do Vietnã. Pelo país todo, grupos de partidários da VSC estiveram colando cartazes, organizando o transporte e obtendo apoio nas faculdades e universidades.

22 DE OUTUBRO DE 1967

Foi um belo domingo. Sem chuva e não muito frio. Esperávamos no máxi-mo alguns milhares de pessoas, dado que nenhum dos grupos estabelecidos, como a CDN e várias organizações de fachada do Partido Comunista, apoiou nossa convocação. Quando cheguei à Trafalgar Square para a passeata, vi uma multidão muito maior, que praticamente enchia a praça. Vários de nós falaram e então, levando bandeiras da FLN e cartazes que proclamavam "Pela vitória do Vietnã", "Pela vitória da FLN", começamos a marcha até a Grosvenor Square. O plano era cercar a embaixada norte-americana, entre-gar uma petição, recitar palavras de ordem, cantar músicas a favor da FLN e encerrar a manifestação. A multidão cresceu enquanto avançávamos e, quando nos aproximamos da embaixada, havia umas 10 mil pessoas atrás de nossas faixas, principalmente jovens, em grande parte estudantes. A po-lícia ficou igualmente surpresa com o número de manifestantes. Seu serviço de informações, que costumava se basear no nosso, havia falhado. Marcha-mos direto para os degraus da embaixada, antes que uma fina linha azul

O PODER DAS BARRICADAS 239

surgisse para defender a cidadela. Alguns empurrões e passamos. Chegamos de fato às portas da embaixada antes que reforços policiais nos empurrassem de volta. Quase não houve prisões e a violência foi pouquíssima.

Ficamos espantados por ter chegado tão perto da fortaleza inimiga. No caminho de volta, conversamos sobre o que faríamos se conseguíssemos ocupar a embaixada. A idéia mais popular era abrir os arquivos e envergonhar o governo trabalhista com a publicação da lista de parlamentares e de jornalistas que recebiam propinas ou estavam envolvidos com os aspectos mais sinistros da embaixada. Era uma esperança utópica, mas muito forte na época. Também cogitamos usar o telex para contatar a embaixada norte-americana em Saigon e avisá-la de que forças pró-vietcongues haviam ocupado as instalações da Grosvenor Square.

A manifestação foi considerada um grande sucesso. Tanto o tamanho quanto a combatividade foram uma recompensa, depois de tanto trabalho dos ativistas da VSC, e a confirmação de nosso ponto de vista político. Os que viviam defendendo petições e a patética política de pressão por meio de apelos aos notáveis não mobilizaram uma manifestação tão grande quanto a nossa. Em conseqüência, as seções da Campanha de Solidariedade ao Vietnã dobrou de tamanho e o dinheiro começou a vir de doadores solidários de praticamente todas as camadas da sociedade britânica. Recebemos cartas de veteranos da Guerra Civil espanhola, de filiados da base do Partido Comunista, de sindicalistas (inclusive de um jovem mineiro do Yorkshire chamado Arthur Scargill) e de organizações estudantis. Alguns parlamentares trabalhistas, como Frank Allaun e a falecida Anne Kerr, também nos ofereceram ajuda. Os atores Robert Shaw e Vanessa Redgrave avisaram que falariam por nós em público. Edna O'Brien quis saber quando seria a próxima passeata e a viscondessa Dorothy Head perguntou como poderia nos ajudar mais concretamente. Dorothy Head era casada com lorde Head, ex-ministro da Defesa *tory*. Acompanhara o marido à Malásia, onde ele fora alto-comissário por algum tempo, e a luta vietnamita a levara a radicalizar-se. Detestava os Estados Unidos. Conheci-a quando compareceu a um debate na Oxford Union sobre a moção "A amizade política norte-americana é o beijo da morte". O marido e o filho foram contra, mas lady Head, sentada na platéia, aplaudira ostensivamente o lado a favor, deixando o filho muito sem graça. Depois ela manteve contato comigo e tornou-se muito ligada à VSC. Sua propriedade em Wiltshire era vizinha à da marquesa de Salisbury. Ela me levou até lá num fim de semana, mostrou-me as cercas da vizinha e perguntou-me se devia encorajar os guerrilheiros africanos da Rodésia a usar suas terras como base para atacar a fazenda de Salisbury. É claro que era uma piada, mas também poderia ser uma oferta séria. Seja como for, o fato é que o entusiasmo demonstrado pela VSC atraiu apoio de todos os lados, o que se multiplicaria rapidamente nos seis meses seguintes.

O nascimento da VSC também nos colocou em contato com grupos semelhantes em toda a Europa ocidental e na América do Norte. Houve muita troca de cartas e convites para as manifestações umas das outras. A que mais me atraiu foi o evento preparado pela SDS alemã (Estudantes pela Sociedade Democrática), em Berlim, a capital da Guerra Fria. Aceitei falar no Congresso de Berlim, previsto para janeiro de 1968.

Eu decidira que seria bom terminar o ano com uma festa para comemorar os dez anos da FLN. Os camaradas Ba, Sao e Linh Qui, representantes vietnamitas locais, concordaram em comparecer. Achei que o bolo podia ter o formato e as cores da bandeira da FLN e uma inscrição dizendo "Vitória em 1968". Para minha grande surpresa, Dunns, o confeiteiro local, recusou-se a aceitar o pedido. Três outras confeitarias também se recusaram. Um colunista de *The Guardian*, rapazinho presunçoso de nome Peter Preston, publicou a história. E fez milagres. Fui inundado de oferecimentos de várias confeitarias. Foi bastante apropriado que o bolo fosse preparado pela Floris, fornecedora da família real, e assim foi, com todas as firulas necessárias. A festa foi um sucesso modesto. À meia-noite, o camarada Sao, o diplomata vietnamita mais velho, cortou o bolo e soprou as velinhas. Cantamos a "Internacional".

1949 Encontro de 1º de Maio em Lahore, em que se discutiram as vitórias revolucionárias na China.

1956 O primeiro-ministro da China, Chu En-lai, e o marechal Ho Lung (com colares de flores) em Lahore.

1964 Malcolm X visita o grupo de debates Oxford Union.

1964 Com Vanessa Redgrave, em ato anti-*apartheid* em Oxford.

1965 Com Peggy Duff e Malcolm Caldwell na Conferência de Paz de Helsinqu

1966 Abrigos humanos foram construídos em Hanói para proteger a população dos ataques aéreos norte-americanos. Foto tirada por Tariq Ali.

1967 Uma das muitas vítimas da Guerra do Vietnã. Foto tirada por Tariq Ali.

1967 Guerrilheira vietnamita na província de Thanh Hoa. Foto tirada por Tariq Ali.

1967 Integrantes do Tribunal de Crimes de Guerra testemunham a destruição no norte do Vietnã.

1967 Refugiados palestinos na Jordânia após a Guerra dos Seis Dias. Fotos tiradas por Tariq Ali.

1967 Régis Debray e Ralph Schoenman na prisão de Camiri, na Bolívia.

1967 Retrato de Pombo e foto de identidade de Tariq Ali na Bolívia.

1967 Che Guevara, executado na Bolívia.

1968 Numa manifestação contra a Guerra do Vietnã, em Londres.

1968 Com Daniel Cohn-Bendit.

1968 Retrato.

1968 Charge de William Rushton: "Ei, sargento, Cyril e eu podemos dar uma passada no espancamento do protesto em Grosvenor Square?"; "Esse Tariq Ali não me escapa".

1968 O 1º de Maio em Londres.

1969 Discurso em ato estudantil contra a ditadura do Paquistão.

1969 Recebido pela população paquistanesa.

1971 John Lennon e Yoko Ono, entrevistados por *The Red Mole*.

1971 Numa manifestação pública contra a Guerra do Vietnã, em Tóquio.

1973 Em Londres, ao lado de Robin Blackburn (à direita), num protesto contra a ditadura em Portugal.

1986 Acima, Robin Blackburn oferece um brinde a Ernest Mandel (no centro) e à revolução mundial. Na foto abaixo, da esquerda para a direita, Marion Miliband, Tariq Ali, Perry Anderson e Susan Watkins discutem o Partido Trabalhista. Na imagem central, Tamara Deutscher; abaixo, discutindo os rumos da Verso Books com Colin Robinson e Neil Belton.

1988 Com Benazir Bhutto, numa reunião sobre a situação política paquistanesa.

1990 Numa caminhada com Ralph Miliband, em North Norfolk, analisando o inevitável colapso soviético.

1990 Ao lado de Howard Brenton, nos ensaios de *Moscow Gold*, na Royal Shakespeare Company, em Londres.

1993 Com Derek Jarman, durante as gravações de *Wittgenstein*.

2003 Ao lado de Edward Said e Stuart Hall, num jantar promovido por Jaqueline Rose.

2005 Com Noam Chomsky, num evento em Santa Fe, nos Estados Unidos.

2003 Com estudantes ingleses, incluindo sua filha, Aisha (imediatamente à direita), num protesto contra a Guerra do Iraque.

O ANO: 1968

Por todo lado ouço pés marchando para o ataque, cara
Que o verão está aí e está na hora de lutar na rua, cara
e eu, pobre rapaz, só posso cantar
Num grupo de rock, porque na cidade
adormecida de Londres não tem lugar
para um lutador de rua
Dizem que para a revolução no palácio a hora é essa
Mas onde moro o jogo é só fazer promessa...
Mick Jagger, "Street Fighting Man", verão de 1968

Janeiro: o ano começou como todos os outros. Não havia nada que indicasse a revolta que estava a caminho. Em Paris, numa sala minúscula que dava para o Sena, um homem baixo e robusto, de quase sessenta anos, com cara de buldogue teimoso, falava ao comitê central do Partido Comunista Internacionalista (PCI). Essa organização minúscula tinha menos de cem filiados. O nome do homem era Pierre Frank. Fora um dos secretários de Trotski no primeiro exílio do líder russo na ilha turca de Prinkipo. Frank sobrevivera às vicissitudes da década de 1930. Ficara preso na Grã-Bretanha durante parte da guerra como "estrangeiro indesejável", mas voltara à França depois da Libertação e ajudara a construir uma organização trotskista. Seu grupo fizera um trabalho eficiente de solidariedade aos argelinos e organizara o envio de recursos, remédios e armas para a Front de Libération National (FLN) [Frente de Libertação Nacional]. Por esses atos de "traição", a Organisation de l'Armée Secrète (OAS) [Organização do Exército Secreto] prestara-lhe o tributo supremo de um atentado aos seus escritórios em Paris.

O PCI era pequeno, mas seus jovens partidários, expulsos da Juventude Comunista, haviam se organizado na Juventude Comunista Revolucionária (JCR) e recrutavam muitos estudantes por causa do apoio a Che Guevara (vilipendiado e caluniado pelo jornal oficial do Partido, *L'Humanité*) e da campanha combativa de solidariedade ao Vietnã. Os principais líderes da JCR, com exceção de Daniel Bensaïd, também pertenciam ao comitê central do PCI, mais antigo e praticamente moribundo. Foi a esse grupo que Pierre Frank confidenciou acreditar que "farejava mudanças no ar" e que a França mergulharia numa greve maciça até o final do ano. Ninguém duvidava do olfato de Pierre Frank. Até a facção oposta reconhecia a maneira misteriosa como seus instintos costumavam se fundir com a realidade. Uma das piadas meio sérias que circulavam entre os camaradas mais jovens era a capacidade do velho Pierre de sentir rompimentos antes de todo mundo e mudar todas as fechaduras da sede para impedir que sua facção fosse expulsa caso transpirasse que ele estava em minoria.

Quando questionado sobre seu último pronunciamento, ele defendeu seu talento olfativo explicando que os cinco anos de congelamento de salários haviam criado tensões nas fábricas, o aumento do desemprego abalara a complacência dos trabalhadores e a greve estudantil de novembro último levara 10 mil pessoas às ruas. Isso indicava uma mudança de estado de espírito e a combinação podia muito bem ser explosiva. Gérard Verbizier, que estava presente na ocasião, contou-me mais tarde que ninguém que estava sentado à mesa levou muito a sério as previsões de Frank.

Na Grã-Bretanha, preparávamos a próxima manifestação contra a Guerra do Vietnã, marcada para meados de março. Pat Jordan e Ernie Tate, pensadores da Grã-Bretanha análogos a Pierre Frank, insistiam em manter o ímpeto do outubro anterior e discutimos vários detalhes da organização. Concordei em me dedicar a uma turnê de palestras, praticamente ininterrupta durante três semanas, que consistiria num encontro para um almoço em algum *campus*, numa reunião à tarde numa escola técnica ou secundária e numa assembléia aberta ao público na cidade à noite. Isso foi planejado para fevereiro e pediram-me que cancelasse todas as minhas outras atividades. Concordei, mas com uma condição. Insisti que as reuniões de planejamento de *The Black Dwarf* eram igualmente importantes e eu não as trocaria por nenhum comício, a menos que fosse uma questão de vida ou morte. Esse compromisso foi devidamente selado e assinado.

Comecei a me perguntar se devia me filiar a um dos dois grupos de extrema esquerda que davam apoio à VSC e se reuniam por trás de duas revistas: *The Week* e *International Socialism* – mas na época achei melhor não. Os grupos que me atraíam eram as SDS alemã e norte-americana e a JCR francesa. Não havia nada equivalente na Grã-Bretanha e, por isso, decidi que um movimento monotemático como a VSC continuava sendo a única solução.

A sede do grupo de *The Week* ficava na rua Toynbee, número 8, no coração da parte mais pobre do East End de Londres. Era ali também que se concentrava o trabalho de organização da VSC. O local onde *The Black Dwarf* se preparava para renascer situava-se no apartamento e no escritório de Clive Goodwin, em South Kensington, e a viagem da Liverpool Street até a Gloucester Road logo se tornou minha rota habitual de metrô. Clive começara uma campanha organizada para fazer contatos, levantar recursos e angariar futuros colaboradores. Organizava almoços para impressionar escritores, noitadas deslumbrantes para intimidar os ricos e sessões no início da noite para planejar o lançamento do jornal. Em circunstâncias normais, eu estaria presente a todas essas ocasiões. Já tínhamos nossa rotina. Clive falava do jornal e do que haveria nele, por exemplo, o que havíamos pensado naquela quinzena, e conversávamos sobre os temas. Depois eu falava do nível de mobilização para as passeatas da VSC e distribuía folhetos, cartazes e adesivos. Numa dessas ocasiões, Kathleen Tynan pediu uma boa quantidade de adesivos. Ela iria a um almoço especial oferecido pela sra. David Bruce, esposa do embaixador norte-americano na Grã-Bretanha, na majestosa residência do casal em Regent's Park. Os adesivos foram entregues e, durante o almoço, Kathleen pediu licença e saiu pela casa colando adesivos por toda parte. Eles tinham o emblema da FLN e as palavras: "Vitória para a FLN. Todos na rua em 17 de março. Passeata até a Grosvenor Square". Os outros convidados logo notaram a estranha invasão e a manifestação virou assunto de conversa. Kathleen Tynan admitiu que fora a responsável e saiu logo depois. O fato chegou à imprensa e Clive ficou felicíssimo, porque nossas reuniõezinhas na Cromwell Road estavam começando a produzir resultados práticos.

A sede da VSC recebeu um convite para um representante nosso falar em Berlim Ocidental, no Congresso pelo Vietnã organizado pela SDS alemã. Foi acertado que eu falaria e faria contato com representantes de movimentos análogos à VSC no resto da Europa. O movimento contra a guerra crescia no mundo inteiro. Personagens importantes do Partido Democrata norte-americano estavam começando a ficar preocupadíssimos. Enquanto o presidente Johnson e seu gabinete aprofundavam a guerra, o senador

260   TARIQ ALI

Eugene McCarthy, candidato que defendia a paz no interior do partido, declarou-se favorável a um governo de coalizão em Saigon que incluísse a FLN, coisa que levaria a estratégia norte-americana na Indochina a um colapso imediato. Outros senadores, principalmente Wayne Morse e Fulbright, estavam tornando pública sua preocupação. Morse declarou que a guerra era "uma intervenção militar ilegal, imoral e totalmente injustificável". Fulbright foi mais comedido, mas usou sua autoridade de presidente do poderoso Comitê de Relações Exteriores do Senado para questionar a versão oficial do que estava ocorrendo no Vietnã do Sul.

FEVEREIRO

Berlim Ocidental era a capital da Guerra Fria. Alguns anos antes, um Congresso pelo Vietnã nessa cidade seria impensável. Mas os acontecimentos de 1967 mudaram algumas atitudes. A maioria avassaladora da população ainda era extremamente a favor dos norte-americanos, mas uma parte crescente da população estudantil rompera com a ideologia dominante. Em 1967, a SDS de Berlim Ocidental organizara uma manifestação contra a visita do xá do Irã, líder de um regime torturador que se baseava numa polícia secreta cujos chefes se gabavam de ter a rede de repressão mais eficaz desde o fim da Gestapo. A polícia recebera ordem de limpar as ruas e o rádio da corporação transmitiu a notícia de que "dois policiais foram esfaqueados por estudantes". Era mentira e, inevitavelmente, levou à violência. Benne Ohnesborg, membro da SDS, foi espancado e largado na rua quase inconsciente. Enquanto estava ali, veio outro policial e matou-o com um tiro. O burgomestre de Berlim Ocidental, um tal herr Albertz, ficou chocadíssimo com o incidente e mais nervoso ainda quando soube da mensagem falsa transmitida pelo rádio. Tornou público seu desagrado, cometendo assim suicídio político. Foi substituído por Schütz, um socialdemocrata insípido, mas todos em Berlim sabiam que o verdadeiro poder da cidade estava nas mãos de Neubauer, senador encarregado da pasta do Interior que a SDS acusava de ser "nacional-socialista". Ele pertencia à extrema direita do Partido Socialdemocrata alemão e era extremamente autoritário. Isso tudo eu soube ao chegar a Berlim, naquele mês de fevereiro, para falar no Congresso.

Fui diretamente para o Clube Republicano, onde conheci os líderes da SDS berlinense e fui informado da situação local. O governo socialdemo-

O PODER DAS BARRICADAS   261

crata de Schütz e Neubauer proibira a manifestação planejada, afirmando que ela ameaçava a segurança da cidade. O plano era marchar até o setor norte-americano e mostrar oposição à guerra. Em resposta, Schütz declarara que sua polícia "varreria as ruas com vassoura de ferro". Todos estavam tensos quando o alto-comando da SDS teve de tomar a importantíssima decisão. Respeitariam a proibição ou não? Se a desrespeitassem, não havia dúvida de que seria um ato violento e sanguinário. Os estudantes estavam furiosos. A ferida causada pelo assassinato de Ohnesborg ainda doía e muitos falavam em vingança. Quanto a mim, não sabia que haviam planejado uma manifestação, muito menos que pudesse ser proibida.

Enquanto ouvia o debate, que Elsa traduzia simultaneamente para mim (ela era favorável ao desrespeito à proibição e isso fazia com que tendesse a não traduzir com entusiasmo a posição do outro lado. Eles perceberam isso e ofereceram-me outra pessoa, que apoiava a opinião deles), os líderes da SDS chegaram e se apresentaram. Eram três: Rudi Dutschke, que viera de Berlim Oriental e estudava teologia; Gaston Salvatori, chileno e sobrinho de Salvador Allende, que estudava em Berlim; e Karl Dietrich Wolf, de Frankfurt. Levaram-me a outra sala e explicaram a gravidade da situação. Sem que eu soubesse, corria outra discussão por baixo do pano. Eles deveriam apelar para os tribunais de Berlim Ocidental para derrubar a proibição ou tal ato seria considerado capitulação ante as próprias instituições que precisavam ser derrubadas? Antes, eu me recusara a ser arrastado para a discussão sobre respeitar ou não a proibição. Afirmara que era uma decisão puramente tática e só poderia ser tomada pelo Congresso. Quanto a isso não havia dúvida, mas perguntaram: o que eu recomendava? Expliquei gentilmente que não diria nada, já que ignorava muita coisa sobre a situação em Berlim Ocidental e achava que essa também seria a posição da maioria dos que vinham de fora. Quanto a recorrer à Justiça, eu não tinha dúvida. Eles deviam conversar com um advogado solidário e levar o caso contra o governo local ao juiz. Trocaram olhares e sorriram. Dutschke disse então que concordava inteiramente comigo. Os outros nada disseram.

No dia seguinte, na abertura da conferência, anunciaram que a decisão do burgomestre seria contestada na Justiça. Praticamente não houve murmúrios de protesto do público que, para meu prazer e surpresa, era grande. Havia milhares e milhares de estudantes dentro e fora da Universidade Livre, onde a sessão estava sendo realizada. Uma nova crise explodiu no governo da cidade. Neubauer disse ao chefe de polícia:

– Não importa se alguns morrerem. Mil cabeças devem sair ensangüentadas.

O chefe de polícia recusou-se a obedecer e renunciou ao cargo. Seu substituto, outro socialdemocrata de direita, declarou que "bateria tanto neles que voltariam todos correndo para Moscou". Eram esses os métodos com que a socialdemocracia alemã se preparava para defender a liberdade e a democracia.

O surgimento da SDS foi uma virada na história alemã. Tradicionalmente, os estudantes apoiavam a direita, e os dois principais partidos políticos da Alemanha Ocidental do pós-guerra, cujos líderes haviam sido escolhidos pelos Estados Unidos, achavam ótimo que assim fosse. Entretanto, a geração nascida durante a guerra, ou logo depois dela, era muito diferente da anterior. Não houve um expurgo cuidadoso dos fascistas após a guerra. Já se avistava o novo inimigo no horizonte e era preciso superar as velhas inimizades. Na década de 1950, a Alemanha fora, exteriormente, aquiescente e passiva. Mas a lembrança da guerra não se apagara com tanta facilidade entre as gerações que coexistiam na Bundesrepublik. Na década de 1960, os estudantes dos *campi* conheciam muito bem o fracasso da geração dos pais, que não resistiu à ascensão do fascismo. O fato de Hitler ter chegado ao poder, varrido todos os vestígios de democracia e destruído os dois maiores partidos operários da Europa deixara sua marca política e psicológica nos filhos dos anos 1950. Até quando o silêncio reinava supremo, eles sabiam que havia algo de profundamente errado. A Guerra do Vietnã foi o catalisador. "Somos uma minoria ativa", costumava entoar a SDS em comícios e manifestações. Dessa maneira, ela gritava seu desafio ao passado que ainda estava presente em todas as famílias. É melhor uma minoria ativa que uma maioria passiva, cega aos crimes cometidos todos os dias. Essa era a mensagem da SDS alemã, que nos anos seguintes seria levada, por alguns de seus partidários, por caminhos desesperados e fadados à derrota. As teses da "minoria ativa" acabaram sendo interpretadas como uma justificativa para a "guerrilha urbana" em cidades alemãs, com conseqüências trágicas.

Falei sobre a guerra e sobre solidariedade no segundo dia do Congresso. A FLN iniciara um novo ataque militar no Vietnã do Sul para marcar o Ano Novo vietnamita (Tet). A ofensiva de Tet começara enquanto ainda nos preparávamos para abrir o Congresso. Cada nova vitória era noticiada em plenário, sob aplausos cada vez mais intensos. Os vietnamitas demonstravam, da maneira mais concreta imaginável, que era possível lutar e vencer. Esse fato foi fundamental para formar a consciência de nossa geração. Acreditávamos que a mudança não só era necessária como também possível. Assim, o tema da solidariedade internacional parecia mais vital do que nunca e ataquei com vigor a Cúpula de Glassboro, nos Estados Unidos, quando Kossiguin e Johnson brindaram um ao outro enquanto o Vietnã era devastado por bombardeiros norte-americanos. Eu disse que aquilo fora uma obscenidade. A maioria dos discursos foi aplaudida e interrompida por gritos de "Ho, Ho, Ho Chi Minh", palavra de ordem que atravessou todas as fronteiras da Europa ocidental naquele ano.

Eu estava na tribuna ao lado de Ernest Mandel, marxista belga, e ele traduziu para mim os outros discursos. Eu não o conhecia nem lera os dois volumes de seu clássico *Iniciação à teoria econômica marxista**, que ainda não fora publicado em inglês. (Sairia naquele mesmo ano pela valente Merlin Press.) Mas a facilidade lingüística de Mandel era realmente espantosa. Depois falou ele, examinando a guerra sob o ponto de vista global e assegurando ao público que os Estados Unidos seriam derrotados, se não em 1968, ao menos dali a poucos anos, e seria "uma derrota muito maior do que a de Dien Bien Phu". Falou também da mudança de clima em toda a Europa e defendeu a SDS contra os caluniadores e detratores do Partido Socialdemocrata. Falava alemão com fluência e a platéia reagiu calorosamente. Foi seguido por Alain Krivine, da JCR da França, que descreveu o crescimento do movimento estudantil e a ascensão de um movimento de solidariedade ao Vietnã. Então, Dutschke levantou-se e fez um discurso vigoroso que unia a luta contra os Estados Unidos no Vietnã às batalhas contra a ordem burguesa na Europa. Falou em ampliar a base do movimento estudantil com a "longa marcha através das instituições", expressão muito usada e discutida pela SDS. A teoria de Dutschke derivava em boa parte de Herbert Marcuse, filósofo veterano da Escola de Frankfurt de antes da guerra que exercia grande influência sobre os estudantes alemães. A longa marcha não significava "tomar por dentro", mas sim ganhar experiência em todas as frentes: na educação, na informática, nos

---

*   Ernest Mandel, *Iniciação à teoria econômica marxista* (Porto, Afrontamento, 1975). (N. E.).

meios de comunicação de massa, na organização da produção, preservando, ao mesmo tempo, a consciência política. A meta da "longa marcha" era construir contra-instituições: zonas livres no interior da sociedade burguesa que equivaleriam às áreas libertadas pelos partidários de Marx na China, durante a longa guerra civil, e administradas pelos comunistas chineses. A universidade era decisiva nesse processo, já que era ali que seria possível treinar e preparar quadros alternativos para substituir os quadros da classe governante. Era um projeto utópico e Mandel e outros destacaram delicadamente que a mudança na Europa ocidental era impossível sem a mobilização da classe operária. Com certeza era verdade e, na Alemanha Ocidental de fevereiro de 1968, isso parecia tão irrealizável quanto na Grã-Bretanha, embora não tão inconcebível quanto pareceria nos Estados Unidos.

Um dos pontos altos do Congresso foi quando dois norte-americanos negros, veteranos do Vietnã, subiram à tribuna. Foram ovacionados mesmo antes de falar. Eles descreveram rapidamente a guerra e como os negros eram usados como bucha de canhão. Contaram-nos que os negros dos Estados Unidos estavam à beira de grandes distúrbios, deram-se os braços e começaram a cantar uma canção que nunca ouvimos, embora fosse comum nos Estados Unidos:

Não vou para o Vietnã
Porque o Vietnã é onde estou
Diabos, não vou, não!
Diabos, não vou, não!

Os gritos e os aplausos duraram vários minutos depois de os veteranos terem feito a saudação do punho fechado.

Agora, todos esperavam a decisão do tribunal sobre a manifestação. Eu não duvidava que o juiz fora informado do clima e do tamanho do Congresso. O poeta austro-alemão Erich Fried estava falando quando foi interrompido pelo presidente da mesa. O tribunal permitira que marchássemos, desde que não nos aproximássemos dos soldados nem dos quartéis norte-americanos da cidade. Foi uma vitória, saudada como tal, mas aí Rudi Dutschke exigiu falar e invadiu a tribuna. Estava felicíssimo com o resultado, mas queria desrespeitar a restrição. Era intolerável que não pudéssemos falar com os soldados norte-americanos. Sua voz se ergueu:

– Mas, camaradas, é exatamente isso que temos de fazer. Se o inimigo faz as regras do jogo e nós as aceitamos, isso significa, como Herbert Marcuse tantas vezes nos disse, que estamos jogando segundo as regras *deles*.

Mais uma vez o Congresso se dividiu. Então, Fried, antinazista veterano que fora obrigado a fugir da Áustria e a buscar asilo em Londres, mandou um bilhetinho a Dutschke: "Nossa vitória reside no fato de termos conseguido a manifestação. Sem provocações, por favor! Falei e salvei minha alma!". Dutschke parou e leu a mensagem em silêncio. Fez uma pausa e depois informou a todos o conteúdo do bilhete e admitiu que errara em sua reação. Todos soltaram um suspiro de alívio.

Marchamos naquela tarde. Foi uma imagem que não se via em Berlim havia mais de três décadas. Quinze mil pessoas, predominantemente jovens, um mar de bandeiras vermelhas e retratos gigantescos de Rosa Luxemburgo e Karl Liebknecht, violentamente assassinados em 1919, naquela mesma cidade, por ordem dos antepassados políticos de Schütz e Neubauer. Também havia grandes cartazes de Ho Chi Minh e Che Guevara, cuja imagem dominava a passeata. Caminhamos e descemos correndo a Kurfurstendam, terminando com um comício imenso, no qual se pediu que alguns de nós falássemos de novo. Havíamos erguido a bandeira no coração da Europa dominada pelos norte-americanos. Os berlinenses foram avisados pela imprensa de Springer que haveria violência e sangue, que Dutschke era o "inimigo público número um" e que os cidadãos deviam se preparar para defender Berlim. Dessa vez, a passeata foi pacífica.

De todas as palavras de ordem repetidas naquele dia, a que parecia mais próxima da realidade era "Vitória para a FLN". Quanto à menos provável, havia várias opções, mas "Todo poder aos sovietes" parecia a possibilidade mais remota em Berlim, onde Neubauer ainda tinha apoio. (Anos mais tarde, ele foi acusado de corrupção em grande escala e envolvimento com o crime organizado e perdeu o cargo, mas não se arrependeu e defendeu o controle autoritário que exercera na cidade.) Comemoramos o sucesso da manifestação e convidei os líderes da SDS a mandar um grupo a Londres para as nossas manifestações no mês seguinte. Eles concordaram, assim como Alain Krivine. Sentia-se que a unidade da esquerda européia contra a guerra era importante para isolar os Estados Unidos.

Uma semana depois, o Senado da cidade de Berlim organizou uma contramanifestação para mostrar seu apoio à liberdade e à democracia. Todos os funcionários públicos da cidade receberam ordem de comparecer à manifestação e a promessa de pagamento de horas extras se o fizessem. A histeria provocada pela imprensa local foi tamanha que quem fosse jovem e não se vestisse "direito" era considerado uma ameaça à civilização ocidental. Uma jovem inglesa que estava em Berlim como hóspede de Neal Ascherson, correspondente do *Observer*, foi observar a "maioria silenciosa". Avistada, foi chamada de "cadela estudante", espancada e pisoteada. Um pastor protestante e um advogado de direita que correram para ajudála foram agredidos e atacados fisicamente pelos fanáticos, loucos para uma briga com os estudantes. Na ausência destes últimos, acharam outros objetos nos quais liberar as frustrações e a raiva acumulada.

O Congresso de Berlim pelo Vietnã foi uma virada importante no movimento pelo Vietnã na Europa. Foi a primeira reunião concreta dos clãs e reforçou nosso internacionalismo, assim como o desejo de um mundo sem fronteiras. A experiência toda fora profundamente revigorante. O Congresso teve também um forte lado simbólico. Havíamos erguido coletivamente um grande punho e com ele golpeado as barreiras ideológicas da Guerra Fria pós-1948, que começara em Berlim. A gangue que estava no poder do outro lado do Muro ficou tão incomodada quanto os socialdemocratas de direita. As coisas estavam fugindo ao controle. O dramaturgo Peter Weiss estava em Berlim Oriental, trabalhando numa peça com o Berliner Ensemble. Ele era necessário em nosso Congresso e na manifestação. Seus anfitriões, cautelosos e preocupados, advertiram-no para não se envolver com os bárbaros de Dutschke. Eles também liam a imprensa de Berlim Ocidental e eram influenciados por sua propaganda, quando isso atendia a seus interesses. A SDS despachou Ulrike Meinhof para o outro lado do Muro a fim de "resgatar Weiss" e trazê-lo de volta para nós, missão que ela cumpriu. Foi ela a enviada porque era uma das poucas integrantes da SDS filiadas ao clandestino e ultra-ortodoxo Partido Comunista da Alemanha Ocidental. Ela assinava uma coluna na revista esquerdista *Konkret* e era casada com o editor desta, Klaus-Rainer Roehl. Conheci-a certa noite no Clube Republicano e fiquei impressionadíssimo com sua força e inteligência. Ela falou sobre os triunfos recentes da FLN no Vietnã com uma alegria irrefreável. Pensei muito nela anos mais tarde, quando embarcou numa trajetória política diferente.

Março

Para dar certo, todo movimento precisa de alguns sucessos. Os batalhões contra a guerra na Europa e na América do Norte ganharam um tremendo empurrão da ofensiva de Tet no Vietnã. Foi uma época em que parecia mesmo que nossas ações no Ocidente estavam coordenadas com o que acontecia nos campos de batalha vietnamitas. "O movimento contra a guerra nos Estados Unidos e na Europa", gostavam de dizer os líderes vietnamitas na época, "é nossa segunda frente, tão valioso quanto nossa luta aqui." A ofensiva de Tet nunca pretendeu a vitória total. Seu objetivo era esvaziar o mito de que os regimes sustentados pelos norte-americanos tinham o apoio real da população e, ao mesmo tempo, demonstrar que não havia como os Estados Unidos ganharem a guerra, a não ser pela aniquilação nuclear. No início de março, o ataque em pinça tripla dos exércitos da FLN já haviam resultado em grandes motins entre os conscritos das tropas títeres, isolado a estrada estratégica número 4, que ligava Saigon ao delta do Mekong, e sitiado a fortaleza norte-americana de Khe Sanh, onde, de 20 de fevereiro a 8 de março, os Estados Unidos perderam 2 mil soldados e 200 aviões e helicópteros, a maioria deles destruída em terra. O general norte-americano à frente das Forças Expedicionárias, que na época tinha um efetivo de mais de meio milhão de soldados e técnicos, requisitou mais soldados para a Indochina. O astuto general De Gaulle respondeu de Paris, com a observação de que, no tipo de guerra travado no Vietnã, quanto mais poderoso o país e quanto mais horrendos os meios de destruição a seu dispor, menos possibilidades ele teria de vencer. Ele exigiu que os norte-americanos retirassem suas tropas. Foi apoiado por Robert Kennedy, que tachou de "imorais" e "intoleráveis" os objetivos de Westmoreland.

Entretanto, para os Estados Unidos liberais, o que era realmente imoral e intolerável era o fato de a guerra não poder ser vencida rapidamente. Se os Estados Unidos tivessem conseguido impor um regime no estilo sul-coreano, sustentado por uma presença norte-americana permanente, muitos dos que se ergueram contra a guerra teriam silenciado em sinal de aquiescência. Era esse o real significado da ofensiva de Tet. Ela convenceu pelo menos metade dos Estados Unidos de que não era possível vencer a guerra. Na época, em duas entrevistas importantes, Vo Nguyen Giap, o lendário estrategista vietnamita, não deixou dúvidas de que planejava a vitória total. Não se opunha a conversações em Paris, mas conversações eram para diplomatas e ele era um general que comandava um exército vitorioso. Quando uma jornalista norte-americana visitante lhe perguntou se algum dia planejava infligir um Dien Bien Phu aos Estados Unidos, Giap respondeu:

Dien Bien Phu, madame? Dien Bien Phu! Nem sempre a história se repete. Mas ela se repetirá dessa vez. Obtivemos a vitória militar contra os franceses e também a obteremos contra os norte-americanos. Sim, madame, sua Dien Bien Phu está por vir. E virá. Os norte-americanos perderão a guerra no dia em que seu poderio militar estiver no máximo e a grande máquina que montaram não puder mais se mexer. Ou seja, vamos derrotá-los no momento em que tiverem mais homens, mais armas e mais esperança de ganhar. Porque todo esse dinheiro e poder será uma pedra em volta de seus pescoços. É inevitável.

Foi essa espantosa confiança que contagiou toda uma camada de jovens em todos os países do mundo, inclusive na Europa. Vi isso com meus próprios olhos em toda a Grã-Bretanha, quando percorri o país para angariar apoio para a manifestação de 17 de março. De repente, os eventos tornaram-se maiores. Dobraram e triplicaram de tamanho e o clima era de triunfo e desafio. A ofensiva de Tet mostrara a vulnerabilidade do poder norte-americano, e o contraste com a capitulação vergonhosa do governo trabalhista era tão flagrante que houve uma onda de desilusão. Recordo-me de como o público dessas reuniões exprimia sua raiva com os fracassos do trabalhismo. É claro que sempre havia os sectários da Socialist Labour League (SLL) [Liga Socialista Trabalhista], que haviam sido instruídos a atacar a VSC, a mim eu e ao movimento inteiro. O discurso que ele (era sempre um homem) fazia em meus comícios era triste e previsível. Passei a conhecer tão bem o refrão sectário que, em alguns casos, quando o homem da SLL se levantava, eu me sentava e recitava as palavras com ele, para grande diversão dos presentes. Isso levava o sujeito a paroxismos de raiva e choviam agressões sobre minha cabeça como gotas de água poluída. A acusação contra nós era sempre a mesma. Para começar, éramos culpados por alimentar ilusões a respeito de Wilson. A culpa, portanto, era nosso próprio sistema de pensamento defeituoso, e não a ficha suja do governo trabalhista. Seguia-se que éramos vítimas de nosso próprio engano e o único mecanismo possível para salvar nossa alma era nos unirmos à SLL e preparar uma greve geral para derrubar o regime trabalhista. Nesse ponto, começavam a surgir risadas, o que levava o homem da SLL a iniciar um grande ataque à VSC e a insistir com os estudantes para que não participassem de manifestações "aventureiras". A lógica aqui era interessante. A passeata até a Grosvenor Square era uma "aventura" louca, enquanto o realismo sóbrio ditava uma greve geral imediata do operariado britânico para derrubar Wilson e abrir caminho para a insurreição. Essas palavras mágicas eram desperdiçadas nos comícios da VSC, mas permitiam que quem estivesse na tribuna estudasse o rosto, os gestos e as demonstrações bem ensaiadas de falsa raiva que emanavam dessa gente. É claro que era uma máscara sectária, mas o que estaria realmente por trás dela?

A SLL dizia ser um partido trotskista e, sem dúvida, desfilava sob essa bandeira, mas seu estilo político e seu regime interno na época de nosso encontro eram totalitários. Não se toleravam discordâncias internas, os principais inimigos eram outros grupos de esquerda e havia um culto surrealista em torno da personalidade do "líder" da seita. O modelo em que baseavam seu estilo de polêmica e sua organização parecia derivar do stalinismo. Alguns integrantes da classe de intelectuais dissidentes do PC pós-1956, como Cliff Slaughter e Peter Fryer, foram recrutados. Como esses dois, entre outros, conseguiram simplesmente trocar um tipo de monolitismo por outro? Eram pessoas inteligentes, conscientes do que acontecia dentro da organização. Fryer saiu depois de certo período, mas a maioria dos outros permaneceu por muito tempo. É claro que, de certa forma, eram privilegiados, pois pertenciam aos órgãos dominantes da seita, mas e os filiados? E quem eram os filiados? Que tipo de gente entrava numa organização daquela? Acreditariam mesmo que, ao fazê-lo, aceitavam a "disciplina do proletariado"?

Alguns anos depois, após viajar muito pela Europa e pela Ásia, a resposta completa a essas perguntas começou a surgir. Parece que a ideologia específica escolhida por esses grupos não era a característica mais importante de sua vida cotidiana. A SLL adotara Trotski como santo padroeiro. Na Noruega, na Suécia e na Alemanha havia grupos com exatamente os mesmos padrões de comportamento e com formas de organização idênticas. Mas, nesses países, penduravam-se retratos de Mao e vendiam-se obras reunidas de J. V. Stalin. No Japão, um grupo parecido seguia um pós-trotskismo derivado das obras de uma norte-americana, Raya Dunayeskaya. Depois que observei integrantes de todas essas organizações em ação, em épocas diferentes e em mundos diferentes, ficou difícil para mim aceitar que a política é que mandava. Apesar de todas as diferenças ideológicas, o tipo de filiado que elas atraíam era gente fortemente imbuída de sentimentos masoquistas ou de culpa, que viam nesses grupos uma forma de exorcizar outros fantasmas. O auto-isolamento e o sectarismo faziam parte de sua terapia pseudopolítica. O comitê central, duro e autoritário, substituía outras figuras de autoridade ou compensava sua falta. Dos dois jeitos, funcionava. Já o tratamento, não, nem poderia funcionar para sempre. Grande parte dos recrutas comuns saía em pouco tempo. A rotatividade era alta em todas essas organizações. Outra característica é que muitos dos que saíam se curavam da política pelo resto de suas vidas, como esqueletos gastos, uma sombra do que foram. Esse tipo de política me afastou da SLL, em Oxford. Um dos membros da época foi proibido de morar com a namorada porque ela não era membro "do partido". Costumava imaginar como seria um Estado administrado por essa gente e as imagens que me vinham eram as da Rússia stalinista.

Ainda assim, eu não podia fugir de todas as responsabilidades políticas. Estava claro que boa parte dos que vinham me escutar queriam respostas que iam além do Vietnã. Aceitavam que uma campanha concentrada num só problema de importância global era fundamental, mas não era o suficiente. Outras questões se apresentavam e exigiam respostas. Constantemente, no fim das reuniões, eu era abordado por pessoas que me pediam conselhos sobre que forma de atividade política eu recomendava. Nessa época, todos já tínhamos saído do Partido Trabalhista. Qual era a alternativa? O "profundismo" dos militantes era profundamente fastidioso. Além disso, sua hostilidade à VSC e certas semelhanças de organização com a SLL eram detestáveis. Minha atitude era que, se fosse preciso trabalhar no Partido Trabalhista, o único método eficaz seria fazê-lo em conjunto com todos os outros socialistas que estavam lá. Para mim, criar uma divisão sectária dentro de um partido social-democrata parecia maluquice, mas devo confessar que ainda era novato na política de esquerda da Grã-Bretanha. O modelo de *The Week* parecia ser o mais produtivo para quem quisesse continuar no Partido Trabalhista. Mas a juventude que agora abraçava uma nova forma de radicalismo não estava nem um pouco interessada no Partido Trabalhista. Esse fato limitava as opções políticas disponíveis na época. Discuti o problema mais de uma vez com Pat Jordan, mas estávamos todos tão mergulhados no movimento pelo Vietnã que tudo mais ficava em segundo lugar.

Eu voltara de uma turnê nacional de palestras e disse ao Comitê que o tamanho da manifestação seria pelo menos o dobro da passeata de outubro, provavelmente maior ainda. Acertamos uma lista de oradores para a Trafalgar Square e foi sugerido que dois deles (Vanessa Redgrave e eu) deveriam entregar uma carta à embaixada norte-americana. Este seria o objetivo oficial da passeata, mas quais seriam as metas não-oficiais? Elas não eram discutidas nas reuniões maiores, já que não duvidávamos que houvesse informantes presentes e ativos. Mas, em grupos menores, passamos muito tempo discutindo o que seria factível. Apresentei uma análise da manifestação anterior. Se tivéssemos nos preparado, poderíamos ter ocupado a embaixada, o que teria um tremendo valor de propaganda. Entretanto, fomos pegos de surpresa pela combatividade e pelo volume do apoio que recebemos. Dessa vez, a combatividade seria maior, em consequência do sucesso da FLN no Vietnã, e o nosso tamanho também. Portanto, deveríamos tentar seriamente ocupar a embaixada. Não havia praticamente nenhuma discordância quanto ao desejo desse resultado. Nesse momento, Pat Jordan falou e afirmou que seria uma rematada tolice imaginar que o Estado estaria despreparado.

– Fomos pegos de surpresa em outubro passado, é verdade. Mas *eles* também. Desta vez, poderão vigiar todos os nossos preparativos.

Ele estava convencido de que todos os meus discursos na recente turnê haviam sido anotados e estudados pelo Special Branch.

Protestei. Eu não discutira nenhuma tática de luta de rua em nenhuma das reuniões.

– O problema não é esse – respondeu Jordan. – É o tom que importa. Eles não são bobos.

Outra pessoa perguntou se eu estaria disposto, durante meu discurso na Trafalgar Square, a afirmar em voz alta que o objetivo da manifestação era atacar a embaixada. Fiz que sim. Fez-se silêncio. Então o plano foi vetado. Eu poderia ser acusado de incitação ou conspiração e ficar alguns anos preso ou, dado que só morava na Grã-Bretanha havia quatro anos e meio, podiam me deportar do país. Decidimos tomar a decisão no último instante, quando tivéssemos elementos para avaliar no local o equilíbrio de forças. Todos sabiam que essa era uma variante insatisfatória, nem lá nem cá, mas a maioria das doze pessoas presentes insistiu que não havia outra possibilidade realista.

Três dias antes da ação, interrompemos vinte apresentações teatrais em Londres. Em geral, mas nem sempre, os ativistas da VSC subiam ao palco, no final de uma cena, e falavam à platéia sobre nosso movimento. Havia muita solidariedade, tanto por parte dos que estavam no palco quanto na platéia, e saíamos depois de distribuir folhetos. O único lugar onde a platéia foi extremamente hostil foi em *Black and White Minstrel Show*, espetáculo de humor e música inspirado num programa de tevê, mas ali a situação foi salva pelos "menestréis", que, solidários, insistiram para que a platéia nos ouvisse.

Houve outros aspectos menos agradáveis, que cheiravam a provocação. Alguém percorrera Londres e escrevera as seguintes palavras nos cartazes da VSC: "Venha armado". Achamos que fora ação de algum órgão estatal que estava tentando isolar e enfraquecer nosso apoio, mas, na ausência de provas, tudo que podíamos fazer era negar que isso tivesse alguma relação com a VSC ou com os grupos que apoiavam a manifestação. *The Economist*, editado na época por Alastair "Bombardeiro" Burnett, era um defensor acrítico e irredutível das atividades norte-americanas no Vietnã. Como tal, era especialmente hostil ao movimento contra a guerra norte-americana. E não duvidava da identidade dos elementos sinistros que haviam desfigurado nossos cartazes: "O grupo norte-americano que *provavelmente* [itálico meu] carimbou os cartazes dos organizadores com um 'Venha armado' deveria ser preso e deportado; os militantes britânicos e da Commonwealth são, no todo, menos violentos e menos eficientes".

Na véspera, o grupo da SDS alemã chegou, ou melhor, marchou até Conway Hall, onde estávamos no meio dos preparativos de última hora, com seu conhecido canto "Ho, Ho, Ho Chi Minh". Foram recebidos calorosamente e incorporados ao processo. Tinham vindo bem preparados, com capacetes e faixas próprias. Também me trouxeram de presente um capacete da SDS. Insistiram em conhecer nossos planos de combate. Dissemos que não tínhamos. Ficaram zangados e chocados. Não estávamos planejando ocupar a embaixada? Eu presidia a reunião e expliquei a posição oficial, mas a SDS foi direto ao ponto:

– Entendemos o que está querendo dizer, mas agora vamos fazer outra pergunta. Se a massa decidir espontaneamente invadir a embaixada norte-americana, vocês vão detê-la ou unir-se a ela?

Sentindo que a pergunta havia chegado perto demais, declarei a reunião encerrada, desci da tribuna e arrastei os líderes do grupo da SDS para outra

O PODER DAS BARRICADAS   273

sala. Ali, expliquei qual era a posição da VSC e por que não podíamos conclamar publicamente a ocupação. Eles discutiram duramente por muito tempo. Eu tendia a concordar com o que diziam, mas insisti com vigor que era preciso respeitar a opinião da maioria. Lembrei-lhes que, em Berlim, no mês passado, haviam aceitado uma ordem do tribunal que restringia seus próprios objetivos. Ressaltei que aqueles que compareceram ao Congresso decidiram aceitar o direito *deles* de determinar a tática numa situação que conheciam melhor do que visitantes como nós. Pedi reciprocidade e boa vontade. Esse argumento finalmente ganhou e fomos todos a um restaurante italiano para uma refeição muito necessária.

Antes disso, naquela mesma tarde, eu fora convocado pelo clã Redgrave para um conclave de família na casa de Vanessa Redgrave, em Hammersmith. Ali, na presença de Vanessa e Lynn, Corin perguntou-me quais eram nossas intenções com a manifestação. Mais parecia um pai perguntando ao futuro genro quais suas intenções, mas a situação era amistosa e assegurei-lhes que, em quaisquer circunstâncias, cuidaríamos para que Vanessa ficasse bem protegida. Contei-lhes, então, das várias outras pessoas que falariam ou marchariam conosco naquele dia. Trocamos mais algumas amabilidades e voltei ao quartel-general da VSC. No fim do dia, estava exausto, mas a chegada da SDS da Alemanha me animou. Vários deles dormiram no chão, no meu minúsculo apartamento em Crouch End. Ficamos conversando até de madrugada. As notícias que traziam eram perturbadoras. A histeria contra eles e, principalmente, contra Dutschke aumentara depois do Congresso de Berlim e isso levara ao surgimento de um núcleo duríssimo no interior da SDS que queria ações diretas mais eficazes. Dutschke resistia a essa tendência, assim como outros, mas os linhas-duras vinham obtendo apoio.

Quando vários de nós chegaram à Trafalgar Square no dia seguinte, uma hora e meia antes do início, ficamos espantados com o que nos esperava. A praça já estava cheia e as três cores da FLN dominavam a grande multidão. Mais e mais gente chegava e os organizadores que faziam as contas disseram, logo antes do início dos discursos, que havia mais de 25 mil pessoas presentes. Vanessa Redgrave vinha com saudações de outros atores, atrizes e diretores de cinema. Os discursos foram curtos e objetivos e todos os oradores atacaram a cumplicidade do governo trabalhista. Dois dias antes, alguns parlamentares de esquerda escreveram a *The Times* para exprimir seu apoio a Harold Wilson. Eles também foram verbalmente atacados e a reação da multidão mostrou o desprezo que sentiam por esses surrados partidários do *Tribune*.

Quando assumimos a passeata rumo à Oxford Street, o grupo principal da VSC vinha na frente, com uma maravilhosa mostra de faixas e bandeiras vermelhas, ladeada por emblemas da FLN. Logo atrás de nós vinha a SDS alemã com sua faixa. Era uma imagem impressionante e o clima era de otimismo. Se as conversas dos que ali estavam naquele dia tivessem sido gravadas, tenho certeza de que a imensa maioria queria mais do que apenas a vitória do Vietnã. Queríamos um mundo novo, sem guerra, opressão ou exploração de classes, baseado na camaradagem e no internacionalismo. A riqueza do Primeiro Mundo, se utilizada de maneira adequada, poderia ajudar a transformar o Terceiro Mundo. Além disso, se um socialismo significativo tivesse êxito no Ocidente, não seriam só a City londrina e o Estado que tremeriam, mas os burocratas de Moscou, igualmente temerosos das mudanças que vinham debaixo. Sabíamos que uma nova primavera chegara a Praga e que muitas discussões empolgantes estavam ocorrendo na Universidade Charles e no Partido Comunista checo. Mas não eram só as conversas. Era também a sensação de que era possível mudar. Era isso que o Vietnã estava ensinando a todos nós.

Enchemos a Oxford Street, depois viramos na South Audley e marchamos até a praça. A polícia tentou nos conter, mas nós éramos muitos e eles eram poucos; a linha de frente deles se esfacelou, permitindo que entrássemos na Grosvenor Square e ocupássemos a área bem em frente à embaixada. Como não nos deixariam entregar a carta, pedimos aos organizadores que levassem Vanessa Redgrave para um lugar seguro. Então nós vimos os cavalos da polícia. Ouviu-se um grito: "Os cossacos estão vindo", e uma tensão invisível nos uniu. Por toda a praça, demos os braços uns aos outros quando a polícia montada avançou contra nós para tentar romper a formação. Um hippie que tentou oferecer um buquê de flores a um policial foi jogado no chão a golpes de cassetete. Bolinhas de gude foram jogadas nos cavalos e alguns policiais caíram, mas nenhum foi cercado nem espancado. A luta continuou por quase duas horas. A tentativa de me prender foi evitada por algumas centenas de pessoas que vieram em meu socorro e me cercaram para que os policiais não conseguissem nem sequer se aproximar de mim. Chegamos perto da fortaleza imperialista, mas às 7 horas da noite decidimos evacuar a praça. Muitos camaradas estavam bastante feridos e uma mulher grávida fora violentamente espancada.

O PODER DAS BARRICADAS 275

Nosso telefone não parou de tocar até tarde da noite, e recolhíamos mais e mais informações. Sem dúvida, fora um confronto violento. Alain Krivine espantara-se com nossa combatividade, que, segundo ele, era o que faltava na França. O pessoal do SDS alemão, em compensação, ficou desgostoso. Achavam que devíamos ter preparado nossos partidários, distribuído capacetes e partido para cima com porretes. Explicamos que uma de nossas metas era conquistar apoio e, quanto ao Vietnã, não estávamos tão isolados da opinião pública quanto a SDS de Berlim. Nossas táticas diferentes refletiam isso. Na verdade, uma das pesquisas de opinião realizadas depois da manifestação da Grosvenor Square revelou que a maioria se opunha à política norte-americana no Vietnã e, para nosso grande prazer, quase 20% queriam a vitória vietnamita.

Algumas faixas de sindicatos apareceram na passeata. O ataque foi liderado por um grupo de operários da construção civil de Barbican, que estavam em greve. Seu representante sindical, o falecido Frank Campbell, era partidário ferrenho da VSC e seu minúsculo grupo fora valiosíssimo na linha de frente naquele dia. Poucos dos que marcharam conosco acharam que nossa atitude fora errada. Meses depois, um deles, Mick Jagger, escreveria "Street Fighting Man" [Lutador de rua], demonstrando no mínimo seu desapontamento com nossa falta de preparo para o combate. Durante a luta na Grosvenor Square, avistei os camaradas da *New Left Review* e vi Perry Anderson limpar os óculos e dizer a alguém: "*Este* é o nosso eleitorado, cara!". Gostei muito mais dele quando ouvi isso do que na viagem à Bolívia.

A cobertura no noticiário televisivo deu uma idéia do que devíamos esperar da grande imprensa na manhã seguinte. Pelo menos, as câmeras registraram e exibiram alguns incidentes bastante pavorosos, como quando a polícia isolou e surrou manifestantes. Em geral, a imprensa foi unilateral e os tablóides sensacionalistas dedicaram mais espaço ao sofrimento dos pobres cavalos. Nos dias seguintes, fui citado como o instigador da manifestação. Os parlamentares e a imprensa *tories* exigiram que cabeças rolassem e deram uma posição privilegiada à minha cabeça em particular. O *Evening News* noticiou, três dias depois da manifestação, que a Promotoria Pública ordenara uma investigação sobre minhas "atividades" e:

Hoje, um investigador foi destacado para realizar o inquérito. O registro dos antigos discursos e dos pronunciamentos de Tariq Ali está sendo estudado por uma equipe do Special Branch. Mas, entre os especialistas da Yard, prevê-se que será difícil obter provas suficientes para possibilitar a abertura de um processo.

Ao ler isso, pensei na reunião em que Pat Jordan alertara contra pedidos públicos para que ocupássemos a embaixada. Como ele estava certo!

O fato de o Special Branch ter o registro de meus discursos interessou-me muito. Não fiquei especialmente surpreso, mas era bom saber que meus discursos estavam sendo preservados para a posteridade, ainda mais por que eu nunca os escrevo. Teria sido útil ter o direito de consultar esse registro para redigir este livro, mas é uma pena que não haja uma lei de liberdade de informação na Grã-Bretanha e isso − e muito mais − continue inacessível.

Foi gratificante descobrir numa reunião de *The Black Dwarf* na Cromwell Road, no dia seguinte, que todos os envolvidos no jornal haviam estado na Grosvenor Square. David Mercer ficara ofendidíssimo com as notícias da imprensa e elaborara uma carta a *The Times,* que esse augusto órgão da opinião da classe dominante − coisa que era na época − decidira não publicar. Na carta não-publicada, o dramaturgo vergastara a postura e a hipocrisia da imprensa e atacara os parlamentares trabalhistas e *tories* pela moção no Parlamento que registrava o respeito e a admiração destes pelo "comedimento conscencioso e louvável da polícia". Mercer defendeu-nos com grande eloqüência e paixão:

> Com uma obtusidade extraordinária, mais uma vez os senhores recomendam aos manifestantes aqueles procedimentos constitucionais que eles sabem perfeitamente bem que não dão resultado. De acordo com a fórmula democrática, portanto, eles podem aplacar suas consciências avançando com sua pantomima inútil − ou retirando-se com honras diante da vontade da maioria, expressa pelo atual governo eleito. Os senhores admitem que "a adaptação dos procedimentos constitucionais não acompanhou inteiramente as recentes mudanças das condições sociais e os costumeiros pressupostos", mas dão poucos sinais de reconhecer que essa discrepância é fundamental, ou que o conflito social inevitavelmente romperá o impasse mantido por autoridades alarmadas e instituições moribundas a fim de manter intacta para seus relutantes herdeiros uma sociedade podre. Além disso, três quintos do mundo e da população estão em condições dolorosamente piores. Por toda parte − da Venezuela a Moçambique, da Rodésia ao Vietnã −, os povos lutam para se libertarem da humilhação, do desespero e da

degradação. Seria de um grande cinismo se esperássemos que vissem os sistemas sociais do Ocidente como paradigmas de justiça social. Eles querem a terra, os recursos e o controle social e econômico em suas próprias mãos e estão dispostos a lutar por esse objetivo. Como os negros norte-americanos, descobriram que ninguém, a não ser eles, implementará em seu nome a mudança social revolucionária. A experiência ensinou-lhes que a negociação e a acomodação levam, na melhor das hipóteses, à pseudodemocracias miseravelmente amarradas aos sistemas econômicos e políticos dos países exploradores e, na pior, ao despotismo violento e oligárquico que opõe o poder advindo da aprovação e do capital ocidentais às necessidades do povo pobre numa busca desesperada por dignidade e identidade nacional.

[...] A verdadeira questão é que, desde a década de 1930, o capitalismo não era combatido tão duramente. E a polícia que protegeu a embaixada norte-americana no domingo não enfrentou homens exaustos de Jarrow, nem militantes comunistas ortodoxos numa reencenação da rua Cable, mas várias opiniões instruídas e bem informadas que não tolerarão mais dissimulações.

A violência do domingo não foi um lapso vergonhoso dos padrões decentes de expressão pública na sociedade democrática; foi o resultado dramático de diferenças profundas e inconciliáveis que separam jovens e velhos, direita e esquerda e todas as outras antíteses convenientes às quais se agarra a ordem ameaçada. Contanto que seja no Vietnã ou em outro lugar, a maioria não se perturba à toda, a não ser para soltar a língua a respeito do horror disso tudo. Quando é na Grosvenor Square, há um sentimento público de ofensa – e colunas de baboseiras moralistas nos jornais. A irrealidade da reação é espantosa. Levam cenouras para os pobres cavalos da polícia. Sob a fotografia de uma moça de coxas expostas sendo apalpada pela polícia, uma legenda notabiliza-se pelo exultante e ambiguamente erótico termo vitoriano "espancar". Nossos meios de comunicação de massa enterram avidamente as mandíbulas nas entranhas da discórdia e, como sempre, saem presunçosos e satisfeitos consigo mesmos. Afinal de contas, a moralidade da violência é óbvia: ela é errada, cometida por quem quer que seja, em qualquer lugar e a qualquer momento – exceto contra manifestantes. A "autoridade" entrincheirada procura, por todas as partes, em quem jogar a culpa da desordem pública, exceto entre suas responsabilidades emaranhadas e complexas.

Se os policiais insistem em defender fisicamente (afinal de contas, eles são pagos para isso, os manifestantes não) uma sociedade cujos valores e pressupostos perdem rapidamente o sentido para todo aquele que conseguem pensar, então seus ferimentos não são mais deploráveis que os daqueles que, pelo menos, têm alguma idéia do motivo da briga.

Mas cartas desse tipo destinavam-se a não ser publicadas. Nenhum de nós ficou muito surpreso. David Mercer concordou em participar do grupo de trabalho que produzia *The Black Dwarf* e isso foi muito mais importante para nós do que se preocupar com a grande imprensa. Mercer não era dos que achavam que a grande arte ou a grande literatura transcendiam a política. Era a favor da unidade entre a estética e o compromisso político, assim como vários outros escritores e dramaturgos da época. Naquele tempo, nosso grupo de trabalho era formado por Clive Goodwin, Mercer, Adrian Mitchell, Mo Teitelbaum, o designer Robin Fior, D. A. N. Jones e eu. Os acontecimentos na Grosvenor Square convenceram muita gente de que tínhamos público para o jornal e os preparativos para publicar o número zero estavam bem avançados.

A repercussão da manifestação continuava a se propagar. Na VSC, fomos simplesmente inundados de pedidos de informações e convites para palestras, vindos do país inteiro. Pat Jordan observou que, se eu aceitasse todos os convites para os meses de abril e maio de 1968, teria de falar em seis reuniões por dia. Os violentos ataques pessoais e políticos que sofri na época dos meios de comunicação e de vários parlamentares trabalhistas e *tories*, assim como de publicações como o *Tribune* e o pasquim da SLL, fizeram-me pensar mais seriamente que nunca em me filiar a alguma organização política. Os três mosqueteiros da Quarta Internacional – Pierre Frank, Ernest Mandel e o italiano Livio Maitan – haviam falado recentemente num encontro em Londres. Nessa época, eu já comprara e lera a *Iniciação à teoria econômica marxista*, de Mandel, assim como vários folhetos dele e de outros sobre política mundial. Mandel, Frank, Maitan, Jordan et al. eram partidários ferrenhos da tradição trotskista, mas, ao contrário dos homens da Quinta Monarquia da SLL ou sectários do tipo, achei-os incrivelmente abertos, criativos, relativamente pouco dogmáticos e não totalmente desprovidos de senso de humor. Essas eram considerações subjetivas. No nível objetivo, tive de admitir que era o único grupo que decidira fazer da defesa da revolução vietnamita sua maior prioridade, desde 1965. Além disso, haviam estabelecido ou tentado estabelecer organizações pelo mundo todo, o que permitiria que eu continuasse como membro mesmo se voltasse para o Paquistão. O único concorrente à altura era o grupo do IS, do qual participavam muitos amigos meus, mas cuja política eu sempre achara totalmente eurocêntrica. Essa opinião se reforçara de várias maneiras

O PODER DAS BARRICADAS 279

no trabalho conjunto no interior da VSC. Em algumas reuniões locais, os palestrantes do IS insistiam em igualar a resistência épica dos vietnamitas a alguma coisa que estivesse acontecendo na Grã-Bretanha. Um exemplo clássico foi quando um líder do IS se referiu a uma greve de aluguéis minúscula e irrelevante, ainda que muito valorosa, num miúdo distrito do norte de Londres e afirmou que ela "fazia parte da mesma luta travada pelos vietnamitas". O impulso era decente, sem dúvida, mas a lógica política era realmente estranhíssima. Contudo, em 1967 e 1968, o IS tinha uma grande vantagem sobre os outros: o regime interno era bastante brando e o pragmatismo tático era igualmente revigorante, mas isso começou a mudar quando cresceu em número.

Quando me decido, costumo ser bem determinado. Às vezes, isso provoca erros de minha parte, mas ainda prefiro esse modo de agir a demoras intermináveis, indecisão, procrastinação etc. Agora que decidira unir meu destino a *The Week*, ou melhor, ao do grupo por trás dela, não perdi mais tempo. Disse aos camaradas Jordan e Tate que gostaria de me unir à Quarta Internacional e, como eles detinham a licença para a Grã-Bretanha, apreciaria pertencer ao seu minúsculo bando. Os dois se entreolharam, pareceram um pouco sem graça, ainda que contentes, e disseram que discutiriam o caso com "os outros" e me informariam a decisão. Esperei um dia, dois dias e, finalmente, uma semana se passou sem resposta. Imaginei que houvesse dúvidas a respeito do meu estado de alfabetização e li às pressas a espantosa *História da Revolução Russa**, de Trotski. Continua sendo a descrição mais arrebatadora que já li sobre qualquer revolução e o que mais me impressionou, além da política, foi a beleza pura da linguagem. Não é simplesmente uma obra-prima histórica, mas também literária. Foi esse aspecto de Trotski que atraiu uma boa fatia da *intelligentsia* de Nova York na década de 1930. Edmund Wilson, Irving Howe, Mary McCarthy, Dwight Macdonald e outros foram todos vítimas da arte e do talento de Trotski. A qualidade da prosa era devastadora e lembro-me de que, quando terminei a história, fiquei muito triste com a idéia de que, como esse homem foi anatematizado pelo stalinismo, milhões de pessoas deixaram de ler seus textos sob a influência de Moscou. Que livro seria melhor que a descrição magistral de Trotski,

---

* Leon Trotski, *História da Revolução Russa* (São Paulo, Sundermann, 2007). (N. E.)

sem precedentes nos anais da Revolução, para explicar 1917 às novas gerações da China e do Vietnã? O bloqueio mental criado pelo stalinismo era muito profundo e grande número de intelectuais que romperam com o comunismo oficial, em 1956, achou dificílimo ler Trotski, enquanto alguém como Michael Foot lera tanto Trotski quanto Deutscher e prestava homenagem ao gênio de ambos.

Terminei o livro em uma semana, mas ainda não recebera resposta dos camaradas. Acabei convidando Pat Jordan para almoçar no Ganges, na Gerrard Street. Era um dos redutos prediletos de muitos esquerdistas porque o proprietário, Tassaduque Ahmed, se descrevia como marxista e costumava participar dos debates durante as refeições. Logo se tornou claro por que meu pedido de filiação demorara tanto para ser processado. Depois de algumas cervejas, Pat Jordan explicou que, como eu estava muito acostumado a falar em grandes comícios e conferências, talvez não tivesse idéia do tamanho minúsculo do grupo. Como o efetivo dos batalhões de Pat Jordan não me preocupavam em nada, somente ri e perguntei quantos filiados o grupo possuía na época.

– É muito, muito menor que o IS – foi a resposta.

Tentei de novo.

– Sei disso, Pat, mas quantos indivíduos são?

Seguiu-se uma longa pausa.

– São... são... uns cinqüenta – respondeu – e deles, trinta são de Nottingham. Acho que você sabe que rompemos com Ken Coates...

Devo confessar que ficado espantado, já que supusera que eram uns vinte membros.

– Tem certeza de que são mesmo cinqüenta, Pat? – indaguei.

Outra longa pausa.

– Pois é, acho que talvez sejam uns quarenta, mas temos muitos contatos e vamos crescer.

Eu lhe disse que não me importava se eram dez ou vinte e queria entrar mesmo assim.

– Nesse caso, considere-se um dos nossos – disse ele, e brindamos ao futuro da Internacional.

Perguntei se o grupo tinha nome e, para meu alívio, tinha, e também um estatuto, que peguei no dia seguinte. Eu entrara para o International Marxist Group [Grupo Marxista Internacional], filiado à Quarta Internacional.

Abril

Os ataques ferozes da imprensa à Campanha de Solidariedade ao Vietnã e as meias-verdades, mentiras e calúnias repetidas contra mim não isolaram o movimento. Ocorreu o contrário e o tamanho das reuniões quadruplicara nos *campi* e nas cidades menores. Já havíamos decidido que era necessária uma demonstração maciça de força em outubro de 1968 e resolvemos realizar uma série de conferências regionais no Yorkshire, na Escócia, no País de Gales e nas Midlands para planejar nossa estratégia. Isso significou para mim mais um mês de estrada, mas viajar já fazia quase parte da rotina diária. Os rituais de Páscoa da CDN também estavam se aproximando e decidimos não ignorar a passeata e participar com nossas faixas para ganhar apoio para a VSC e para a manifestação de outubro.

Então, tarde da noite, recebi um telefonema de Berlim. Era de uma amiga da SDS e, durante alguns minutos, depois de ouvir minha voz, ela não conseguiu falar porque soluçava incontrolavelmente. Fiquei paralisado de preocupação e implorei para que me explicasse o que acontecera. Rudi Dutschke levara um tiro de um fanático de direita. Ainda estava vivo? O ferimento fora grave? Onde ele estava? Estava inconsciente, em tratamento intensivo no hospital. A bala lhe penetrara a cabeça e ele seria operado em breve, mas as chances de sobrevivência eram pequenas. A SDS pedira manifestações por toda a Alemanha e estava informando aos amigos de toda a Europa. Isso foi às vésperas da assembléia da CDN, no Hyde Park. Liguei para vários membros do comitê da VSC e concordamos, por telefone, que era preciso fazer alguma coisa logo, mas tomaríamos a decisão final quando o grupo londrino da VSC estivesse presente e alerta, na tarde seguinte. Eu tinha certeza de que meu telefone estava grampeado e minha correspondência era aberta antes de ser entregue, mas, como não estava envolvido em nenhuma conspiração para explodir nenhum prédio, não me preocupava à toa. Apenas impedia discussões por telefone sobre os detalhes táticos das manifestações, embora até mesmo essa autodisciplina às vezes fosse difícil de seguir.

Naquela noite, o telefone não parou de tocar. Eram amigos da Alemanha, Ernest Mandel de Paris e montes de partidários da VSC na Grã-Bretanha. A tentativa de assassinato contra Rudi Dutschke fez todo mundo agir. Naquela noite, tentei recordá-lo em todos os detalhes. O cabelo comprido, os olhos intensos, a oratória vigorosa, que com freqüência nos fazia esquecer o forte traço cristão que sempre fora importante em sua vida. Ele nasceu na Alemanha Oriental, que se tornou outro Estado durante a sua infância. Fora profundamente influenciado pelo protestantismo e queria estudar teologia em Berlim Oriental, mas essa escolha não era muito encorajada na época. O jovem Dutschke não gostava do ritual ateu que o novo Estado havia inventado para os escolares de menos de dezesseis anos e substituía a crisma cristã: Quem não o aceitava não podia fazer carreira no Partido e costumava ser recrutado para o Exército antes de poder entrar para a universidade. Dutschke não queria servir no Exército; em vez disso, foi para Berlim Ocidental. Lá, caíra sob a influência de teólogos radicais e da literatura da Escola de Frankfurt, principalmente de Marcuse. A combinação deste último com a versão de Rudi do cristianismo dera a seus discursos um sabor messiânico, que deliciava a SDS, mas contrariava o *establishment*. Ele morava com Gretchen, uma norte-americana que também era teóloga, e tinham um filho chamado Che.

A editora Springer era sabidamente reacionária. Foi produto da Guerra Fria e os jornais da empresa faziam campanhas eficazes contra seus inimigos políticos. As nações derrotadas são *freqüentemente* frustradas, agressivas e malhumoradas. As publicações de Axel Springer tentavam canalizar o desespero do pós-guerra para uma cruzada anticomunista. Sem dúvida, o caráter regimental da Alemanha Oriental auxiliava nesse processo, cujo alvo era a esquerda da Alemanha Ocidental. Eu notara isso em Berlim alguns meses antes. As cruéis caricaturas de Dutschke, suas caracterizações como um assassino bolchevique enlouquecido, eram uma prática corriqueira. Bachmann, o candidato a assassino, disse mais tarde diante do tribunal que a imagem que fazia de Dutschke fora formada pela Springer. Detalhara os comentários do jornal que o inspiraram a matar o maníaco vermelho. Em Berlim, os estudantes atacaram os prédios da Springer para deixar bem claro o que sentiam.

Em 15 de abril, um dia depois do ataque, as faixas da VSC foram exibidas no Hyde Park e começamos a pedir aos integrantes da CDN que se unissem a nós numa passeata até a embaixada da Alemanha Ocidental e a sucursal da Springer, em Londres. A SDS deixara uma faixa após a manifestação da Grosvenor Square; nós a prendemos em dois mastros e lhe demos um lugar de destaque atrás do palanque. Quando reunimos 2 mil pessoas (cerca de um sexto do comício da CDN), saímos do Hyde Park e fomos até a embaixada alemã, na Belgrave Square. Houve algumas escaramuças sim-

O PODER DAS BARRICADAS   283

bólicas com a polícia, mas um alto funcionário da embaixada concordou em nos receber e liderei uma delegação. Naturalmente, ele estava chocadíssimo com o incidente. "Também está 'chocadíssimo' com um ano de campanha nos tablóides da Springer?", perguntei com suavidade. Ele não respondeu. Então, informei-o de que, se a SDS alemã fosse proibida lá, haveria um cerco permanente às embaixadas da Alemanha Ocidental na Europa. Isso não acontecera nos anos 1930, e era por isso que assegararíamos os direitos da SDS como organização estudantil de massa.

Saímos da embaixada e seguimos para a sucursal da Springer, abrigada no prédio do *Daily Mirror*, em Holborn Circus. "Springer hoje, King amanhã" (referência a Cecil King, dono do grupo Mirror na época) estava escrito em letras grandes na faixa de *The Black Dwarf*, carregada com orgulho por Clive Goodwin e David Mercer naquele dia. Havia muito mais policiais na frente do prédio do *Mirror* do que da embaixada alemã, num reflexo interessante das prioridades da Scotland Yard. Um grupo de militantes hippies era liderado por Sid Rawle, que vestia uma túnica longa e queria levar seus seguidores para dentro do prédio. Marchavam atrás de uma faixa que dizia apenas: "Mártires da *cannabis*".

– Pronto – disse Sid ao pelotão hippie. – Vocês já viram a merda do prédio do *Mirror*. Não quero vê-lo, quero ocupá-lo...

Eles atacaram, mas a presença da polícia era muito forte naquele dia. Finalmente, o comandante Lawlor apareceu e disse-me que o representante da Springer concordara em me receber. Seis de nós foram escoltados até o prédio e levados ao escritório de George Clare, diretor do Grupo Springer no Reino Unido. Falamos. Ele escutou. Acusei sua empresa de ter instigado o assassinato. Ele disse que transmitiria nossa opinião ao escritório central, em Hamburgo. Alguém da nossa delegação disse que, se continuassem assim, a SDS alemã lhes enviaria mais do que apenas mensagens. Ele deu de ombros. Saímos.

Do lado de fora, o clima estava confuso. Vinte pessoas haviam sido presas. Subi numa camionete para falar. Tudo que pretendia dizer era que devíamos nos afastar e nos dispersar em Lincoln's Inn Fields. Antes que eu pronunciasse uma única palavra, um grupo de policiais correu na minha direção e agarrou minhas pernas, mas ao mesmo tempo fui puxado no sentido contrário por dezenas de ativistas da VSC. Felizmente a polícia me largou e fui puxado em segurança. Então, Lawlor veio até mim para perguntar quais eram nossas intenções e foi xingado pela tentativa estúpida de me prender. Quando se afastou, fomos embora e nos dispersamos como planejado.

Apesar de ter ocorrido apenas uma escaramuça minúscula na Belgravia, a manchete de *The Times* da manhã seguinte dizia: "PASSEATA EM LONDRES CONTRA A SUCURSAL DA SPRINGER. Centenas em choque na embaixada". No entanto, o meticuloso repórter que escreveu o texto interno foi muito mais exato.

Foi dessa maneira que prestamos nossa homenagem ao socialista alemão Rudi Dutschke, que sobreviveu ao ferimento e passou por uma lenta recuperação, mas achou difícil continuar morando em sua Alemanha natal. Partira voluntariamente da Alemanha Oriental; sentia-se igualmente incapaz de morar na Alemanha Ocidental depois que uma bala lhe perfurara o cérebro.

É claro que esses fatos tiveram certo efeito sobre Cecil King. Em 17 de abril, dois dias depois de nossa manifestação, *The Daily Mirror* anunciou em primeira página que oferecia espaço àquilo que seria, segundo a enorme manchete, "A voz de protesto sem censura". Dois dias depois, fui convidado a escrever um texto, que seria publicado na primeira página, explicando nossa opinião a um público de "5,5 milhões de leitores". Depois de explicar por que estávamos desiludidos com o governo trabalhista e com a paralisia da esquerda parlamentar, delineei as principais razões de nossos protestos:

1. Romper o silêncio. Não há oposição de verdade no país. A oposição da imprensa é, em grande parte, uma fraude. Para os socialistas, parece que todo o processo "democrático" está do lado da reação.

A Câmara dos Comuns não passa de um carimbo que nunca é consultado sobre assuntos importantes (muitos se recordam de que a decisão de fabricar a bomba atômica não foi tomada pelo Parlamento). Um exemplo gritante e recente é a imagem de banqueiros internacionais vetando o orçamento e dizendo ao sr. Jenkins quanto desemprego ele deveria criar.

Cada vez mais poder se concentra em cada vez menos mãos (observem todas as recentes fusões industriais) e isso está destruindo o processo democrático. Também não podemos nos esquecer de que 90% da imprensa nacional é controlado por cinco homens.

2. A imagem de um pequeno exército de camponeses na selva do Vietnã provocando baixas elevadas na nação imperialista mais poderosa do mundo causou um efeito estimulante sobre muitos militantes. Os dezenove guerrilheiros que morreram depois de ocupar a embaixada dos Estados Unidos durante

algumas horas, em Saigon, foram admirados por muitos. Dizem que, se um grupo especial de combatentes britânicos tivesse feito o mesmo na embaixada nazista, durante a ocupação da França, todos teriam recebido postumamente a Cruz da Vitória.

Além disso, na Suécia socialdemocrata, vêem-se os ministros do gabinete sueco marchar ao lado dos manifestantes para protestar diante da embaixada norte-americana, de braços dados com representantes de Hanói e da Frente de Libertação Nacional.

Neste país, tais representantes não podem nem sequer participar e a social-democracia britânica continua a apoiar a política norte-americana no Vietnã. Soldados britânicos treinam fuzileiros norte-americanos na Malásia...

O espaço não ficou à disposição por muito tempo, mas mostrou que até os magnatas da imprensa eram suscetíveis à pressão da massa. O mais importante foi que recebi centenas de cartas em resposta, favoráveis em sua maioria e mais da metade querendo saber como se filiar à campanha de solidariedade ao Vietnã. Era óbvio que a junção de Springer a Cecil King em nossos cartazes levou *The Daily Mirror* a moderar o tom, e consideramos isso uma pequena vitória.

O ANO 1968: A REVOLUÇÃO FRANCESA

> *As revoluções são a festa dos oprimidos e explorados [...].*
> *Em tais períodos o povo é capaz de fazer milagres, do ponto*
> *de vista da medida estreita e pequeno-burguesa do progresso*
> *gradual. Mas em tais períodos é necessário que também os*
> *dirigentes dos partidos revolucionários apresentem as suas*
> *tarefas de um modo mais amplo e audaz, que as suas*
> *palavras de ordem vão sempre à frente da iniciativa*
> *revolucionária das massas, servindo de farol para elas [...],*
> *mostrando a via mais curta e mais directa para a vitória*
> *completa, incondicional e decisiva [...].*
> V. I. Lenin, 1905*

Em 1º de maio de 1968, comemoramos a primavera e os mártires operários do mundo todo. Estavam presentes alguns sindicalistas, veteranos de lutas passadas, e fizemos uma passeata até Transport House, então sede do Partido Trabalhista, na Smith Square. As palavras de ordem eram uma combinação de slogans novos e antigos. Uma prova impressa do número zero de *The Black Dwarf* foi distribuída gratuitamente e, como podia ser levada como cartaz – mostrava Enoch Powell com o casquete pontudo de um oficial da SS –, muitos manifestantes o usaram para mostrar seu desprezo pelo político *tory*. Powell fizera recentemente o famoso discurso dos "rios de sangue" para atacar a presença de rostos negros em sua terra branca e aprazível. Diante de Transport House, alguns de nós falaram sobre vários temas e depois nos dispersamos. Quando me afastei com alguns amigos da Cartoon Archetypal Slogan Theatre – trupe de agitação e propaganda, pioneira do teatro marginal e radical dos anos 1960 –, notamos uma feia manifestação de

---

* Vladimir Lenin, "Duas táticas da socialdemocracia na Revolução Democrática", em *Obras escolhidas* (Lisboa, Avante!, 1977). (N. E.)

carregadores de carne de Smithfield e, para nosso horror, de estivadores de Tilbury em apoio a Powell. Os fascistas britânicos sempre tiveram uma boa base em Smithfield. Suponho que a visão de toda aquela carne vermelha e ensangüentada estimule certos tipos de fantasia, mas os estivadores eram novidade. Infelizmente, eles também me viram e indicaram, com gestos e palavras, que eu devia ser linchado e decapitado, embora os mais moderados só exigissem minha deportação. Essa última idéia não era original. Tinham-na tirado de Robert Mellish, ministro trabalhista que escreveu uma carta aberta a James Callaghan, secretário do Interior, para exigir minha expulsão do país. Callaghan declarou que compreendia Mellish e se solidarizava com ele, mas infelizmente tinha de informar ao colega de gabinete que, a menos que eu fosse preso, acusado de algum crime e considerado culpado, ele nada podia fazer. Eu era cidadão da Commonwealth e, naquela época, tinha direito automático à residência permanente e à nacionalidade britânica se permanecesse cinco anos no país. Ainda faltavam cinco meses para eu estar em segurança e muitos ativistas da VSC acharam que as observações de Callaghan eram um convite público para que a polícia e o judiciário cumprissem seu dever. Seja como for, esse fato resultou na defesa espontânea de minha pessoa nas manifestações. Naquele 1º de Maio, nós éramos pouquíssimos e, quando um grupo de estivadores e de carregadores de carne, de olhar frenético e o rosto contorcido de ódio, correram para me pegar, Roland Muldoon, pouco afeito a falsos heroísmos, decidiu que era hora de nos retirar. Fugimos.

Três dias depois, os estudantes franceses começaram a se agitar outra vez e as dores do parto de um novo movimento foram sentidas em toda a Europa. Antes da Segunda Guerra Mundial, a França tinha apenas 60 mil estudantes universitários para uma população de 42 milhões de habitantes. Em 1958, quando De Gaulle tomou o poder e desfez a Quarta República, esse número subira para 175 mil. Em 1968, a França tinha 50 milhões de habitantes e o número de estudantes aumentara radicalmente para 600 mil. O sistema universitário enfrentava uma dupla crise: os prédios, os alojamentos estudantis e as instalações eram insuficientes e a qualidade da educação sofria com isso. Foram esses os fenômenos superficiais que deram base material à revolta que se seguiu, somados à estrutura autoritária e à tentativa insensata de impor a disciplina da reitoria. O tiro saiu pela culatra, mas, se isso não acendesse o rastilho, outra coisa o faria. A verdade é que a França estava a ponto de explodir. Os dez anos de gaullismo haviam sufocado a sociedade francesa. A taxa de crescimento caíra e o desemprego aumentara para 2,3%. Somou-se a isso um congelamento de salários. A classe operária crescera 30%. O descontentamento nacional teve sua primeira voz entre os universitários. Afinal de contas, Pierre Frank estava certo.

Estávamos nos preparando para produzir o primeiro número regular de *The Black Dwarf*, mas era cada vez mais óbvio que não conseguiríamos cumprir o prazo de 15 de maio de 1968. Tínhamos planejado um jornal do tamanho de *The Times*, mas praticamente todas as gráficas que consultamos se recusaram a imprimir a publicação. Um diretor administrativo disse-nos que "o tom de vocês está todo errado". Vários donos de gráficas também nos rejeitaram e, afinal, tivemos de diminuir o tamanho do jornal e recorrer à Goodwin Press, que concordou sem impor condições, o que não admirava, já que era a gráfica da Campanha pelo Desarmamento Nuclear. Foi um alívio, mas tivemos de mudar rapidamente o estilo e o projeto gráfico do jornal. Robin Fior e D. A. N. Jones estavam trabalhando no jornal quando as notícias de Paris começaram a esquentar. Liguei para um amigo, que pediu que eu fosse para lá o mais depressa possível. A Universidade de Nanterre fechara. Houvera batalhas nas ruas e a Sorbonne fora ocupada. As notícias eram fantásticas, mas eu tinha uma série imensa de palestras agendadas em várias partes da Grã-Bretanha e isso, juntamente com o lançamento do *Dwarf*, me impossibilitava de viajar naquela semana. Em vez disso, fiz um milhão de perguntas por telefone para contar tudo nas reuniões em que teria de falar.

Os dois grupos de papel mais importante no movimento estudantil eram o Movimento 22 de Março, que surgira em Nanterre e adotara como nome a data de sua mobilização, como fizeram Fidel Castro e Che Guevara no Movimento 26 de julho, e a JCR. O primeiro era um grupo abrangente e espontâneo cujo principal porta-voz era Daniel Cohn-Bendit, de vinte e poucos anos e aluno brilhante de sociologia. Anarquista libertário, era extremamente hostil ao Partido Comunista francês. À sua esquerda, estava Daniel Bensaïd, teórico e orador talentoso, líder da JCR. Cohn-Bendit e Bensaïd, apesar das divergências doutrinárias, acharam bastante fácil trabalhar juntos. Uniram-se contra os sectários variados que, do lado de fora do movimento estudantil, zombavam dele.

Em 6 de maio, os alunos da Sorbonne resistiram durante doze horas a duas corporações policiais, os *gardes mobiles* e a odiadíssima Companhia Republicana de Segurança (CRS). Frustraram a tentativa da polícia de acabar com a ocupação. O Quartier Latin foi rebatizado de bairro do Vietnã Heróico. O principal auditório da Sorbonne foi rebatizado de Salão Che Guevara. Vários líderes estudantis foram presos e aí a principal exigência passou a ser sua libertação imediata e incondicional. Em 7 de maio, ergueu-se uma faixa do Movimento 22 de Março e, atrás dela, dezenas de milhares de estudantes tomaram as ruas de Paris até o anoitecer. Nascia um novo movimento. Um panfleto do Movimento 22 de Março, intitulado "Não seremos os cães de guarda do capital", foi distribuído às centenas de milhares nos dois dias seguintes. Anunciava que queria a mudança revolucionária da sociedade e que os estudantes não permitiriam o funcionamento normal das universidades até que seus colegas presos fossem libertados e todas as sanções, suspensas. Convocava para uma manifestação em massa na sexta-feira, 10 de maio, e pedia que todos se reunissem na praça Denfert Rochereau, sob o olhar da perplexa estátua do leão. A convocação foi apoiada pela equivalente francesa da União Nacional dos Estudantes (Unef) e pela JCR.

Às 18h30 de 10 de maio de 1968, mais de 30 mil estudantes se reuniram no local combinado e interromperam o trânsito por três quilômetros. Cohn-Bendit falou aos manifestantes e perguntou aonde eles queriam ir. Três alvos foram apontados: a prisão da Santé, o Serviço de Radiodifusão-Televisão Francesa (ORTF) e o Ministério da Justiça. Vários milhares de pessoas se uniram à passeata a caminho da prisão, que foi defendida por policiais armados. Os manifestantes então seguiram rumo à margem direita do Sena e à ORTF, mas a polícia foi mais esperta e obrigou-os a subir o Boulevard Saint-Michel em vez de descer o Boulevard Saint-Germain. No Boulevard Saint-Michel, a vanguarda estudantil viu-se cercada por todos os lados pela polícia. As opções eram dispersar ou ficar e lutar. Cohn-Bendit sugeriu que eles ocupassem o Quartier Latin "sem incomodar a polícia" e ali se mantivessem até que a polícia fosse embora. Então a passeata poderia ir até à ORTF. Os militantes estudantis já estavam arrancando as pedras do calçamento para construir barricadas. Afinal de contas, eles estavam na França e a consciência subterrânea de revoluções passadas voltara a emergir. Mais tarde, duas militantes escreveriam: "Assim como outros eram vinte quando as hordas nazistas invadiram a França, assim como outros eram vinte quando a Argélia rompeu os grilhões de um colonialismo fétido, nós éramos vinte em maio".

E poderiam ter acrescentado, com a devida vênia a Wordsworth, que a glória da própria existência fora transcendida por sua juventude, "um verdadeiro paraíso". Os paralelepípedos do Quartier Latin (hoje cobertos por um feio asfalto) foram tratados com muito amor naquela noite. Por toda parte erguiam-se barricadas e, à meia-noite, os militantes entreolhavam-se e comentavam qual barricada mereceria o prêmio Engels. Alguns haviam construído em dobro: uma fileira de paralelepípedos de um metro de altura, um espaço vazio e depois uma muralha de carros, postes de metal e latas de lixo de dez metros ou mais. Os cidadãos do Quartier Latin, o povo que realmente morava ali, mostraram-se extremamente solidários. Forneceram água e comida, açúcar e pano para que se fizessem máscaras de proteção contra o uso inevitável de gás lacrimogêneo. Os cidadãos mais velhos, que observavam os estudantes da janela dos apartamentos, lembraram-se de alguma coisa do passado e desceram, vestidos apenas de pijamas, e ajudaram a construir uma ou outra barricada. Bandeiras vermelhas foram içadas nas barricadas. Muitas eram a velha bandeira tricolor depois de tirados o azul e o branco. Alguns cidadãos subiam nos telhados para observar o inimigo e desciam para relatar cada movimento aos estudantes.

O ataque da polícia ocorreu às 2 horas da madrugada, na praça de Luxemburgo. As unidades da CRS enviadas para acabar com a ocupação lançaram bombas de gás para cegar e sufocar os estudantes. A princípio, estes ficaram na defensiva. Depois, decidiram contra-atacar. Para seu próprio espanto, perceberam que haviam derrotado a polícia enquanto os que assistiam os aclamavam das calçadas. A luta continuou até as 4h30 da madrugada. Duas horas depois, todas as unidades da polícia se retiraram. O Quartier Latin permaneceu livre. No dia seguinte, o governo francês aceitou as principais exigências dos estudantes. Em épocas normais, isso seria suficiente para desarmar o movimento, mas a França, em maio de 1968, sufocava sob a Quinta República. Os estudantes haviam mostrado ao resto do país que era possível respirar de novo.

Em Londres, *The Black Dwarf* despachou Clive Goodwin para Paris no dia seguinte à noite das barricadas. Ele me ligou de lá, entusiasmadíssimo.

– Está havendo uma revolução aqui. O jornal tem de repercutir isso...

Ele vira palavras de ordem pintadas nos muros do Quartier Latin. *Tomo meus desejos por realidade, porque acredito na realidade de meus desejos.*

– E os operários? – perguntei a Clive. – E os operários? Vão se mexer ou não?

Mas os operários já haviam se mexido. Os camaradas da JCR me contaram que havia montes de jovens operários presentes na noite de 10 de maio. Assim como intelectuais. Jean-Marie Vincent, Nicos Poulantzas, Ernest Mandel, Denis Berger e outros também construíram barricadas.

A reportagem mais bem informada da Grã-Bretanha foi publicada no *Observer* por Patrick Seale e Maureen McConville, de Paris. Fiz as malas, desesperado para me unir à JCR nas ruas. Um jornal publicou o fato de que eu me preparava para visitar a capital francesa. Naquele mesmo dia recebi um telefonema. Era um homem "idoso" (uns quarenta anos, pensei na época) que ligou de um telefone público e não quis dizer o nome. Falou rapidamente, mas com um tremenda autoridade:

– Trabalho para o Home Office. Se for para a França hoje, não vão deixar que volte ao país. Sugiro que não saia daqui enquanto seus cinco anos não se completarem.

Foi tudo que disse, e não me deu chance de perguntar mais nada. Essa brevidade me convenceu de que não se tratava de uma brincadeira de mau gosto. Um piadista manteria a farsa e tentaria forçar a fronteira da credulidade. Afinal de contas, essa é a função da boa piada. Como sou, ou melhor, como eu era especialista nessas coisas, sempre fiquei atento para não cair em nenhuma armadilha e, portanto, desconfiei do telefonema. Consultei um advogado experiente, enquanto Ken Tynan falava informalmente com John Mortimer. Ambos me deram o mesmo conselho. O interlocutor anônimo, estivesse brincando ou não, dera-me um conselho muito sensato. Como dois ministros de Gabinete haviam discutido publicamente minha deportação, isso seria lhes dar de mão beijada o pretexto que impediria meu retorno. Pat Jordan e o Grupo Marxista Internacional reforçaram a posição e assim, relutante e zangado, cedi à pressão coletiva. Qualquer dúvida que eu tivesse a respeito da seriedade do misterioso telefonema foi sanada quando meus cinco anos se expiraram. O *Evening Standard*, de Londres, noticiou que "havia caras feias no Home Office" naquele dia, porque eu escapara da rede. Mesmo assim, ainda não tenho certeza de que tomei a decisão correta. Foi imperdoável perder Paris naquela primavera.

A rebelião estudantil transformou-se em revolta contra o capitalismo francês e seus valores. O Teatro Odéon foi ocupado pela *intelligentsia* parisiense e virou sede de debates e discussões diários. Do lado de fora, Jean Genet zombava, dizendo que tudo era teatro. Queria enfrentar o Estado e sentia que isso não poderia ser feito por meio do Odéon. Os estudantes reagiram com a palavra de ordem: "Quando a Assembléia Geral se transforma em teatro burguês, nós transformamos os teatros burgueses em Assembléia Geral". Mas eles poderiam ir mais longe? Foram. As ocupações de fábricas começaram e espalharam-se pela França inteira. Somente um operário em cada cinco era filiado a sindicatos, divididos segundo linhas políticas, ao contrário da Grã-Bretanha. As ocupações de fábricas uniram os trabalhadores sindicalizados aos não-sindicalizados. Aqui também foram os jovens que assumiram a liderança. "Ei, vocês!", gritaram coletivamente para os organizadores sindicais veteranos da Confederação Geral do Trabalho (CGT) e da Confederação da Força Democrática do Trabalho (CFDT). "Vocês disseram que não podíamos fazer nada. Que ainda não éramos bastante fortes. Que devíamos esperar um pouco mais. Agora vejam esses estudantes. Eles lutaram nas barricadas e ganharam. Eles ganharam!"

Assim como o sucesso vietnamita inspirara os estudantes, agora o triunfo dos estudantes inspirava os operários. A França caiu numa solução pré-revolucionária sem que os trabalhadores que a tornaram possível percebessem que suas ações haviam começado a questionar quem governava a França. O levante varreu o país todo. Dez milhões de trabalhadores entraram em greve. Foi a maior greve geral da história do capitalismo e a escala dos acontecimentos foi muito maior que a dos levantes de 1905, na Rússia czarista. Os envolvidos não eram mais somente estudantes e operários. Os fazendeiros e os camponeses levaram tratores e esterco para as ruas; advogados e magistrados, arquitetos e astrônomos saíram pedindo mudanças. Eram apoiados pelos locutores da ORTF, que se declararam cansados de oferecer "merda" à população. E, como se quisessem reforçar o caráter realmente nacional do descontentamento, as artistas que faziam *striptease* no Folies Bergère uniram-se às grandes passeatas, repetindo "De Gaulle assassino!". A classe dominante francesa estava nervosíssima, mas, para mostrar seu sangue-frio, o primeiro-ministro Georges Pompidou fez uma visita oficial ao Afeganistão, onde foi aclamado pelos estudantes, e o general visitou a Romênia, onde foi saudado por operários que agitavam flores. Na França propriamente dita, os estudantes entregaram as bandeiras aos operários, que exigiam autogestão e controle aos trabalhadores.

Os acontecimentos na França levaram ao primeiro racha nas minúsculas fileiras do grupo de trabalho de *The Black Dwarf*. Nossos embaixadores em

Paris voltaram com o brilho da revolução em seus rostos. D. A. N. Jones produzira o primeiro número do jornal, que não transmitia o espírito do maio francês. Jones era bem intencionado, mas tendia a ser um tanto hostil a estudantes e o jornal refletiu essa falta de entusiasmo. Poderia ter sido distribuído, mas exporíamos nossas fraquezas. Foi convocada uma reunião de emergência na Cromwell Road e examinamos todas as páginas de *The Black Dwarf.* Havia muito material ali, mas faltava brilho à apresentação. Decidimos, relutante e tristemente, incinerar toda a tiragem de 20 mil exemplares e, ao mesmo tempo, nos separar de D. A. N. Jones. Foi Clive quem transmitiu a ele o que pensávamos e não sei o que foi dito nem se Jones partiu com o coração amargurado.

Dessa maneira, o primeiro número de *The Black Dwarf* tornou-se peça de coleção, pois foi destruído. É claro que guardei um exemplar e, quando o desenterrei para refrescar a memória, achei que, com exceção da capa, não estava tão ruim quanto pensamos. Além do mais, tinha um artigo meu que o novo primeiro número também descartou sem cerimônias. A decisão foi minha, já que David Mercer propusera que eu assumisse o cargo de editor e agisse rapidamente para produzir o jornal. Trabalhamos até tarde da noite nos dias seguintes. Clive Goodwin trouxera artigos da França e Patrick Procktor esboçara uma cena das lutas de rua em Paris. Rabisquei a capa numa folha de bloco e mostrei a todos à mesa. Era uma capa-cartaz, simples e fácil de entender: *Lutaremos, venceremos, Paris, Londres, Roma, Berlim,* que seria impresso em vermelho e preto. Embaixo, Robin Fior, nosso diagramador, pôs uma fotografia de estudantes franceses escalando a estátua do leão, com as palavras ditas a Daniel Cohn-Bendit por um operário de estaleiro: "Ouçam, tenho 43 anos e, nessa idade, operários estão velhos demais para aprender uma nova profissão. Meus filhos tiveram educação e me olham de cima. Mas eu me lembro de quando tinha a idade de vocês. Também queríamos mudar o mundo. Vão em frente, rapazes".

No miolo, o jornal trazia um diário detalhado do levante francês, uma polêmica brilhante de David Mercer contra o "homem respeitável" e a defesa do caminho revolucionário feita por Eric Hobsbawm, um importante historiador comunista. O texto de Hobsbawm era um ataque inteligente e eficaz contra o Partido Comunista francês, que dera as costas ao movimento e negociava a volta à normalidade. O último parágrafo resumia o que grandes setores da esquerda européia ocidental, quase em transe, cochichavam entre si:

Sabemos – embora os políticos não o saibam – que o povo não está contente. Todos sentem que a vida não tem sentido na sociedade consumista. Sabem que, mesmo quando têm conforto (e muitos não têm), são mais impotentes do que antes, mais empurrados de um lado para o outro por organizações gigantescas para as quais eles são itens, não homens. Sabem que os mecanismos oficiais para representá-los – eleições, partidos etc. – tenderam a se tornar instituições de cerimônia que realizam rituais vazios. Não gostam disso, mas até recentemente não sabiam o que fazer e talvez se perguntassem se haveria alguma coisa a ser feita. O que a França prova é que, quando alguém mostra que o povo não é impotente, ele pode voltar a agir. Talvez mais do que isso: que somente o sentimento de impotência impede que muitos de nós ajamos como homens e não como zumbis.

Rodamos 25 mil exemplares de *The Black Dwarf*, mas nenhuma das grandes redes de distribuição concordou em estocar ou distribuir nosso jornal. Ele foi vendido em bancas menores ou por vendedores de rua. Um desses vendedores, com o nome adequadíssimo de Mick Shrapnell, costumava vender 2 mil exemplares toda semana, circulando pelo centro de Londres. Na noite do lançamento, recebemos boas-vindas muito generosas no programa *Late Night Line-Up*, da BBC2, no qual Claud Cockburn e eu fomos entrevistados sobre *The Black Dwarf*. Claud prestou-nos uma bela homenagem e disse que éramos os verdadeiros herdeiros de seu lendário jornal dos anos 1930, *The Week*. Mais tarde, no jantar, mostrou-se cismado: Richard Ingrams, seu editor, receberia bem aquelas palavras, já que "parte dele acha que o tablóide satírico *Private Eye* é o sucessor de *The Week*"? Duvidei, porque achava que *Private Eye*, tão desiludido quanto nós todos com Wilson e com o governo trabalhista, decidira, ao contrário de nós, cair para a direita, apesar de Paul Foot e da excelente coluna de Claud. Então, Patricia Cockburn, pessoa extraordinária por mérito próprio, mudou de assunto. Ela fez muitas críticas à tática usada na Grosvenor Square com relação aos cavalos da polícia. Patricia, especialista em criação de cavalos, deu-me o seguinte conselho eqüestre:

– É bobagem jogar bolinhas de gude ou pó de pimenta nos animais. Eles não são policiais! [Risadinha de Claud.] O jeito mais simples de desorganizar uma carga de cavalaria é arranjar dois homens com um bom pedaço de fio de nylon forte e amarrá-lo numa grade ou em alguma coisa resistente, dos dois lados da praça ou de qualquer lugar onde se esteja. Quando a carga começar, eles devem levantar o fio de modo a tocar os cavalos um pouco acima do joelho. [Nesse momento, ela mostrou o ponto exato no joelho de Claud, sem perceber que as pessoas nas mesas vizinhas faziam cara de nojo, já que eu fora reconhecido.] Isso fará os animais tropeçarem e até cair, e o policial montado vai voar longe, causando uma grande confusão.

Agradeci-lhe imensamente e depois transmiti a informação aos especialistas nesses assuntos. Ficaram igualmente impressionados, mas não sei se o método Cockburn chegou a ser usado em ações.

Na França, a greve geral não foi exatamente derrotada, mas contornada. O poderoso motor do Partido Comunista francês e de sua fachada sindicalista, a CGT, desviou-se do movimento e fez um acordo com o governo. O tempo todo, os comunistas franceses tentaram deixar de lado os operários e os estudantes, às vezes à força. Condenaram Cohn-Bendit por ser estrangeiro, afirmando que os trabalhadores franceses não precisavam das lições de um "judeu alemão". Em resposta, 50 mil pessoas reuniram-se nas ruas e entoaram em uníssono: "Somos todos judeus alemães". Mas o movimento que levara a França à crise pré-revolucionária não possuía organizações próprias e não podia criar um poder paralelo institucionalizado. O Partido Comunista francês poderia fazer isso, mas preferiu ficar com o outro lado. De Gaulle não tinha tanta certeza de que os comunistas franceses fossem capazes de impedir a revolução; e o general podia ser tudo, menos bobo. Fez uma viagem secreta à Alemanha a fim de visitar as unidades profissionais do Exército, que concordaram em libertar Paris da ralé, mas cobraram um preço alto. De Gaulle concordou em reabilitar certos oficiais ligados à OAS que haviam tentado matá-lo por sua traição quando concordou com a independência argelina. O general Massu, torturador e semifascista, voltou às boas graças e recebeu o perdão "real".

Foi Pompidou quem trabalhou com o PC francês e com a CGT para pôr fim à greve. Há revolução quando não se consegue ver nenhuma outra solução no horizonte. Mas quando os líderes dos grandes batalhões garantem que há outros caminhos e soluções diferentes, não é possível estabelecer um poder paralelo, muito menos os planos de uma insurreição. Paris não era Petrogrado, mas a França chegara pertíssimo de uma transformação súbita. Os tribunais de outras capitais da Europa ocidental se assustaram. Robert Escarpit fez um sumário esmerado dos temores no exterior. *Os pesadelos deles são os nossos sonhos*, proclamara um cartaz em maio, em Paris. Em julho, Escarpit escreveu:

O francês que viaja para o exterior se sente quase tratado como convalescente de uma febre perniciosa. E como surgiu a urticária das barricadas? Como estava a febre às 5 horas da tarde de 29 de maio? O remédio gaullista vai atingir de fato as raízes da doença? Há risco de recaída? Mesmo que não sejam feitas diretamente, é possível ler essas perguntas nas manchetes exibidas em todas as bancas de jornais e livrarias.

Mas há uma pergunta que quase ninguém faz, talvez por medo da resposta. No fundo, todos gostariam de saber, com esperança ou temor, se a doença é contagiosa.

E claro que era, como descobririam Itália, Paquistão e Argentina. Foi uma característica espantosa de 1968 que a disseminação da revolta englobasse todos os continentes. A combinação entre Saigon e Paris resultara numa radicalização global sem precedentes na história do capitalismo. Em cada país, os ingredientes da receita eram diferentes, mas o padrão de mobilização não divergiu muito, com exceção dos Estados Unidos, onde o movimento contra a guerra coincidiu com a onda de revoltas negras que abalou Detroit, Chicago, Washington e Los Angeles e criou condições para o surgimento de grupos como os Panteras Negras, cujos cantos simplistas, como *A revolução chegou, é hora de pegar em armas*, eram apenas um dos lados do debate. O outro era a palavra. *Alma no exílio**, de Eldridge Cleaver, tornou-se um *best-seller* internacional, seguido da obra-prima de George Jackson, *Soledad Brother***, uma crítica devastadora da sociedade norte-americana. Ambos foram muito influenciados pelos vietnamitas e admitiam orgulhosamente essa dívida. A guerra começava a afetar a vida nacional de muitos norte-americanos.

Na França, no auge do movimento, Pompidou instruiu a televisão francesa a pôr os três líderes estudantis, Cohn-Bendit, Alain Geismar e Jacques Sauvageot, num programa que viria imediatamente antes de seu comunicado como primeiro-ministro. No discurso à nação, Pompidou referiu-se aos *"enragés"* [enraivecidos], dizendo aos telespectadores: "Mostramos a vocês alguns deles", mas o plano gorou. Os três radicais recusaram-se a desempenhar o papel que lhes deram. Ao contrário, mostraram-se sensatos e ousa-

---

*   Eldridge Cleaver, *Alma no exílio* (Rio de Janeiro, Civilização Brasileira, 1971). (N. E.)

**   George Jackson, *Soledad Brother* (s. l., Lawrence Hill Books, 1994). (N. E.)

dos, sérios e inteligentes, e conseguiram, com grande elegância, virar a mesa diante dos jornalistas, instruídos a fazer com que parecessem fanáticos sedentos de sangue. O único resultado foi o Partido Comunista Francês condenar a ORTF por permitir que aparecessem e Cohn-Bendit como agente de uma sinistra rede internacional.

Na Grã-Bretanha, Hugh Greene era diretor-geral da BBC e, a não ser por uma única exceção infeliz – não permitira que a emissora transmitisse o excelente filme antinuclear de Peter Watkins, *The War Game* –, administrava-a de maneira bastante liberal, resistindo às tentativas do governo trabalhista de censurar opiniões dissidentes. No final de maio, aprovou pessoalmente a idéia de Anthony Smith, produtor da BBC na época, de convidar líderes radicais de vários países e colocá-los no horário nobre. Convidaram-me para comparecer ao programa e disseram que estavam sondando vários conhecidos meus de outros países. Quando a notícia vazou, houve a costumeira tempestade em caneca de cerveja e parlamentares conservadores exigiram que cabeças rolassem. Os ministros trabalhistas também pensaram em proibir a entrada no país de Cohn-Bendit e dos outros. Planejamos uma festa de boas-vindas para todos os visitantes no apartamento de Clive Goodwin, na Cromwell Road, na qual algumas pessoas que trabalhavam na BBC, mas não confiavam na empresa, nos ensinaram a impedir que o programa fosse manipulado. Em 11 de julho, Cohn-Bendit chegou ao aeroporto de Heathrow e foi detido para um minucioso interrogatório pelo Special Branch e por autoridades da imigração. Corremos para o aeroporto em quatro ou cinco carros, com cartazes prontos. Ao mesmo tempo, Fenner Brockway começou a caçar o ministro trabalhista responsável pelo Home Office. O parlamentar liberal Eric Lubbock fez o mesmo e obrigou um ministro menos importante, David Ennals, a ouvi-lo na Câmara dos Comuns. Começamos um comício político improvisado no aeroporto enquanto mais e mais gente começava a chegar e ouvir o que estávamos dizendo. Finalmente, os trabalhistas concordaram que Cohn-Bendit poderia permanecer 24 horas no país para participar do programa. Nas palavras fátuas de David Ennals: "Se ele não vinha criar revolução na Grã-Bretanha, achei que não havia perigo nenhum". Ah, se fosse possível fazer revoluções só porque alguns poucos a querem...

Recolhemos Cohn-Bendit e fomos diretamente para a Cromwell Road. A reunião organizada para discutir planos de batalha ideológica cresceu até virar um encontro de mais de duzentas pessoas. Reunimo-nos numa salinha durante uma hora para discutir as táticas do programa *Estudantes em revolta*. Tony Garnett e Kenith Trodd eram da opinião de que devíamos insistir que o programa fosse ao vivo e não permitir edições depois de gravado. O olhar de surpresa no rosto de Cohn-Bendit levou Garnett a ser mais explícito:

– A BBC vai foder com você – gritou ele. – Vai foder com você!

Quando outros veteranos de encontros com a emissora fizeram sabiamente que sim com a cabeça, Cohn-Bendit tentou entender como poderíamos ser estuprados por uma empresa. Naquela noite, havia gente muito mais do que disposta a explicar a mecânica. Concordamos em não permitir que o entrevistador Robert Mackenzie nos manipulasse nem nos dividisse, e minha proposta de que, quando o programa terminasse, nos levantássemos e cantássemos a "Internacional" foi aceita. Então, saímos para a festa, onde Tony Smith, amistoso, mas irritado, esperava para saber o que decidíramos. Concordou com nossas exigências e, enquanto se tomava vinho e se inalavam indizíveis, Ken Tynan ressaltou que "estava presente um representante da imprensa burguesa". Eram 2 horas da madrugada, mas a presença de um intruso fez todo mundo levantar. Onde? Quem? Por quê? Era Richard Davy, de *The Times*, cuja reportagem fora um pouco mais favorável e exata que a de *The Guardian* daqueles dias. Davy, divertindo-se imensamente, recusou-se a ir embora. Clive Goodwin sugeriu que votássemos, mas achou-se que a discussão fora insuficiente e seguiu-se um debate. Davy decidiu ir embora voluntariamente, o que pôs fim à questão.

No dia seguinte, levei Cohn-Bendit e os outros ao cemitério de Highgate, onde ele ensaiou a "Internacional" diante do feio busto realista-socialista de Karl Marx e depois foi falar num grande comício na London School of Economics. Eu não encontrara Cohn-Bendit antes dessa ocasião. Nossas linhas políticas eram radicalmente diferentes, mas gostei dele instintivamente. Ele tinha um senso de humor malicioso e era extremamente franco. Em certo momento, quando fomos cercados de fotógrafos, ele disse:

– Adoro tudo isso. É como uma droga. Não sei como viveria sem...

Observei que talvez não se sentisse assim se morasse na Grã-Bretanha ou na Alemanha.

Falamos da ausência de Rudi Dutschke em nossas fileiras naquela semana e contei-lhe que a campanha da imprensa contra mim causara problemas concretos nas ruas e no transporte público. É claro que ele entendeu, mas a experiência francesa era inteiramente diversa. Ele foi corrosivo a respeito do papel do PC francês, que, segundo ele, surgiu no último instante como "pilar do sistema", usado abertamente por Pompidou para sabotar o movimento.

– A burguesia francesa – insistiu Cohn-Bendit naquele dia – usará os stalinistas como preservativo e depois... para o vaso sanitário.

Foi deportado da França, retornou ilegalmente, disfarçado, mas resignou-se a morar na Alemanha, onde tinha muitos amigos na SDS. Naquela tarde, na LSE, a reação foi muito positiva quando a assembléia concordou em usar os *campi* britânicos como refúgio para quem desertasse do Exército ou fugisse do recrutamento militar, fenômeno que crescia nos Estados Unidos.

Naquele dia, na LSE, houve um incidente infeliz que nos deixou com um gosto amargo. Nessa época, eu já me acostumara com as agressões racistas da imprensa direitista e de parlamentares *tories* e trabalhistas. Também estava me acostumando a ser atacado pela imprensa sectária de outros grupos esquerdistas, mas até então eram formas distintas de ataque pessoal. Os Socialistas Internacionais (mais tarde, Partido Socialista dos Trabalhadores) não eram muito favoráveis ao Grupo Marxista Internacional, o que não me admirava. A sigla que cada um defendia tinha sua importância. Eu sempre fora amistoso com outras siglas, a ponto de recomendar a quem morasse em cidades onde não havia o Grupo Marxista (que eram a maioria) que se filiasse aos Socialistas Internacionais. Na época, qualquer coisa era melhor do que ficar de fora. Então, quando um integrante dos Socialistas Internacionais se levantou e gritou: "Por que você não volta para o Paquistão?", fiquei chocadíssimo, já que era um ataque verbal que se esperaria da extrema direita. Os tablóides costumavam usar expressões como "escória estrangeira". O importuno dos Socialistas Internacionais foi importunado pela platéia, mas não repreendido em público por seu próprio grupo na LSE. Muitos amigos meus, nacionalistas negros muito influenciados por Stokely Carmichael e pelos Panteras Negras norte-americanos, costumavam zombar de mim, quando estávamos sozinhos, por trabalhar com a "esquerda branca". O argumento deles era que o racismo era profundíssimo na sociedade britânica e que a ideologia esquerdista não tinha como apagá-lo. Eu sempre criticara essa opinião por se basear na psicologia individual e não numa análise séria, e ainda insisti que estava certo, mas esse incidente me fez pensar. Tony Cliff, principal líder dos Socialistas Internacionais, ficou chocado e enojado com o incidente. Desculpou-se várias

O PODER DAS BARRICADAS   301

vezes, mas não conseguiu explicar o ocorrido. Sugeri que era essa a lógica do beco sem saída do sectarismo. Quem se recusasse a pertencer aos Socialistas Internacionais seria tratado como inimigo e advertido das conseqüências desse comportamento. Cliff respondeu que nada disso teria acontecido se eu tivesse entrado para os Socialistas Internacionais em vez do Grupo Marxista, o que foi gentileza dele, mas só confirmou minha opinião sobre o que acontecera. Fiquei tão zangado e cheio daquilo tudo que pensei até em evitar qualquer envolvimento com a política britânica, mas percebi que era uma reação imatura e individualista. Havia a grande passeata de outubro e *The Black Dwarf*, que precisavam dos meus serviços, e tanto Clive Goodwin quanto Pat Jordan ficaram horrorizados com a idéia de capitular diante de preconceitos sectários ou raciais.

O programa da BBC foi realizado e, naturalmente, foi um anticlímax para os que acharam que poderia levar à insurreição. Para os que participaram foi curto demais, embora tenha valido a pena ver o embaraço no rosto do falecido Robert Mackenzie quando cantamos a "Internacional". Cohn-Bendit obteve permissão para ficar uma quinzena e depois voltou para Frankfurt. A pessoa que, em certos aspectos, me interessou ainda mais foi um jovem estudante checo e calado chamado Jan Kavan. O pai, um comunista importante, fora vítima dos expurgos do fim da década de 1940. Ficara confinado numa solitária e sofrera outras torturas, mas sobrevivera. A família teve de conviver algum tempo com a vergonha de ser a "família de um traidor". A mãe de Jan, uma inglesa extraordinária, mantivera a casa funcionando apesar de todas as privações, que foram muitas naqueles anos. Kavan contou-nos que havia muita agitação em seu país. Eram muitas as mudanças e o processo de democratização estava em andamento. Eu já vira os noticiários filmados sobre o 1º de maio de 1968 em Praga, que tinham me emocionado muito. Ao contrário das comemorações pesadas e ritualísticas que eram marca registrada do stalinismo, ali se podia ver uma efusão espontânea de alegria e felicidade. Os operários e os estudantes não foram levados à força para o desfile e cheguei a perceber um grande cartaz com o retrato do Che, na época considerado contrabando na Europa oriental e na URSS. Alexander Dubček, líder checo, emocionara-se com a demonstração de apoio sem precedentes na Europa oriental e foi visto limpar uma lágrima do rosto. "Socialismo com rosto humano", foi como Dubček e seus camaradas chamaram a primavera de Praga. Estivéramos preocupados demais com a França para dar a devida atenção aos acontecimentos na Checoslováquia. Ainda assim, Praga faria parte de nosso 1968, tanto quanto Paris e Saigon.

Jan Kavan falou-nos do líder estudantil checo Jiri Müller, cuja prisão o radicalizara, de Karel Kovanda (que conheci mais tarde) e de muitos outros. A princípio, todos desconfiaram do programa de reformas do Partido. Afinal, não saíra das entranhas daquela mesma besta dos infernos que produzira julgamentos e execuções manipulados, que justificara todas as atrocidades stalinistas e defendera lealmente toda e qualquer ortodoxia que predominasse em Moscou? Estavam céticos, com todo o direito, mas as coisas estavam mudando. Queriam evitar os erros dos pais e, portanto, rejeitavam todos os novos dogmas, mas estavam sendo realizadas eleições nas universidades e nas fábricas e gente boa vinha sendo eleita. Havia um novo clima no Partido, principalmente nos setores mais jovens. Estes haviam começado a expandir seus horizontes. A prosa de Isaac Deutscher estava sendo traduzida para o checo e era publicada nas páginas das revistas comunistas oficiais. Jornais antes desprezados eram agora procuradíssimos, porque os jornalistas haviam virado a casaca e agora publicavam a verdade. A televisão checa também florescera e toda noite havia um programa especial em que ex-presos políticos enfrentavam os carcereiros e contavam aos telespectadores o que haviam sofrido. O resultado disso tudo foi virar do avesso o mundo da burocracia. Para ser estável, o domínio burocrático dependia da massa passiva e despolitizada. Dubček e seus partidários buscavam intensamente novas formas que pudessem somar socialismo e democracia sem ofender demais os homens do Kremlin. O resultado era vigiado com tanta atenção quanto a França, em maio. Foi em julho que Jan Kavan nos falou do apoio popular aos novos líderes checos do país e seu entusiasmo tranqüilo causou muita impressão.

Um dos mitos centrais dos ideólogos burgueses no Ocidente era igualar o projeto socialista aos crimes do stalinismo. Como não havia outro modelo de "socialismo", era sempre difícil demonstrar na prática, naquela época, pelo que lutávamos. Todos sabiam a que éramos contrários, mas não existiam modelos positivos em nenhum país avançado. Como os burocratas de Moscou concordavam com os lugares-tenentes políticos do capitalismo ocidental que o que havia na Europa oriental era socialismo, não surpreende que milhões de trabalhadores identificassem socialismo com governo autoritário de um só partido. A lógica era insinuar que só podia existir democracia na economia de mercado e de livre empresa. É claro que isso não levava em conta Hitler, Mussolini, Franco, Salazar e as numerosas repúblicas das bananas da América Latina e da Ásia, mas esse padrão dúplice não era universalmente admitido.

As mudanças na Checoslováquia a partir de março de 1968 permitiram afirmar que socialismo e democracia eram, na verdade, muito mais compatíveis que liberdade e capitalismo. Mais uma vez, meu desejo de viajar para o exterior foi frustrado pelos advogados. Não pude ir a Praga em agosto, como planejava, porque meus cinco anos na Grã-Bretanha só se completariam em outubro. Mesmo que assim não fosse, eu não seria bem-vindo, já que os tanques russos chegaram lá antes de mim. Ameaçar os líderes checos nos bastidores não produzira os resultados necessários. O Kremlin recusouse a tolerar a variante de socialismo que se tornara popular no Segundo Mundo. Ficaram apavorados, e com razão, pois se permitissem a existência do modelo checo o clamor de vozes zangadas não demoraria a ser ouvido em outros pontos da Europa oriental. Se socialismo e democracia podiam coexistir em Praga, então por que não em Berlim Oriental ou Budapeste, Varsóvia ou Sófia ou Bucareste, e até mesmo na própria Moscou? O exemplo de Praga tinha de ser esmagado da noite para o dia e, ali, a tragédia checa viu o início de um novo ato. Os checos confiaram que o Ocidente os protegeria da Alemanha nazista. Mas a classe dominante britânica e francesa fez um acordo com Hitler e sacrificou a Checoslováquia. Depois da guerra, os checos, gratos por terem sido libertados pelo Exército Vermelho, alimentaram esperanças de que Moscou respeitasse as tradições e a base econômica adiantada do país. Mais uma vez, viram que estavam errados. Jean-Paul Sartre exprimiu com extrema eloqüência esse aspecto da tragédia:

> A Checoslováquia poderia ter sido a primeira potência a ter sucesso na transição da economia capitalista avançada para a economia socialista, oferecendo ao proletariado do Ocidente, se não um modelo, ao menos a personificação de seu próprio futuro revolucionário. Nada lhe faltava, nem os meios nem os homens; se o genuíno controle operário fosse possível em algum lugar, seria em Praga e em Bratislava.
>
> Por infelicidade, os manipuladores de Moscou, manipulados por suas próprias manipulações, não conseguiram nem sequer entender a idéia de um socialismo assim. Em vez disso, impuseram seu sistema. Esse modelo importado e mal adaptado, sem bases reais no país, foi mantido de fora pela solicitude do "irmão mais velho". Foi instalado como ídolo, ou seja, como exigência de tipo fixo e incondicional, inquestionável, inquestionada, inexplicável, inexplicada [...].

O modelo stalinista de "socialismo sem lágrimas" foi outro desastre, e uma camada importante dos comunistas checos entendeu isso desde o princípio. Eles agiram em 1968, mas disseram-lhes que seu crime era terem se tornado populares. Populares demais! A experiência de Dubček era observada com o mesmo nervosismo por Washington e pelas capitais membros da Otan na Europa ocidental. Afinal, se fosse bem-sucedida, não havia dúvida de que seus ecos seriam ouvidos em toda a Europa, oriental e ocidental. Os insurgentes de maio foram desarmados, mas havia problemas à vista na Itália e, anos depois, Portugal chegaria à beira da revolução. Uma democracia socialista em funcionamento na Checoslováquia poderia até afetar a evolução dos fatos nos dois países. Quando os tanques invadiram o país, foi minúscula a zanga real demonstrada pelo Ocidente. Comparada com a reação à intervenção soviética no Afeganistão, ou à declaração do estado de sítio na Polônia, quase se pode dizer que, se prestássemos bastante atenção, conseguiríamos ouvir os suspiros de alívio nas capitais ocidentais durante a invasão da Checoslováquia.

Esse foi o terceiro ato da tragédia checa. Hoje está na moda tratar esses fatos como inevitáveis. O fatalismo político tornou-se muito popular depois de 1968. Mas os russos não precisariam ter invadido a Checoslováquia e teria sido possível evitar que o fizessem se houvesse uma autoridade mais firme em Praga. Na época ficou claro, como é claro hoje, que se Dubček tivesse mobilizado o povo e o Exército e dito a Brejnev e a suas coortes imperiais, com ousadia e em público, que a Checoslováquia resistiria à reimposição do domínio burocrático, é bem possível que os generais soviéticos não sancionassem a invasão militar. Afinal de contas, Tito rompera com Stalin em 1948 e armara politicamente o próprio povo quando realizou o debate em público, ao mesmo tempo em que avisava a Stalin, em particular, que toda tentativa de impor a vontade de Moscou pela força das armas seria recebida com resistência armada. Dubček e seus camaradas não quiseram correr o risco.

Eu soube da invasão da Checoslováquia às 7 horas da manhã, por um telefonema de Pat Jordan, que sempre acordava com as galinhas. Dali a uma hora eu estava na nova redação de *The Black Dwarf*, no segundo andar do número 7 da rua Carlisle, no Soho, logo abaixo da *New Left Review*, que ocupava adequadamente as altas alturas do último andar. Passei três horas ininterruptas ao telefone enquanto, na redação, não parava de chegar gente para fazer cartazes. Cinco mil manifestantes responderam à nossa convocação e marchamos até a embaixada soviética naquela mesma tarde para registrar nosso protesto em nome de Marx e Lenin, Luxemburgo e Trotski, cujos retratos levamos conosco, juntamente com as bandeiras vermelhas. É motivo de certo orgulho registrar que foi a esquerda marxista da Grã-Bretanha que organizou a maior manifestação contra a destruição do socialismo com rosto humano. Naquele fim de semana, o comício do Partido Trabalhista no Hyde Park só conseguiu reunir algumas centenas de transeuntes. Havíamos sido constantemente atacados por nossos ataques unilaterais aos Estados Unidos. A imprensa nos rotulava de fantoches do Kremlin. Os operários reacionários costumavam nos mandar morar em Moscou. Dessa vez eles silenciaram, envergonhados com a passividade de seu próprio lado.

A invasão da Checoslováquia também teve mais repercussão. Alba Grinan, embaixadora cubana em Londres, era muito amiga de *The Black Dwarf* e eu negociava com ela os direitos para publicar o *Diário do Che na Bolívia*. Esse documento fora capturado pelos bolivianos, copiado e mandado para Washington, mas Arguedas, ministro do Interior boliviano, não conseguia mais agüentar o controle norte-americano de seu governo. Foi-se embora da Bolívia e entregou o diário a Havana, que logo o publicou. Lá havia um trecho em que Che confidenciava: "Preciso escrever cartas a Sartre e Bertrand Russell, para que organizem um fundo internacional para conseguir dinheiro para o movimento boliviano de libertação [...]". Arguedas contara a Castro as circunstâncias da morte de Che e o líder cubano revelou-as na longa introdução ao diário. Che fora capturado vivo e levado para a aldeia de Higueros. Depois de 24 horas, decidiram matá-lo. Eis como Castro descreveu a cena:

O major Miguel Ayoroa e o coronel Andres Selnich, dois *rangers* treinados pelos ianques, ordenaram que um cabo, Mario Terán, matasse Che. Terán entrou completamente bêbado e Che, que ouvira os tiros que haviam acabado de matar um combatente boliviano e outro peruano, ao ver o bruto hesitar, disse-lhe, com firmeza: "Atire. Não tenha medo". Terán saiu da sala e seus superiores, Ayoroa e Selnich, tiveram de repetir a ordem, que ele finalmente executou, disparando sua metralhadora sobre Che da cintura para baixo [...]. A agonia de Che foi assim cruelmente prolongada até que um sargento, também bêbado, matou-o afinal com um tiro de pistola do lado esquerdo. Todo o procedimento mostrou o contraste violento com o respeito que Che nunca deixou de demonstrar pela vida de muitos oficiais e soldados bolivianos que aprisionara [...].

Três cubanos, um deles Pombo, fugiram do cerco e conseguiram voltar a Havana, onde confirmaram a autenticidade do diário de Che. Este seria publicado em inglês pela revista norte-americana radical *Ramparts* e os direitos de publicação na Europa haviam sido concedidos a várias editoras de esquerda – Maspero, na França, Feltrinelli, na Itália, Trikont Verlag, na Alemanha – e conseguimos obter permissão de Cuba para publicar o diário como número especial de *The Black Dwarf*. Jonathan Cape decidira publicá-lo em livro de capa dura por 25 shillings. Conseguimos furá-los usando a arte-final da *Ramparts* e nossa introdução, que "cuspia naqueles editores" que só queriam ganhar dinheiro. Na ocasião, vendemos 25 mil exemplares em dois meses a 5 shillings cada, pagamos o dinheiro que tomamos emprestado de várias pessoas, inclusive 250 libras de Peggy Ramsey, agente de David Mercer, e pusemos o resto no fundo geral.

Dinheiro para a revista era um eterno problema naquela época. Além dos apelos de Clive em nossas páginas (Lenin em 1917: Terra, Paz e Pão; *Black Dwarf* em 1968; Pão, Pão e Pão!), às vezes vendíamos pinturas doadas por Hockney, Kitaj, Patrick Procktor, Jim Dine e outros. E havia o dono de uma barraquinha na Portobello Road, de cabelo até a cintura, que costumava vir toda quinzena, sorrir para mim, pôr a mão no avental e tirar cinqüenta notas de cinco libras, uma quantia imensa naquela época. Eu agradecia. Ambos sorríamos e ele ia embora. Da quarta vez que isso aconteceu, perguntei-lhe da maneira mais amistosa possível por que nos dava aquele dinheiro. Ele me olhou como se eu devesse saber, sorriu de novo e disse, depois de uma breve pausa:

– O capitalismo não é um barato, cara – e foi embora.

Outra vez, depois de um de nossos apelos – estávamos devendo à gráfica –, recebi o telefonema de uma mulher do País de Gales. Ela disse seu nome e perguntou de quanto precisávamos. Achei que, se lhe dissesse o valor real, talvez ela não nos doasse nem um centavo, e comecei a murmurar coisas sem coerência até que ela disse:

– Por favor, basta me dizer exatamente de quanto precisam.

Ficava na faixa das 2.500 libras. Ela prometeu mandar um cheque pelo correio naquele mesmo dia, mas consegui impedir que encerrasse a conversa e perguntei o que fizéramos para merecer o presente.

– Christopher Logue salvou minha vida – respondeu ela –, e gosto do jornal.

Ela era ceramista e recebera recentemente uma pequena herança. Voltaria a nos ajudar em duas outras ocasiões. Christopher Logue foi atipicamente modesto quando lhe informamos o presente caído do céu. Ele só conseguiu recordar que a encontrara angustiada numa estrada nas montanhas do sul da França. Ela rompera com o namorado e estava em pé na beira da estrada, olhando muito séria a ravina lá embaixo. Logue conversara com ela, tirara-a da depressão e ela não esquecera a gentileza. Nessa ocasião, Clive Goodwin não se dispôs a dar muito crédito ao poeta.

– O mais importante – afirmou – é, antes de tudo, que ela lê o jornal. Se não fosse assim, como saberia que Logue faz parte da equipe?

Foi uma pena que as relações com os cubanos acabaram por se deteriorar. Fidel Castro finalmente falara da intervenção soviética na Checoslováquia. Foi um discurso astuto, que incluía muitas linhas de pensamento, inclusive um importante subtexto muito crítico a respeito dos socialismos da Europa oriental, mas ele acabou ficando do lado do degenerado papado moscovita e contra a reforma. Eu e David Mercer fomos conversar com Alba para exprimir nossa tristeza e informar que em breve publicaríamos uma "Carta aberta a Fidel" para tornar públicas nossas críticas e nos distanciar acentuadamente de sua análise. Ela ficou tristíssima e chorou. Também estávamos tristes, mas as lágrimas dos socialistas e reformadores checos tinham de predominar nesse debate. Ela nos implorou para mandar a carta a Havana, se necessário por um portador da embaixada, mas não publicá-la. Só que estava em jogo um princípio socialista e a política tinha de continuar no comando. Percebi que era um adeus a toda e qualquer viagem a Havana num futuro próximo. Recebera dois convites, mas os advogados haviam me aconselhado a não viajar a lugar nenhum até outubro e naquele dia amaldiçoei o regime de Wilson e Callaghan. Voltamos à redação e redigi a carta a Castro, que foi assinada por Mercer, Clive Goodwin, Roger Smith e eu. Os números que traziam a carta e a edição especial do diário de Che foram publicados ao mesmo tempo. Um resultado pequeno do caso, mas não imprevisto, foi que meu nome foi removido da lista oficial de convidados da embaixada para a festinha anual que marcava o sucesso da Revolução. Foi um adeus ao suco de tamarindo e à mistura potente dos Havana Libres.

O ANO 1968:
OS NOVOS REVOLUCIONÁRIOS

Conhece teu inimigo.
Ele não se importa com tua cor
desde que trabalhes para ele;
ele não se importa com quanto ganhas
desde que ganhes mais para ele;
ele não se importa com quem mora no quarto de cima
desde que ele seja dono do prédio;
ele te deixará dizer o que quiseres contra ele
desde que não ajas contra ele;
ele canta os louvores da humanidade
mas sabe que máquinas custam mais que homens;
negocia com ele, ele ri e vence-te;
desafia-o
e ele mata;
antes de perder as coisas que possui,
ele destruirá o mundo.

Christopher Logue, 1968

A incessante ofensiva vietnamita criara uma grande crise nos Estados Unidos. A derrota iminente numa guerra travada a vários milhares de quilômetros de distância dividira o Partido Democrata. Na convenção daquele ano em Chicago, os delegados foram cercados por manifestantes contrários à guerra, boa parte deles inspirados pela SDS e por várias coalizões antibélicas. O veterano prefeito Daley usara excesso de força, mas, ao perceber que metade dos delegados da convenção se solidarizava com os *peaceniks* e estavam prestes a derrubar a indicação do vice-presidente Hubert Humphrey para concorrer à presidência, entrou em pânico e lançou os cassetetes e o gás lacrimogêneo contra os delegados. O Partido Democrata dilacerou-se em público quando o candidato da paz, na pessoa do senador Eugene McCarthy, desafiou Humphrey e polarizou a convenção. Daley foi acusado de ser um "Hitler dos currais" quando um delegado de McCarthy disse à câmeras de TV: "Só mijam na gente enquanto a gente não descobre que não é chuva". Enquanto os manifestantes predominantemente brancos eram espancados diante do Anfiteatro Internacional naquele verão, muitos começaram a entender o tratamento que era destinado cotidianamente aos desprivilegiados norte-americanos negros.

Mas, em alguns aspectos, a notícia mais empolgante não veio de Chicago, mas de Fort Hood, no Texas, onde quarenta soldados haviam sido presos no quartel por se recusarem terminantemente a obedecer à ordem de ir a Chicago enfrentar as manifestações contra a guerra. O humorista negro Dick Gregory, que estava em Londres na época, ficou entusiasmadíssimo com a revolta dos soldados. Estávamos discutindo a situação na sala de espera de uma emissora de TV, antes de participarmos do *David Frost Show*. Os pesquisadores do programa estavam meio esgotados, mas tentavam não demonstrá-lo, enquanto ignorávamos suas tentativas de descobrir o que pretendíamos dizer quando Frost nos entrevistasse. Em vez disso, discutíamos as últimas notícias nacionais. Gregory previu que, com os recrutas em estado de insubordinação, havia pouca possibilidade de os Estados Unidos ganharem a guerra. Ele disse que a ofensiva de Tet desmoralizara a base do Exército norte-americano e que o Vietnã venceria. Gregory estava feliz principalmente com o efeito causado pela guerra na consciência negra de seu país.

– Em todas as outras guerras – disse ele –, inclusive as guerras genocidas contra os povos nativos, os negros lutaram como patriotas. Os homens de pele negra tinham de lutar mais ainda para provar que eram patriotas norte-americanos. Agora isso acabou.

O que ele me disse naquela noite combinava com as reportagens da *Ramparts* e outras revistas radicais da época. Alguns dos melhores atiradores das rebeliões negras eram veteranos de guerra.

Tanto Martin Luther King quanto Robert Kennedy haviam sido assassinados recentemente e Gregory referiu-se a suas mortes como "execuções". A morte de Martin Luther King foi uma perda especial para toda a América negra, mas uma boa fatia da sociedade branca também chorou. Parecia que todo líder negro que atacasse o *establishment* e obtivesse popularidade nacional tinha de ser sumariamente eliminado. King, ao contrário de Malcolm X, nunca propusera a violência. Mas também foi derrotado pelas balas e não pelos votos. Gregory achava que Kennedy teria vencido e saído do Vietnã.

Quanto ao senador McCarthy, ele perderia. Gregory criticava muito o histórico de McCarthy e, quando descreveu o passado do senador que era o candidato da paz, meu coração murchou. McCarthy votou a favor de todas as verbas para a guerra, votou constantemente contra a admissão da China na ONU, votou a favor da guerra contra Cuba, votou a favor do Comitê Parlamentar de Atividades Antiamericanas e votou contra a retirada do apoio federal às escolas segregadas por raça em 1961. Num intervalo de poucos minutos, as credenciais liberais de McCarthy foram rasgadas, mas quando eu estava a ponto de jogá-las na eterna lata de lixo da história, Gregory murmurou:

– É claro que ele pode ter mudado. As pessoas mudam...

Pouco antes do assassinato de Bobby Kennedy, a sucursal de *The Washington Post* em Londres escrevera a algumas dezenas de pessoas na Grã-Bretanha pedindo que explicássemos em cem palavras em quem votaríamos nas eleições presidenciais norte-americanas e qual a principal razão de nosso voto. Minha escolha era simples e, devo admitir, simplista. Escolhi o único candidato de extrema esquerda da disputa, Fred Halstead, do Partido Socialista dos Trabalhadores. Paul Johnson, Hugh Thomas, Dee Wells e Arnold Wesker optaram por Kennedy. McCarthy recebeu os votos de Michael Foot, Harold Pinter, Iris Murdoch, A. J. Ayer e Robert Shaw. O candidato oficial da guerra, Hubert Humphrey, foi apoiado por um triunvirato literário formado por Kingsley Amis, Elizabeth Jane Howard e J. B. Priestley. Nelson Rockefeller só teve um voto, de Nigel Lawson. O único partidário de Richard Nixon era Auberon Waugh. A romancista Brigid Brophy insistiu em votar em Coretta, viúva de Martin Luther King, e Bertrand Russell afirmou ser contra todos os principais candidatos, mas achava McCarthy o "menos atraente". Na época, em virtude da morte de Kennedy, *The Washington Post* decidiu que seria de mau gosto publicar a pesquisa, poupando assim aos leitores norte-americanos o tédio de nossas idéias.

O que acontecia nos Estados Unidos era vital para todos nós que seguíamos o avanço da guerra na Indochina. Os dois campos de batalha eram muito diferentes, mas as duas lutas estavam intimamente ligadas. O fracasso militar dos Estados Unidos no Vietnã produziu uma grande crise política no país. O prefeito Daley tentou exorcizar esse fantasma esmagando-o fisicamente, mas o movimento ainda não chegara ao ponto máximo. Vinha se fortalecendo dia a dia e nós o monitorávamos com muita atenção na Europa.

312   TARIQ ALI

Não que estivéssemos isolados. Havia um grande número de norte-americanos em visita à Europa e os militantes da SDS que vinham à redação de *The Black Dwarf* para trocar experiências nos deram uma idéia claríssima da intensidade da luta contra a guerra. Lembro-me de uma moça da SDS que, certa tarde, afirmou, de maneira bem objetiva, que o *único* jeito de derrotar a máquina de guerra em seu próprio país era imitar os guerrilheiros da FLN, que haviam atacado a embaixada norte-americana em Saigon. O que ela sugeria era uma campanha de atentados nos Estados Unidos contra instalações militares e contra a sede da Dow Chemical (fabricante de napalm) e de outras empresas que maximizavam os lucros às custas dos mortos no Vietnã. Argumentei vigorosamente contra essa linha de ação. Talvez tenha sido mais duro do que devia porque estávamos no meio dos planos para a manifestação de outubro da VSC e idéias não muito diferentes daquela da moça da SDS foram aventadas em público. Essa linha de ação não era apenas idiota e errada por princípio, era suicida em todos os sentidos da palavra. Devo confessar que, sempre que alguém sugeria coisas desse tipo, eu tinha de pensar muito para saber se essa pessoa que desejava enveredar por esse caminho era meio maluca ou pura e simplesmente provocadora. Não era paranóia. Sabíamos muito bem que os telefones estavam grampeados, que a correspondência era violada e que havia infiltrados do Special Branch na VSC. Isso fazia parte da rotina de funcionamento da democracia capitalista. De fato, certa ocasião, um carteiro me tirou da redação e me contou que nossas cartas eram abertas todos os dias, antes de serem entregues. Recusou-se a ser entrevistado pela razão óbvia de que perderia o emprego. Anos depois fui abordado por um rapaz numa plataforma da estação de trem de Brighton. Ele trabalhara como separador de correspondência nos Correios, perto da minha casa, e contou-me exatamente a mesma história a respeito de minhas cartas pessoais. Depois da greve geral na França, houve sinais claríssimos de pânico na Grã-Bretanha. Isso nos deixou mais cuidadosos do que de costume. Mas a moça da filial da SDS de Nova York não era maluca nem agente do Estado. Estava horrorizada com o que seu governo estava fazendo e sentia-se impotente. Lembrei a ela como Lenin descrevia o terrorista: "um liberal com uma bomba". Ela pareceu confusa. Expliquei:

– Os liberais acreditam na política de pressão. Acham que, se a gente pressiona os governantes com gentileza, eles mudam. Os terroristas apli-

O PODER DAS BARRICADAS   313

cam pressão com menos gentileza, mas é pressão sem ligação com a massa nem com seu estado de espírito. Daí vêm o fracasso total, o isolamento e a repressão.

Ela respondeu que esse era um argumento muito liberal. Zangou-se comigo e gritou que os Estados Unidos eram, basicamente, um Estado monopartidário, governado por segmentos diferentes da classe dominante. Bateu com o punho na escrivaninha e insistiu que os operários estavam integrados ao sistema. Somente os negros e os estudantes combatiam os criminosos de guerra. Reuni toda a autoridade possível para convencê-la de que estava errada. Rosa Luxemburgo, Lenin e Trotski tinham todos preferido a ação das massas e novas instituições populares como forma de derrubar o antigo regime. Mao, Fidel e Ho Chi Minh foram ou estavam sendo bem-sucedidos porque tinham o apoio de uma maioria considerável da população. Ela me escutou, sorriu e disse sem rancor:

– Mas nenhum deles jamais tentou fazer a revolução nos Estados Unidos.

Então começou uma nova rodada e outros se juntaram ao debate.

Nossa redação se tornara escala regular para revolucionários visitantes do mundo inteiro. Certa noite, um grupo de anarquistas hippies dormiu na sala de distribuição. Enquanto comiam lótus naquela noite, pintaram na parede um grande diagrama sobre como fazer um coquetel molotov. Quando cheguei na manhã seguinte, eles ainda dormiam profundamente. Acordei-os e convenci-os a partir. Eles foram embora, mas não antes de tentar esvaziar o intestino no banheiro que dividíamos com a *New Left Review*. Seguiu-se então uma batalha verbal em grande escala no corredor do andar. O banheiro estava ocupado por Nicolas Krasso, revolucionário húngaro, veterano de 1956, que lia alegremente seu lote de jornais quando a porta foi escancarada pelos invasores de 1968. Krasso não se dera ao trabalho de trancar a porta. Ele disse ao grupo holandês, agora apertadíssimo, que ainda demoraria mais quinze minutos. Isso resultou em furor e houve uma troca generosa de xingamentos. Não faço idéia de como a questão se resolveu, mas cobrimos o desenho transgressor na parede com um grande cartaz e concordamos em repintar a parede o mais cedo possível. No dia seguinte, a redação foi invadida pela Scotland Yard. Uma equipe de homens e uma mulher do Special Branch foram direto ao cartaz que cobria o desenho, retiraram-no e fotografaram o diagrama mal desenhado. Então, Elwyn Jones, inspetor-chefe, interrogou-me longamente e avisou-me que estavam prepa-

314 TARIQ ALI

rando um relatório para sir Norman Skellhorn, diretor da promotoria pública. Depois, mandou que revistassem a sede. Examinaram todos os nossos arquivos, inspecionaram os cadernos de endereços e levaram vários documentos, principalmente material em francês e em espanhol. A carta de um leitor que perguntava como podia arranjar um capacete do tipo usado pelos manifestantes da França foi tratada como se fosse extremamente sinistra. Como a nossa sede já fora invadida duas vezes sem que nada fosse removido, supúnhamos que o Special Branch já tivesse cópia de tudo que tínhamos em arquivo.

A razão desse ataque específico foi criar um clima desagradável para a manifestação de outubro, marcada para dali um mês. Mais uma vez, eu falara pelo país todo em nome da VSC e era óbvio que a manifestação amesquinharia todos os comícios anteriores. A extensão de minhas reuniões dera um salto qualitativo e os estudantes ocupavam os *campi* de várias regiões do país, escolhendo como inimigo a burocracia remota e inimputável que gerenciava as universidades. Aos métodos tradicionais, contrapúnhamos uma universidade onde alunos e professores tivessem direitos iguais e elegessem um colegiado para administrar todas as instituições de educação superior. O "poder estudantil" tornara-se um grito de união em toda a Grã-Bretanha. A meta era começar imediatamente o processo de mudança nos locais de trabalho e de estudo e depois ir se espalhando. A necessidade de transformar as universidades burguesas numa "base vermelha" foi teorizada por Robin Blackburn na *New Left Review*, e um livro da Penguin, organizado por ele e por Alexander Cockburn e sedutoramente intitulado *Student Power*, vendeu dezenas de milhares de exemplares na época. Os acontecimentos na França deram ao movimento britânico um ímpeto tremendo, que preocupava as autoridades. Estas exprimiram abertamente o temor de que a manifestação de outubro da VSC se transformasse numa insurreição no estilo francês. A mera idéia era absurda. A Grã-Bretanha não era a França. O trabalhismo estava no poder e a classe trabalhadora estava irrequieta, mas ainda inativa. Uma minoria operária se envolvera com a VSC, mas naquele ano nós nem sequer acreditávamos que pudesse acontecer na Grã-Bretanha algo que lembrasse remotamente a França. Os órgãos do Estado não tinham tanta certeza quanto nós e, dois dias depois da invasão da sede de *The Black Dwarf, The Times*, que então pertencia a lorde Thomson, publicou uma notícia inspirada pela polícia. Era óbvio que informações falsas foram

O PODER DAS BARRICADAS   315

passadas a Clive Borrell e Brian Cashinella, repórteres policiais e autores daquela ficção. A reportagem começava assim:

> Mês que vem, um pequeno exército de militantes extremistas planeja tomar o controle de algumas instalações e prédios vitais do centro de Londres, enquanto 6 mil policiais metropolitanos estiverem ocupados controlando uma multidão estimada em 100 mil manifestantes contra a Guerra do Vietnã [...].
> Essa conspiração espantosa foi descoberta por um esquadrão especial de detetives formado para investigar os extremistas, que, segundo se acredita, estão fabricando bombas "coquetel molotov" e acumulando um pequeno arsenal. Planejam usá-lo contra policiais e propriedades na tentativa de perturbar as comunicações, a lei e a ordem [...].

Tudo isso era pura invencionice, com o objetivo de estimular paixões e afastar o povo de nossa manifestação. Um líder do mesmo jornal apoiou essas mentiras e avisou o público da ameaça representada pelas manifestações. Dois dias depois, quando um integrante da VSC saiu a pé da sede da campanha, no East End de Londres, uma camionete azul freou e alguém atirou nele. A prova era visível, porque a placa da rua ficou marcada pela bala. Mas foi unanimemente decidido que fazer queixa à polícia seria uma total perda de tempo.

Parlamentares trabalhistas e *tories* exigiram que o governo proibisse a passeata e setores da imprensa provocaram uma histeria nacional. Nessa época, eu estava acostumado a receber pelo menos três ou quatro ameaças de morte por semana, mas, como todos os nossos telefones estavam grampeados, supus que o Special Branch também soubesse delas. Havia um problema tático importante na campanha pelo Vietnã. Devíamos ou não marchar até a embaixada norte-americana, na Grosvenor Square? Havia divergências de opinião quanto a isso e concordamos em tomar a decisão na reunião do Comitê Nacional, em Sheffield, na semana de 8 e 9 de setembro.

Devíamos nos reunir na Universidade de Sheffield, mas no último instante o secretário da União dos Estudantes, partidário do governo trabalhista, insistiu que a assembléia só se realizaria se permitíssemos que ele comparecesse. Como ele não era nem membro da VSC, recusamos a proposta e saímos. Nenhum dos *pubs* da cidade quis nos alugar uma sala; era óbvio que seus donos haviam lido as notícias mais horrendas nos tablóides e não queriam ser pegos oferecendo instalações a insurretos. Nossa busca não foi facilitada pelo fato de estarmos sendo abertamente seguidos por uma escolta de carros da polícia. Finalmente, fingimos sair da cidade e a polícia desistiu da perseguição. Na verdade, aproveitamos o dia bonito e decidimos nos reunir na charneca, nos arredores de Sheffield. Os líderes da VSC acabaram fazendo seu encontro a uns vinte quilômetros dali, numa cratera de bomba perto de Ringinlow. A discussão começou e logo se tornou óbvio que a imensa maioria era da opinião de que o 27 de outubro deveria ser um espetáculo, não uma prova de força. Descartamos a possibilidade de ocupar a embaixada norte-americana, mesmo com cem mil pessoas. Agora a polícia estava bem preparada, o governo trabalhista gerara uma histeria nacional, os meios de comunicação continuavam firmes em sua linha de planos subversivos para tomar a Bolsa de Valores e nós estávamos convencidos de que toda e qualquer tentativa concreta de ocupar a embaixada levaria a derramamento de sangue. Nenhum de nós estava disposto a brincar com a vida dos outros. Ainda assim, concordamos em ocupar as ruas e não tolerar uma presença muito grande da polícia. Depois que tomamos a decisão importantíssima de nos dispersar no Hyde Park, a polícia local chegou e mandou-nos sair dali, porque havíamos invadido uma propriedade particular. Começou um debate sobre nossos direitos civis, mas eles quando pediram reforços pelo rádio, decidimos ir embora. Dessa vez, seguiram nosso comboio até a estrada.

A manifestação de outubro criou uma estranha polarização no país. Foi como se, privado da verdadeira revolução, o Estado decidisse tratar a VSC como substituta para impor seu ponto de vista a milhões de cabeças. Raymond Williams, escritor e estudioso marxista respeitado, comentou num programa de tevê que a classe dominante britânica sempre acreditara na teoria de "cortar todas as ameaças ainda em botão". Até nesse nível o pragmatismo inglês recusava-se a aceitar as causas subjacentes de discordância e inquietação. Williams foi um dos poucos da geração esquerdista mais velha a defender a VSC na televisão, em debates com a polícia, e chegou a falar em nossos palanques quando o convidamos a comparecer. Era importantíssimo demonstrar aos filhos de 1968 que nem todos os socialistas das gerações anteriores eram hostis a nós, embora muitas vezes assim parecesse.

No mês anterior à manifestação, houve um divertido incidente que ilustrava a profundidade das divisões na Grã-Bretanha da época. Norman Swallow, da BBC, procurou Clive Goodwin, que era também meu agente literário, com uma proposta interessante para o programa *Omnibus*. A meta

O PODER DAS BARRICADAS 317

era mostrar que nossas idéias eram irrelevantes no que dizia respeito às "pessoas comuns" e que não tínhamos nenhum contato com a realidade da Inglaterra rural. A BBC sugeriu que eu falasse sobre "Por que o socialismo revolucionário?" ou algum tema parecido numa aldeia campestre de tamanho médio. Eles preparariam grandes cartazes, anunciariam o comício, filmariam meu discurso num salão vazio da aldeia, mostrariam os moradores em sua vida cotidiana totalmente desinteressados dos invasores e depois me entrevistariam bem no meio desse mar de indiferença.

Discutimos o assunto a sério e senti que era um desafio que deveríamos aceitar. No mínimo, teríamos a oportunidade de falar sobre a aristocracia britânica, seus latifúndios, seu estilo de vida confortável e o forte controle que exercia sobre a organização dos escalões superiores da sociedade britânica. Seria um bom momento para discutir a Revolução Inglesa de 1640 e o fracasso da tentativa de criar instituições republicanas duradouras ou esmagar o poder econômico da nobreza latifundiária. Enquanto eu e Clive conversávamos, o discurso que eu faria a meia dúzia de trabalhadores agrícolas passava como um filme pela minha cabeça.

A BBC escolheu uma aldeia cujo nome esqueci e organizou tudo para o comício. Então, fez-se silêncio. Finalmente, Norman Swallow ligou, envergonhadíssimo, para explicar que havia um problema. Os cartazes foram colocados na aldeia e imediatamente criaram uma tempestade. Havia alguns moradores favoráveis, mas eram minoria, enquanto os fazendeiros locais haviam organizado um grupo de linchamento para me queimar na fogueira. Em outras palavras, a iniciativa política da BBC saíra pela culatra e a aldeia não falava de outra coisa. Pareceu-me o momento ideal para fazer a filmagem. Clive concordou. A BBC, depois de muita hesitação, acabou decidindo cancelar o projeto, com base no fato de que poderia haver violência contra mim e as seguradoras se recusaram a me segurar. O risco era grande demais. E, assim, os telespectadores foram privados de assistir a um estrangeiro criador de casos entrar numa pacífica aldeia inglesa para provocar o ódio.

No mesmo período, o programa *Any Questions* [Qualquer pergunta], da rádio BBC, telefonou para perguntar se eu me dispunha a subir no mesmo palanque que Enoch Powell e discutir com ele no decorrer do programa. Eu sempre desejei um debate público com Powell, mas ele se recusava a aceitar a idéia. Fez o mesmo nessa ocasião, e a BBC, arrependida, é claro, cancelou o convite. Powell, naturalmente, acabou aceitando participar depois de aprovar a lista dos que podiam aparecer a seu lado.

Conforme o 27 de outubro se aproximava, as tensões geradas pelo Estado cresceram e setores da imprensa começaram a falar da "Revolução de Outubro". Um minúsculo grupo maoísta nos informou que pretendia marchar até a Grosvenor Square e a embaixada, e que se separaria da passeata levando consigo o máximo possível de gente. Demos de ombros e ignoramos suas peraltices. Durante três semanas seguidas, falei em grandes assembléias de mobilização na Escócia, no País de Gales e na Inglaterra. Conhecia o clima porque ajudara a criá-lo e a opinião da maioria era bem clara. A Grosvenor Square era uma "ratoeira" e tinha de ser evitada. Seguiríamos pela Downing Street e depois para o Hyde Park. Em todas as entrevistas coletivas desse período, insisti que a VSC não queria violência e que nada aconteceria, contanto que a polícia ficasse longe da passeata. A Scotland Yard acreditava que alguma coisa sinistra estava sendo planejada e aumentou a vigilância do Special Branch. Eu era seguido praticamente a toda parte e o *pub* perto da sede de *The Black Dwarf*, na rua Carlisle, estava sempre cheio de agentes.

O que temíamos era que a polícia provocasse o confronto bloqueando as ruas e aí a raiva dos manifestantes se tornaria incontrolável. Os alunos da London School of Economics haviam decidido ocupar a instituição durante todo o fim de semana e uma unidade de primeiros-socorros com médicos e enfermeiras da VSC foi organizada para cuidar de vítimas de violência. Estávamos preparando um número especial de *The Black Dwarf*, com tiragem de 50 mil exemplares, para a manifestação. A BBC proibira a última canção de Mick Jagger, "Street Fighting Man". Liguei e perguntei se ele escreveria a letra especialmente para nós, para que a publicássemos em fac-símile no jornal. Ele concordou imediatamente e a letra escrita à mão chegou no mesmo dia. (Fiquei muito contente porque a letra era legível. Fotografamos a folha de papel e joguei o original na cesta de lixo. Ninguém na redação achou que fosse sacrilégio. Em último caso, o culto do indivíduo é sempre um substituto da ação coletiva. Jagger cantava bem e estava ajudando. É só.) Entre outros colaboradores daquele número, listados na capa, acrescentei "Mick Jagger e Fred Engels sobre lutas de rua". Juntamente com a canção, decidira publicar um trecho de Engels sobre a dificuldade de lutar em barricadas.

Na semana anterior à passeata, a redação de *The Black Dwarf* virou o centro organizador da grande manifestação. Chegavam jornalistas de toda a Europa na esperança de que o próximo ato, depois de Paris, fosse Londres. Olivier Todd, da França, ficou muito irritado comigo porque sugeri que talvez sua viagem tivesse sido desnecessária. Estávamos ocupadíssimos produzindo o jornal e organizando a passeata. Em conseqüência, evitávamos ao máximo conceder entrevistas "exclusivas" a jornalistas específicos, que tendiam a fazer todos as mesmas perguntas. Por essa razão, realizávamos entrevistas coletivas da VSC a intervalos regulares. O *Sunday Times* convencera-se de que alguma coisa "grande" aconteceria em Londres no dia 27 de outubro. Os editores persuadiram Mary McCarthy, romancista e crítica norte-americana, a cobrir a manifestação para a revista colorida do jornal. Ela recebeu uma quantia gigantesca e achou, obviamente, que era necessária certa pesquisa. Chegou a Londres uma semana antes do "evento" e me telefonou no mesmo dia. Ela só tinha uma noite para entrevistas antes da manifestação e perguntou se eu poderia recebê-la. Meu cronograma de palestras era intenso, três por dia na época, seguidas toda noite pela reunião do comitê organizador que acompanhava tudo que estivesse ligado à VSC. Expliquei tudo, disse a ela onde e quando eram as entrevistas coletivas e recusei-me a recebê-la. Ela ligou para Ken Tynan. Ele ligou para Clive Goodwin, que me lançou um daqueles olhares pedinchões especiais e concordei, mas limitamos o tempo dela a cinco minutos, o suficiente para que pudesse dizer que visitara a redação e fizera uma pergunta, nada mais. Não via razão para ela merecer mais regalias que os jornalistas do Brasil, da Índia ou do Egito, que importunavam a redação o tempo todo.

Eu estava no meio de uma reunião do comitê organizador quando, no dia seguinte, ela chegou com o fotógrafo Don McCullin. Esperou e olhou em volta, enquanto tratávamos do problema em discussão; depois me ofereci para responder às perguntas dela. Ela estava lívida por ter sido restringida a cinco minutos, o que posso entender. Não tenho dúvidas de que, se houvesse tentado me envolver intelectualmente, a conversa teria ultrapassado o limite combinado. A primeira pergunta foi inacreditavelmente banal e eu a respondera milhares de vezes no rádio, na televisão e nas coletivas. A resposta devia estar em todos os releases que ela lera antes de nos visitar. A descrição que ela mesma fez da visita foi a seguinte:

– O que espera conseguir com essa manifestação? – perguntei a Tariq Ali, na redação de *The Black Dwarf,* na rua Carlisle, empapelada de retratos de Fidel e Che, números anteriores da revista e palavras de ordem provocativas. Havia fotos do inimigo: Axel Springer, Paul Getty, Howard Hughes. Havia uma foto extraordinária de fuzileiros norte-americanos numa formação de combate eriçada, parecendo um porco-espinho humano pronto a lançar seus espinhos. Havia outra fotografia com uma camisinha abandonada e uma lista datilografada de postos de primeiros-socorros classificados por distrito. Nessa vitrine da política pop, como uma visão de outro mundo, pendia uma fotografia enorme de Trotski, com seus olhos professorais, límpidos e inteligentes por trás dos óculos ("O quê, você aqui, amigo velho?"). O novo número da revista acabara de sair e jovens distribuidores saíam correndo com ele [...].
A redação do *Dwarf,* quartel-general temporário do estado-maior da Campanha de Solidariedade ao Vietnã [...], lembrava um cenário de revolução, cujos coadjuvantes eram como lanceiros que entravam no palco a torto e a direito, atores menores com falas de estudada rudeza como em alguma comédia wildeana atualizada, mensageiros sem fôlego e um lixo atmosférico geral, em que o chão servia de cinzeiro coletivo. Não consegui resistir à idéia de que fora escalada para o papel de público e deveria ter pago ingresso [...]. Logo descobri que as palavras "O que espera conseguir" etc. tinham o efeito de uma senha negativa. Praticamente valeram um chute no traseiro.

É verdade que, quando ela fez a pergunta, houve um gemido coletivo na sala, o que a incomodou muito. Respondi que, se ela fora especialmente contratada para ir até lá, poderia ter sido um pouquinho mais original e, já que a resposta àquela pergunta estava registrada por toda parte, seria melhor que ela não desperdiçasse mais nosso tempo. Ela saiu bufando e foi falar com os maoístas, que não tinham nada melhor para fazer e passaram várias horas com ela. Seu senso crítico deve tê-la abandonado, porque vendeu suas calúnias por atacado nas páginas do *Sunday Times.* Seu raciocínio foi influenciado pela maneira como *ela,* uma pessoa famosa, fora tratada. Não tínhamos mesmo tempo para massagear seu ego naquele dia em especial. Ela escreveu como eram gentis os mao-stalinistas: "Embora fôssemos da imprensa burguesa, não fomos tratados como invasores, mas simplesmente como convidados – o contrário do que aconteceu na rua Carlisle. Foi até possível, como fiz, levantar objeções à imagem de Stalin". Pode ter havido objeção à imagem, mas as mentiras mascateadas pela escola stalinista de empulhação coincidiam com os preconceitos dela. Depois de ler a reportagem, Tynan ligou para me pedir desculpas:

– Seu instinto foi mais sensato que o meu. Ela devia ter ficado de fora.

Na véspera da manifestação, fui falar num comício enorme na London School of Economics. Havia mais de mil estudantes presentes e sua solidariedade foi muito comovente. Dessa vez, não houve sectarismo. Na verdade, uma das palavras de ordem da noite, "Somos todos escória estrangeira", representou uma frente unida contra o racismo gritante da maioria dos tablóides e de vários parlamentares trabalhistas e *tories*. Um maoísta peruano que defendeu esmagar cabeças na Grosvenor Square foi ignorado. O ambiente na LSE era eufórico, mas disciplinado. Insisti que, no dia seguinte, tínhamos de mostrar não um exercício de guerrilha urbana, mas a presença de um novo exército-modelo. Era óbvio que muitos de nossos ramos da VSC preferiam o confronto final diante da embaixada norte-americana, mas aceitaram a opinião e os sentimentos da maioria.

Fui direto da LSE para a rua Carlisle para concluir a discussão com o líder supremo da circulação, Roger Tyrell, e outros sobre como distribuir o jornal na passeata. Às 7h30 da noite, saí para pegar um táxi até o local da reunião final de planejamento da VSC. No caminho, encontrei Malcolm Southan, jornalista do *Sun* pré-tablóide e única pessoa da grande imprensa a noticiar nosso lado de maneira justa. Pediu uma carona e entrou no táxi comigo. De repente, três homens fortes e belicosos, cheirando a álcool, forçaram a entrada no táxi, gritando: "Esse táxi é nosso". Arrastaram-me para fora e dois deles começaram a me bater na cabeça. Resisti; Roger Tyrell e outros que estavam na redação logo chegaram e os brutamontes correram até um Cortina branco estacionado na esquina, que seria o veículo do seqüestro, e fugiram. Anotamos o número da placa, que foi devidamente entregue à polícia, mas esta, como sempre, não fez nada, preferindo tratar o caso como brincadeira.

A notícia do que acontecera logo se espalhou e, quando cheguei à reunião da VSC, encontrei Pat Jordan e Ernie Tate preocupadíssimos com a minha segurança na passeata propriamente dita. Nas duas semanas anteriores à manifestação, o número de telefonemas ameaçadores havia aumentado, mas nós os ignoramos. A tentativa de seqüestro me abalou, mas não o bastante para aceitar o conselho de alguns de não participar da passeata toda. Era uma sugestão grotesca e rejeitei-a. A campanha contra nós fora tão forte que uma pesquisa nacional de opinião mostrara que 56% da população era a favor de proibir *todas* as manifestações políticas e 65% eram favoráveis ao uso de gás lacrimogêneo contra manifestantes. Isso não me surpreendeu. Havia um traço extremamente reacionário no corporativismo trabalhista e Callaghan, como secretário do Interior, não tinha a menor vergonha de estimular instintos políticos atrasados. Nesse sentido, o estilo de Neil Kinnock, líder do Partido Trabalhista, lembra muito mais o populismo autoritário de Callaghan do que a arrogância tecnocrática de Wilson.

No dia da manifestação, fui acordado de manhã cedinho por um telefonema de alguém do *Evening Standard* que fez uma pergunta digna de Mary McCarthy:

– Qual foi a primeira coisa que o senhor fez esta manhã?

Furioso por ter sido acordado às 6 horas da manhã, minha resposta foi levemente apolítica:

– Me masturbei! – gritei ao telefone.

Longo silêncio, seguido de um "Oh!" magoado e do fim da conversa.

Quando cheguei à margem do Tâmisa, onde íamos nos reunir, a visão era alegre. Os convocados da VSC estavam todos lá, e as bandeiras vermelhas e as faixas da FLN misturavam-se a cartazes do mês de maio francês e a centenas de tabuletas anticapitalistas. Isso era muito mais que uma manifestação de solidariedade à luta dos vietnamitas. Era a união dos que consideravam condenada a ordem capitalista na Europa. O peso do comparecimento (mais de 100 mil pessoas) não passou despercebido pelo Estado. Era a maior manifestação explicitamente revolucionária na Grã-Bretanha desde a década de 1920. Uma pesquisa mostrou que a imensa maioria dos que marcharam naquele dia era hostil ao capitalismo. O Vietnã se misturara à crise pré-revolucionária na França e Praga provara que as mudanças na Europa teriam de criar um sistema infinitamente mais *democrático* do que aquele que já existia. Esse era o clima naquele dia. Não éramos loucos utopistas e não era assim que as classes dominantes da Europa ocidental nos viam, e sim como vanguarda de uma nova ordem. Queríamos transformar a civilização ocidental porque a considerávamos política, moral e culturalmente falida. Esse foi o marco de 1968. E quando dezenas e dezenas de milhares de pessoas predominantemente jovens se reuniram naquele dia, elas manifestaram otimismo quanto ao futuro. O mundo tinha de mudar, e a França e o Vietnã provavam que era possível ir adiante.

Alguns parlamentares trabalhistas me telefonaram naquela manhã, como a falecida Anne Kerr, que me perguntou se seria seguro *eles* se juntarem a nós naquele dia. Respondi que seriam bem-vindos e alguns estavam lá. Lembro-me da figura diminuta de Frank Allaun, cuja voz estava entre as que mais criticavam Wilson no Parlamento. Não houve hostilidade contra ele e desejamos apenas que tivesse conseguido trazer mais colegas seus naquele dia. A manifestação toda foi transmitida ao vivo, durante duas horas, pela London Weekend Television, que tinha câmeras instaladas em pontos estratégicos de todo o percurso da passeata. Quando estávamos prestes a começar, homens corpulentos, de aparência rude, vieram até a frente da passeata e, cada um de um lado, deram-me os braços. Dada a experiência da véspera, fiquei um pouco nervoso e vários camaradas dos Socialistas Internacionais e do Grupo Marxista também se aproximaram para evitar contratempos. Mas eram estivadores do porto de Londres e foram enviados pelo Partido Comunista para ficar junto de mim durante toda a longa passeata até o Hyde Park. Fiquei emocionadíssimo com sua presença protetora e anotei mentalmente que tinha de agradecer ao velho Partido, que percebera que boicotar a VSC fora um erro e decidira apoiar aquela manifestação em especial.

A polícia quase não apareceu e tomamos completamente as ruas. Só vimos policiais em grande número pela primeira vez quando seguimos para o Whitehall*. Garantiam assim que não haveria ataque à Downing Street. Na verdade, eu estava tão preocupado com outras coisas que me esquecera da Downing Street. Foi a polícia que deteve a passeata e me recordou que havíamos informado a eles nossa intenção de entregar uma carta de protesto no número 10. A verdade é que Wilson estava no fim da nossa lista de prioridades naquele dia e, como era típico, ninguém se lembrara de redigir a carta. Todos esperavam que entregássemos alguma coisa. Em certo momento, falamos em descarregar um caminhão de esterco nos degraus, mas, dado o clima histérico, isso foi rejeitado como impraticável. Vários voluntários de estilo *yippy*** se ofereceram para formar uma delegação e vomitar na porta da residência do primeiro-ministro. Foram aventados vários métodos de causar enjôo, mas a proposta fora rejeitada porque talvez não conseguissem. Não havia

---

* O palácio de Whitehall, em Londres, abriga hoje o Ministério da Defesa; na rua do mesmo nome, situam-se vários outros órgãos do governo. (N. T.)

** Partidários do Youth International Party, partido político contracultural e antiautoritário, fundado nos Estados Unidos em 1967, que dava primazia a ações e atitudes extremamente teatrais. (N. T.)

alternativa senão entregar um protesto por escrito. Eu tinha um bloquinho imundo no bolso. Rabisquei às pressas um bilhete que dizia: "Caro Harold, 100 mil pessoas vieram lhe pedir para que pare de apoiar os norte-americanos e comece a apoiar a FLN. O que acha? Atenciosamente, T. A. pela VSC". Como não havia envelope à mão, dobrei o bilhete e entreguei-o ao apaniguado junto à porta. Alguns dias depois, recebi a resposta de sempre. Fui selvagemente atacado pelos zumbis da SLL (que não marchou naquele dia, mas distribuiu folhetos explicando "Por que a SLL não está na passeata") por chamar o líder trabalhista de "caro Harold". Isso, escreveram os mercenários do sectarismo, demonstrava sem sombra de dúvida o "caráter revisionista" da VSC e das organizações políticas que apoiavam sua mobilização.

Depois da Downing Street, os maoístas se retiraram com algumas centenas de partidários e foram para a Grosvenor Square. Nossa passeata seguiu para o Hyde Park uma hora depois, e levou mais de três horas para que todos os manifestantes ali entrassem. Ken Tynan estava pendurado numa grade, contando os que entravam, decidido a refutar as subestimações da polícia e da imprensa, o que fez na semana seguinte. Soubemos que houve uma pequena rixa na Grosvenor Square, mas que os remanescentes dos dois lados acabaram cantando "Auld Lang Syne", canção tradicional escocesa, embora os maoístas negassem ter se unido ao coro.

Quanto a nós, a manifestação se realizara de acordo com o planejado. *The Times* afirmou que planejávamos derrubar o Estado. Zombaram de nós no dia seguinte por termos sido tão pacíficos. O jornal não precisava de Murdoch para afundar. A falta de vergonha não conhece fronteiras. Também não era por puro acaso que seu editor fosse William Rees-Mogg, defensor ferrenho de todas as políticas norte-americanas no Vietnã. Quando Washington bombardeou Hanói, Rees-Mogg foi a favor. Quando pararam de bombardear, Rees-Mogg aplaudiu sua habilidade política. Quando bombardearam de novo, Rees-Mogg escreveu que não tinham opção. Quando iniciaram conversações de paz em Paris, Rees-Mogg afirmou ser um passo prudente. Houve mudança de pessoal na Casa Branca. Rees-Mogg renasceu republicano. Nixon bombardeou o Camboja. Rees-Mogg lamentou, mas compreendeu. Saigon caiu. Rees-Mogg chorou em silêncio. Watergate começou e, enquanto *The Washington Post* e *The New York Times* se tornavam jornais agitadores, exigindo uma limpeza completa no estábulo, o velho amigo Rees-Mogg apoiou Nixon até o fim. Então, Nixon abandonou a

Casa Branca. Pouco depois, Rees-Mogg largou a cátedra editorial de *The Times* e mudou-se para outros pastos. Durante seu mandato de editor, *The Times* já se transformara num jornal chapa-branca, desposando de coração e alma todo e qualquer diabo que ocupasse a Casa Branca.

Em nossa frente interna, as semanas que precederam a manifestação foram tomadas por outra discussão que nunca se tornou pública. Sentíamos que, se pudéssemos oferecer às dezenas de milhares de jovens que se radicalizaram naquele ano a possibilidade de uma organização juvenil revolucionária, unida e não sectária, esse seria um pequeno salto adiante para a esquerda da Grã-Bretanha. Tony Cliff e John Palmer, dos Socialistas Internacionais, haviam se envolvido em discussões quase permanentes com Pat Jordan, Ernie Tate e eu sobre a possibilidade de um apelo conjunto à criação de uma entidade no estilo da JCR. Cliff era favorável a convocar esse grupo no fim da passeata, enquanto eu clamaria por sua formação no alto do palanque. Opus-me a isso, mas fui vigorosamente favorável à iniciativa. Infelizmente, meus camaradas se opuseram à idéia como um todo. Quando se explicaram com os senhores Cliff e Palmer, suas razões foram um tanto espúrias, mas o verdadeiro temor era que, dado o pequeno tamanho do Grupo Marxista (tínhamos crescido de quarenta para duzentos filiados desde abril), fôssemos engolidos pelo grupo maior dos Socialistas Internacionais. Não se chegou a um acordo, o que sempre considerei uma grande tragédia, porque estava convencido de que, se tivéssemos sucesso, os novos filiados rapidamente engoliriam os dois grupos e criariam um equilíbrio de forças diferente. Isso poderia ter dado origem a uma abertura nova e estimulante na esquerda que talvez beneficiasse muitos projetos diferentes nos anos seguintes a 1968.

Nunca pensei muito sobre o ano como tal no momento em que o estávamos vivendo porque, embora tivessem sido doze meses grandiosos em três frentes – o Terceiro Mundo em revolução, a crise na Europa capitalista e o torvelinho no "campo socialista" –, eles simbolizavam o período e nós sabíamos que podíamos ter perdido batalhas, mas a guerra continuava acirrada. Em novembro, quase como prova disso, comecei a receber cartas e telegramas de organizações estudantis do Paquistão que informavam que elas haviam iniciado um movimento para derrubar a ditadura militar de Ayub Khan e me convidavam a voltar e a falar em seus comícios. Fiquei desesperado para retornar, mas as autoridades de Islamabad avisaram a meus pais que eu não teria permissão para entrar no país, ainda que o único passaporte que eu possuísse na época tivesse sido emitido pelo governo do Paquistão. Em dezembro, tornou-se óbvio que a revolta estudantil de lá era muito maior que a da França e espalhava-se de cidade em cidade de maneira espontânea. O regime de Ayub fora apresentado pelos Estados Unidos como um modelo de sucesso econômico e de estabilidade política. Essa fantasia fora levada a sério pelo próprio regime, que comemorava em grande estilo a "década de desenvolvimento" quando os estudantes lhe lançaram uma adaga no coração. A arma foi desviada, mas a audácia contagiou o país inteiro.

Suponho que deveria ter percebido isso alguns anos antes, quando recebi um telefonema do hoje falecido J. A. Rahim, então embaixador do Paquistão na França, que me convidou para almoçar num restaurante parisiense. Mandou-me também uma passagem de avião e essa era uma oferta que não pude recusar. Durante o almoço inacreditavelmente *ancienne cuisine*, regado com os claretes mais deliciosamente encorpados, Sua Excelência perguntou o que eu pensava do Paquistão. Fui cauteloso, porque não o conhecia, mas franco. Acho que lhe dei meia hora de aula sobre a iniqüidade dos ditadores militares. Depois esperei ser refutado. Ele não fez nada disso. Ao contrário, malhou o governo que representava na França e forneceu-me informações que deviam ser usadas para desmascarar o regime. Rahim era amigo íntimo de Zulfiqar Ali Bhutto, ex-ministro de Gabinete, e disse-me naquele dia que era preciso um novo partido para levar o socialismo ao Paquistão. No fim do almoço, inclinou-se à frente, conspirador, e perguntou:

– Não acha que chegou a hora de nos livrar desse canalha?

Ele se referia a Ayub Khan. Supus, ingenuamente, afinal de contas, que ele queria dizer removê-lo por métodos políticos, mas o gesto que fez não deixou dúvidas em minha mente de que propunha algo muito mais sério e permanente. Achei que estava na hora de retornar a Londres e, no avião de volta, rememorei a conversa várias vezes com meus botões. Não, não fora minha imaginação nem truque do clarete. O embaixador na França sugerira mesmo assassinar seu presidente. Quando os regimes começam a rachar do topo, em geral é porque os mais visionários perceberam que os problemas vindos debaixo estão próximos. E, de 1966 a 1968, foi o que aconteceu no Paquistão.

MOVIMENTOS DIFAMADOS: DE 1969 A 1975

> *O apelo para que abandonem as ilusões a*
> *respeito da sua condição é o* apelo para
> abandonarem uma condição que precisa de ilusões.
>
> Karl Marx, "Crítica da filosofia
> do direito de Hegel – Introdução"*

O início do movimento pelos direitos civis nos Estados Unidos aumentou por toda parte a consciência negra, ainda que de maneira irregular. O início do moderno movimento feminista também teve lugar no continente americano. As mulheres que se radicalizaram com o movimento contra a guerra e a SDS começaram a questionar a posição subordinada que ocupavam nesses grupos. Os primeiros manifestos e romances do movimento de libertação feminina foram produzidos por ativistas da SDS, e as norte-americanas que visitavam a Europa ocidental viviam se espantando com o atraso de suas irmãs do continente europeu.

As idéias, como tudo naquela época, começaram a atravessar as fronteiras e, num momento em que todos os valores tradicionais da sociedade burguesa estavam sendo questionados pela nova geração, seria muito estranho não mencionar as questões ligadas à sexualidade e aos gêneros. O conselho editorial de *The Black Dwarf* vivia mudando naquela época e todos ficaram felicíssimos quando Sheila Rowbotham se uniu a nós e, assim, dobrou nossa representação feminina. Eu a conheci em Oxford, onde fazia parte do Clube Comunista e mais tarde trabalhou como ativista da VSC. Era basicamente uma historiadora socialista, sempre interessada na história vista debaixo.

---

* Karl Marx, "Crítica da filosofia do direito de Hegel – Introdução", em *Crítica da filosofia do direito de Hegel* (São Paulo, Boitempo, 2005), p. 145-6. (N. E.)

Não consigo me lembrar agora o que provocou nossa discussão sobre a opressão das mulheres. Pode ter sido Christopher Logue, cujas idéias malucas para as capas tendiam a deixar todos boquiabertos. Em 1969, era óbvio que o governo trabalhista se preparava para impor um novo pacote de restrições salariais, mas o movimento trabalhista como um todo foi pego de surpresa pela proposta de Barbara Castle de restringir o direito de greve por meio de leis aprovadas no Parlamento. Logue entrou correndo numa reunião do conselho editorial e declarou:

– Saquei! A próxima capa de *The Black Dwarf* é óbvia. Botamos um capitalista nu, gordo e feio de pé ao lado de Barbara Castle. Ela está de joelhos, chupando ele. A legenda diz simplesmente: "Em vez de conflito".

Esse era o título do relatório de governo proposto pela sra. Castle, na época. Primeiro todos fitaram Logue em silêncio, depois vieram as risadas. Fomos unanimemente contra a idéia por razões de bom gosto.

Sheila Rowbotham propôs que nosso primeiro número do novo ano fosse sobre a opressão das mulheres. Os cubanos haviam iniciado a tradição de dar um título político a cada ano. Proclamaram que 1968 seria o "Ano da Guerrilha Heróica", em homenagem a Che Guevara e aos vietnamitas. Decidimos tornar 1969 o "Ano da Mulher Militante" e encarar a árdua tarefa de explicar o problema aos leitores. Eram mais problemas do que imaginávamos. O editorial daquele número, "Mulheres, sexo e abolição da família", foi a primeira tentativa séria de um jornal radical britânico de discutir pautas até então ocultas. Sentimos que toda aquela falação sobre sociedade alternativa era furada se não houvesse uma discussão sobre as relações pessoais e familiares, que estavam no âmago da opressão da mulher. As desigualdades políticas, jurídicas e econômicas entre homens e mulheres poderiam ser resolvidas dentro da ordem existente, mas a transformação das relações entre gêneros não seria possível sem a revolução social. O editorial, escrito por Fred Halliday, era incisivo, mas sem nenhum traço de demagogia ou de autoflagelação. A página central era um manifesto redigido por Sheila, intitulado "Mulher: a luta pela liberdade". Foi escrito com muita verve e paixão e pretendia explicar a ambos os sexos o que as mulheres liberadas exigiam e por que não desistiriam dessa vez. O apelo era direto e os primeiros parágrafos, auto-explicativos:

Queremos dirigir ônibus, jogar futebol, usar canecas de cerveja e não copos de vidro. Queremos que os homens tomem a pílula. Não queremos ser levadas como apetrechos nem convidadas como esposas. Não queremos ser embrulhadas em celofane, nem sair da sala para fazer o chá, nem ser empurradas para o comitê social.

Mas essas são só pequenas coisas. As revoluções se fazem nas pequenas coisas. Pequenas coisas que nos acontecem o tempo todo, todo dia, onde quer que a gente vá, a vida inteira.

Aqui o dominado se relaciona com o dominador; aqui se concentra o descontentamento; e aqui a experiência é sentida, expressa, articulada, enfrentada – através do particular. O particular nos força gentilmente à passividade. Assim, não sabemos como nos encontrar, a nós mesmas e umas às outras. Talvez sejamos o mais dividido de todos os grupos oprimidos. Dividido em nossa situação real, em nossa compreensão e na consciência de nossa condição. Somos de classes diferentes. Assim nós nos devoramos e nos usamos entre nós. Nossa "emancipação" muitas vezes não foi mais do que a luta das privilegiadas para aumentar e consolidar sua superioridade. As mulheres da classe trabalhadora continuam a ser as exploradas dos explorados, combatidas como trabalhadoras e oprimidas como mulheres.

A declaração de independência socialista feminista de Sheila Rowbotham terminava com um apelo firme, mas comovente, ao sexo oposto:

Homens! Vocês não têm nada a perder senão os seus grilhões. Não terão mais ninguém sem calcinha para espiarem escondidos; ninguém para exibirem como símbolo de virilidade, de *status*, de importância; ninguém para prendê-los nem destruí-los; nenhum ser nebuloso e etéreo flutuando inatingível num céu azul de plástico; nenhum grande lenço para limpar tudo; nenhum edredom debaixo do qual se enfiar e fugir da alienação competitiva e cheia de ego que vai envolvê-los e SUFOCÁ-LOS.

Haverá apenas milhares de milhões de mulheres – gente para descobrir, tocar e acontecer – que os compreenderão quando vocês disserem que temos de construir um novo mundo, no qual não nos encontraremos como exploradores e objetos usados, no qual nós nos amaremos e um novo tipo de ser humano poderá nascer.

Ficamos todos comovidos com esse texto, provavelmente o mais importante e instrutivo já publicado por *The Black Dwarf*, que fazia pensar. Sheila, conhecendo a qualidade pavorosa da revisão do jornal, insistiu em verificar pessoalmente as últimas provas, porque sabia que erros nesse artigo específico seriam difíceis de engolir. Alguns dias antes da publicação, recebi dela um telefonema angustiado, pedindo que eu largasse tudo e fosse encontrá-la na redação, onde o jornal estava sendo diagramado. Robin Fior, nosso diagramador politizado, nos deixara havia tempos e tínhamos contratado um jovem hippie, diagramador talentoso, mas meio apolítico, apesar de seu apoio firme à VSC e ao jornal. Eu lhe dissera que o artigo de Sheila Rowbotham era importantíssimo e que o diagramasse com cuidado e sensibilidade. Informara que tratava da libertação das mulheres e que ele teria de encontrar as ilustrações necessárias. Quando cheguei, entendi por que Sheila estava tão ofendida. Seu manifesto fora impresso sobre uma mulher nua, com o maior par de peitos imaginável. Nosso amigo hippie diagramara o texto de modo que as principais denúncias do chauvinismo masculino caíssem sobre os dois seios. Era óbvio que o que estava ali não era resultado nem da dialética nem de nenhuma desconstrução ultra-sutil, mas apenas da ignorância.

Pedi a ele que jogasse tudo fora e começasse de novo. Sheila sugeriu algumas imagens positivas, como uma guerrilheira mexicana do exército de Zapata. Nenhum de nós foi agressivo com o diagramador, mas puxei-o de lado e expliquei-lhe por que o que fizera era inaceitável. Ele não entendeu e ficou carrancudo e mal-humorado o resto do dia. Quando o jornal finalmente saiu, vi que, sem que soubéssemos, ele incluíra um último anúncio, que dizia o seguinte: "DIAGRAMADOR DO DWARF PROCURA MOÇA: moça cabeça do tipo fazer chá, organizar papéis, eu. Comida grátis, espaço para fumar. Negra norte-americana serve. Telefone...". Foi sua última piadinha. No dia seguinte, nós o afastamos.

1969 não se tornou o ano da mulher militante, mas teve iniciativas importantes que cresceram nos anos seguintes e acabaram dando origem ao movimento de mulheres na Grã-Bretanha. Muitas revolucionárias, como Sheila Rowbotham, atuaram nele em todos os níveis. O fato de as mulheres se referirem a si mesmas como Movimento de Libertação das Mulheres (MLM) já indicava sua origem política, oriunda dos movimentos de 1968 e, principalmente, da luta da Frente de Libertação Nacional, no Vietnã do Sul. A importância desse movimento para as mulheres era claríssima, mas o fato de muitas fundadoras serem membros ou simpatizantes de partidos ou grupúsculos de esquerda fez com que os socialistas do sexo masculino não tivessem outra opção a não ser discutir a sério a nova ideologia, e houve tentativas sinceras das mulheres de mudar o estilo e o funcionamento dos grupos, com vários graus de fracasso. As características subvitorianas dos homens que comandavam esses grupos estavam entranhadas demais para que conseguissem ao menos considerar os problemas colocados por sua própria sexualidade. Em outros casos, as práticas internas mais grotescas, que reproduziam o que acontecia do lado de fora, foram alteradas, e as mulheres receberam apoio quando exigiram medidas de institucionalização que corrigissem o peso da dominação masculina. Isso exigiu muita luta, mas não tinha desculpa, porque todos estavam na mesma organização política. Em conseqüência, o Grupo Marxista conquistou um grupo de socialistas feministas que teve papel importante no desenvolvimento do movimento mais amplo das mulheres, assim como um grupo importante de mulheres do Partido Comunista britânico, principalmente Elizabeth Wilson, cujos dons literários lhe permitiram exercer uma influência considerável. No entanto, acho justo dizer que foi a vigorosa argumentação dos livros de Sheila Rowbotham, *Women, Resistance and Revolution* [Mulheres, resistência e revolução] e *Hidden from History* [Escondido da História]*, que, de todos os escritores do período, mais contribuiu para levar uma nova geração de homens e de mulheres a entender o socialismo e o feminismo. Ao relê-los quase duas décadas depois, fico surpreso e ligeiramente espantado ao descobrir que eles não perderam nada de sua riqueza e paixão, ou mesmo do frescor que os distinguia de tantas coisas que foram publicadas na época. Eis a marca do verdadeiro clássico, e o que lhes dá vantagem sobre os textos pós-feministas atualmente à venda nas livrarias da Europa e dos Estados Unidos.

Não quero sugerir, com isso, que tudo que tivesse a ver com o MLM, sem falar dos Panteras Negras nos Estados Unidos e de seus imitadores na Grã-Bretanha, fosse maravilhoso. As contradições teóricas e práticas não eram fáceis de superar, e a ânsia candente de romper as muralhas da monogamia e atacar os palácios do patriarcado criou novos problemas. Muitas experiências foram dolorosas. Uma característica que pessoalmente muito me desagradava era a idéia de que o "estilo" e os "modos de se relacionar" da MLM eram qualitativamente superiores à estrutura hierarquizada da esquerda. Que havia problemas graves nesta última, isso é inegável, mas os choques crescentes entre as feministas radicais e as feministas socialistas nas

---

* Sheila Rowbotham, *Women, Resistance and Revolution* (Londres, Penguin Books, 1974) e *Hidden from History* (Londres, Pluto Press, 1977). (N. E.)

conferências do MLM não eram expressos numa linguagem que pudesse servir de exemplo de solidariedade fraterna. Na verdade, lembravam os piores excessos do sectarismo. Recordo que várias socialistas feministas voltaram de uma dessas conferências num estado de forte choque político e emocional. Naquela ocasião, elas foram fisicamente atacadas e receberam cusparadas da facção feminista radical. Seu crime: trabalhar em grupo com socialistas homens. Na realidade, certos setores do MLM criaram uma variação própria de demagogia cujo único propósito era esmagar qualquer tentativa de formular uma estratégia política nacional ou internacional. Outros usavam a cobertura do MLM para atacar grupos de extrema-esquerda. Era muito mais fácil fazer isso como feministas do que como membros de uma coalizão direitista com o Partido Comunista. As especialistas nessa forma de polêmica logo foram adotadas por setores da imprensa que viam nelas uma forma útil de impor suas posições.

Infelizmente, o Movimento das Mulheres não participou do grande debate entre a velha e a nova esquerdas no Central Hall, em Westminster, em 24 de janeiro de 1969. Alguns meses antes, eu recebera uma carta de Michael Foot em que ele sugeria que talvez estivesse na hora de tirar a discussão das ruas e voltar aos auditórios. Em nome do *Tribune*, ele desafiava *The Black Dwarf* para um debate sobre o tema "Reforma ou revolução". Ambos concordamos que Lawrence Daly deveria presidir o debate. No dia marcado, quase 2.500 pessoas lotaram o auditório para ouvir Bob Rowthorne e eu defendermos a revolução contra Foot e Eric Heffer. Antes mesmo de o debate começar, vendedores empolgados do *Dwarf* me mandaram bilhetes para dizer que tínhamos vendido mais de mil exemplares, o que era toda a tiragem do *Tribune* daquela semana. Como sempre acontece, a batalha de idéias foi perfeitamente previsível. A grande maioria do público estava do nosso lado, assim como Lawrence Daly. O resultado foi inevitável. Recebemos apoio maciço, enquanto Foot e Heffer foram vaiados constante e, às vezes, injustamente. A tentativa de Heffer de usar sua origem operária para defender sua tese ("Durante quatro anos trabalhei numa bancada [...]. Sei mais sobre a luta de classes do que 90% das pessoas aqui [...].") afogou-se nas risadas. A discussão principal ocorreu entre nós e a esquerda trabalhista. Nem um único debatedor do outro lado defendeu o histórico do governo Wilson. Na manhã seguinte, as notícias na imprensa foram praticamente unânimes em dar a vitória aos anões pretos. O único a discordar foi Ian

O PODER DAS BARRICADAS   333

Aitken, de *The Guardian*, amigo íntimo de Foot e que já trabalhara na equipe do *Tribune*, embora nem sua reportagem tentasse negar que a esquerda trabalhista estava em menor número e fora flanqueada naquela noite.

O público não se limitava aos jovens. Nosso lado também tinha partidários idosos, veteranos das décadas de 1930 e 1940, que não faziam segredo de seu apoio. Foi a última aparição em público de Kingsley Martin. Michael Foot nos apresentara antes do debate, mas ele manteve um silêncio diplomático e pouco característico quando lhe perguntei qual lado apoiaria naquele dia. Morreu alguns meses depois.

Durante o debate com a platéia, tivemos o cuidado de escolher participantes de ambos os lados e ninguém ficou surpreso quando a brigada de militantes atacou violentamente a VSC, coisa que nem Foot nem Heffer fizeram. Em certos aspectos, o fato mais surpreendente foi a chegada de um grupo resfolegante da London School of Economics, comandado por um professor, Robin Blackburn. Na discussão com a platéia ele nos contou que houvera uma batalha na LSE e que os estudantes derrubaram os portões, apesar da forte presença da polícia. Foi planejada uma passeata até a delegacia de polícia e ele convocou o público a se unir a eles depois do debate. Nós o aplaudimos durante um bom tempo, mas os aplausos não o ajudaram. Alguns meses depois, seu discurso no debate entre *Dwarf* e *Tribune* seria uma das principais acusações contra ele quando foi demitido pela diretoria da faculdade, fato que levou ao fim prematuro de sua carreira acadêmica.

Na época, a política na Grã-Bretanha, e mais ainda na Europa, era muito empolgante. Não restava mais dúvida de que estava ocorrendo um processo maciço de radicalização que transcendera os *campi* na França e na Itália e invadira as fábricas. A nova geração de operários fora profundamente afetada pela política e pela cultura do período, assim como muitos ativistas políticos então exilados de suas respectivas ditaduras em vários países da Europa ocidental. Militantes espanhóis, portugueses, nicaragüenses, brasileiros e sul-africanos, para citar apenas uns poucos, foram todos aprendizes do processo revolucionário na Europa ocidental. Chenhamo Chimutengwende, refugiado de Ian Smith, da Rodésia do Sul, pertencia ao conselho editorial de *The Black Dwarf*. Apoiou Robert Mugabe em 1969 e 1970 e hoje é um personagem importante do governo pós-colonial do Zimbábue. Uma refugiada nicaragüense na Suíça pertencia à Liga Marxista Revolucionária e hoje é ministra do governo sandinista. Há muitos outros exemplos. Entretanto, apesar da mudança espantosa na Europa, o chamado do Paquistão se tornara forte demais para que eu resistisse.

O movimento estudantil do Paquistão (que na época incluía Bangladesh) estava no quarto mês de luta, e a revolta se espalhara por todas as cidades do país. Eu decidi ir ver com meus próprios olhos. As cartas de lá eram totalmente insatisfatórias. Os Comitês de Ação Estudantil de Rawalpindi e Daca estavam me pressionando para voltar. Garantiram que, quando eu chegasse, o aeroporto estaria ocupado, de modo que não haveria como proibir minha entrada no país. Não acreditei totalmente, mas ainda assim me preparei para retornar. Amigos e camaradas sentiam que os riscos eram grandes demais e que seria melhor encorajar alguns jornalistas britânicos de confiança a me acompanhar. Clive Goodwin fez um resumo explícito dessa posição:

– Se você for assassinado, que pelo menos a gente veja na TV...

A única pessoa em quem eu confiava inteiramente no mundo da televisão na época era Gus Macdonald, da Granada Television. Gus crescera na Glasgow operária, tornara-se chefe de oficina e entrara para os Socialistas Internacionais, que fora sua universidade sob a talentosa vice-direção de um certo Tony Cliff. Depois entrara para a Granada e era produtor do *World in Action*, único programa de atualidades que tentou explicar a sério a questão da VSC. Gus Macdonald fora providencial ao tratar do assunto e, assim, indaguei-o a respeito do Paquistão. Ele precisou de algumas horas para consultar seus chefes, que concordaram com uma condição. A partida tinha de permanecer em segredo, senão perderiam o furo. Isso era do interesse de todos, já que eu achava (equivocadamente, no fim das contas) que os estudantes não conseguiriam ocupar o aeroporto. Havia outra vantagem. A Granada sugeriu gentilmente pagar minha passagem, poupando assim ao paupérrimo Grupo Marxista o fardo de levantar dinheiro.

No vôo da Lufthansa para Karachi, Gus Macdonald preparou a equipe para o caso de emergência. Minha cabeça estava cheia de idéias malucas. Se a leitura que eu fazia da situação no Paquistão estivesse certa, o Estado enfrentava sua crise mais grave. Nem o Exército nem a política conseguiram esmagar a revolta e a lista de baixas indicava a gravidade do empreendimento. O povo estava disposto a morrer por terra, pão, socialismo e democracia. O problema era que a esquerda tradicional conseguira se desacreditar completamente. Nos últimos três anos, os maoístas haviam deixado de se opor ao regime de Ayub porque ele estabelecera relações amigáveis com a China. Ayub visitara Pequim e se encontrara com Mao e outros líderes chineses, que por razões cínicas de *realpolitik* deram as boas-vindas ao marechal-de-campo como se ele fosse um "antiimperialista", o que muito o divertira. A esquerda pró-Moscou agarrou-se à saias dos partidos explicitamente burgueses que pretendiam conquistar o poder sem mudança social. Em conseqüência, o Partido do Povo do Paquistão, novo partido fundado por Zulfiqar Ali Bhutto, comandava a oposição da massa. O próprio Bhutto ficara trancafiado alguns meses na prisão. Seu principal lugar-tenente era J. A. Rahim, o ex-embaixador paquistanês em Paris, que redigira o manifesto do partido.

Naquele vôo, lembrei do dia em que Bhutto me telefonou em Londres e me convidou para jantar. Da primeira vez, eu me esqueci do compromisso, o que o irritou muito, mas ele ligou de novo e dessa vez almocei com ele no hotel Claridges. J. A. Rahim também estava presente e contei a ele do almoço em que Rahim propusera depor Ayub. Ele riu muito e zombou de Rahim, mas aí os dois ficaram sérios e subimos para conversar no quarto de Bhutto. Lá, Rahim entregou-me o primeiro manifesto datilografado do Partido do Povo do Paquistão e pediu-me que o lesse, o assinasse e me tornasse um dos fundadores do partido. Li o documento rapidamente e declinei do convite.

– Por quê? Por quê? – gritou Bhutto. – O que mais você quer?

Destaquei duas deficiências graves. A primeira era que eles não separavam religião e Estado, como propusera o fundador do país, M. A. Jinnah, e como alguns partidos, como o Partido Awami Nacional e a Liga Awami de Mujibur Rehman, realmente faziam. Em segundo lugar, argumentei que, na frente econômica, a posição intermediária não satisfaria ninguém. Despertaria expectativas nos oprimidos sem atender às suas necessidades e, ao mesmo tempo, contrariaria os capitalistas do Paquistão. Rahim começara a concordar comigo, afirmando que favorecera essa linha, mas Bhutto instruíra-o a moderar a declaração. Bhutto aceitou bem minhas críticas, ao menos nessa ocasião, mas não iria mexer em questões fundamentais.

– Nosso maior problema vão ser os malditos mulás – argumentou. – Esse seu purismo me jogaria na briga com um braço amarrado nas costas.

Insisti que era ele que estava se jogando nas mãos dos mulás ao recorrer a fórmulas sem sentido, como "socialismo islâmico". Os mulás bradariam que ele era *kafir* porque mencionava socialismo e islamismo na mesma frase e ele seria obrigado a contratar escribas para descobrir significados ocultos no Alcorão.

– Se fizer isso – disse-lhe –, o senhor vai acabar travando a guerra no campo de batalha que os mulás escolheram. E aí *eles* vencerão.

Rahim fez que sim com a cabeça várias vezes enquanto eu falava, mas manteve-se em silêncio quando a discussão ferveu. No final, nós nos separamos amistosamente, mas sem que um tivesse convencido o outro. Isso foi em 1966.

Dois anos depois, enquanto o avião sobrevoava Karachi, refleti se deveria ter me juntado à luta, mas rejeitei a idéia de imediato. Eu estava certo. O Partido do Povo não conseguiria derrubar a máquina estatal. Quando o avião pousou, o nervosismo me contraiu o estômago e fiquei em dúvida se me deixariam entrar no país. Assim que os agentes da imigração viram meu passaporte, escoltaram-me para a sala VIP e pediram-me que esperasse. Foram educadíssimos. Gus Macdonald e sua equipe ficaram dando voltas do lado de fora até afinal entrar e filmar clandestinamente um oficial graduado da polícia me informar que estava esperando instruções superiores. Amaldiçoei-me por não ter avisado os estudantes de minha chegada e até Gus concordou que teria sido mais sensato. Afinal a permissão chegou e peguei o vôo seguinte para Lahore. Dois dias depois, o marechal-de-campo abandonou o cargo e entregou o poder a um sucessor militar, que prometeu eleições para dali um ano.

O movimento sentiu gosto de sangue e o clima nos comícios se tornou mais radical. Comecei uma turnê de discursos pelo país. Quando meu avião sobrevoou Rawalpindi, olhei pela janela e vi uma grande multidão reunida na pista. O piloto me disse que só poderia pousar em segurança se saíssem dali. Ele sobrevoou o aeroporto durante meia hora, até os estudantes se convencerem de que eu estava mesmo no avião e concordarem em esvaziar a pista de pouso. Mal o aparelho pousou, eles avançaram de novo. Algumas dezenas subiram os degraus e me engalanaram com colares de flores que me pareceram ser centenas. Então, quando finalmente saí do avião, levantaram-me nos ombros e carregaram-me em triunfo pelo aeroporto até a frente do prédio. Ali, havia mais estudantes e várias dezenas de caminhões enfeitados com bandeiras vermelhas e faixas que condenavam o imperialismo. Embarquei num deles e começamos a lenta carreata até o centro da cidade, onde estava planejado um comício.

Enquanto a carreata avançava, eu realmente me espantava de ver como nosso séquito crescia e, como se não bastasse, os passantes acenavam muito e gritavam de maneira amistosa. Quando passamos pela área do quartel, montes de soldados vieram até a beirada do terreno e me saudaram calorosamente. Em ocasiões como essa, ficamos tão tomados de emoção que é difícil pensar direito, no sentido literal da coisa. Ainda assim, fiquei perplexo com o tamanho e o calor da recepção. Achei que o povo seria ultranacionalista e se ressentiria das minhas atividades européias, mas na verdade foi seu nacionalismo que fez com que se orgulhasse de que um deles fosse conhecido na Europa. Algumas semanas antes da minha chegada, um semanário em urdu de grande circulação e ultradireitista publicara um ataque contra mim cheio do mais grosseiro anti-semitismo. Essa revista pavorosa (hoje inofensivamente defunta, como seu editor) inventara uma história que envolvia a mim e ao "judeu comunista Cohn-Bendit" numa orgia ininterrupta realizada numa grande casa de campo, na França, em algum momento indeterminado do passado recente. Seria uma festa numa piscina e fomos acusados de fornicar com "dúzias de moças judias numa só tarde". Quase todo mundo que encontrei me interrogou com minúcias sobre o caso. Eu costumava ficar irritadíssimo ao negar a história, e mais exasperado ainda ao descobrir que meu desmentido não era levado a sério. Então, um líder estudantil me disse que, longe de me prejudicar, a história fortalecera minha imagem no Punjab, onde a virilidade masculina é um símbolo importante de *status*. Foi o tamanho da orgia que impressionara as pessoas e agora me imploravam para que não a negasse de maneira tão zangada. Pediam um desmentido mais modesto.

Quando nos aproximamos do local do comício, notei uma multidão ainda maior. De repente, senti um revólver contra as minhas costelas e enrijeci. Mas era apenas um dos estudantes da minha escolta que queria me mostrar que estavam armados e que, se os estudantes religiosos atentassem contra a minha vida, não hesitariam em atirar para matar. Haviam me avisado que os estudantes direitistas iriam me presentear com um exemplar do livro sagrado do Islamismo e meus anfitriões temiam que eu acusasse isso de provocação e forçasse uma *jihad* entre os maníacos religiosos. Prometi não fazer nada tão estúpido, mas eles só queriam garantias de que, se eu fosse condenar a religião, avisasse com antecedência, já que isso poderia provocar uma guerra civil nas ruas da cidade. Reafirmei-lhes que não estava assim tão longe do país.

Em meu discurso, expliquei a revolta mundial contra o imperialismo dos Estados Unidos, falei de minha viagem ao Vietnã e então, num tom mais suave, expliquei que estávamos numa crise pré-revolucionária no Paquistão, mas o problema era a falta de vontade política dos partidos que comandavam a revolta. Essas e outras reflexões casuais foram bem recebidas Assim que o comício terminou, um líder estudantil de direita escalou a plataforma. Passei-lhe o microfone e ele disse à multidão que me dava as boas-vindas e queria me presentear com um exemplar do Alcorão, que então me entregou. Era uma edição minúscula. Aceitei-a, agradeci a gentileza, coloquei o livro no bolso de cima e disse à multidão tensa e silenciosa que esperava lê-lo de novo. Houve um suspiro de alívio no palanque e todos relaxaram. Entretanto, perguntei em voz alta por que o Jamaat-i-Islami, que tratava o Alcorão como monopólio divino no Paquistão, também estava na folha de pagamento da embaixada norte-americana. Isso provocou um grande rugido de aprovação e gritos de "morte aos mercenários contratados" etc.

Não houve choques naquele dia, mas em dois comícios subseqüentes, em Multan e na então chamada Lyallpur, grupos islâmicos atacaram nossa passeata, foram derrotados e expulsos. Em Multan, o comício público foi imenso, com dezenas de milhares de pessoas. Havíamos sido apedrejados no caminho por algumas centenas de estudantes do Jamaat-i-Islami. Todos estavam irritados, e dessa vez perdi a calma e afirmei que talvez tivéssemos de vingar a morte dos indonésios abandonados no Paquistão. Foi uma observação idiota, mas eu a fiz e a imprensa de direita a usou o mais que pôde. O clima todo era muito diferente daquele que existia em boa parte da Europa, porque numa situação como aquela era possível sentir o cheiro do poder. A luta era por isso e o único partido do Paquistão Ocidental em condições de conquistar o Exército era Bhutto e seu Partido do Povo. Ele embrulhara o manifesto do partido no lema "Comida, roupa e moradia" para todos. Falava em desapropriar a nobreza latifundiária e os ricos citadinos e alimentar os pobres do campo e da cidade. Os mulás o condenaram ferozmente, dentro e fora das mesquitas, mas o tom radical e atraente de seus discursos, somado à promessa de reformas sociais e econômicas, neutralizara os barbudos. Seja como for, o poder deles sempre se restringiu aos círculos pequeno-burgueses das grandes cidades. No campo, o mulá não era um personagem muito reverenciado e a reforma agrária proposta por Bhutto fez os donos da terra tremerem de medo.

O PODER DAS BARRICADAS   339

Fui convidado a falar em associações de advogados, em reuniões exclusivas de faculdades para mulheres, a médicos e estudantes de medicina e em assembléias operárias. O país todo parecia clamar por mudanças, mas, para estimar com exatidão as possibilidades, eu teria de visitar o Paquistão Oriental, a distante província de Bengala, separada do Paquistão Ocidental por 1.500 quilômetros de Índia. A maioria da população vivia lá, mas a classe dominante, os burocratas e os oficiais graduados do Exército eram todos do Paquistão Ocidental. Deixaram que Bengala estagnasse, fosse tratada como colônia e governada por procônsules do lado ocidental. Quando cheguei a Daca, ainda havia esperança de que a rebelião fizesse os governantes do lado ocidental caírem em si; que uma nova estrutura harmoniosa e igualitária pudesse preservar o Estado do Paquistão, mas ali também os maoístas locais haviam se isolado do povo e as forças do nacionalismo bengali eram controladas pelo xeque Mujibur Rehman e por sua Liga Awami. Eu o apelidara de "Chiang Kai-shek de Bengala" e, quando o encontrei certo dia no café-da-manhã, ele mencionou o fato e disse:

– Nunca pretendi ser outra coisa. Mas o seu problema é que aqui não existe Mao. Todos os maozinhos trabalham para os militares. Eles já eram.

Mas nem Mujib podia falar de independência; ele só que queria sua fatia do bolo. Disse-lhe que era ilusão esperar que o orçamento inchado da Defesa fosse cortado a favor de Bengala. Ele retrucou que eu era "extremado demais".

Só estive alguns dias em Daca, mas ficou claríssimo para mim que aquele era outro mundo. Em termos lingüísticos, culturais e políticos, era uma nação separada. A opressão tornava difícil que não se tornasse outro Estado. Ainda assim, senti-me intelectual e politicamente muito mais à vontade em Daca do que em Rawalpindi. A cultura política era muito mais avançada. Falei numa grande assembléia estudantil sob a famosa árvore Amtala, no *campus* da Universidade de Daca. Não admitiram que eu falasse em urdu, indicador seguro da raiva que tinham do Paquistão Ocidental. O grito mais ouvido era "inglês, inglês!", e ainda que uma das vozes a exigir isso fosse a de Nicholas Tomalin, do *Sunday Times*, inconfundível na última fila, tive de ceder à exigência popular.

Falei naquela tarde sobre a luta no Paquistão, mas fui além e avisei que a exigência de autonomia regional nunca seria concedida pelo Exército.

– Em vez de ceder, vão esmagá-los. A única opção séria é a independência. Uma Bengala vermelha poderia tornar-se o Yenan do nosso subcontinente.

Essas idéias nunca foram ditas assim, em público, e senti o entusiasmo da platéia. Até os estudantes da Liga Awami se espantaram. Afinal de contas, eu não era um punjabi? Como podia falar desse modo? Mas logo se recuperaram e me aclamaram até ficarem roucos. Depois, fui cercado e o que todos queriam discutir era como atingir esse objetivo. Se, naquele estágio, os líderes políticos tivessem percebido o holocausto que se seguiria, teriam armado politicamente seus partidários e se preparado para a inevitável guerra civil. Quando parti de Daca, centenas de estudantes vieram se despedir com os punhos fechados, gritos de "Lal salaam!" (Saudação vermelha) e convites para eu voltar e morar em Daca. Eu pensava em voltar de vez no fim do ano e Daca parecia o lugar ideal, mas ainda existiria?

Eu tinha de voltar à Europa para o IX Congresso Mundial da Quarta Internacional, mas prometi retornar em breve. O Congresso Mundial foi a primeira oportunidade real de encontrar camaradas com idéias semelhantes vindos de todo o mundo. A Quarta Internacional (QI) foi uma tentativa de continuar a obra do antigo Comintern, fundada por Trotski em 1939 depois das vitórias de Hitler e de Stalin ter eliminado os velhos bolcheviques. Quando a meia-noite caiu sobre a Europa, Trotski decidiu levantar a bandeira do internacionalismo. Foi essa determinação que atraiu um pequeno grupo de comunistas de esquerda enojados com os expurgos e os banhos de sangue de Stalin. Numa carta particular a uma amiga que lhe escrevera queixando-se de que estava absolutamente pessimista (eles estavam às vésperas da Segunda Guerra Mundial), Trotski respondeu:

> Indignação, raiva, repulsa? Sim, e até cansaço temporário. Tudo isso é humano, humano demais. Mas não acreditarei que sucumbiste ao pessimismo. Isso seria como ofender-se com a história, passiva e queixosamente. Como é possível agir assim? "A história tem de ser aceita pelo que é", e quando ela se permite ultrajes tão extraordinários e imundos, é preciso enfrentá-la com os punhos.

A criação de uma nova Internacional – a primeira debandou, a segunda desmoronou com a Primeira Guerra Mundial e a terceira virou instrumento da política externa soviética – foi um passo ousado numa época em que todos os rios corriam no sentido oposto. Trotski achou que o resultado da Segunda Guerra Mundial dividiria as formações stalinistas na Europa, como a Primeira dividira a socialdemocracia. Se tivesse assistido ao fim da guerra, provavelmente teria mudado de opinião, mas foi assassinado por ordem de Stalin em agosto de 1940. Uma de suas últimas previsões foi avisar a URSS que Hitler preparava a Operação Barbarossa. O trotskismo sobreviveu, mas restringia-se a um punhado de seguidores na maioria dos países. Durante a guerra, sofreram nas mãos tanto da Gestapo quanto de Stalin. Contam-se inúmeros casos de coragem demonstrada por trotskista diante da repressão e da tortura. Um intelectual trotskista grego fez um discurso tão vigoroso aos soldados italianos do pelotão de fuzilamento que eles se recusaram a atirar. Por fim, foram punidos e alguns oficiais executaram o comunista veterano.

Reprimidos durante a guerra e depois isolados, a maioria dos grupos retraiu-se num sectarismo complacente e cheio de si, não muito diferente, em certos aspectos, das seitas cristãs primitivas ou, mais tarde, dos jesuítas. No Paquistão, perguntaram-me sobre o trotskismo e, depois de minha explicação, um veterano do movimento comunista riu e disse:

– Disso nós já temos bastante por aqui. Temos xiitas e sunitas, e agora você quer trazer os vaabitas também...

Em teoria ao menos, os vaabitas são uma seita muçulmana puritana e ultra-ortodoxa.

Ainda assim, o grupo que cercava Ernest Mandel e Pierre Frank na passiva década de 1950 mantivera um contato muito íntimo com a realidade e, depois de 1968, conquistou bastante apoio na Europa ocidental e na América Latina. Em 1969, quando cheguei ao IX Congresso Mundial, em Rimini, a reunião era uma estranha mistura de velho e novo, em todos os sentidos. Mandel serviu de ponte política e etária entre os veteranos e os novos recrutas. O Congresso propriamente dito foi eufórico e registrou a importância de 1968 na Europa, mas não aprendeu a lição da derrota de Che na Bolívia. Quando o norte-americano Joseph Hansen, um dos secretários de Trotski, tentou barrar o apoio acrítico à guerrilha no continente para que refletíssemos sobre a recente derrota, ele foi acusado de pessimista e seu documento, rejeitado. Hansen, contudo, foi a única pessoa do Partido Socialista dos Trabalhadores, entidade norte-americana, a me impressionar. Atrás dele estava a jovem guarda, que assumira a organização. Pareceram-me pura e simplesmente *apparatchiks*, obcecados por manipulações internas do partido, intrigas entre facções e uma atitude sectária inacreditável contra todo o resto da esquerda norte-americana. A SDS conquistara a elite da juventude dos Estados Unidos no final da década de 1960. O setor jovem do Partido Socialista dos Trabalhadores recrutara o restante. Até esses se mostraram independentes demais para os sucessores de Hansen, e a maioria da turma recrutada em 1968 não permaneceu muito tempo em suas fileiras. Hoje entendo o que tantos SDSsistas me contavam em 1967-1968, em suas visitas a Londres:

– Se estivéssemos na Europa, nós nos juntaríamos a você, mas nos Estados Unidos o PST é impensável. É burocrático e supercauteloso em sua abordagem.

É claro que alguns ataques eram apenas calúnias, mas havia um tanto de verdade ali, e naquele Congresso tive de admitir com meus botões que, se tivesse ido para Berkeley em vez de Oxford, não teria me juntado a essa Internacional.

Quando me filiei ao Grupo Marxista na Grã-Bretanha, Ernie Tate e Pat Jordan deram-me vários livros para ler. A maioria foi um prazer, mas um deles me deixou muito intrigado e não entendi o que queriam que eu aprendesse com ele. Era o livro de um comunista norte-americano que virou trotskista: *The Struggle for a Proletarian Party* [A luta por um partido proletário]*, de James P. Cannon. Eu não esperava que fosse uma versão não ficcional de Hemingway ou Dos Passos, mas a perseguição obstinada e incansável de uma corrente de oposição dentro da mesma organização até ser derrotada, desmoralizada e expulsa chocou minha sensibilidade. Acho que era ingênuo e idealista demais para apreciar essa grande obra, que, descobri mais tarde, foi usada como "texto fundamental na construção de quadros" pelo Partido Socialista dos Trabalhadores norte-americano, pela SLL britânica e até pelos mui temidos dogmáticos da seita lambertista na França (que em maio de 1968 se distinguiram por aconselhar a todos que ficassem longe das barricadas). O próprio Cannon foi um personagem admirável e teve papel importante na grande onda de greves do final da década de 1930, mas baseou-se exclusivamente em Trotski como fonte da teoria e, depois de seu assassinato, restaram poucos intelectuais no Partido Socialista dos Trabalhadores. A culpa não foi apenas do partido, mas eles transformaram a fuga dos literatos de Nova York numa infeliz teoria antiintelectualista. Enquanto Cannon era

---

* James P. Cannon, *The Struggle for a Proletarian Party* (Nova York, Pathfinder, 1977). (N. E.)

vivo, a doença ainda se mostrou controlável, mas a segunda geração, que conheci em 1969, em Rimini, parecia formada de paródias ambulantes e falantes dele. Nas décadas seguintes, adotariam normas partidárias internas que tornou difícil distingui-los do stalinismo que, supostamente, estariam combatendo de todas as formas. Assim, as esperanças e as aspirações de milhares de jovens idealistas foram tomadas e esmagadas por homens (eram homens na maioria) cujo controle de organizações minúsculas – uma gráfica, algumas dezenas de operários em tempo integral, um prédio – dava-lhes poder e autoridade dos quais abusavam desavergonhadamente. Foi um vírus fatal. O único antídoto seria a atividade da massa, mas quando os movimentos recuaram, a doença ganhou terreno com rapidez e até organizações que tinham sido relativamente imunes, inclusive aquela à qual eu pertencia, foram levemente contaminadas.

Voltei ao Paquistão naquele mesmo ano e percorri o país, entrevistando políticos, sindicalistas, líderes camponeses, poetas e estudantes para um livro encomendado por Jonathan Cape. Visitei Bhutto em sua casa, em Karachi, e ele me repreendeu mais uma vez por não termos unido forças. Ele estava certo de que conquistaria uma grande maioria em todo o país.

– E depois? – perguntei.

Ele me olhou com firmeza durante um bom tempo, enquanto enchiam nossos copos de uísque. E quando o líquido âmbar lhe desceu pela garganta, mostrou-se um pouco zangado.

– Seu problema é ser purista. Isso aqui é o Paquistão. Só há duas maneiras de lutar. Como eu ou como Che Guevara. Grande homem. Por que não faz como ele e vai para os morros do Baluquistão começar uma guerrilha sangrenta?

Recusei-me a aceitar a dicotomia. Ressaltei que o povo estava com ele no Paquistão Ocidental, mas ele prometera mudanças fundamentais. Se não cumprisse a promessa, as conseqüências poderiam ser terríveis. Enquanto conversávamos, um rapaz gordo e desajeitado entrou no jardim. Bhutto mandou um de seus ajudantes-de-ordens cochichar em meu ouvido a identidade do imbecil. Era o filho do general Yahya Khan, que na época comandava o Exército e era o ditador. A discussão política cessou. O filho de Yahya queixou-se a Bhutto de uma recente "Carta do Paquistão", publicada na revista satírica britânica *Private Eye*. Meu coração deu um salto. Eu escrevera a "Carta", que continha um ataque violento ao ditador e à imbecilidade do filho. Esse idiota sabia que eu era o autor? Evidentemente não, mas Bhutto notou o ar de pânico em meu rosto e seu lado travesso se tornou incontrolável:

– Não sei – disse ele a Yahya filho –, mas o Tariq aqui conhece bem a Inglaterra. Será que ele não sabe quem escreveu o texto?

Nisso eu já me recuperara e sugeri um possível autor: o alto-comissário britânico de Islamabad. Bhutto caiu na gargalhada, mas o filho corpulento do pai corpulento levou-me a sério e disse que faria mais indagações.

Quando visitei o Paquistão Oriental é que percebi quão próximas estavam de se cumprir as "profecias" que fiz sob a árvore Amtala, alguns meses antes. Viajei por toda a área rural com Bhashani, um líder camponês de setenta anos. Costumávamos caminhar quilômetros todos os dias e ele me indicava as semelhanças entre a topografia do Vietnã e a de certas regiões do Paquistão Oriental. O leste de Bengala estava à beira de uma grande explosão e não era difícil ver que o antigo Estado estava à beira da desintegração. Escrevi sobre isso em *Pakistan: Military Rule or People's Power* [Paquistão: governo militar ou poder do povo]*. O livro teve recepção favorável até em revistas como *The Economist*, mas na maioria os resenhadores da Grã-Bretanha e dos Estados Unidos mostraram-se extremamente céticos em relação a minha afirmativa de que uma nova intervenção militar no Oriente resultaria em insurreição, guerra civil e divisão do Paquistão. Um ano depois, foi exatamente o que aconteceu.

A dúvida não se limitava aos estudiosos ocidentais da Ásia. Enquanto estava no Paquistão, recebi um convite para visitar a Coréia do Norte como hóspede da União dos Jornalistas Coreanos. Voei de Daca a Cantão e dali para Pequim. A Revolução Cultural dava os últimos estertores na capital chinesa. Passei dois dias fazendo turismo e depois segui de trem para Pionguiang. Em certo ponto, dois oficiais do Exército chinês entraram em meu compartimento. Quando souberam que eu era do Paquistão, abraçaram-me calorosamente. Afinal de contas, o general Yahya Khan, de acordo com a mitologia chinesa, liderava um regime "antiimperialista". Não demorei a desiludi-los, ao contar o que acontecia no país. Ficaram chocados e logo depois me deixaram.

---

* Tariq Ali, *Pakistan: Military Rule or People's Power* (Londres, Jonathan Cape, 1970). (N. E.)

O PODER DAS BARRICADAS 345

Nas estações de trem chinesas, vi grupos de escolares comandados por professoras fazer profundas reverências diante de retratos gigantescos de Mao. Era uma visão nauseante. Um dia e meio depois, o trem atravessou o rio Yalu e cheguei à Coréia de Kim Il-Sung. No posto de fronteira, fui recebido pelas autoridades. Um intérprete coreano perguntou se eu tivera algum problema na China. Disse que tudo correra bem e ele então observou:

– O culto de personalidade de Mao Tsé-tung é ruim.

Concordei, mas de repente percebi que estávamos sentados ao lado de uma estátua em tamanho natural de Kim Il-Sung, o "grande e amado líder de 40 milhões de coreanos".

Na própria Grã-Bretanha, a manifestação de outubro de 1968 representou a maior reunião de forças revolucionárias. O fato de os grupos de esquerda não conseguirem transcender suas próprias divisões, nem conceder atividades políticas significativas aos recrutas da VSC, causou certa pulverização e dispersão. O movimento era visível na onda constante de ocupações estudantis, logo seguida por um surto de tomadas de fábricas por operários que culminou na histórica "autogestão" dos trabalhadores do estaleiro Upper Clyde Shipbuilders, na Escócia, e na vitória dos mineiros em 1972. Ainda assim, o declínio do movimento nas ruas nos levou a debater o futuro de *The Black Dwarf*, que dependia muito dele. Eu sentia que o jornal devia organizar politicamente os leitores. Havíamos criado alguns grupos de leitores de *The Black Dwarf* e, na Escócia, eles atraíram um grupo de jovens operários. Alguns membros do conselho editorial filiaram-se ao Grupo Marxista, outros eram simpatizantes. Eu achava que o jornal precisava de uma organização para sustentá-lo. Outros, entretanto, como Sheila Rowbotham, Clive Goodwin e Fred Halliday, achavam que não devíamos comprometer a independência do jornal em relação aos outros grupos de esquerda. Finalmente, houve um racha e os que eram filiados ou simpatizantes do Grupo Marxista (categoria que incluía Neil Middleton e Chenhamo Chimutengwende) criaram *The Red Mole*. Tudo considerado, a cisão foi bastante civilizada, mas, embora eu considerasse o rompimento necessário, isso não evitou inteiramente a dor. Eu conhecia Fred Halliday e Sheila Rowbotham desde a faculdade e, apesar das discordâncias ocasionais, respeitava imensamente seu trabalho. Clive Goodwin era um amigo muito íntimo e ficou transtornadíssimo com tudo aquilo. Não nos falamos durante vários anos, salvo um "alô" e alguns sorrisos fantasmas em manifestações ou reuniões sociais.

The Black Dwarf não sobreviveu ao racha e desmoronou alguns meses depois. Os editores fundaram um semanário excelente, chamado *Seven Days*, que pretendia ser uma ampla intervenção esquerdista na política e na cultura. Poderia ter sobrevivido como semanário independente, mas foi mal administrado e a esquerda perdeu outra grande oportunidade de fundar uma revista que sobrevivesse ao surto do final da década de 1960. *The Red Mole* se manteve durante alguns anos, depois deu origem ao *Red Weekly*, que mais tarde virou o *Socialist Challenge*. Fui o primeiro editor e, para meu grande prazer, Clive gostou tanto que voltou a escrever e nossa amizade se refez. Conversamos francamente sobre o passado, e sobre a ferida que fez em nós dois, e decidimos nunca mais deixar que aquilo acontecesse. Ele não havia mudado e reatamos nossas conversas diárias, o que resultou num aumento astronômico da minha conta telefônica. Às vezes me pergunto se o Special Branch destrói as fitas das conversas que acha inúteis ou se as guarda em segurança em algum arquivo. Espero que guarde, porque um dia, quando todos os arquivos forem abertos, elas serão uma magnífica arca do tesouro.

Nos meus últimos tempos no *Black Dwarf*, comecei a receber telefonemas de John Lennon. Ele me ligava uma ou duas vezes por mês e conversávamos sobre a situação do mundo. Havíamos publicado uma crítica a sua canção "Revolution" e Lennon nos respondera em termos muito irritados. Na época, quando houve a divisão entre partidários dos Beatles e dos Stones, fiquei com Mick Jagger, e não só porque ele marchara com a VSC. Eu preferia a música dele, embora não concordasse com o crítico Richard Merton, que defendia o narcisismo dos Stones e justificava seu sexismo fingindo que "Under My Thumb", "Stupid Girl" e "Back Street Girl" eram hinos que denunciavam a exploração sexual. Com certeza, era um ponto de vista diferente, que Merton defendia da seguinte maneira:

O enorme mérito – e audácia – dos Stones foi ter questionado, repetida e constantemente, o tabu central do sistema social: a menção da desigualdade sexual. Fizeram isso da maneira mais radical e inaceitável possível: louvando-a. A luz que esse facho negro lança sobre a sociedade é clara demais. Proclamada de maneira nua, a desigualdade é, de fato, condenada. O "triunfo não mitigado" desses discos é a rejeição do mundo espúrio das relações pessoais individualistas.

O PODER DAS BARRICADAS   347

Era talvez como argumentar que surrar a esposa no meio da rua é tão-somente, na realidade, uma atividade simples que visa despertar a consciência feminista. Apesar da apologia obscura de Merton, o ritmo da música dos Stones transmitia bem mais o espírito de 1968 que a música dos Beatles. Não disse isso tudo a Lennon, mas insinuei, e ele foi suficientemente esperto para captar a mensagem. Certa ocasião, disse-lhe que esperara que comparecesse às manifestações da VSC e cantasse para nós.

– Sabe o que é – respondeu –, eu não gostava de violência.

Essas conversas não tinham conclusão, mas certo dia, quando ele e Yoko apareceram com comida japonesa no meu minúsculo apartamento no norte de Londres, conversamos até o amanhecer. Ele lia *The Red Mole* e concordou imediatamente quando sugeri que o entrevistássemos para o jornal, mas ficou em dúvida se tinha "potência suficiente". Sugeri que Robin Blackburn, que entrara havia pouco para o Grupo Marxista e era um dos editores de *The Red Mole*, se unisse a nós e ele aceitou. Certa manhã, uma limusine feita sob encomenda parou diante da redação e nos levou a Tittenhurst, a mansão de campo de Lennon, perto de Windsor. Conversamos e gravamos tudo durante a maior parte do dia e voltamos exaustos. Foi um encontro estimulante e marcou a mudança política de John Lennon. A maior influência sobre ele era Yoko Ono. Ela o introduziu nos conceitos feministas, e a reação geral a ela na sociedade britânica lhe deu consciência do veneno chauvinista e racista que, ele insistia, era muito profundo nas classes dominantes. Disse:

Sempre pensei politicamente e contra o *status quo*. É o básico para quem foi criado como eu, odiando e temendo a polícia como um inimigo natural, e desprezando o Exército por levar todo mundo embora e largar morto em algum lugar. [...] Satirizo o sistema desde criança [...]. Diziam, meio zangados comigo, que eu tinha muita consciência de classe.

Ele havia acabado de compor "Working Class Hero" e leu alguns versos, uns dos mais radicais que viria a escrever. Criticava muito os grupos de rock norte-americanos por não abordarem a questão de classe e repetiu muitas vezes o que era, na época, a obsessão da Nova Esquerda, ou seja, a importância fundamental de cultivar os vínculos com o operariado:

Todas as revoluções aconteceram quando um Fidel ou um Marx ou um Lenin ou um sei lá o quê, que eram intelectuais, conseguiram atingir os trabalhadores. Juntaram um bom grupo de gente e parece que os trabalhadores entenderam que estavam num Estado repressor. Eles ainda não acordaram [...].Vocês deviam fazer esses estudantes de esquerda falar com os trabalhadores, deviam envolver os garotos de escola com *The Red Mole*.

Ele foi igualmente intransigente quanto à questão das mulheres e admitiu abertamente a quem devia sua posição:

É claro que Yoko já estava por dentro da liberação antes de a gente se conhecer. Ela teve de abrir caminho à força num mundo de homens – o mundo das artes plásticas é completamente dominado por homens – e estava cheia de zelo revolucionário quando nos conhecemos. Nunca houve nem o que questionar: aprendi bem depressa que ou tínhamos uma relação meio a meio, ou não tinha relação. Ela escreveu uma matéria sobre mulheres na revista *Nova*, mais de dois anos atrás, em que disse: "A mulher é o negro do mundo".

Depois de redigir a entrevista, levamos o texto à Abbey Road, onde John estava gravando. Ele interrompeu a sessão para lê-lo e resmungou que nem sabia por que queríamos publicá-lo.

Seria bobagem fingir que nossa entrevista marcou uma virada decisiva. Foi a época que politizou John Lennon, mas era óbvio que ele apreciara nossa longa conversa. No dia seguinte à entrevista, ele me telefonou, em *The Red Mole*, e disse:

– Olhe, fiquei tão entusiasmado com o que conversamos que fiz uma música para o movimento, para vocês cantarem nas passeatas.

Demonstrei contentamento.

– Ué – disse ele –, não quer ouvir?

Respondi que estava aguardando. Ele riu e cantou "Power to the People" para mim ao telefone. Eu não disse nada, tentando me recuperar da surpresa. Ele perguntou:

– Então, o que achou?

Eu disse que era a canção ideal para uma passeata. Marcava uma mudança desde "Revolution", na qual ele afirmava: "Você diz que quer uma revolução", e terminava com uma recusa a participar: "Não conte comigo". Em "Power to the People", ele começava assim: "Dizemos que queremos a revolução/ É melhor começar agora mesmo", prosseguia defendendo uma estratégia socialista e terminava com versos explicitamente feministas, que uniam o lado pessoal ao político:

I'm gonna ask you comrade and brother
How do you treat your own woman back home
She got to be herself
So she can free herself *

Na verdade, John Lennon estava passando pela fase mais radical de sua vida. Ele vira um número especial de *The Red Mole* sobre o trabalho no estaleiro Upper Clyde Shipbuilders, na Escócia. A capa reproduzia uma caricatura do século XIX que mostrava um capitalista gordo, feio e inchado enfrentando um trabalhador forte, bonito e de aparência nobre. Ele adorou a capa, mais do que os artigos complicados do miolo, e mais tarde a mostrou a Phil Spector e outros, em Tittenhurst. Depois de terminar *Imagine*, ligou e convidou a mim e a Robin Blackburn para um chá. Iam fazer um vídeo de *Imagine* e ele queria que fôssemos filmados conversando com ele.

Naquele mesmo dia, Régis Debray, libertado da prisão havia um mês, apareceu em Londres. Foi à redação de *The Red Mole*, subiu a escada bamba, viu um cartaz empoeirado com sua imagem, escrito embaixo "Libérez Régis Debray", sorriu e arrancou-o. Veio nos agradecer pelo apoio e conversar sobre as mudanças na Europa. Soube de 1968 em sua cela, em Camiri, e ficou em dúvida se havia sido tão grave assim. Robin e eu nos sentamos com ele numa lanchonete, perto da estação de Kings Cross, e lhe descrevemos o movimento. Ele se mostrou cético. E perguntou:

– Mas por que vocês viraram trotskistas? Por quê?

Explicamos nossas razões, ressaltando que teoria e realidade haviam se aproximado e que a influência de Mandel sobre nós fora fortíssima. Ele resmungou alguma coisa sobre a "grandeza de Trotski" e a "pequenez das seitas que reivindicavam sua herança". Como tínhamos pouco tempo, perguntamos se ele gostaria de nos acompanhar na visita a Lennon. Ele se espantou de nos misturarmos a tais círculos e, enquanto a limusine de Lennon

---

* "Vou lhe perguntar, meu irmão, meu camarada/ Como você trata sua mulher em casa/ Ela tem de ser ela mesma/ Para poder se libertar." (N. T.)

seguia para Tittenhurst, tentamos mais uma vez lhe explicar como a política daquele período havia afetado também a cultura, e em todos os níveis.

Quando chegamos, eu disse a John quem era nosso convidado e ele foi recebido calorosamente. Então, puxei-o de lado e expliquei que aquele pobre camarada fora preso e torturado numa prisão boliviana e fora amigo do Che. Isso fez efeito; ele simpatizou com Debray e foram filmados juntos. Ouvir as músicas de *Imagine* pela primeira vez foi uma surpresa agradável. A qualidade das canções era altíssima e, felizmente, a política não havia sufocado a arte. Lennon não deu uma de Jean-Luc Godard. (A obra mais recente de Godard, depois de ter abraçado uma visão de mundo ultra-radical fortemente tingida de maoísmo europeu, declarou guerra a todas as formas e convenções artísticas em nome da política revolucionária. O resultado, ao menos no que me dizia respeito, foi um desastre político e estético.) A política e a música de Lennon em *Imagine* se uniam com a argamassa da necessidade artística. Outros grupos de rock, principalmente The Doors e Jefferson Airplane, insistiam – às vezes aos berros – que rock era igual a revolução. Lennon se recusava a aceitar que houvesse alguma igualdade natural entre rock e política. Em "Working Class Hero", música que lhe pedi que tocasse três vezes naquela tarde, ele chegou à conclusão oposta. O superastro da classe operária não passava de uma conveniente válvula de escape para a sociedade burguesa. Ouvir aquele LP foi comovente, porque a música e as letras estavam em harmonia e fluíam da experiência de vida de Lennon, profundamente sincera e muitas vezes reprimida: a opressão e o abandono na infância transformaram-se depois em seu oposto, quando ele se tornou o imperador nu do sonho. Essas eram as "Canções da Experiência" de Lennon, em que os temas de infância reforçaram o instinto político.

Alguns meses depois, ele me ligou para avisar que ele e Yoko haviam decidido morar nos Estados Unidos. As razões eram pessoais. A filha de Yoko fora seqüestrada por seu ex-marido e ela estava ansiosíssima para encontrar e recuperar a menina. Foi uma decisão infeliz. O culto a ele e o lado maluco dos Estados Unidos (como observaram Patricia Highsmith e Wim Wenders) estavam fadados a colidir, ainda que ninguém pudesse prever o *modus faciendi* de sua morte trágica. No nível político, ele partiu da Grã-Bretanha às vésperas da greve dos mineiros de 1972, que deu início à mudança das idéias da classe operária e preocupou muitíssimo a classe dominante britânica. Em Nova York, Lennon conheceu Jerry Rubin e Abbie

Hoffman, líderes *yippies* louvados por seu distanciamento em relação à classe operária. Os jovens mineiros que marcharam sobre os Saltley Gates de Birmingham teriam sido muito mais satisfatórios para Lennon e, tenho certeza, ele responderia generosamente a seu apelo de solidariedade.

Foi um sinal dos tempos que várias universidades fossem ocupadas durante a greve e que elas oferecessem aos mineiros o uso de suas instalações enquanto ela durasse. Falei num grande comício de estudantes e mineiros na Universidade de Essex, em Colchester, e tive a rara sensação de unidade concreta e não teórica entre os operários e os moradores dos *campi*. O clima era de euforia e os mineiros pareciam confiantes na vitória, que realmente veio dali a algumas semanas. Em 1970, Wilson fora substituído por Edward Heath e os trabalhadores que não queriam fazer greve contra os trabalhistas não tiveram escrúpulos em desferir um golpe duro em Heath. Entretanto, foi a segunda greve dos mineiros, em 1974, que levou à queda do governo Heath e lançou as bases para a vitória subseqüente de Margaret Thatcher.

Robin Błackburn rompeu a convenção de esquerda e casou-se quando Heath desmoronou. No jantar de casamento, comemoramos e ao mesmo tempo o censuramos pelo ato de traição. Clive Goodwin, em particular, ficou ofendidíssimo por ele nos ter desertado. A festa foi interrompida pela chegada de um convidado retardatário. Era a jovem Mary Furness, entusiasmada com o jantar a que comparecera na noite anterior. Ela estava hospedada na casa dos Tennant, no campo, então, para grande surpresa sua, os demais hóspedes foram anunciados e o pequeno grupo se levantou para fazer reverência à rainha e ao seu consorte. Dali a alguns minutos, Harold Macmillan chegou e o jantar foi servido. O interessante da história foi que a conversa durante o jantar foi dominada pela greve dos mineiros e pelas cruéis mudanças de opinião dos líderes sindicais Mick McGahey e Arthur Scargill. A monarca sentia que a civilização estava no fim; o consorte concordava e dava sugestões de como evitar tal calamidade. As reações eram semelhantes ao pânico que a rainha Vitória sentiu quando a Europa mergulhou nas revoluções de 1848. Eis como Vitória respondeu à carta assustada de seu tio, o rei da Bélgica:

> Desde 24 de fevereiro [data da revolução na França], sinto como nunca a incerteza de tudo que existe. Quando se pensa nos filhos, em sua educação, em seu futuro – e oramos por eles –, sempre penso e digo a mim mesma: "Que cresçam em condições de se ajustarem a *qualquer posição*

que ocupem – seja *alta ou baixa*". Esta última nunca pensada antes, mas agora sempre *penso* nela...

Na verdade, ambas as rainhas mostravam-se indevidamente pessimistas. No jantar dos Tennant, como nos contou Mary Furness naquela noite, foi Harold Macmillan quem acalmou os nervos reais dando uma aula sobre a excepcionalidade britânica para os convidados reunidos:

– Temos um pêndulo político em nosso país – disse a raposa velha. – Ele oscilou muito para a esquerda, mas já percebo o movimento de volta. Não há com que se preocupar, madame...

O pêndulo de Macmillan seguiria com força total para o lado contrário.

O período que começou em 1967 estava prestes a terminar na Europa. O último levante também foi o que chegou mais perto do sucesso. A derrubada do antigo regime em Portugal foi resultado direto da radicalização das forças armadas. Ficamos entusiasmadíssimos. A maioria achava que a Espanha explodiria primeiro e nenhum teórico da esquerda européia dera muita atenção a Portugal. A história os pegou completamente de surpresa. Deixaram de avaliar o efeito das guerras nas colônias africanas sobre os jovens recrutas de Lisboa, Porto e Alentejo, que os levaram a ter contato com idéias radicais. Eles leram os manuais de Che Guevara e Mao depois de confiscá-los dos guerrilheiros presos. Somado à inutilidade do conflito, isso criou o Movimento das Forças Armadas, que derrubou a ditadura. Durante um ano, Portugal esteve à beira da revolução socialista, soldados e operários marchavam juntos em manifestações de rua. Henry Kissinger queria aplicar em Portugal um programa de desestabilização, como fora feito no Chile para derrubar Allende. Com o golpe, 30 mil sindicalistas, comunistas e socialistas foram massacrados pelo general Pinochet. Em Portugal, no entanto, o Exército estava dividido e, portanto, não era confiável. Mário Soares e o Partido Socialista português conseguiram desviar o processo revolucionário. Soares prometeu a seus partidários a derrubada do capitalismo *somada* à democracia. Seus adversários radicais não entenderam que, para vencer, teriam de mostrar que acreditavam na democracia socialista, não na monstruosidade burocrática unipartidária do modelo europeu oriental. Não conseguiram desenvolver uma estratégia socialista viável e permitiram que Soares monopolizasse a bandeira democrática.

Em 1973, fizemos uma manifestação em Londres contra a visita de Marcelo Caetano, o ditador português da época, e eu e mais outros fomos presos diante do palácio de Buckingham por fazer piquete durante um banquete oficial. Em 1974-1975, criamos um movimento de solidariedade à revolução portuguesa, que dizia "Nada de Chile em Portugal", o que, no fim das contas, não era o maior perigo. Ernest Mandel falou num comício enorme em Lisboa e lembrou ao Partido Socialista a fórmula de Saint-Just, na França pós-1789: "Os que fazem a revolução pela metade só estão cavando a própria cova". Foi loucamente aplaudido, mas Soares sabia que tinha um trunfo na manga: a promessa de socialismo por meio da democracia. Em novembro de 1975, a tentativa insensata de um *putsch* da extrema-esquerda resultou numa derrota inevitável. Não houve uma Comuna de Lisboa. Nem um golpe à moda de Pinochet. O que faltou na França, na Itália e em Portugal foram metas cuidadosamente preparadas que pudessem captar e refletir o entusiasmo popular, implodir a ordem social e demonstrar a milhões de trabalhadores em luta a realidade da democracia *socialista*. Para os movimentos das sociedades capitalistas avançadas, era impossível *pular* do Estado capitalista para o sistema socialista. Lenin construíra seu partido em condições especificamente russas, que descreveu como "a desesperança da autocracia e a dominação da polícia". Nenhum grupo de esquerda, com a exceção em parte da extrema-esquerda italiana, conseguiu construir novos tipos de partidos que refletissem a sociedade em que operavam, e não a Rússia czarista. Até Portugal, onde houve uma ditadura, preferiu as certezas da democracia parlamentar a um salto no escuro com grupos que tinham conceitos de democracia divergentes entre si. Mas no mesmo ano em que se viu o fim de 1968 na Europa e na América do Norte, também se viram a libertação de Saigon e a derrota final dos Estados Unidos. As sementes de Watergate foram lançadas no dia em que os Estados Unidos perderam uma guerra pela primeira vez em toda a sua história.

Mais tarde, naquele mesmo ano, fui buscar minha filha, então com quase três anos, na casa da avó em Ambleside, no Lake District. Enquanto esperávamos o trem matutino de Windermere para voltar a Londres, o guarda da plataforma sorriu e disse:

– Manhã gelada, não é?

Minha filha ouviu a palavra-chave. Respondeu:

– Nada de Chile* em Portugal. Não! Não! Não!

---

* Em inglês, a palavra *chilly* (gelado, frio) e o país Chile têm a mesma pronúncia. (N. E.)

Perplexo, o guarda olhou espantado, sem saber que língua a menina falava. De certa forma, foi um epitáfio adequado para uma das fases mais tempestuosas da história da Europa e da América do Norte depois da Segunda Guerra Mundial. Nos outros três continentes, os movimentos podiam ter sofrido uma pausa, mas não podiam se dar ao luxo de um longo descanso. Havia vidas demais em jogo. Quando 1975 terminou, fui proibido de entrar na França, nos Estados Unidos, na Tailândia, em Hong Kong e nas Filipinas. O regime turco declarou que Sartre, Russell, eu e mais alguns éramos "mental e politicamente degenerados" e não poderíamos sujar o solo do país. Na Bolívia, o general Reque Terán disse a um importante historiador britânico das repúblicas andinas: "Se tivéssemos percebido quem *ele* era [referência a mim] quando esteve aqui, nós o teríamos matado", manifestação reconfortante do desdém do general pelo processo da História. Não lhe ocorreu que em 1967 eu talvez não fosse a pessoa que me tornei depois de 1968.

HEREGES E RENEGADOS

In honoured poverty the voice did weave
Songs consecrate to truth and liberty –
Deserting these, thou leavest me to grieve,
Thus having been, that thou shouldst cease to be. *

Shelley a Wordsworth, 1815

Vinte anos depois da turbulência política dos anos 1960, uma calma superficial parece ter envolvido o mundo do capitalismo avançado. Como foi que isso aconteceu? As condições de vida hoje não são piores do que há duas décadas? Será que tudo aquilo foi real? Não fomos vítimas de nossas próprias ilusões? Onde foram parar todas as esperanças e o idealismo gerados na década de 1960 para sumirem assim?

Essas perguntas não são irrelevantes, mas muitos que as fazem não querem resposta. As próprias perguntas contêm a resposta. Zombar dos anos 1960 virou passatempo europeu no final das décadas de 1970 e 1980. Foi um pequeno preço a pagar por nossas derrotas. Muitos *flambés soixante-huitards* da França se sentiram tão traídos pela história que renunciaram ao passado. Sempre foi assim e sempre será.

Em toda parte onde recuou, a maré revolucionária deixou sua marca e muitos destroços também. Muitos antigos revolucionários, em períodos de recuo e retrocesso, se transformaram em seu oposto. No livro *The Experience of Defeat* [A vivência da derrota]**, Christopher Hill, extraordinário historiador da Revolução Inglesa de 1640, escreveu sobre os últimos anos da Commonwealth e a Restauração, quando um bom número de ideólogos

---

* "Em honrada pobreza, a voz teceu/ Canções consagradas à verdade, à liberdade –/ Ao abandoná-las, deixaste-me a lamentar,/ Pois sendo assim devias deixar de ser." (N. T.)

** Christopher Hill, *The Experience of Defeat* (Londres, Faber and Faber, 1984). (N. E.)

revolucionários, alguns deles *levellers* radicais, fez as pazes com o líder da dinastia Stuart, exilado no continente. Milton permaneceu firme, mas alguns de seus contemporâneos acharam difícil nadar contra a maré. Processo semelhante ocorreu na França, depois de 1789, principalmente quando Napoleão chegou ao poder, e da noite para o dia ex-jacobinos se tornaram antijacobinos. Coleridge e Wordsworth foram os exemplos mais famosos dessa tendência na Grã-Bretanha e o primeiro chegou a condenar um projeto de lei na Câmara dos Comuns contra a crueldade com animais como "exemplo fortíssimo de jacobinismo legislativo". Isaac Deutscher ressaltou, num ensaio sobre *The God that Failed* [O Deus que fracassou]* – explicação da nova visão de mundo de Koestler, Silone, Gide, Louis Fischer, Richard Wright e Stephen Spender –, que

> nosso ex-comunista, pelas melhores razões, faz as coisas mais odiosas. Avança com bravura na vanguarda de qualquer caça às bruxas. Seu ódio cego ao antigo ideal é o fermento do conservadorismo contemporâneo. Não raro condena até o tipo mais suave de "Estado do bem-estar social" como "bolchevismo legislativo" [...]. Esse desempenho grotesco reflete o impasse em que se encontra. O impasse não é somente dele; faz parte de um beco sem saída no qual toda uma geração leva uma vida incoerente e desatenta.

A maioria dos editores da revista norte-americana reaganista *Commentary*, se não todos, era de radicais das gerações precedentes.

Na França, dez anos depois de maio de 1968, surgiu um novo grupo que ocupou as páginas culturais e analíticas de *Le Monde*. Eram os "novos filósofos", cujas maiores luzes eram ex-stalinistas e ex-maoístas que no passado haviam condenado ferozmente todas as tentativas de ajustar contas de uma vez por todas com a herança de Stalin. De repente, no final da década de 1970, descobriram os gulags e a extensão dos expurgos. Depois de terem rejeitado qualquer crítica ao stalinismo por parte da esquerda marxista, adotaram Soljenitsyn, o nacionalista eslavo, como novo guru. "O Dante de nossa época", dizia Bernard-Henri Levy sob aplausos frenéticos, enquanto André Glucksman, "ex-amigo do povo" e antigo teórico do maoísmo fran-

---

* Isaac Deutscher, *The God that Failed* (Londres, Hamish Hamilton, 1950). (N. E.)

cês, afirmava que o marxismo era igual ao mundo dos campos de concentração. Stalin era visto como o único marxista e socialista verdadeiro. Não surpreende que a nova filosofia tenha causado um enorme impacto na mídia ocidental. A publicidade que recebeu foi inigualável. A revista *Time* renovou o interesse pela *intelligentsia* francesa. Longos artigos foram publicados no *Sunday Times* e no *Observer*, e houve várias centenas de entrevistas na televisão européia e norte-americana. Eles disseram pouquíssimo que fosse novo ou não tivesse sido dito havia décadas por revistas como a *Encounter*. O que lhes deu valor imediato foi o ódio a 1968. Como fizeram parte dele na maioria, foi útil que condenassem os "exemplos" socialistas para todo o sempre. No início da década de 1980, Paris, antes o farol da esquerda, havia se transformado na capital européia do reacionarismo. A combinação de Mitterrand com os "novos filósofos" criou um clima direitista muito mais odioso do que o da Grã-Bretanha de Thatcher.

Houve outros na França que, igualmente desmoralizados, escolheram um caminho diferente para sair da nova crise. Suicidaram-se. Nicos Poulantzas ficou extremamente deprimido com o rumo dos acontecimentos no Kampuchea. A desolação no horizonte francês, somada aos horrores cometidos por Pol Pot, mostrou-se excessiva para esse homem que ajudou a construir barricadas em 1968 e mais tarde escreveu obras importantes sobre o Estado. Não era necessário concordar com ele para perceber que ele tinha cérebro. Nenhum de meus amigos e camaradas mais íntimos na França entrou na fila de autógrafos dos "novos filósofos". É verdade que Henri Weber, um dos principais líderes da JCR, sentiu-se rejeitado e desperdiçado por sua própria organização de extrema-esquerda. Virou *yuppie* e acabou como confidente do primeiro-ministro socialista da França, mas só quando este estava prestes a sofrer uma derrota eleitoral. Hoje, Weber também é grato por "não termos tomado o poder em 1968", mas ainda não se sabe aonde sua jornada finalmente o levará.

Régis Debray tornou-se assessor do presidente Mitterrand. Certo dia, telefonei para ele no palácio do Eliseu, onde exercia o cargo, e insinuei que, como a proibição a minha entrada na França ainda estava em vigor, ficaria grato se a ordem fosse revogada. Ele ficou surpreso com isso e dali a uma quinzena recebi um recado da embaixada francesa em Londres que me informava que agora eu podia viajar à vontade para a França. Entretanto, seria extremamente subjetivo ler algo mais nessa gentileza. O triste fato era que o autor de *A revolução na revolução**, o homem confinado numa solitária em Camiri, era agora prisioneiro do nacionalismo francês. Ele percorreu os países do Terceiro Mundo como embaixador não oficial para ajudar a vender jatos Mirage e mísseis Exocet franceses a regimes cujos orçamentos foram absurdamente inflados pelos gastos militares. Debray defendeu a política francesa na África e a manutenção da bomba atômica. Tornou-se um funcionário pomposo e astuto do Estado francês. Um amigo que o encontrou em Paris, em maio de 1982, escreveu que ele "estava gordo de tantos banquetes no palácio, talvez também de poder". Depois de descrever a justificativa desavergonhada de Debray para as pretensões imperiais da França na África, o mesmo amigo continuou:

> Perguntaram o que o regime Mitterrand fez no país para entusiasmar o povo pelo projeto. Resposta de Debray: não queremos entusiasmar ninguém, pretendemos construir algo que dure [...]. Quando eu estava indo embora, Elizabeth [esposa de Debray, que mantém a antiga posição política até hoje] mostrou-lhe uma cartinha manuscrita e, evidentemente, pediu sua intercessão em algum caso. O ar com que ele meio lhe deu atenção, meio a afastou foi indescritível, mas infinitamente oficial.
> Depois que ele foi embora, Elizabeth me contou que a carta era de um escritor boliviano que a ajudara e hospedara quando Régis estava em Camiri e pedia um simples visto para ir à França quando seu livro fosse lançado no país. "Esse pessoal é terrível", disse ela, "iguais aos outros no tratamento dos latino-americanos que tentam entrar no país. Sua arrogância é assustadora" [...].

Era muito mais fácil ser herege nesse período do que, por exemplo, na década de 1930. A vitória de Hitler provocou pessimismo até entre os que geralmente viviam cheios de esperança. O grande crítico alemão Walter Benjamin suicidou-se em setembro de 1940, em Port Bou, na fronteira franco-espanhola, depois de saber que seria entregue à Gestapo no dia seguinte. Essa morte, que seu amigo Brecht afirmou ser "a primeira perda real que Hitler causou à literatura alemã", causou uma forte depressão no dramaturgo. Ao saber do suicídio de Benjamin, ele escreveu:

---

* Régis Debray, *A revolução na revolução* (São Paulo, Centro Ed. Latino Americano, 1967). (N. E.)

Táticas de desgaste, eis do que gostavas
Sentado à mesa de xadrez, à sombra da pereira.
O inimigo que te afastou de teus livros
Não será desgastado por iguais a nós.*

Uma das razões do pessimismo de Brecht era saber o que acontecia na Rússia de Stalin. Os expurgos eliminaram alguns dos melhores comandantes militares do Exército Vermelho, como o lendário marechal Tukatchevski, que, numa série de conferências para estrategistas militares soviéticos, previu os métodos e o estilo que a nova Alemanha usaria na guerra que estava por vir.

Maiakóvski, o poeta, Meyerhold, o inovador teatral, Adolphe Joffe, o político talentoso, todos se suicidaram na década de 1920. Tiveram um vislumbre do futuro stalinista e a visão foi insuportável. Anos depois, o ditador do Kremlin não daria a muita gente a oportunidade de tirar a própria vida. O suicídio passou a ser desdenhado como luxo. Óssip Mandelstam, verdadeiro sucessor de Pushkin, só recitou "O epigrama de Stalin" entre amigos, mas foi tamanha a força do poema que ele se espalhou de boca em boca. Por esse "crime", Mandelstam foi morto, uma das muitas perdas que Stalin causou à literatura soviética. A mensagem do poema era simples:

Vivemos sem sentir a Rússia embaixo,
não se ouvem nossas vozes a dez passos.

Mas onde houver meia conversa – sempre
se há de lembrar o montanhês do Kremlin.

Seus grossos dedos são vermes obesos;
e as palavras – precisas como pesos.

Sorri – largos bigodes de barata;
e as longas botas brilham engraxadas.

Rodeiam-no cascudos mandachuvas;
seu jogo: os meio-homens que subjuga.

---

* Bertolt Brecht, "A Walter Benjamin que se matou quando fugia de Hitler", 1941. No original: "Ermattungstaktik war's, was dir behazte/ An Schachtisch sitzend in des Bimbaums Schatten./ Der Feind, der dich von deinem Büchern jagte/ Läßt sich von unsereinem nicht irmatton". (N. E.)

Um assobia, um rosna, um outro mia,
só ele é quem açoita, quem atiça.

E prega-lhes decretos-ferraduras
na testa ou no olho, na virilha ou nuca.

Degusta execuções como quem prova
uma framboesa, o osseta de amplo tórax.*

Naquela época, heresia significava morte em grande parte da Europa. O que vivemos na última década foi uma série de reveses, muito distantes da derrota cataclísmica infligida pelo fascismo. Como sempre, as crises econômicas foram acompanhadas de recessão apolítica. A nova reação, em nome do "radicalismo", começou o processo de demolir as conquistas incorporadas às reformas do pós-guerra em toda a Europa ocidental e na América do Norte. Alguns líderes, como Margaret Thatcher ou o meio atrasado presidente Reagan, tentaram transformar isso em virtude, afirmando que as pessoas comuns queriam se livrar do Estado. Libertar-se do Estado de bem-estar social, modernizar as instalações públicas e privatizar vários serviços foram apresentados como vitórias sobre a burocracia centralizada. Em outros países, medidas semelhantes foram importadas por líderes socialdemocratas, como Mitterrand, na França, Felipe González, na Espanha, ou o populista radical Papandreu, na Grécia. Tudo isso é extremamente deplorável, mas seria injusto comparar com o fascismo até mesmo o regime mais direitista do Ocidente. Na verdade, caso se queira fazer um balanço geral, é essencial insistir que os sucessores senis do fascismo foram substituídos por regimes democráticos burgueses mais tradicionais, tanto em Portugal quanto na Espanha, enquanto o regime pró-fascista de torturadores da Otan na Grécia deu lugar a um governo eleito. O laboratório de tortura passou para a Turquia, único país governado de fato por militares.

É claro que os tempos mudaram. A política dos anos 1960 *parece* estar muito mais distante do que a meras duas décadas e, em várias cidades européias, podemos encontrar escombros de indivíduos ou de organizações políticas que preferiram fingir que nada mudou. O período pós-1975 foi uma das pausas forçadas da história, prevista para nos fazer pen-

---

* Óssip Mandelstam, "Vivemos sem sentir...", traduzido por Boris Schnaiderman e publicado em *Estudos Avançados*, v. 12, n. 32, jan.-abr. 1998. (N. E.)

O PODER DAS BARRICADAS 361

sar e refletir antes da onda seguinte, cujo padrão é tão imprevisível quanto o momento em que virá. As condições que a produzirão já existem, e um observador perspicaz do cenário britânico previu, embora numa obra de ficção, muita ação clandestina e subversiva por parte das minorias. Em seu romance *The Volunteers* [Os voluntários]*, Raymond Williams prevê a evaporação total do Partido Trabalhista e o exercício do poder governamental por um Governo Nacional. A resistência em massa ao capital tornou-se impossível. Não há mais política de massas na esquerda e a militância operária limita-se às regiões. A esquerda, então, recorre às ações das minorias, segundo o modelo alemão e italiano. Williams esboça um roteiro que é um caso clássico de aventureirismo de esquerda. Questionado a esse respeito pela *New Left Review*, respondeu:

> *The Volunteers* desenvolve um único conjunto de conseqüências para o caso de a classe operária britânica ficar restrita à militância local, sendo gerenciada, suplantada e quase totalmente derrotada por um governo repressor e direitista. Então, acho provável que a gente tenha ações clandestinas violentas. Não é o que eu gostaria [...]. Não queria endossar esse modelo – pode chamar de terrorista, se quiser. Mas também não queria simplesmente opor a ele os velhos padrões, porque acho que não dá para confiar neles. É claro que as possibilidades podem mudar.

Williams, entretanto, mesmo em seus momentos mais pessimistas e num romance, abranda esse ponto de vista não excluindo a possibilidade de mudança súbita da consciência da massa. É interessante que, de modo geral, os hereges da geração de Williams mantiveram as crenças políticas e, no caso dele, a paixão que as acompanha. Escrevo pensando na festa de comemoração do septuagésimo aniversário de John Saville, organizada por Ralph Miliband e Marion Kozzack. Foi uma reunião pequena, principalmente de veteranos. No discurso de agradecimento, Saville demonstrou uma intransigência admirável e negou-se a aceitar que perdemos. Ele agradeceu a sua companheira da vida inteira, Constance:

– Toda vez que leio algum discurso de Kinnock, digo: "Meu Deus, que coisa horrível! Ele é pior que Wilson", e Constance me lembra que eu cos-

---

* Raymond Williams, *The Volunteers* (Londres, Eyre-Methuen, 1978). (N. E.)

tumava dizer que Wilson era pior que seu antecessor, que era pior que Attlee, que era pior que... [Risos e aplausos para Constance].

O próprio Miliband ainda é um vigoroso expoente da democracia socialista. Christopher Hill, agora aposentado como mestre do Balliol College, defende a causa socialista com um frescor tão notável quanto raro.

Ernest Mandel não gostou nem um pouco quando saí da Quarta Internacional. Cansei-me das lutas intermináveis entre facções. Achei que haviam cometido uma série de erros irreversíveis. A idéia de travar outra batalha interna numa organização pequena me enchia de medo e desespero. Retirei-me sem recriminações públicas. "Sua geração não tem a nossa perseverança", disse-me Mandel, no início de 1987, depois de um jantar em homenagem à *New Left Review*. Talvez ele esteja certo, mas será apenas uma questão de perseverança? O próprio Mandel tornou-se militante em 1939, na Bélgica, aos dezesseis anos. Nascido de pais judeus, desesperou-se com a incapacidade de muitas organizações direitistas judaicas de combater ou derrotar Hitler. Henri, o pai, foi filiado ao Partido Comunista alemão e o jovem Mandel leu, em tenra idade, muitos livros comunistas antigos. Também viu material mais novo, com anotações do pai nas margens; em geral, uma única palavra: "Mentiras!". Assim, Mandel não se sentiu atraído pelo Partido Comunista local e uniu-se a um grupinho de trotskistas belgas cujo líder, Abram Leon, escreveu o clássico *The Jewish Question* [A questão judaica]*. O grupo inteiro participou da Resistência. Leon foi capturado pela Gestapo e executado. Grupos como esse eram odiados porque se recusavam a tratar todos os alemães como nazistas. Os camaradas de Mandel distribuíam regularmente entre os soldados propaganda em alemão para explicar a bestialidade do fascismo e conclamá-los a desertar. O próprio Mandel foi preso duas vezes pelos nazistas. Na primeira, fugiu. Foi preso outra vez, "julgado" por um tribunal nazista e mandado para um campo de concentração na Alemanha, em 1944. Antes, nesse mesmo ano, participou da primeira conferência européia das seções clandestinas da Quarta Internacional. A vitória aliada salvou sua vida, a dele e a de muitos outros. Em termos qualitativos, foi uma experiência diferente de tudo o que se viveu em 1968, na Europa ocidental. Talvez seja isso que explique a "falta de perseverança" do Ocidente.

---

* Abram Leon, *The Jewish Question* (Nova York, Pathfinder, 1971). (N. E.)

Entretanto, para mim o efeito colateral mais deprimente de 1968 não teve relação com a política. Rudi Dutschke morreu tomando banho em casa, na Dinamarca. Recuperara-se do antigo ferimento a bala, mas os médicos avisaram que ele corria o risco de sofrer desmaios e disseram para nunca tomar banho quente sem alguém ao lado. Os médicos dizem muitas coisas e, como nunca desmaiou desde a tentativa de assassinato, ele ignorou o conselho. Entretanto, naquele dia estava cansado e desmaiou. A morte foi rápida e indolor, mas a perda foi irreparável. Encontrei-o alguns meses antes de sua morte numa conferência em Londres, na qual ambos falaríamos. Eu estava indo embora quando ele chegou, mas paramos e nos abraçamos. Ele então insistiu em conversar e sumimos por algum tempo num café em High Holborn.

– E você? – perguntou ele. – Está bem? Ainda é o mesmo? Não mudou?

Seu entusiasmo não diminuíra. Conversamos muito sobre Mandel, amigo íntimo que muito o influenciava.

– Ele é demais – disse Dutschke. – Não muda nunca.

Ele me fez prometer que iria visitá-lo na Dinamarca e estava chateado porque não fora vê-lo em minha última viagem a Copenhague. Sua morte deixou um vazio na Alemanha. Como teria gostado do desafio dos Verdes e do modo como divulgaram suas próprias opiniões!

Houve mais uma nota triste em sua morte. Axel Springer, filho do grande magnata da imprensa alemã cujos jornais perseguiram Dutschke, tornou-se grande admirador do líder estudantil ferido. Quando Dutschke viajou para se tratar no exterior, Springer júnior enviou doações generosas para as "roupas das crianças". Pouco depois de Dutschke morrer, Axel suicidou-se, tendo dito a amigos que a vida não tinha mais nada a lhe oferecer. O pai nunca conseguiu se recuperar do choque.

Malcolm Caldwell morreu na capital do Kampuchea de Pol Pot. Fez parte do punhado de defensores de Pol Pot no Ocidente e discuti com ele em várias ocasiões. Tinha uma reunião marcada com o ditador kampucheano na véspera de ser misteriosamente morto a tiros num quarto de sua casa de hóspedes. Foi uma facção rival? Nunca descobrimos e pouco depois Pol Pot foi derrubado.

Entretanto, a morte que mais me afetou e criou um vazio em minha vida foi a de Clive Goodwin. Em 1977, ele me ligou na véspera de partir para Los Angeles para perguntar se eu queria alguma coisa de lá, conversar sobre o aspecto "céu e inferno num só lugar" daquela cidade e prometer que escreveria outro longo artigo quando voltasse. Não voltou. Fora negociar com Warren Beatty em nome de Trevor Griffiths. O que estava em disputa era o roteiro de Griffiths para o filme *Reds*. Clive estava vestido do seu jeito normal, ou seja, camiseta e jeans, que não era o tipo de indumentária encorajado pela gerência do hotel Beverley Wiltshire, onde Beatty ocupava um apartamento. Clive terminou a negociação e estava de saída quando se sentiu mal. Cambaleou até o banheiro, onde vomitou. E caiu. A gerência achou que estava bêbado e chamou a polícia de Los Angeles, em vez de um médico. Os policiais levaram-no para a delegacia de Beverly Hills e trancaramno numa cela. Na verdade, meu amigo Clive havia sofrido uma hemorragia cerebral. Morreu naquela noite, sem receber nenhuma assistência médica. Eu estava hospedado na casa de amigos no País de Gales, trabalhando num livro, quando Robin Blackburn telefonou para me dar a notícia. Fiquei dois dias paralisado pelo choque. Eu sumia em longas caminhadas sozinho, achava um lugar adequado, sentava-me e chorava. Mais tarde, durante anos, peguei o telefone e disquei seu número, quase sem pensar. Os anos que perdemos sem nos encontrar adquiriram uma dor ainda maior.

Mesmo que quisesse, eu não conseguiria apagar Clive da memória. Ele nasceu em Willesden, não muito distante da Grunwick's Photoprocessing Factory, cenário de uma greve combativa ocorrida no ano em que ele morreu. Seu último ato político foi se unir aos piquetes de massa. Seu pai era garçom e dependia das gorjetas dos ricos para se sustentar, e nos últimos anos Clive dizia que também dependia de gorjetas – a taxa de 10% que cobrava dos clientes. Como sempre, zombava de si mesmo, pois era uma pessoa de muitos talentos. Depois do serviço militar, começou a vida como ator, representando Jimmy Porter em *Look Back in Anger* [Lembre-se na raiva], de Osborne, em Londres e Yorkshire. Na década de 1950, ajudou a fundar uma revista cultural, *Encore*, na qual *The Caretaker* [O responsável]*, de Pinter, foi publicada pela primeira vez. Sua amizade com Ken Tynan levou à colaboração que resultou em *Tempo*, programa radical sobre artes da Granada Television. *Tempo* foi um sucesso e especializou-se em apresentar na telinha o que John McGrath chamava de "expoentes da contra-ideolo-

---

* Harold Pinter, *The Caretaker* (Londres, Faber and Faber, 1991). (N. E.)

gia". Entre eles, estavam R. D. Laing, Joan Littlewood e Adrian Mitchell. Foi também em *Tempo* que os telespectadores britânicos viram pela primeira vez uma moça australiana chamada Carmen Callil.

Antes de nos conhecermos, Clive era casado com Pauline Boty, jovem pintora socialista. Todos os amigos daquela época me contaram que fora uma união felicíssima e intelectualmente estimulante. Entretanto, quando Pauline engravidou, descobriu-se que sofria de leucemia e ela morreu pouco depois do nascimento da filha Boty Godwin. Acho que Clive nunca se recuperou emocionalmente desse golpe. Certa ocasião, falou comigo a respeito e percebi que as cicatrizes não haviam sumido. As pinturas de Pauline ficaram no apartamento da Cromwell Road, como tributo ao seu talento e lembrança permanente.

O escritório de agenciamento literário de Clive não era apenas uma máquina de fazer dinheiro. Ele percebeu a enorme importância da televisão no capitalismo tardio e estava decidido a fazer os dramaturgos socialistas chegarem à telinha. Lutou muito por eles, e escritores e diretores como Denis Potter, Ken Loach, Jim Allen, Trevor Griffiths, Jack Gold, Snoo Wilson e Cherry Potter devem muito a ele.

Faz dez anos que Clive morreu, mas a dor continua. Também não sou o único amigo dele a se sentir assim; nós conversamos sobre as qualidades que fazem dele parte integrante de nossas vidas até hoje. Senti uma falta imensa de Clive em 1985, quando escrevi uma série de três peças para a BBC; o diretor de dramaturgia de Pebble Mill já começara a selecionar o elenco quando a empresa se assustou e as engavetou. Certa manhã, enquanto corria no perímetro da Hampstead Heath, tive uma conversa imaginária com Clive sobre o caso todo.

Hoje, interlocutores de vários tipos costumam me indagar se me arrependo de alguma coisa dos anos 1960. Alguns perguntam educadamente se eu preferiria esquecer tudo e me concentrar apenas no presente. É uma pergunta que nunca deixa de me irritar. Quer meus interlocutores percebam ou não, na verdade suas indagações não são sobre o passado, mas sobre o futuro. Não me arrependo de nada. Muitos erros foram cometidos individualmente (por mim, inclusive) e coletivamente. Muita coisa daquele período ficou envolta em misticismo e fantasia. Entretanto, o tema dominante era a crença apaixonada de que precisávamos de um mundo novo. Como é possível acreditar em outra coisa hoje em dia?

Nenhum pesadelo orwelliano tomou conta do planeta. As lições do Vietnã não foram totalmente esquecidas, a não ser por Hollywood, e, apesar das várias tentativas da Casa Branca de encorajar e induzir uma amnésia política, a grande maioria da população norte-americana continua contra a intervenção militar direta na República Sandinista da Nicarágua. A política do governo Reagan de retratar como combatentes pela liberdade um conjunto de gângsteres, traficantes de cocaína e torturadores do antigo regime nicaragüense saiu totalmente pela culatra. A revista *New Yorker* ressaltou, num editorial inteligente, que, assim como Watergate foi a punição imposta a Nixon pela confusão na Indochina, o Irãgate foi o preço cobrado de Reagan por sua política na Nicarágua.

Uma parte considerável dos europeus, orientais e ocidentais, é hostil à corrida armamentista nuclear. Não querem que o continente seja usado como campo de provas de armas mais modernas e mais devastadoras. Essa opinião teve expressão política mais dramática com os Verdes alemães, mas o sucesso destes provocou um impacto tremendo dentro do Partido Socialdemocrata da Alemanha. Não acho que hoje estejamos à beira de um novo 1968, mas a mudança de clima é perceptível em toda a Europa. Uma das razões para isso é o colapso do modelo reaganista nos Estados Unidos, mas um espectro ainda mais poderoso começa a perseguir as potências européias. Seu nome é Mikhail Gorbachev.

Durante as décadas de 1950 e 1960, houve levantes a favor da democracia socialista na Alemanha Oriental, Hungria, Polônia, Checoslováquia e depois, nos anos 1980, novamente na Polônia. Com exceção desta última, todos os outros foram esmagados pelos tanques soviéticos. Mas que tanques derrubarão Gorbachev? O programa de reformas dos líderes soviéticos atualmente no poder representa o conjunto mais avançado de propostas de democratização da URSS desde a década de 1920. O Ocidente está nervoso, mas a verdadeira ironia é que, fora da União Soviética, a principal oposição às reformas de Gorbachev vêm dos velhos decrépitos colocados no poder pelos tanques soviéticos: Honecker em Berlim Oriental, Kadar em Budapeste e Husak em Praga. Estão se borrando de medo de que Gorbachev tenha sucesso. Afinal, a represa então transbordará e a própria população se levantará para afirmar que o que é bom para a União Soviética é bom para eles também. Desde as derrotas de Praga e de Varsóvia, os oposicionistas da Europa oriental desanimaram. Muitos deles, depois de lutar e perder, afundaram num sentimento de desesperança. Não estavam dispostos a arriscar a vida novamente só para serem esmagados pela burocracia soviética. Em privado, admitiam que a única base duradoura de mudança seria um movimento interno na União Soviética.

Quem poderia prever com certeza que um impulso reformador tão forte surgiria no interior das camadas superiores do Partido Comunista da União Soviética? Esse partido não era, de cima a baixo, uma coletânea totalmente degenerada de contemporizadores e burocratas? Uma excrescência parasita? Um cadáver? O falecido Isaac Deutscher foi o único teórico de esquerda convencido de que cedo ou tarde uma genuína corrente reformista surgiria no interior desse partido. Gorbachev foi previsto por Deutscher. Espera-se que o líder soviético retribua o cumprimento publicando na URSS suas monumentais obras históricas. Claro que é possível que ele não seja bem-sucedido. As pressões contrárias são fortes, mas é improvável que a população soviética tolere a volta à corrupção brejnevista, muito menos ao barbarismo stalinista. O processo iniciado por Gorbachev pode ser completado por outros, mas ao menos começou. Gorbachev reflete a esperança de um povo ao qual há muito tempo se negam liberdades fundamentais. Ainda veremos se suas aspirações serão frustradas ou cumpridas, mas é difícil permanecer impassível diante das mudanças anunciadas todos os dias em Moscou.

Apesar de todos os desvios e recuos, diante dessa marcha avante da história, como podemos nos esconder atrás de uma máscara de passividade ou de cinismo? Pouquíssimas pessoas com quem discuti este livro se tornaram renegadas. É verdade que hoje muitas não estão filiadas a nenhuma organização política, mas sempre que nos encontramos é uma reunião de hereges. Encontrei Ralph Schoenman em Los Angeles, em dezembro de 1986. Era exatamente o mesmo que eu me lembrava de vinte anos antes. Contou-me, com seu jeito inimitável, como a tentativa de organizar uma Marcha da Paz de Jerusalém a Tel Aviv foi frustrada por vários indivíduos e organizações. Ele reunira destacados intelectuais de origem judia da América do Norte para mostrar a hostilidade deles à política expansionista de Israel. Em conseqüência, foi proibido de entrar naquele país.

– Acho que sou o único judeu – disse ele com um sorriso de orgulho – que não pode entrar em Israel, além de um famoso chefete da Máfia.

Lamentei muito ter me esquecido de lhe perguntar sobre David Horowitz, que foi um teórico marxista importante e um dos editores da *Ramparts* e agora apóia a política externa de Reagan e é um defensor despudorado do capitalismo.

Há outros, também. Henri Weber hoje é figurinha fácil no *boudoir* de Fabius, ex-primeiro-ministro francês, e zomba do próprio passado. Pat Jordan se manteve sólido como ele só até ser derrubado cruelmente por um derrame, quando falava num comício. Está com um lado paralisado. Ainda consegue ler e comunicar-se. Não perdeu a vontade de viver. Robin Blackburn e Perry Anderson ainda editam a *New Left Review* e encontramo-nos regularmente nas reuniões do comitê editorial. Desde a época da Bolívia, Anderson escreveu quatro livros extraordinários sobre a história do Mundo Antigo e do marxismo e sua boa reputação é maior do que nunca. Blackburn está terminando a obra de sua vida, a história da escravidão no Novo Mundo e das forças que acabaram por eliminá-la.

O poeta alemão Erich Fried, que fugiu da Áustria depois do Anschluss e exilou-se na Grã-Bretanha, fez deste país sua base de operações. Fried pertence à grandiosa tradição alemã de sátira política e é amplamente respeitado como herdeiro de Heine e Brecht. Está nos *seus* sessenta, mas ainda defende os *nossos* sessenta. Às vezes conversamos sobre o passado e o presente e Erich, apesar de três operações de câncer, continua otimista e parece muito mais jovem que os "jovens reacionários" da política contemporânea. Em fevereiro de 1987, encontramo-nos e conversamos sobre Rudi Dutschke e o fenômeno dos renegados. Os estudantes franceses, chineses e espanhóis ocuparam novamente as ruas e, embora o clima fosse diferente de 68, obtiveram algumas vitórias.

– Como podem desistir tão depressa? – perguntou em voz alta, referindo-se ao comportamento volúvel da *intelligentsia* francesa, que simbolizou os piores excessos do recuo dos ideais de 68.

Hoje, Erich Fried é tratado como o maior poeta vivo de língua alemã. Seus poemas circulam muito na Alemanha e atravessam à vontade o Muro de Berlim, e seu público é grande nos dois lados do país. Ele me contou que, no outono de 1986, foi convidado para um famoso salão literário em Paris. Centenas de *glitterati* estavam presentes. Compôs um poema especialmente para a ocasião, traduzido num belo francês sob sua supervisão. Recitou-o para mim em alemão e depois traduziu-o para o inglês. Saí correndo para registrar tudo em meu caderno. O poema intitula-se "Oração pela esquerda" e eis o que Fried leu para mim naquela tarde:

O PODER DAS BARRICADAS 369

Caro Deus, em quem ainda não acredito,
Faça milagre uma vez mais
Porque a hora é boa,
Ou melhor, alguns milagres ao mesmo tempo
(Porque um só seria muito pouco)
E ajude os coitados desses intelectuais franceses
Para que afinal seja moda lá entre eles
Não ter de adotar todas as modas intelectuais.

Ajude-os a perder o ímpeto estilístico
Que os transforma, numa fração de segundo,
De hereges bons e necessários
Em miseráveis renegados.
Ajude-os a não serem ofuscados
Pelo esplendor de suas fórmulas brilhantes
Até não verem mais a pobreza do conteúdo.
E não permita que sejam tão bons como advogados do diabo
Até criarem chifres e cascos fendidos
E nas costas, um só rabo comprido!

Faça com que admitam que nenhuma discussão no mundo
É astuta a ponto de perdoar o esnobismo, a arrogância e o racismo,
Como o anti-semitismo e o antiarabismo.
E que nenhuma crítica justa da estupidez, dos crimes e dos erros da esquerda
Pode, nem por um segundo, justificar a virada para a reação
Porque o rumo em que a direita marcha ou escorrega
Não é saída para a França nem para o mundo.

Ajude-os a ver,
Ainda que Marchais lhes obstrua a visão,
Que Gorbachev não é igual a Stalin
E que, por mais horrível que seja o fracasso no Afeganistão,
Não deixa de ser um crime idiota
Berrar Afeganistão ou Gulag quando se fala em Nicarágua
Ou África do Sul.
E acreditar, portanto, que nada se conseguiu.

Ajude-os, meu caro Deus, antes que seja tarde demais,
A ver que até a maneira mais elegante de lamber o cu de Reagan ou Weinberger

Não pode substituir a busca sincera
De um jeito de salvar seres humanos
E salvar o mundo.

– E qual foi a reação quando você terminou? – perguntei. Jogaram copos, chamaram você de canalha, bobo, patife, velho idiota e foram embora?

– Não – respondeu Fried. – Para minha grande surpresa, muitos deles me aplaudiram com bastante entusiasmo.

A história ainda não nos deu o veredicto do século que está chegando ao fim. A maior parte do mundo atravessa mau tempo, mas, por mais frágeis e precários que os avanços obtidos possam às vezes parecer, não se pode abandonar a esperança.

Anexo 1

CARTA ABERTA A JOHN LENNON

Caro John,

Quer dizer que acabaram pegando você. Achei que nunca conseguiriam. É uma experiência horrível e ofereço-lhe minha solidariedade, se lhe servir. Mas espero que você não fique deprimido. Na verdade, espero que essa experiência o ajude a entender certas coisas para as quais você parecia meio cego. (Isso soa meio arrogante, mas não vejo outra maneira de dizê-lo...)

Acima de tudo: talvez agora você perceba o que está (estamos) enfrentando. Não é gente má. Também não é neurose, nem desnutrição espiritual. Estamos enfrentando um *sistema* repressor, cruel, autoritário. Um sistema que é desumano e imoral, porque priva 99% da humanidade do direito de viver a vida a seu modo. Um sistema que acaba com quem sai da linha e se comporta de um jeito só um tiquinho diferente do jeito desejado pelos que estão no poder.

Um sistema assim – uma sociedade assim – é tão atingido por contradições, tensões e infelicidades que todas as relações dentro dele se envenenam. Você *sabe* disso. Você sabe, por experiência própria, como é pequeno o controle que o pessoal da classe operária pode ter sobre sua própria vida. Você sabe como é doente, cruel e brutalizante fazer "sucesso" nesse tipo de competição desenfreada. Como o amor e a gentileza entre os seres humanos podem se desenvolver numa sociedade assim? Não podem. Consegue ver isso agora? O *sistema* tem de ser mudado para que todos possam levar a vida plena e amorosa que você diz que quer.

Agora você vê o que há de errado na música "Revolution"? Essa música é tão revolucionária quanto uma novela de rádio. Para mudar o mundo, temos de entender o que está errado nele. E, aí, destruir isso. Sem piedade. Isso não é crueldade nem loucura. É uma das formas mais apaixonadas de amor. Porque o que estamos combatendo é o sofrimento, a opressão, a humilhação, o custo imenso da infelicidade cobrado pelo capitalismo. E todo "amor" que não se posiciona contra essas coisas é piegas e irrelevante.

Revolução bem-educada não existe. Isso não significa que a violência seja sempre o caminho certo, nem que você tenha necessariamente de comparecer à próxima manifestação. Há outras maneiras de desafiar o sistema. Mas elas exigem que se entenda que os privilegiados farão praticamente tudo – matarão, torturarão, destruirão, promoverão ignorância, apatia e egoísmo aqui e queimarão crianças lá fora – para não entregar o poder.

O que você fará quando a Apple for tão grande quanto a Marks & Spencer, e um dia seus empregados decidirem tomá-la e administrá-la sozinhos? Vai deixar? Ou vai chamar a polícia, porque é empresário, e empresários têm de proteger seus interesses?

Mais uma coisa. Você fez músicas maravilhosas, honestas, lindas. (E uma indicação do estranho efeito do capitalismo foi que você achou necessário fingir que, agindo assim, estava só enganando os outros.) Mas ultimamente sua música vem perdendo força, numa época em que a música dos Stones só fez ficar mais forte. Por quê? Porque estamos vivendo num mundo que está se dividindo ao meio. A divisão é entre ricos e pobres, poderosos e não-poderosos. Dá para ver isso aqui e nas selvas do Vietnã e nas montanhas da América do Sul e nos guetos dos Estados Unidos e nas universidades do mundo inteiro. É o grande drama da segunda metade do século XX: a batalha pela dignidade humana travada pelos explorados e desprivilegiados do mundo. Os Stones, talvez auxiliados por seus contatos com a lei, entenderam isso e entenderam que a vida e a autenticidade da música deles, muito além da integridade pessoal, exigiam que eles participassem desse drama, que se recusassem a aceitar o sistema que fode nossa vida. Você fez isso durante um tempo, quando tomava ácido – a única vez na sua carreira em que você pisou fora da trilha travessa e camarada onde a classe dominante o enfiou – e quando sua música era melhor. Mas não o prenderam (por que não, John?), e o caminho se abriu, não para você representar a rebelião, o amor, a poesia ou o misticismo, mas os grandes negócios...

Ainda assim você é odiado, apesar de ser diretor de uma empresa. É odiado porque faz coisas malucas, é da classe operária (pelo menos originalmente), é indisciplinado, não serviu o Exército e, acima de tudo, está saindo com uma estrangeira. E agora aconteceu.

Como eu disse antes, não fique muito nervoso por causa disso. Numa sociedade injusta e corrupta, não é desonra ser preso e, com certeza, nenhum de nós da esquerda vai pensar mal de você.

Mas aprenda, John. Olhe para a sociedade onde você vive e se pergunte: por quê? E, então, venha se unir a nós.

Fraternalmente,
John Hoyland

CARTA MUITO ABERTA DE
JOHN LENNON A JOHN HOYLAND

Caro John,

Sua carta não soou arrogante; ela é arrogante. Quem você pensa que é? O que pensa que sabe? Parece que não enfrento só a classe dominante, mas você também. *Sei* o que estou enfrentando – mentes estreitas – ricos/pobres. Todas as suas relações podem estar envenenadas, depende de como olha. Que tipo de sistema você propõe e quem ficaria no controle?

Não me lembro de ter dito que "Revolution" era revolucionária – fodam-se as novelas. Ouça as três versões ("Revolution" 1, 2 e 9) e tente de novo, caro John. Você diz: "Para mudar o mundo, temos de entender o que está errado nele. E, aí, destruir isso. Sem piedade". Obviamente você está numa viagem de destruição. Vou lhe dizer o que está errado: as pessoas. Então você quer destruir todo mundo? Sem piedade? Antes de você/nós mudarmos sua/nossa cabeça, sem chance. Me fale de uma só revolução bem-sucedida. Quem fodeu o comunismo, o cristianismo, o capitalismo, o budismo etc.? Cabeças doentes, e só. Acha que todo inimigo usa insígnias capitalistas para você atirar nele? Isso é meio ingênuo, John. Parece que você acha que tudo não passa de guerra de classes.

A Apple nunca quis ser grande como a Marks & Spencer; nossa única referência foi o tipo de negócio que fazíamos com essa loja capitalista nojenta quando éramos estudantes humilhados da classe operária e comprávamos um casaco ou qualquer coisa assim razoavelmente barato e durável. Criamos a Apple com o dinheiro que ganhamos como trabalhadores para podermos controlar ao máximo o que fazíamos nas produções. Se for tomada por outros trabalhadores, no que me diz respeito, podem ficar com ela.

Quando digo que enganamos os outros quero dizer que vendemos sonhos. Amigos meus, como Dylan, os Stones etc., que fazem a parte *deles*, entenderiam o que eu disse – pergunte a eles – e trabalhariam em cima disso.

A classe dominante nunca nos enfiou num saco "travesso e camarada", meu caro John – NÓS NOS ENFIAMOS – para chegar aqui e fazer o que estamos fazendo. Eu estava lá, você não. Aí, de repente, os jornais dizem a você que estamos tomando ácido – dois anos depois! Aí você decidiu que naquela época nossa música era melhor. Provavelmente você está certo sobre por que não me pegaram antes – eles, como você, tinham me "marcado". Vou lhe contar uma coisa: a vida inteira enfrentei as mesmas pessoas e *sei* que elas ainda me odeiam. Agora não é diferente, só o tamanho do jogo é que mudou. Antigamente eram professores, parentes etc.; hoje sou preso ou repreendido por fascistas ou irmãos, em prosa fodida e interminável.

Quem está nervoso com a prisão? Está bem. Vou tomar um chá. Não me preocupo com o que vocês, a esquerda, o meio, a direita ou a merda de algum clube de garotos acha. Não sou tão *bourgeois* assim.

Olha, cara, nunca estive e não estou contra você. Em vez de procurar pêlo em ovo nessa história de Beatles e Stones, pense um pouco mais alto, olhe o mundo onde estamos vivendo, John, e pergunte a si mesmo: por quê? E então, venha se unir a *nós*.

Com amor,
John Lennon

P.S.: Você estraçalha e eu construo em volta.

Anexo 2

PODER AO POVO!
John Lennon e Yoko Ono
conversam com Robin Blackburn e Tariq Ali

Ali – *Seu último disco e suas declarações públicas recentes, principalmente as entrevistas na revista* Rolling Stone, *indicam que suas opiniões estão ficando cada vez mais radicais e políticas. Quando isso começou?*

Lennon – Sabe, sempre pensei politicamente e contra o *status quo*. É o básico para quem foi criado como eu, odiando e temendo a polícia como um inimigo natural, e desprezando o Exército por levar todo mundo embora e largar morto em algum lugar. Quer dizer, é apenas uma coisa básica da classe operária, mas começa a desgastar quando a gente fica mais velho, tem família e é engolido pelo sistema. No meu caso, sempre fui político, mas a religião tendia a esconder isso na época do ácido; foi aí por volta de 1965 ou 1966. E essa religião foi resultado direto de toda aquela merda de superastro; a religião foi uma válvula de escape para a minha repressão. Eu pensava: "Ora bolas, tem algo mais na vida, não tem? Com certeza não é só isso!". Mas de certa maneira sempre fui político, sabe. Nos dois livros que escrevi, embora eu tenha usado um tipo de blablablá joyceano, tem muita porrada na religião, e tem uma peça sobre um operário e um capitalista. Satirizo o sistema desde criança. Na escola, eu costumava escrever e distribuir revistas. Diziam, meio zangados comigo, que eu tinha muita consciência de classe, porque sabia o que acontecia comigo e sabia da repressão de classe em cima da gente – que merda, era um fato, mas no furacão dos Beatles isso acabou ficando de fora. Durante um tempo eu me afastei ainda mais da realidade.

Ali – *Qual você acha que foi a razão para o sucesso do seu tipo de música?*

Lennon – Bom, na época, todo mundo achou que os operários tinham avançado, mas percebo, em retrospecto, que é o mesmo falso acordo que concederam aos negros, foi exatamente do mesmo jeito que permitiram aos negros ser corredores, lutadores de boxe ou artistas. É a opção que permitem; agora a saída é ser *popstar*, e na verdade é isso que digo no álbum *Working Class Hero*. Como falei à *Rolling Stone*, são as mesmas pessoas que detêm o poder, o sistema de classes não mudou nada. É claro que agora tem muita gente andando por aí de cabelo comprido e alguns garotos de classe média avançadinhos com roupas bonitas. Mas nada mudou, a não ser que agora nos vestimos melhor, e os mesmos patifes continuam mandando em tudo.

Blackburn – *É claro que a classe social é uma coisa que os grupos de rock norte-americanos ainda não abordaram.*

Lennon – Porque são todos burgueses e de classe média e não querem mostrar isso. Na verdade, eles têm medo dos operários, porque nos Estados Unidos parece que os operários são principalmente de direita e se agarram aos seus bens. Mas se esses grupos de classe média percebem o que está acontecendo, e o que o sistema de classes faz, cabe a eles repatriar o povo e cair fora de toda essa merda burguesa.

Ali – *Quando você começou a romper com o papel que lhe impuseram como Beatle?*

Lennon – Mesmo nos melhores dias dos Beatles eu tentei ser contra, George também. Fomos algumas vezes aos Estados Unidos e Epstein sempre tentou levar a gente no papo para não falar nada sobre o Vietnã. Aí chegou uma hora que George e eu dissemos: "Olhe, quando perguntarem de novo, vamos dizer que não gostamos dessa guerra e que achamos que vocês deviam sair de lá agora mesmo". Foi o que fizemos. Naquela época era uma coisa bem radical, principalmente para os "Fab Four". Foi a primeira oportunidade que aproveitei pessoalmente para balançar um pouco a bandeira. Mas é preciso lembrar que sempre me senti reprimido. Éramos tão pressionados que quase não tínhamos oportunidade de nos expressar, ainda mais trabalhando naquele ritmo, fazendo turnês sem parar, sempre presos num casulo de mitos e sonhos. É bem difícil quando se é César e todo mundo diz que você é maravilhoso e lhe dá tudo de bom e todas as garotas; é muito difícil sair dessa e dizer: "Olhe, não quero ser rei, quero ser real". Então, sendo assim, a segunda coisa política que fiz foi dizer "Os Beatles são maiores que Jesus". Isso estourou na parada, quase me mataram nos Estados Unidos por causa disso. Foi um grande trauma para os garotos que nos seguiam. Até então, havia uma política tácita de não responder a perguntas delicadas, embora eu sempre lesse os jornais, sabe, a parte política. A consciência constante do que estava acontecendo me deixou com vergonha de não dizer nada. Explodi porque não agüentava mais esse jogo, era demais para mim. É claro que ir aos Estados Unidos aumentou a pressão, principalmente porque a guerra era com eles. De certa forma, a gente acabou virando um cavalo de Tróia. Os Fab Four foram direto para o topo e depois cantaram sobre drogas e sexo e aí eu me meti com troços cada vez mais pesados e foi então que começaram a nos largar.

Blackburn – *Não houve, desde o princípio, uma carga dupla no que você estava fazendo?*

Yoko – Você sempre foi tão direto...

Lennon – Pois é, a primeira coisa que fizemos foi proclamar ao mundo que éramos de Liverpool e dizer: "É legal ser de Liverpool e falar assim". Antes, todo mundo de Liverpool que fez sucesso, como Ted Ray, Tommy Handley, Arthur Askey, teve de perder o sotaque para entrar na BBC. Eram só comediantes, mas foi o que saiu de Liverpool antes de nós. Nós recusamos esse jogo. Depois que os Beatles surgiram no cenário, todo mundo começou a imitar o sotaque de Liverpool.

Ali – *De certa forma, você já pensava em política quando parecia combater a revolução?*

Lennon – Claro, "Revolution". Há duas versões da música, mas a esquerda *underground* só escolheu a que diz "count me out" [não conte comigo]. A versão original, que termina o LP, também dizia "count me in" [conte comigo]; pus as duas porque não tinha certeza. Havia uma terceira versão que era só abstrata, música concreta, com seqüências e coisas assim, gente gritando. Achei que estava pintando uma imagem de revolução com os sons, mas cometi um erro, sabe. O erro foi que isso era anti-revolução. Na versão que saiu no compacto, eu dizia: "Quando falarem de destruição, não contem comigo". Eu não queria ser morto. E não sabia tanto assim sobre os maoístas, mas sabia que pareciam ser muito poucos e, ainda assim, se pintavam de verde e ficavam na frente da polícia, esperando virar alvo. Achei que não tinha sutileza, sabe. Achei que os revolucionários comunistas originais se coordenavam um pouco melhor e não ficavam correndo por aí aos gritos. Era assim que eu sentia; na verdade, eu estava perguntando. Por ter vindo da classe operária, sempre me interessei pela Rússia e pela China e por tudo que tivesse a ver com a classe operária, ainda que eu fizesse o jogo capitalista. Certa vez, fiquei tão envolvido com as bobagens religiosas que ficava dizendo por aí que era comunista cristão, mas, como diz Janov, religião é loucura legalizada. Foi a terapia que me livrou disso tudo e me fez sentir a minha própria dor.

Blackburn – *Esse analista com quem você se tratou, como se chama...*

Lennon – Janov...

Blackburn – *As idéias dele parecem ter algo em comum com Laing, porque ele não pretende conciliar ninguém com o sofrimento, ajustar ninguém ao mundo, mas sim fazer todo mundo enfrentar as causas, não é?*

Lennon – Bom, a idéia dele é fazer a gente sentir a dor que se acumulou dentro da gente desde a nossa infância. Tive de fazer isso para conseguir matar todos os mitos religiosos. Na terapia, sentimos mesmo todos os momentos dolorosos da nossa vida – é uma tortura, somos obrigados a perceber que a dor, o tipo de dor que nos faz acordar apavorados, com o coração explodindo, é nossa mesmo e não o resultado de alguém lá no céu. É resultado dos pais e do ambiente. Quando percebi isso, tudo começou a entrar no lugar. Essa terapia me obrigou a me livrar de toda aquela merda de Deus. Todo mundo que cresce tem de dar um jeito em muitíssima dor. Embora a gente reprima, ela ainda fica lá. A pior dor é não ser querido, é perceber que os pais não precisam da gente do jeito que a gente precisa deles. Quando eu era criança, tive momentos de não querer ver a feiúra, de não querer ver que ninguém me queria. Essa falta de amor entrou pelos meus olhos e pela minha cabeça. Janov não fica só falando sobre isso, ele nos faz sentir – e quando nos permitimos sentir de novo, fazemos quase todo o trabalho sozinho. Quando acordamos e o coração parece uma matraca ou as costas estão tensas, ou sentimos outro tipo qualquer de ressaca, é preciso deixar a mente ir até a dor e a própria dor vai vomitar a lembrança que lá na origem nos fez reprimi-la no corpo. Dessa maneira, a dor vai para o canal certo em vez de ser reprimida outra vez, que é quando tomamos uma pílula ou um banho e dizemos: "Pronto, vou superar". A maioria canaliza a dor para Deus ou para a masturbação ou para o sonho de fazer sucesso. A terapia é como uma viagem de ácido bem lenta, que acontece naturalmente no corpo. É difícil falar sobre isso, sabe, porque sentimos "sou dor", e isso parece meio arbitrário, mas para mim, agora, a dor tem outro significado, porque senti fisicamente todas essas repressões extraordinárias. Foi como tirar a luva e sentir a própria pele pela primeira vez. É meio babaca dizer isso, mas acho que quem não passou por isso não consegue entender – mas tento passar um pouco disso no disco. Seja como for, para mim foi tudo parte da dissolução da viagem de Deus ou da viagem da figura paterna. Enfrentar a realidade, em vez de sempre procurar algum tipo de paraíso.

Blackburn – *Você vê a família em geral como fonte dessa repressão?*

Lennon – O meu caso é um caso extremo, sabe. Meus pais se separaram e só fui conhecer meu pai com vinte anos, e também quase não conheci minha mãe. Mas Yoko tinha os pais junto dela e foi a mesma coisa...

Yoko – Talvez a gente sinta mais dor quando os pais estão por perto. É que nem estar com fome, sabe, é pior ter o símbolo de um *cheeseburger* do que não ter *cheeseburger* nenhum. Não adianta nada. Às vezes, eu queria que a minha mãe tivesse morrido para pelo menos receber a solidariedade de alguns. Mas lá estava ela, uma mãe linda e perfeita.

Lennon – E a família de Yoko era de japoneses de classe média, mas é tudo a mesma repressão. Acho que o povo da classe média tem o maior trauma quando os pais têm boa imagem, todos sorridentes e arrumadinhos. São eles que têm mais dificuldade de dizer: "Adeus, mamãe, adeus, papai".

Ali – *Que relação tudo isso teve com a música?*

Lennon – A arte é só um jeito de exprimir a dor. Quer dizer, a razão para Yoko fazer coisas tão de vanguarda é porque ela passou por um tipo de dor de vanguarda.

Blackburn – *Muitas músicas dos Beatles eram sobre a infância...*

Lennon – É, a maioria era minha...

Blackburn – *Embora fossem ótimas, sempre faltava alguma coisa...*

Lennon – Deve ser a realidade, deve ser isso a coisa que falta. Porque na verdade eu nunca quis isso. A única razão para eu ser um astro é a minha repressão. Nada mais teria me forçado a passar por tudo aquilo se eu fosse "normal"...

Yoko – ... e feliz...

Lennon – A única razão para eu perseguir aquele objetivo é que eu queria dizer: "Agora, mamãe e papai, vocês vão me amar?".

Ali – *Mas aí seu sucesso foi além de qualquer sonho.*

Lennon – Jesus, foi uma opressão total. Quer dizer, passamos por humilhação em cima de humilhação com a classe média, o *showbiz*, os prefeitos e tudo isso. Eram tão condescendentes e estúpidos, todos querendo nos usar. Para mim foi uma humilhação especial, porque nunca conseguia ficar de boca fechada e sempre tinha de estar bêbado ou ligadão para agüentar a pressão. Foi mesmo um inferno...

Yoko – Tudo aquilo o privava da verdadeira experiência, sabe...

Lennon – Foi muito horrível. Quer dizer, depois da primeira sensação de ter chegado lá, a emoção do primeiro disco no topo, da primeira viagem aos Estados Unidos. No início, tínhamos o objetivo de ser tão grandes quanto Elvis – avançar é que foi bom, mas chegar lá, na verdade, foi uma grande decepção. Descobri que tinha de ficar o tempo todo agradando o tipo de gente que sempre odiei quando criança. Isso começou a me trazer de volta à realidade. Comecei a perceber que somos todos oprimidos e foi por isso que eu quis fazer alguma coisa, embora não tenha muita certeza de qual é o meu lugar.

Blackburn – *Seja como for, a política e a cultura estão ligadas, não é? Quer dizer, hoje os operários são reprimidos pela cultura, não pelas armas...*

Lennon – ... são dopados...

Blackburn – *E a cultura que os deixa dopados é aquela que o artista pode fazer ou romper com ela...*

Lennon – É o que estou tentando fazer nos meus discos e nas entrevistas. O que estou tentando fazer é influenciar todo mundo que eu conseguir. Todos que ainda estão presos no sonho, e só deixar um grande ponto de interrogação dentro da cabeça deles. O sonho do ácido acabou, é isso que estou tentando dizer.

Blackburn – *Mesmo no passado, sabe, todos usavam as músicas dos Beatles e punham outras letras. "Yellow Submarine", por exemplo, teve várias versões. Uma que os grevistas cantavam dizia: "We all live on bread and margarine" [Todos vivemos de pão com margarina] e na LSE tínhamos uma versão que dizia: "We all live in a Red LSE" [Todos vivemos na LSE vermelha].*

Lennon – Gosto disso. E gostei quando antigamente as torcidas de futebol cantavam "All Together Now" – essa foi outra. E fiquei contente também quando o movimento nos Estados Unidos adotou "Give Peace a Chance", porque eu fiz essa música para isso mesmo. Eu queria que, em vez de cantar "We Shall Overcome", de 1800 e lá vai fumaça, cantassem alguma coisa contemporânea. Senti até obrigação de fazer uma música que todo mundo cantasse nos bares ou nas manifestações. É por isso que agora eu queria fazer música para a revolução...

Blackburn – *Temos poucas músicas revolucionárias e foram compostas no século XIX. Você conhece alguma coisa da nossa tradição musical que possa ser usado na música revolucionária?*

Lennon – Quando comecei, o próprio rock era a revolução básica para quem tinha a minha idade e situação. Precisávamos de alguma coisa bem clara e alta para romper toda a insensibilidade e repressão que jogavam em cima da gente, dos jovens. Desde o começo, tínhamos certa consciência de que estávamos imitando os norte-americanos. Mas mergulhamos na música e descobrimos que ela era metade *country and western* branco e metade *rhythm and blues* negro. A maioria das músicas era da Europa e da África e estava voltando para nós. Muitas das melhores canções de Dylan vieram da Escócia, da Irlanda ou da Inglaterra. Era um tipo de troca cultural. Mas devo dizer que para mim as músicas mais interessantes eram as negras, porque eram mais simples. Elas diziam mais ou menos "sacuda sua bunda", ou seu pau, e isso, na verdade, era uma inovação. E aí tinha as músicas do campo, que cantavam principalmente a dor que as pessoas sentiam. Não conseguiam se exprimir intelectualmente, então tinham de dizer com pouquíssimas palavras o que acontecia com elas. E aí tinha a melancolia da cidade grande e muita coisa era sobre sexo e luta. Muito disso era expressão pessoal, mas só nos últimos anos é que as pessoas começaram a se exprimir completamente, com o Black Power, como Edwin Starr gravando *War*. Antes disso, muitos cantores negros ainda suavam com o problema de Deus; muitas vezes era: "Deus nos salvará". Mas logo depois os negros estavam cantando de forma direta e imediata sobre sua dor e também sobre sexo, e é por isso que gosto da música deles.

Blackburn – *Você diz* música country and western *derivada da música folclórica européia. Às vezes essas músicas folclóricas não são um troço pavoroso, todas sobre perder e ser derrotado...?*

Lennon – Quando éramos garotos, todos nós éramos contra a música folclórica porque era coisa de classe média. Era coisa de estudantes universitários de cachecol comprido e caneca de cerveja na mão, cantando música folclórica com voz de lá-ri-lá-lá – "Trabalhei numa mina em Newcastle" e outras merdas. Havia pouquíssimos cantores folclóricos de verdade, sabe, mas eu gostava um pouco de Dominic Behan e, em Liverpool, dava para ouvir coisa muito boa. Só de vez em quando ouvimos discos velhíssimos no rádio ou na TV de trabalhadores de verdade da Irlanda ou sei lá de onde cantando essas músicas, e a força delas é fantástica. Mas, na maioria, a música folclórica é gente de voz melodiosa tentando manter viva uma coisa velha e morta. É meio chato, que nem balé, uma coisa de minoria que uma minoria mantém viva. A música folclórica de hoje é o rock. Apesar de por acaso ter vindo dos Estados Unidos. No final isso não é assim tão importante, porque fizemos as nossas músicas e isso mudou tudo.

Blackburn – *Yoko, seu disco parece misturar música moderna de vanguarda com rock. Gostaria de lhe explicar a idéia que tive quando o ouvi. Você integra sons do cotidiano, como o de um trem, num padrão musical. Isso parece exigir uma avaliação estética da vida cotidiana, insistir que a arte não devia ficar presa em museus e galerias, não é?*

Yoko – Exatamente, quero levar as pessoas a afrouxar a opressão dando-lhes alguma coisa para trabalhar, para construir em cima. Ninguém devia ter medo de criar – é por isso que faço coisas bem abertas, coisas para os outros fazerem, como no meu livro [*Grapefruit**]. Porque há basicamente

---

* Yoko Ono, *Grapefruit* (Nova York, Simon & Schuster, 2000). (N. E.)

dois tipos de gente no mundo: gente que tem confiança em si porque sabe que tem capacidade de criar e gente desmoralizada, que não tem confiança em si porque lhe disseram que não tem capacidade criativa, que só tem de obedecer a ordens. O *establishment* gosta de quem não assume responsabilidades e não consegue se respeitar.

Blackburn – *Acho que a autogestão operária tem a ver com isso...*

Lennon – Não tentaram uma coisa assim na Iugoslávia? Eles se livraram dos russos. Gostaria de ir lá para ver como funciona.

Ali – *Bom, o que eles fizeram foi tentar romper o padrão stalinista. Mas, em vez de permitir a autogestão operária sem inibições, acrescentaram uma boa dose de burocracia política. Isso tende a sufocar a iniciativa dos operários, e também regulamentaram o sistema todo com um mecanismo de mercado que criou novas desigualdades entre as regiões.*

Lennon – Parece que todas as revoluções acabam no culto da personalidade – parece que até os chineses precisam de uma figura paterna. Acho que isso vai acontecer em Cuba também, com Che e Fidel... No comunismo à moda ocidental, teríamos de criar uma imagem quase imaginária dos próprios operários como figura paterna.

Blackburn – *É uma ótima idéia – a classe operária se torna seu próprio herói. Desde que não seja uma nova ilusão reconfortante, desde que haja poder operário real. Se um capitalista ou burocrata manda na sua vida, você vai ter de compensar com ilusões.*

Yoko – O povo tem de confiar em si.

Ali – *Essa é a questão vital. É preciso instilar na classe operária o sentimento de autoconfiança. Isso não pode ser feito só com propaganda. Os operários têm de se mexer, tomar as próprias fábricas e dizer aos capitalistas que caiam fora. Foi o que aconteceu em maio de 1968 na França... os operários começaram a sentir a própria força.*

Lennon – Mas o Partido Comunista não estava a fim, não é?

Blackburn – *Não, não estava. Com 10 milhões de trabalhadores em greve, podiam transformar uma daquelas imensas manifestações que aconteceram no* *centro de Paris em ocupação maciça de todos os prédios e instalações do governo, substituir De Gaulle por uma nova instituição de poder popular, como a Comuna ou os sovietes originais – isso começaria uma revolução de verdade, mas o PC francês ficou apavorado. Preferiram lidar com os de cima em vez de encorajar os trabalhadores a tomar eles mesmos a iniciativa...*

Lennon – Que beleza... mas há um problema nisso, sabe. Todas as revoluções aconteceram quando um Fidel ou um Marx ou um Lenin ou um sei lá o quê, que eram intelectuais, conseguiram atingir os trabalhadores. Juntaram um bom grupo de gente e parece que os trabalhadores entenderam que estavam num Estado repressor. Eles ainda não acordaram, ainda acreditam que carros e tevês são a resposta... Vocês deviam fazer esses estudantes de esquerda falar com os trabalhadores, deviam envolver os garotos de escola com *The Red Mole*.

Ali – *Você tem razão, estamos tentando fazer isso e devíamos tentar mais. Essa nova Lei de Relações Industriais que o governo está tentando passar está fazendo cada vez mais trabalhadores perceberem o que acontece...*

Lennon – Acho que essa lei não vai pegar, acho que não vão conseguir fazer com que seja cumprida, acho que os trabalhadores não vão cooperar. Acho que o governo Wilson foi uma grande decepção, mas essa patota do Heath é pior. O *underground* está sendo pressionado, os militantes negros não podem morar nem nas suas próprias casas e [os governantes] estão vendendo mais armas para os sul-africanos. Como disse Richard Neville, pode ser só que haja uma polegada de diferença entre Wilson e Heath, mas é nessa polegada que vivemos...

Ali – *Disso eu não sei; os trabalhistas impuseram políticas de imigração racistas, apoiaram a Guerra do Vietnã e estão querendo leis novas contra os sindicatos.*

Blackburn – *Talvez seja verdade que a gente vive na polegada de diferença entre trabalhistas e conservadores, mas enquanto for assim seremos impotentes e incapazes de mudar. Se Heath nos forçar a sair dessa polegada, talvez sem querer seja um bem...*

Lennon – É, já pensei nisso também. Isso de nos encurralar para termos de descobrir o que está acontecendo com os outros. Fico lendo o *Morning Star* [o jornal comunista] para ver se há esperança, mas parece que ele está no século XIX, parece escrito para liberais de meia-idade desencantados. Devíamos estar tentando atingir os jovens operários, porque é aí que as pessoas são mais idealistas e têm menos medo. Os revolucionários tinham de dar um jeito de abordar os operários, porque os operários não vão abordá-los. Mas é difícil saber por onde começar, todos nós estamos tapando o buraco da represa com o dedo. Para mim, o problema é que, quando caí na real, eu me afastei da maioria das pessoas da classe operária; vocês sabem que elas gostam é de Engelbert Humperdinck. Agora, são os estudantes que compram a gente, esse é o problema. Agora, os Beatles são quatro pessoas separadas, não temos o impacto que tínhamos quando estávamos juntos...

Blackburn – *Agora, você está tentando nadar contra a corrente da sociedade burguesa, o que é muito mais difícil...*

Lennon – Pois é, eles têm todos os jornais e controlam toda a distribuição e toda a divulgação. Quando aparecemos, só a Decca, a Philips e a EMI podiam produzir um disco de verdade para a gente. Era preciso passar por uma burocracia enorme para entrar no estúdio de gravação. Ficávamos numa posição tão humilde que só havia doze horas para gravar um disco inteiro, que era como fazíamos no começo. Até hoje é a mesma coisa, um artista desconhecido tem muita sorte se conseguir uma hora no estúdio; é uma hierarquia, e quem não faz muito sucesso não grava de novo. E elas controlam a distribuição. Tentamos mudar isso com a Apple, mas no final fomos derrotados. Elas ainda controlam tudo. A EMI matou nosso disco *Two Virgins* porque não gostou dele. No último disco, censurou as letras das músicas impressas no envelope do disco. Uma merda de tão ridículo e hipócrita; ela tem de me deixar cantar, mas não ousa deixar você ler [a letra]. Que loucura.

Blackburn – *Embora agora você atinja menos gente, o efeito pode ser mais concentrado.*

Lennon – É, acho que pode ser mesmo. Para começar, o pessoal da classe operária reagiu contra a nossa franqueza sobre o sexo. Eles têm medo de nudez, são reprimidos nesse aspecto e em outros. Talvez pensem: "Paul é um bom rapaz, não cria problemas". E quando Yoko e eu nos casamos, recebemos cartas racistas terríveis, sabe, me avisando que ela ia cortar meu pescoço. Eram principalmente de militares que moravam em Aldershot. Oficiais. Agora os trabalhadores são mais amistosos, e talvez as coisas estejam mudando. Acho que agora os estudantes estão meio acordados, o bastante para tentar acordar os irmãos operários. Se a gente não passa adiante a nossa consciência, ela se fecha de novo. É por isso que a necessidade básica é os estudantes irem até os operários e convencê-los de que não estão falando bobagem. E é claro que é difícil saber o que os operários realmente pensam, porque a imprensa capitalista só cita porta-vozes como Vic Feather. Por isso, a única coisa é falar diretamente com eles, principalmente com os operários jovens. Temos de começar com eles porque eles sabem o que enfrentam. É por isso que falo de escola no disco, gostaria de incitar todo mundo a romper com a estrutura, a desobedecer na escola, a pôr a língua para fora, a continuar insultando a autoridade.

Yoko – Temos mesmo muita sorte, porque podemos criar nossa própria realidade, John e eu, mas sabemos que o importante é nos comunicar com os outros.

Lennon – Quanto mais realidade enfrentamos, mais percebemos que a irrealidade é a principal ordem do dia. Quanto mais reais ficamos, mais ofensas recebemos e, de certa maneira, isso nos radicaliza, é como ser encurralado. Mas seria melhor se fôssemos mais.

Yoko – Não devíamos ser tradicionais na maneira de nos comunicar com os outros, principalmente com o *establishment*. Devíamos surpreender, dizer coisas novas de um jeito inteiramente novo. Esse tipo de comunicação pode ter um poder fantástico, desde que a gente não faça isso só quando esperam que a gente faça.

Blackburn – *A comunicação é vital na construção do movimento, mas no fim é impotente, a menos que a gente também crie uma força popular.*

Yoko – Fico muito triste quando penso no Vietnã, onde parece que a única opção é a violência. Essa violência dura séculos e se perpetua. Na época atual, em que a comunicação é tão rápida, devíamos criar uma tradição diferente, todos os dias se criam tradições. Hoje, cinco anos é como cem anos de antigamente. Vivemos numa sociedade que não tem história. Não há precedentes para esse tipo de sociedade, então podemos romper com os antigos padrões.

Ali – *Nenhuma classe dominante, em toda a história, nunca cedeu o poder voluntariamente e não vejo isso mudar.*

Yoko – Mas a violência não é só uma coisa conceitual, sabe. Vi um programa sobre aquele garoto que voltou do Vietnã, que perdeu o corpo da cintura para baixo. Ele era só um monte de carne e disse: "Bom, acho que foi uma boa experiência".

Lennon – Ele não queria enfrentar a verdade, não queria pensar que foi tudo desperdício...

Yoko – Mas pense na violência, pode acontecer com nossos filhos...

Blackburn – *Mas, Yoko, quem luta contra a opressão é atacado pelos que têm interesse em que nada mude, pelos que querem proteger seu poder e sua riqueza. Veja o pessoal de Bogside e Falls Road, na Irlanda do Norte: foram atacados sem piedade pela polícia especial porque fizeram manifestações pelos seus direitos. Numa única noite de agosto de 1969, sete pessoas foram fuziladas e milhares foram expulsas de suas casas. Elas não têm o direito de se defender?*

Yoko – É por isso que devíamos tentar resolver esses problemas antes que situações assim aconteçam.

Lennon – Tudo bem, mas o que podemos fazer quando acontece, o que fazemos?

Blackburn – *A violência popular contra os opressores é sempre justificada. Não pode ser evitada.*

Yoko – Mas, de certa forma, a nova música mostrou que as coisas podem ser transformadas por novos canais de comunicação.

Lennon – É, mas como eu disse, nada mudou de verdade.

Yoko – Bom, alguma coisa mudou e foi para melhor. O que estou dizendo é que talvez a gente consiga fazer uma revolução sem violência.

Lennon – Mas não se pode tomar o poder sem luta...

Ali – *Isso é o mais importante.*

Lennon – Porque, na hora do vamos ver, não vão deixar o povo ter poder nenhum, vão dar a ele todos os direitos de dançar e de representar, mas nada de poder de verdade...

Yoko – O caso é que mesmo depois da revolução, se o povo não tiver confiança em si, ele vai ter problemas novos.

Lennon – Depois da revolução, temos o problema de manter tudo funcionando, de organizar todas as opiniões diferentes. É bastante natural que os revolucionários tenham soluções diferentes, que se dividam em grupos diferentes e formem outros, isso é dialética, não é? Mas, ao mesmo tempo, precisam estar unidos contra o inimigo, para solidificar uma nova ordem. Não sei qual é a resposta; é óbvio que Mao sabe desse problema e mantém a bola rolando.

Blackburn – *O perigo é que depois de criado o Estado revolucionário, tende a surgir uma nova burocracia conservadora em torno dele. Esse perigo tende a aumentar se a revolução é isolada pelo imperialismo e se há escassez material.*

Lennon – Depois que o novo poder se instala, é preciso criar um novo *status quo* só para manter as fábricas funcionando e os trens andando.

Blackburn – *É, mas a burocracia repressora não gerencia necessariamente as fábricas e os trens melhor do que os operários num sistema de democracia revolucionária.*

Lennon – É, mas todos temos dentro de nós o instinto burguês, todos ficamos cansados e temos necessidade de relaxar um pouco. Como manter tudo funcionando e manter o fervor revolucionário quando se consegue o que se queria? É claro que Mao conseguiu manter isso na China, mas o que vai acontecer quando Mao morrer? E ele também usa o culto da personalidade. Isso talvez seja necessário, como eu disse, parece que todo mundo precisa de uma figura paterna. Mas andei lendo as memórias de Kruschev – sei que ele também é um fodão –, mas parece que ele achava que transformar um indivíduo em religião era ruim – isso não parece fazer parte da idéia básica comunista. Mas gente é gente, está aí a dificuldade. Se tomarmos a Grã-Bretanha, teremos a tarefa de acabar com a burguesia e manter o povo num estado de espírito revolucionário.

Ali – *O culto da personalidade é totalmente estranho ao marxismo, que trata de idéias... Marx, Lenin e Trotski sempre foram contrários a ele, assim como Mao no começo, mas aí ele achou politicamente útil usá-lo para romper o domínio do grupo de Liu Shao Chi sobre o partido. Passei rapidamente pela China no ano passado e era óbvio que o culto de Mao fugiu ao controle. É claro que Mao é muito diferente de Stalin; Mao liderou uma revolução, enquanto Stalin a traiu.*

Mas isso não significa que não haja falhas graves na Revolução Chinesa. Durante a Revolução Cultural, algumas críticas muito interessantes foram feitas por grupos da Guarda Vermelha, em Xangai e em outros lugares. Insistiram em discutir as questões reais com muito mais aberturas do que eram encorajados...

Lennon – Parece que Revolução Cultural foi instigada pelo próprio Mao, não é? Não era um sentimento nacional de que "temos oportunistas demais e apatia demais".

Ali – *A liderança revolucionária é necessária, e ela tem de confiar nas massas, mas na China a liderança iniciou e interrompeu a Revolução Cultural.*

Blackburn – *É claro que a Revolução Cultural foi um passo muito ousado, apesar dos limites impostos. Em parte, Mao sentiu-se em condições de realizá-la porque a participação popular na Revolução Chinesa, acumulada durante mais de vinte anos de guerra popular, era muito mais profunda do que seria possível na Rússia, onde a antiga ordem quase desmoronou sozinha sob a tremenda pressão da Primeira Guerra Mundial. Mao não conseguiria instigar as massas contra a burocracia do partido, a menos que confiasse em seu apoio. Mas é claro que o mais decisivo é aumentar o poder popular bem no centro do novo Estado revolucionário. Na Grã-Bretanha, a menos que possamos criar um novo poder popular – e aqui isso significaria basicamente poder operário –, realmente controlado pelas massas e responsável perante elas, não conseguiremos nem fazer a revolução. Só um poder operário realmente profundo conseguiria destruir o Estado burguês.*

Yoko – É por isso que será diferente quando a geração mais jovem chegar.

Lennon – Acho que não vai demorar muito para pôr a juventude daqui em movimento. É preciso dar rédeas soltas aos jovens para atacar os conselhos locais ou derrubar a autoridade escolar, como os estudantes que romperam a repressão nas universidades. Isso já está acontecendo, apesar de as pessoas terem de se unir mais. E as mulheres são importantíssimas também, não dá para fazer revolução sem envolver e liberar as mulheres. É tão sutil o jeito como elas apontam a superioridade masculina. Levei muito tempo para perceber que a minha masculinidade estava fechando certas áreas para Yoko. Ela é uma liberacionista apaixonada e me mostrou em que eu estava errando, embora me parecesse que eu estava agindo naturalmente. É por isso que sempre fico interessado em saber como aqueles que se dizem radicais tratam as mulheres.

Blackburn – *Sempre houve tanto chauvinismo masculino na esquerda quanto em qualquer outra parte, pelo menos – mas o surgimento do movimento de liberação da mulher está ajudando a consertar isso.*

Lennon – Isso é ridículo. Como se pode falar em todo poder para o povo se a gente não percebe que o povo tem dois sexos?

Yoko – Só se pode amar alguém quando se está em posição de igualdade. Muitas mulheres têm de se agarrar aos homens por medo ou insegurança, e isso não é amor; é basicamente por isso que as mulheres odeiam os homens...

Lennon – E vice-versa...

Yoko – Se você tem uma escrava dentro de casa, como é que vai fazer uma revolução lá fora? O problema das mulheres é que, se tentamos ser livres, ficamos sozinhas naturalmente, porque tem muitas mulheres querendo ser escravas e os homens costumam preferi-las assim. E a gente sempre tem de correr o risco: "Será que vou perder meu homem?". É muito triste.

Lennon – É claro que Yoko já estava por dentro da liberação antes de a gente se conhecer. Ela teve de abrir caminho à força num mundo de homens – o mundo das artes plásticas é completamente dominado por homens – e estava cheia de zelo revolucionário quando nos conhecemos. Nunca houve nem o que questionar: aprendi bem depressa que ou tínhamos uma relação meio a meio, ou não tinha relação. Ela escreveu uma matéria sobre mulheres na revista *Nova*, mais de dois anos atrás, em que disse: "A mulher é o negro do mundo".

Blackburn – *É claro que vivemos num país imperialista que explora o Terceiro Mundo e até nossa cultura está envolvida nisso. Houve um tempo em que a música dos Beatles tocava na Voz da América...*

Lennon – Os russos disseram que éramos robôs capitalistas, e acho que éramos mesmo...

Blackburn – *Eles foram muito estúpidos de não ver que era outra coisa.*

Yoko – Vamos ser sinceros: os Beatles foram a música popular do século XX dentro da estrutura do capitalismo, não podiam agir de outro jeito para se comunicar dentro dessa estrutura.

Blackburn – *Eu estava trabalhando em Cuba quando* Sergeant Pepper *saiu, e foi quando eles começaram a tocar rock no rádio.*

Lennon – Bom, espero que percebam que rock não é igual a Coca-Cola. À medida que superarmos o sonho, isso deve ficar mais fácil. É por isso que estou fazendo declarações mais pesadas agora e tentando abalar a imagem adolescente. Quero atingir as pessoas certas e quero dizer as coisas de um jeito bem simples e direto.

Blackburn – *Seu último disco soa muito simples a princípio, mas as letras, o ritmo e a melodia se acumulam numa complexidade que a gente só percebe aos poucos. Como a música "Mummie's Dead", que lembra a canção de ninar "Three Blind Mice" e fala de um trauma de infância.*

Lennon – Essa música tem isso, foi quase como aquele tipo de sentimento de um *haikai*. Conheci o *haikai* recentemente no Japão e achei fantástico. É óbvio que quando a gente livra a cabeça de uma boa parte de ilusão a gente fica muito mais exato. Yoko me mostrou alguns desses *haikais* no original. A diferença entre eles e Longfellow é imensa. Em vez de um longo poema florido, o *haikai* diria: "Flor amarela no vaso branco sobre a mesa de madeira", o que na verdade passa a idéia toda.

Ali – *O que achou do Japão?*

Lennon – Acho que está pronto para o comunismo, quer dizer, os trabalhadores vivem em condições terríveis lá e muitos sindicatos são comandados pelas grandes empresas. Estão construindo fábricas de costa a costa e a fumaça é pavorosa, sufoca a gente. É tudo bobagem essa história de que todo mundo vive tão bem no Japão. Operários de países diferentes têm de se unir. Qual é a sua posição sobre o Mercado Comum? O *Morning Star* é contra, mas não tenho certeza. Tenho a sensação de que seria um conglomerado da Europa capitalista, mas que o movimento operário de toda a Europa se uniria e acho que poderia consolidar tanto o comunismo quanto o capitalismo.

Ali – *Devíamos trabalhar por uma Europa operária unida, os Estados Unidos Socialistas da Europa, a Europa Vermelha...*

Lennon – É fantástico pensar no poder que os operários teriam com italianos e alemães juntos e todo aquele equipamento.

Ali – *Como acha que podemos destruir o sistema capitalista aqui na Grã-Bretanha, John?*

Lennon – Acho que só conscientizando os trabalhadores da posição realmente triste em que estão, rompendo o sonho que os cerca. Eles acham que estão num país maravilhoso, com liberdade de expressão; têm carro e televisão e não querem pensar em mais nada na vida, estão dispostos a deixar os chefes mandarem neles, a ver os filhos se foderem na escola. Estão sonhando o sonho dos outros, não é nem o sonho deles. Deviam perceber que os negros e os irlandeses são atacados e reprimidos e que eles serão os próximos. Quando começarem a perceber isso tudo, aí então poderemos realmente começar a fazer alguma coisa. Os operários poderão começar a tomar o poder. Como disse Marx: "A cada um segundo sua necessidade" – acho que isso funcionaria bem aqui. Mas também temos de nos infiltrar no Exército, porque eles estão bem treinados para matar todos nós. Temos de começar tudo isso onde nós mesmos somos oprimidos. Acho que é falso e estreito dar aos outros quando a nossa própria necessidade é grande. A idéia não é confortar os outros, não é fazer com se sintam melhor, mas fazer com que se sintam pior, colocar constantemente diante deles a degradação e a humilhação que têm de passar para conseguir o que chamam de salário mínimo.

ÍNDICE REMISSIVO

11 de Setembro (ataque ao World Trade Center, 11/9/2001) 32-4, 41, 68

A

Abu-Lughod, Ibrahim 38
Acheson, Dean 76
Acordo de Yalta (1945) 75
Acordo Multilateral sobre Investimentos (AMI) 21
Adams, Walter 193-4
Adler, Alexandre 42
Adorno, Theodor 40-1
Afeganistão 293
África 358
África do Sul 22, 112, 221, 384
afro-americanos 18, 87, 113-6, 310, 313
Ahmad, Eqbal 38
Ahmed, Nazir 94, 96-7
Ahmed, Tassaduque 280
Ahmed, Z. 131
Aidit, D. N. 136, 139
Aitken, Ian 332-3
Aitken, Jonathan 205
Al Jazeera, TV 63, 65
Al Yawar, Ghazi 63
Albânia 133
Albertz, Heinrich 260
Albright, Madeleine 19
Alemanha Ocidental 262, 296, 391
Alemanha Oriental 79, 126
alfabetização 56

Ali, Mazhar Ali Khan 82, 92-3
Ali, Tariq
    como fotógrafo 160, 192, 209, 216, 231, 235
    debate entre Oxford e Harvard (1965) 140-1, 149
    em Lahore 15-102
    em Praga 157-60
    entrevista com John Lennon e Yoko Ono 375-92
    investigado pelo Special Branch 276-7
    na Bolívia 222-35
    na China 344-5
    na Conferência de Paz de Helsinque 125-33
    na Coréia 344-5
    na Palestina 236
    na Universidade de Oxford 103-48
    no Camboja 160-6
    no Congresso de Berlim pelo Vietnã 259-66
    no Paquistão 334-9, 341, 343-4
    no Vietnã 166-89
    quando abandona a Quarta Internacional 60, 362
    quando fala da Inglaterra 191-2
    quando se torna editor de *The Black Dwarf* 292-3
    quando se une à Quarta Internacional 278-9
"All Together Now" 381
Allaun, Frank 239, 323
Allawi, Ayad 62-4
Allen, Jim 155, 365
Allende, Salvador 261, 352
Amis, Kingsley 311
Amis, Martin 32
Anand, Mulk Raj 131

anarquismo 107

Anderson, Perry 100, 216, 222, 229-30, 235, 275, 368

Andress, Ursula 149

Angkor Wat 165-6

Angola 22

antiamericanismo 42

antibélicas, manifestações 20
    fevereiro de 1965 119
    22 de outubro de 1967 207, 211, 238-9
    17 de março de 1968 259, 268, 271-8
    15 de abril de 1968 282
    27 de outubro de 1968 312, 314-25
    15 de fevereiro de 2003 16

anti-semitismo 40-2, 50-3, 337

Any Questions 317

Apple 372, 373-4, 385

Aquascutum 193

Arafat, Yasser 38-9

Arbenz, Jacobo 92, 218

Arendt, Hannah 50

Argélia 90, 95, 100, 203, 204, 257, 296

Argentina 218, 221, 228

Arguedas Mendieta, Antonio 305

armas nucleares 73, 77, 80, 81, 99, 104, 110, 144, 171, 194, 267, 284, 366
    ver também Campanha pelo Desarmamento Nuclear (CDN)

Arrowsmith, Clive 157, 160

Arrowsmith, Pat 142

Ascherson, Neal 266

Askey, Arthur 377

Attlee, Clement 56, 76, 104, 362

Ayer, A. J. 123, 311

Ayoroa, Miguel 305

B

Ba, camarada 206, 240

Bachmann, Josef 82

Badi, Joseph 52

Baez, Joan 135

Bailey, David 205

Baldwin, James 200

Bali 136-8

Banco de Crédito e Comércio Internacional (BCCI) 24

Bandung, Conferência de (1955) 82

Bandung, *file* 24

Bangcoc 165

Barbican 275

Barenboim, Daniel 40

Barghouti, Mustafá 40

Barratt, Michael 201

Barrientos, René 224, 235

Batista, Fulgencio 91, 196, 219

Beatles 205, 346-7, 385, 390
    ver também Lennon, John

Beatty, Warren 364

Beauvoir, Simone de 81, 200, 202, 204, 217

Bebel, August 50

Behan, Dominic 382

Behar, Abraham 162, 167, 174, 180, 186, 188

Bélgica 95-6

Beloff, Max 123

Ben-Gurion, David 237

Bengala (Paquistão oriental) 339

Benjamin, Walter 71, 358

Benn, Tony 60

Bensaïd, Daniel 258, 289

Berger, Denis 292

Berkely, Humphrey 114-5, 205

Berlin, Isaiah 35, 107, 123, 199

Bernhardt, Sarah 159

Bevan, Aneurin ('Nye) 90, 104

Bhashani, Maulana Abdul Hamid Khan 344

Bhutto, Zulfiqar Ali 89, 93, 100-1, 124, 138, 326, 335, 338, 343-4

Bing, Geoffrey 130-1

Blackburn, Robin 314, 333, 349, 368
    entrevista com John Lennon e Yoko Ono 375-92
    na Bolívia 216-7, 222, 228-9, 230, 235
    quando se casa 351
    quando se une ao Grupo Marxista 347

Black Muslims 113-6, 297, 300, 331

Blair, Tony 59

Blau, Tom 192

Blau, Uri 45-9

Blond, Anthony 182

Bolívia 209, 211-4, 222-35, 305, 341, 350, 354, 358

bomba atômica *ver* armas nucleares

Bonaparte, Napoleão 36, 356

Borrell, Clive 315

Bósnia 30

Boty, Pauline 365

Bourdet, Claude 100

Bourdieu, Pierre 21

Brando, Marlon 148-56
Brecht, Bertolt 79, 152, 358-9, 368
Brejnev, Leonid 304
Brenton, Howard 25
Briggs, Asa 199
Brightman, Carol 162, 169, 174, 179, 185
British Broadcasting Corporation (BBC) 29, 62-3, 109, 123, 140, 150, 201, 295, 298-9, 316-8, 365, 377
British Campaign for Peace in Vietnam (BCPV) [Campanha Britânica pela Paz no Vietnã] 206
Brockway, Fenner 298
Bron, Eleanor 149
Brook, Peter 152-5
Brooke, Henry 109
Brophy, Brigid 311
Brown, Colin 19
Brown, Gordon 33
Bruce, David 259
Bukharin, Nikolai 198
Bulgária 23
Buñuel, Luis 30
Burchett, Wilfrid 163
Burnett, Alastair 272
Burton, Richard 217
Bush, George 65
Bush, George W. 16, 33, 41, 63, 65
Bustos, Ciro 213-5, 228, 234
Butler, Ken 27-9

C
Cabot Lodge, Henry 120
Caetano, Marcelo 352
Caldwell, Malcolm 125, 126-7, 136, 363
Callaghan, James 288, 322
Callil, Carmen 365
Camboja 160-5
Campanha pelo Desarmamento Nuclear (CDN) 122, 125, 135, 141, 145, 238, 281, 282, 289
Campbell, Frank 275
Canadá 166
Cannon, James P. 342
Cape, Jonathan 306, 343
Cárdenas, Lázaro 200
Caribe 208
Carmichael, Stokely 200, 205, 300
Carpentier, Alejo 202

carregadores de carne 288
Carter, Jimmy 55
Carter-Ruck, Peter 11-3
Cashinella, Brian 315
Castle, Barbara 328
Castro, Fidel 22, 55, 115, 137, 196, 212, 222, 228, 313, 320, 383, 384
    Guevara e 218-20
    quando fala da Checoslováquia 307
    quando toma Cuba 91-2
Castro, Raúl 218
catolicismo 173
Caute, David 123
Caxemira 101
Cervantes, Miguel de 212
Chamberlain, Neville 104
Channel 4, TV 24-5
chauvinismo 168-9
Chávez, Hugo 54-7
Chechênia 30-1
Checoslováquia 22-3
    invasão soviética (1968) 301-2
Chiang Kai-shek 139, 196
Chile 204, 352
Chimutengwende, Chenhamo 333, 345
China 65, 76, 99-100, 126, 128, 144, 171, 311
    Indonésia e 137-9
    Revolução (1949) 72-5, 76
    URSS e 133
    Vietnã e 187
Chu En-lai 72, 81, 86-7
Chu Teh 72
Churchill, Winston 12, 75, 76, 85, 104, 107, 142
Central Intelligence Agency (CIA) 120, 166, 199, 215, 218
cinema 22, 350
Cisneros, Gustavo 55
Clare, George 283
classe operária 104, 185, 198, 264, 289, 350, 361, 371, 374, 375, 378, 383, 385
Cleaver, Eldridge 297
Cliff, Tony (Ygael Gluckstein) 53, 61, 196, 300-1, 325
Clinton, Bill 31, 33, 65
Clinton, Hillary 65
CNN 55
Coates, Ken 195, 280
Coca-Cola 391
Cockburn, Alexander 314

396 TARIQ ALI

Cockburn, Claud 295
Cockburn, Patricia 295
coexistência pacífica 100, 128-9, 132, 187
Cohen, Haim 51-2
Cohn-Bendit, Daniel 289, 290, 294, 296-7,
    298, 299-300, 301, 337
Cole, G. D. H. 104
Columbia Broadcasting System, Inc. (CBS) 120
Comissão de Controle Internacional (CCI) 166-7,
    174, 181, 186,
Comitê dos Cem 122, 142
Comitê Parlamentar de Atividades
    Antiamericanas 311
Commentary 356
Companhia Republicana de Segurança (CRS)
    289, 291
competição 21-2
Comunidade Européia 192
comunismo 21, 23
Confederação da Força Democrática do Trabalho
    (CFDT) 293
Confederação Geral do Trabalho (CGT) 293, 296
Conferência de Paz de Helsinque (1965) 125-33
Conferência Tricontinental em Havana (abril de
    1967) 221
Congo 50, 95-7
Congresso pelo Vietnã (Berlim, fevereiro de
    1968) 259-66
Conrad, Joseph 35, 37
Consenso de Washington 21-3
Conway Hall 211, 272
Cook, Peter 58-9
Cooper, David 205
Coréia 64, 76, 80, 267
Cousins, Frank 151
CPGB *ver* partidos comunistas (Reino Unido)
Craft, Michael 141-2
críquete 86
Critchley, Julian 150, 152, 156, 160, 192-3
Croácia 30
Cromwell, Oliver 51, 108
Crossman, Richard 90-1, 147
Cuba 12, 65, 99, 115, 130, 144, 185, 193, 212,
    213, 218, 219, 220, 222, 305-6, 311, 383
    quando Castro toma o poder 91-2
    quando T. Ali rompe com 307
culto da personalidade 182-3, 388

D

Daley, Richard J. 309-11
Daly, Lawrence 161, 162, 163, 164, 167-8, 169,
    172, 181, 183, 187-9, 201, 332
Dang Batao 176
Dankner, Amnon 45
darwinismo 21
Davies, Harold 142
Davis, Angela 217
Davis, John 59
Davy, Richard 299
Debray, Elizabeth 358
Debray, Janine 235
Debray, Régis 91, 209, 213-6, 227-9, 231, 234,
    349-50, 357-8
Decca 385
Dedijer, Vladimir 200
De Gaulle, Charles 89, 90-1, 164, 200, 235,
    267, 288, 293, 296, 384
    quando fala do Vietnã 119
Dellinger, David 200
democracia 21, 79, 352-3
desemprego 22
Deutscher, Isaac 53, 197-9, 200, 201, 228, 237,
    302, 356, 367
Devlin, Bernadette 60
"Dialética da libertação", conferência (1967) 205
Dickens, Charles 78
Diem, Ngo Dinh 170
Dien Bien Phu 170, 175, 263, 268
Dimbleby, Richard 109
Dine, Jim 306
Dinh Ba Thi 129
Dostoiévski, Fiódor 78
Douglas-Home, Alec 104, 108-10
Dow Chemical 312
Driberg, Tom 205
Dubček, Alexander 301-2, 304
Dudman, Roger 112
Duff, Peggy 125, 126-7, 128, 132
Dulles, John Foster 81
Dunayeskaya, Raya 269
Dutschke, Rudi 261, 263, 264, 266, 273, 299,
    363, 368
    tentativa de assassinato 281-4
Dutt, Rajani Palme (RPD) 86, 104
Dylan, Bob 135

E

Eagleton, Terry 25-6
Eden, Anthony 104
Edgar, David 25
Edmead, Frank 120
Egito 83, 186, 204
Ehrenburg, Ilia 131, 132
Eisenhower, Dwight David 65
El Diario 225
eleições no Reino Unido
    de 1964 108-11, 118-9
    de 1966 146
Ellsberg, Daniel 18
EMI 385
encontros estudantis 123-5
Encore 364
Encounter 357
Engels, Friedrich 318
Ennals, David 298
Escarpit, Robert 296
Escola de Estudos Africanos e Orientais 125
escravidão 114-5, 208, 368
Espanha 352, 360
esquerda revolucionária 192
Ésquilo 224
Estados Unidos (EUA) 16, 23, 29-33, 35, 39,
    41, 50, 54-5, 62-4, 68, 75-6, 80, 84, 87,
    90-2, 95-6, 99, 111, 113-29, 135-6, 140-1,
    144, 148, 159, 161-73, 177, 182-5, 189,
    194-5, 199-205, 218-22, 236, 239, 262-8,
    284, 297, 300, 305, 309-13, 323, 326-7,
    331, 342, 344, 350, 353-4, 366, 372, 376-7,
    380-2, 391
estivadores 287-8, 323
estudantes 94-102, 313, 348, 368, 385, 386
Estudantes em revolta 299, 301
Estudantes pela Sociedade Democrática *ver*
    Students for a Democratic Society (SDS)
Evening News 275
Evening Standard 292, 322
Exército dos Estados Unidos 16-9, 310

F

Faber, George 29
Fabius, Laurent 368
Faiz, Faiz Ahmed 74, 128
Fallujah 16-7
fascismo 41-2, 100, 303, 360

Feather, Vic 386
Fei Ling 216-7
Feltrinelli, Giangiacomo 235, 306
feminismo 347-8
Ferguson, Niall 37
Fermont, Claire 61
ferroviários 74-5
Fialka, Ladislav 159
Financial Times 55
Finkielkraut, Alain 42
Fior, Robin 278, 289, 294, 330
Fischer, Louis 356
Foot, Michael 61, 90, 105, 111-2, 140-1, 146,
    311, 332-3
Foot, Paul 57-62, 151, 295
Foot, Rose 60-1
França 22, 100, 356-8, 360, 368-70
    colônias e 90-1
    no Egito 83
    no Vietnã 80-1, 115
Frank, Pierre 257-8, 278, 289, 341
Frente de Libertação Nacional (FLN) 164, 170-1,
    177, 207, 238, 240, 259-60, 262, 265,
    266-7, 273, 312, 322, 330
frente unida 198
Fried, Erich 264-5, 368-70
Front de Libération National, Argélia (FLN) 257
Frost, David 310
Fryer, Peter 269
fuga da convocação 300
Fukuyama, Francis 41
Fulbright, J. William 260
Fundo Monetário Internacional (FMI) 30, 33
Furness, Mary 351

G

Gadea, Hilda 218
Gaitskell, Hugh 104-5, 147
Gana 130, 131, 143
Gandhi 189
Garnett, Tony 299
Geismar, Alain 297
Gellner, Ernest 38
Genebra, Conferência de Paz de (1955) 81, 187
Genet, Jean 292
genocídio 73, 203
Géricault, Théodore 29

Getty, Paul 320
Gibbs, Olive 112
Gide, André 356
Gilbert, Dick 125
Gittings, John 125
"Give Peace a Chance" 381
Glucksman, André 42, 356
Godard, Jean-Luc 350
Goethe, Johann Wolfgang von 68
Gogol, Nikolai Vassilievitch 78
Gold, Jack 365
Goldwater, Barry 113
González, Felipe 360
Goodman, Henry 25
Goodwin, Clive 204, 211, 217, 259, 278, 283, 291, 294, 298, 299, 301, 307, 316-7, 319, 334, 345, 351
  morte de 363-4
  quando conhece T. Ali 155-6
  quando funda *The Black Dwarf* 207-9
Gorbachev, Mikhail 366-7
Gott, Richard 125, 142-6, 196, 211, 234
governo trabalhista 117, 118, 295, 322, 328, 332-3, 383-4
  Vietnã e 185
Grade, Michael 24
Granada Television 334, 364
Grécia 25, 75, 107, 360
Greene, Graham 205
Greene, Hugh 140, 298
Gregory, Dick 310-1
greve geral (1926) 107
Griffiths, Trevor 155, 364-5
Grinan, Alba 305
Grupo Marxista Internacional 280, 292, 300
Guatemala 92, 212, 218
guerra 16
Guerra Civil espanhola 18, 191, 239
Guerra dos Seis Dias 35-6, 236
Guerra Fria 23, 32, 81, 119, 124-5, 194-5, 199, 237, 260, 266, 282
Guevara, Che 22, 91, 115, 209, 289, 343
  como símbolo 265, 328
  morte de 235
  vida de 211-3, 219-21
Guevara, França e 257-8
Guiné 22
Gunson, Phil 55

H
Halberstam, David 120
Halliday, Fred 328, 345
Halstead, Fred 311
Handley, Tommy 377
Hanegbi, Haim 53
Hanói 166-72
Hansen, Joseph 341-2
Hardie, Keir 143
Hasek, Jaroslav 158
Ha Van Lau 170-1, 175
Hayden, Tom 194
Hayek, Friedrich 58
Hayter, William 123
Head, Dorothy 239
Healey, Gerry 196
Heath, Edward 192, 351, 384
Heffer, Eric 332-3
Heine, Heinrich 368
Hernandes, Amado 200
Hernández, Melba 202
Heseltine, Michael 150, 192, 225
Highsmith, Patricia 350
Hill, Christopher 123, 355, 362
Hiroshima 73
Hitler, Adolf 41, 43, 45, 73, 85, 198, 262, 302, 303, 340, 358, 362
Hobsbawm, Eric 294
Ho Chi Minh 137, 161, 162, 163, 182, 183, 185, 189, 313
  como *slogan* 263, 272
Hockney, David 306
Hoffman, Abbie 350
Hogg, Douglas 123
Holocausto 42, 73, 236
Ho Lung 12, 73, 86, 87
homossexuais 22
homossexualidade 127
Honecker, Erich 366
Hoover, J. Edgar 29-30
Horowitz, David 367
Ho Thi Oanh 176
Howard, Elizabeth Jane 311
Howe, Darcus 24
Howe, Irving 279
Hoyland, John 371-4
Hughes, Howard 320

humanismo 106
Humperdinck, Engelbert 385
Humphrey, Hubert 309, 311
Hungria 145
    levante (1956) 85-6, 126
    revolução (1918) 122-3
Husak, Gustav 366
Hussein, Saddam 41, 42, 68
Hutton, inquérito (2004) 62

I

Ibrahim, Mirza 74, 75
Iftikhar, Sohail 87
Iftikharuddin, Mian 83, 86, 90, 92
Imagine 349-50
imperialismo 33-4
Índia 74, 81, 101, 107, 117-8, 131, 166, 189
    divisão da (1947) 31
Indochina 76, 111, 144
    Segunda Guerra da (1945-1954) 80-1
Indonésia 126, 128, 136, 138-40
Ingrams, Richard 58-9, 295
Irã 99, 260
Iraque
    ataque ao (2003) 16-20, 24, 54
    "entrega do poder" 62-5, 68-9
Irlanda 83
Isaacs, Jeremy 24
Isis 150
Islã 335-6
Israel 39-43, 45-53, 65, 83, 236-8
Itália 22, 50, 75, 149, 185, 230, 353
Iugoslávia 75, 383

J

Jackson, George 297
Jackson, Michael 24
Jagger, Mick 275, 318, 346
Jamaat-i-Islami 338
James, C. L. R. 205-6
Janov, Arthur 378
Japão 73, 76, 163, 200, 269
Jarman, Derek 25
Jay, Peter 58
Jdanov, Andrei Aleksandrovitch 75
Jefferson Airplane 350
Jenkins, Roy 199-200, 284
Jinnah, Mohammed Ali 74, 335

Joffe, Adolphe 359
Johnson, Chalmers 32-3
Johnson, Lyndon 147, 154
Johnson, Paul 311
Jones, D. A. N. 209, 278, 289, 294
Jones, Elwyn 313
Jordan, Pat 195, 196, 211, 258, 270, 271, 276,
    278, 280, 292, 301, 304, 321, 325, 342, 368
Juventude Comunista Revolucionária (JCR)
    257-8, 259, 263, 289, 290, 292, 325, 357

K

Kadar, Janos 366
Kailin, Clarence 18
Kampuchea 357, 363
Kasuri, Mahmud Ali 122, 200, 202
Kavan, Jan 301-2
Keeler, Christine 103
Kennedy, John F. 65, 144
Kennedy, Monsenhor 215
Kennedy, Robert 267, 310-1
Kerr, Anne 239, 322
Kerry, John 16, 64
Keynes, Maynard 58
Khan, Ayub 89, 91, 101, 103, 124, 325, 326
Khan, Yahya 343, 344
Khoury, Elias 34
Kim Il-Sung 12, 76, 345
King, Cecil 283-5
King, Coretta 311
King, Martin Luther 113, 310
    Malcolm X fala de 115
Kinnock, Neil 322, 361
Kirchner, Nestor 55
Kirkwood, Richard 12, 107
Kissinger, Henry 140, 149, 166, 352
Kitaj, R. B. 306
Klee, Paul 71
Koestler, Arthur 356
Konkret 217, 266
Kopelev, Lev 168
Kosiguin, Aleksei Nikolaievitch 143
Kosovo 31
Kovanda, Karel 302
Kozzack, Marion 361
Krasso, Nicolas 313
Krecma, Otto 158

Krivine, Alain 263, 265, 275
Krugman, Paul 63
Kruschev, Nikita 84-5, 99, 144, 388
Ku Klux Klan 17, 115
Kun, Bela 122
Kundera, Milan 159

L

L'Humanité 258
Labour Monthly 86, 104
Laden, Osama bin 34, 41
Laing, R. D. 205, 365, 378
lambertismo 342
Laor, Yitzhak 53
Laos 166
Laski, Harold 104
Laurance, Jeremy 19
Lawlor, comandante 283
Lawson, Nigel 311
Le Monde 120, 204, 356
Lenin, Vladimir Ilitch 100, 182, 183, 230, 237,
    287, 305, 306, 312, 313, 347, 353, 384,
    388
Lennon, John 346-51
    carta a John Hoyland 373
    entrevista com T. Ali e R. Blackburn 375-92
Leon, Abram 50, 362
levellers 108
Levy, Bernard-Henri 356
Lidman, Sara 200
Lieberman, Joseph 65
Liebknecht, Karl 212, 265
Liga da Juventude Comunista (LJC) 128
Liga Muçulmana 75, 82
Linh Qui 206, 240
Littlewood, Joan 152, 365
Loach, Ken 22, 365
Locke, John 25, 51
Logue, Christopher 207-8, 209, 306-7, 328
London Review of Books 38, 57
London School of Economics (LSE) 124, 193,
    299, 318, 321, 333
London Weekend Television (LWT) 323
Lubbock, Eric 298
Ludhianvi, Sahir 74
Lukes, Steven 123
Lula da Silva, Luiz Inácio 55

Lumumba, Patrice 12, 95-7, 221
Luxemburgo, Rosa 135, 212, 265, 305, 313

M

Ma'ariv 43, 45
MacArthur, Douglas 12, 76-7
Macdonald, Dwight 279
Macdonald, Gus 334, 336
MacDonald, Ramsay 143
Machover, Moshe 53
Mackenzie, Robert 299, 301
Macmillan, Harold 103, 104, 109, 351, 352
MacNamara, Kevin 142, 146
maconha 204
Mahfuz, Naguib 65, 66
Maiakóvski, Vladimir Vladimirovitch 359
maio de 1968 287-95
Maitan, Livio 278
Makarenko, Anton Semionovitch 79
Malcolm X 113-6, 310
Malraux, André 139
Mandel, Ernest 53, 205, 263, 264, 278, 281,
    292, 341, 349, 353, 362, 363
Mandel, Henri 362
Mandela, Nelson 112
Mandelstam, Óssip 359
Manto, Saadat Hasan 74
maoístas 212, 230, 318, 320, 321, 324, 334,
    339, 356, 377
Mao Tsé-tung 73, 137, 164, 196, 228, 345
Marat/Sade 152-3
March, Aleida 220
Marcuse, Herbert 263, 265, 282
Marks, Stephen 140
Martin, Kingsley 91, 333
Martin, Troy Kennedy 155
Marx, Karl 58, 91, 169, 198, 199, 224-5, 264,
    299, 305, 327, 347, 384, 392
Marxism Today 152
Maspero, François 213-4, 306
Masses and Mainstream 87
Massu, general 296
McCarthy, Eugene 260, 309, 310-1
McCarthy, Joseph 75
McCarthy, Mary 279, 319, 322
McConville, Maureen 292
McCullin, Don 319

McEachrane, Frank 61
McGahey, Mick 351
McGeough, Paul 64
McGrath, John 155, 364
McKellen, Ian 27
Meinhof, Ulrike 266
Mellish, Robert 288
Menne, Lothar 217, 229, 235
Mercado Comum Europeu 391
Mercer, David 155, 207, 276, 278, 283, 294, 306, 307
Merton, Richard 346-7
México 204, 218, 220
Meyerhold, Vsevolod Emilievitch 359
Miami Herald 55
Middleton, Neil 345
Mikardo, Ian 105, 111
Mikoyan, Anastas 85
Miliband, Ralph 124, 145, 361-2
militantes 195, 197, 205, 270, 272, 277, 290-1, 312, 315, 333, 384
Milosevic, Slobodan 31, 41-2
Milton, John 51, 356
mineiros 107, 161, 188, 189, 208, 213, 214, 228, 345, 350, 351
Mitchell, Adrian 152, 207, 278, 365
Mitterrand, François 357-8, 360
Moçambique 22
Mohammed, Hanif 86
Mohr, Charles 120
Molanoz, Juan Delgado 232
Mollet, Guy 90
Montefiore, Alan 123
Moore, Michael 25
Morning Star 384, 391
Morris, Benny 52
Morse, Wayne 260
Mortimer, John 292
motim 54
Mount, Ferdinand 33
Movimento 22 de Março 289-90
movimento antibélico (EUA) 169
Movimento de Libertação das Mulheres (MLM) 330, 331-2
Mucha, Alphonse 159
Mucha, Jiri 159-60
Mugabe, Robert 333

Muldoon, Roland 288
Müller, Jiri 302
Munif, Abdelrahman 65-8
Murdoch, Iris 311
música 205
Mussolini, Benito 230, 302

N
Nação do Islã *ver* Black Muslims
Nacional 55
nacionalismo terceiro-mundista 84
Nagasaki 73
Nairn, Tom 109
napalm 121, 172
Napoleão *ver* Bonaparte, Napoleão
Nasir, Hassan 98
Nasser, Gamal Abdel 41, 43, 66, 82, 84, 86, 137
Nasution, Abdul Haris 13, 136-7
nazismo 42, 52, 149, 198, 226, 285, 303, 362
Nehru, Jawaharlal 81-2, 84, 137, 144
neoliberalismo 21
Neruda, Pablo 157
Neubauer, Kurt 260-1, 262, 265
Neville, Richard 384
New Left Review (*NLR*) 23, 38, 39, 52, 100, 109, 145, 216, 237, 275, 304, 313, 314, 361, 362, 368
New Statesman 86, 91, 104, 191, 192
New Yorker 366
Ngo Thi Truyen 176
Nguyen Thi Dinh 176
Nguyen Thi Hien 178
Nguyen Thi Tuyen 178
Nguyen Van Sao 206
Nguyen Van Truong 175
Nicarágua 366
Niebuhr, Reinhold 35
Nixon, Richard 166, 311, 324, 366
Njoto 137
Nkrumah, Kwame 130, 131, 137, 143
Nouvel Observateur 200
Nova 348, 390
nova e a velha esquerda, debate entre a (Central Hall, Westminster, 24 de janeiro de 1969) 332-3
novo trabalhismo 21, 24, 33
novos filósofos 356

Novotny, Antonin 159
nudez 385
Nuremberg, julgamentos de (1946-7) 202-3
Nuriel, Yehuda 43, 45

O
O'Brien, Conor Cruise 96
O'Brien, Edna 239
Observer 120, 121, 199, 266, 292, 357
Oglesby, Carl 135
Ohnesborg, Benne 260
Omnibus 316
ONGs 31, 33
Ono, Yoko 11, 347, 348, 350, 375-92
Organisation de l'Armée Secrète (OAS) 257, 296
Organização das Nações Unidas (ONU) 30-1, 33, 38, 95, 96, 311
Organização do Tratado do Atlântico Norte (OTAN) 31, 201, 304, 360
Orr, Akiva 53
Orwell, George 191-2
Osborne, John 364
Ovando, Alfredo 225, 226
Oxford Union 12, 106, 107, 112, 114, 116, 122, 239

P
Palme, Olaf 118, 200-1
Palmer, John 325
Panorama 109-10
Papandreu, Andreas 360
Paquistão 22, 28, 58, 77, 81, 86, 89, 92, 94, 101, 204, 216, 222, 278, 297, 325, 334, 338
   Argélia e 95-7
   complexo de inferioridade do 82-3
   criação do 74
   Vietnã e 81
Partido Comunista Internacionalista (PCI) 257-8
partidos comunistas
   Alemanha 212, 266, 362
   Checoslováquia 158, 274
   França 289, 294, 296, 298, 383
   Guatemala 218
   Índia 189
   Indochina 189
   Indonésia 126, 136
   Itália 100, 185, 216
   Polônia 197-8

Reino Unido 105, 145, 152, 195, 206, 238, 323, 331
   Vietnã 177
Partido Conservador (Reino Unido) 103, 110, 111, 145, 146, 275
Partido Democrata (EUA) 259, 309
Partido do Povo do Paquistão 335-6, 338
Partido Republicano (EUA) 64-5
Partido Socialdemocrata (Reino Unido) 105
Partido Socialista dos Trabalhadores (EUA) 300, 311, 341-2
Partido Socialista dos Trabalhadores (Reino Unido) 60
Partido Trabalhista (Reino Unido) 60, 104, 105, 123, 141, 147, 270, 287, 361
   eleição de 1964 108-11, 117-8
   eleição de 1966 146-8
   esquerda 192
   trotskistas e 196
Partido Verde 363, 366
Pascal, Blaise 51
Pasolini, Pier Paolo 15
Paulo VI, papa 235
PCF *ver* partidos comunistas (França)
Pearl Harbor 140
Peng Chen 138
Perón, Juan 92
Peru 218, 222
Pham Van Chuong 129
Pham Van Dong 81, 183
Philips 385
Phnom Penh 160-6
Pinter, Harold 311, 364
Piterburg, Gaby 53
Playboy 201-2
poesia 61, 74, 94
Polônia 22-3, 50, 126, 166, 186, 197, 199, 304, 366
Pompidou, Georges 293, 296-7, 300
Portugal 22, 304, 352-3, 360
Potter, Cherry 365
Potter, Denis 155, 208, 365
Poulantzas, Nicos 292, 357
Powell, Colin 56
Powell, Enoch 117-8, 287-8, 317
Powell, Sandy 29
"Power to the People" 348
Powers, Gary 99

precariedade 22
Preston, Peter 240
Priestley, J. B. 311
Primeira Guerra Mundial 50, 63, 167, 230, 340, 385
Pritchard, Gwyn 25
Private Eye 58-9, 61, 148, 295, 343
privatização 21, 55
Procktor, Patrick 294, 306
Profumo, caso 103-4
Pushkin, Aleksandr 77, 78, 359

Q
quacres 134
Quarta Internacional 195, 198, 278-80, 362
IX Congresso Mundial 340-3

R
Rabin, Yitzhak 39
racismo 42, 50, 186, 201, 203, 300, 369
Rahim, J. A. 326, 335-6
Ramadan, Tariq 42
Ramparts 306, 310, 367
Ramsay, Margaret 155
Ramsey, Peggy 306
Rawle, Sid 283
Ray, Ted 377
Raza, Agha Ahmed 97
Reagan, Ronald 65, 360, 366, 368
realismo socialista 131
Redgrave, Corin 273
Redgrave, Lynn 273
Redgrave, Vanessa 239, 271, 273-4
Reds 364
Red Weekly 346
Rees-Mogg, William 324-5
Rehman, Mujibur 334, 339
Revolução Cultural 344, 389
Revolução Russa (1917) 22, 107, 197, 212
"Revolution" 346, 348
Rice, Condoleezza 63
Richards, "Big Joe" 124
Roberts, Les 18
Robeson, Paul 78, 87
Rocard, Michel 162
rock and roll 346, 350, 376, 380, 382, 390-1
Rockefeller, Nelson 310

Rodésia 147, 193, 221, 240, 276, 333
Rodgers, William 105
Rodinson, Maxime 53
Roehl, Klaus-Rainer 266
Rolling Stone 375
Rolling Stones 216
Romênia 293
Roosevelt, Franklin D. 75
Roth, George Andrew 213-4, 228
Rousseau, Jean-Jacques 51
Rowbotham, Sheila 207, 326, 328-31
Rowthorne, Bob 332
RPD *ver* Dutt, Rajani Palme
Ruanda 30-1
Rubin, Jerry 350
Ruff, Allen 16
Rufin, Jean-Christophe 42
Rushdie, Salman 32
Rushton, William 58-9
Russell, Bertrand 121-2, 129, 132, 142-5, 156, 158, 185, 196, 199-200, 202, 204, 209, 215, 217, 305, 311, 354

S
Safer, Morley 120
Said, Edward 34-40, 66
Salisbury, Harrison 168
Salvatori, Gaston 261
Sánchez, Rúben 234
sandinistas 333, 366
Sanger, Clyde 95
Sartre, Jean-Paul 81, 200-4, 214, 216, 354
quando fala da Checosłováquia 303-5
Sauvageot, Jacques 297
Saville, Constance 145-6, 361
Saville, John 145, 361
Saville, Richard 145
Scarfe, Gerald 147
Scargill, Arthur 239, 351
Schmitt, Carl 41
Schoenman, Ralph 121-2, 129, 132-3, 142, 156, 181, 201-2, 209, 215-7, 222, 224-5, 227-30, 234-5, 367
Schütz, Klaus 260-1
Schwartz, Laurent 200
Seale, Patrick 292
sectarismo 270

Seeger, Pete 135

Segunda Guerra Mundial 38, 41, 50, 53, 56, 73, 145, 169, 183, 201, 288, 340, 354

Selnich, Andres 304

Sergeant Pepper's Lonely Hearts Club Band 205, 390

Sérvia 30-1

Serviço de Radiodifusão–Televisão Francesa (ORTF) 290, 293, 298

Shaath, Nabil 39

Sharon, Ariel 41-3, 52

Shaw, Robert 239, 311

Shelley, Percy Bysshe 61-2, 355

Shrapnell, Mick 295

Sihanouk, príncipe (Camboja) 161-4

Silone, Ignazio 356

sindicatos 111, 117

sionismo 51-3

Skellhorn, Norman 314

Slaughter, Cliff 269

Smith, Anthony 24, 298

Smith, Ian 193, 333

Smith, Roger 207, 307

Smith, Tony 299

Snow, Edgar 73

Soares, Mário 352

Socialist Challenge 346

Socialist Labour League (SLL) 196, 268-70, 278, 324, 342

Socialist Worker 59

Socialistas Internacionais (SI) 61, 107, 300-1, 323, 325, 334

Sócrates 25

Soljenitsyn, Aleksandr 169, 356

Southan, Malcolm 321

Special Branch 271, 276, 298, 312-5, 318, 346

Spector, Phil 349

Spencer, Chris 25

Spender, Stephen 356

Spinoza, Baruch 25, 51

Springer, Axel 282-3, 320, 363

Stafford-Clarke, dr. 205

Stalin, J. V. 75, 77-80, 84-5, 169, 183, 197-8, 229, 269, 304, 320, 340-1, 356-7, 359, 369, 388

stalinismo 78, 85, 198-9, 229, 269, 279-80, 301-2, 343, 356

Starr, Edwin 382

Stewart, Michael 123, 125

Stoppard, Tom 152

Strachey, John 104

"Street Fighting Man" 300

Students for a Democratic Society (SDS)
Alemanha 240, 259-63, 265-6, 272-5, 281-3, 300
Estados Unidos 123, 135, 141, 194-5, 259, 309, 312, 327, 342

Student Power 314

Sucesos 214

Suécia 201, 269, 285

Suez 82-4, 86, 90, 104, 137

Suharto, Thojib N. J. 13, 136, 139

Sukarno 13, 136-9

Sun 321

Sunday Times 136, 147, 319-20, 339, 357

Svay Rieng 163

Swallow, Norman 316-7

Sweezy, Paul 205

Swinton, Tilda 28

Syngman Rhee 76, 80

T

Taguieff, Pierre-André 42

Tate, Ernie 258, 279, 321, 325, 342

Tawney, R. H. 104

Taylor, Elizabeth 217

Taylor, Peter 57

Tchékhov, Anton Pavlovitch 78

Teitelbaum, Mo 278

Tempo 364-5

Terán, Mario 305

Terán, Reque 227-8, 232-4, 354

terrorismo 171

Tet, ofensiva de (fevereiro de 1968) 262, 267-8, 310

Thatcher, Margaret 24, 60, 148, 192, 351, 357, 360

The Black Dwarf 11, 208-9, 258-9, 276, 278, 283, 287, 289, 293-5, 301, 304-6, 312, 314, 318-20, 332-3, 345-6
ataque da polícia a 291
cisão 345
como organizador 319
feminismo e 327-30

The Daily Mirror 90, 283-5

The Doors 350

The Economist 55-6, 111, 147, 199, 272, 344

O PODER DAS BARRICADAS 405

The Guardian 19, 60-1, 95, 120, 142, 211, 240, 299, 333
The Independent 19
The Lancet 19
The New York Times 54, 63, 120, 234, 324
The Pakistan Times 82, 93
The Red Mole 11, 345-9, 384
Theroux, Peter 67
The Socialist Register 145, 216
The Times 204, 234, 273, 276, 284, 289, 299, 314, 324-5
The War Game 298
The Washington Post 63, 311, 324
The Week 195-6, 216, 258-9, 270, 279, 295
Thomas, Hugh 311
Thompson, E. P. 61, 145, 216
Thomson, Ken 193
Thomson, Mark 62
Thu Van 174
Time 93, 120, 357
Times Literary Supplement 33, 38
Tito, Josip Broz 75, 84, 304
Todd, Olivier 319
Tolentino, Gustavo 162, 169, 188
Tolstói, Lev Nikolaievitch 78
Tomalin, Nicholas 339
Tonypandy 107
tories ver Partido Conservador (Reino Unido)
Torres, Camilo 221
Town 150, 152, 155, 158, 160, 192-3, 225
Trade Union Congress (TUC) 118
Tran Van Quy 175
Trethowan, Ian 123-5, 140, 151
Tribunal de Crimes de Guerra (Estocolmo, 1967) 144, 156, 158, 161, 164, 199-202, 215
Tribune 192, 207, 274, 278, 332-3
Trikont Verlag 306
Trodd, Kenith 299
Trotski, Leon 197-9, 201, 212, 257, 269, 279-80, 305, 313, 320, 340-2, 349, 388
História da Revolução Russa 279
trotskismo 341
Truman, Harry S. 76
Tudjman, Franjo 31
Tukatchevski, Mikhail 359
Turgueniev, Ivan 178
Turquia 99, 360

TW3 (That Was The Week That Was) 109-10
Two Virgins 385
Tynan, Kathleen 149-50, 156, 251
Tynan, Kenneth 149-50, 156, 201-2, 205, 207, 292, 299, 319-20, 324, 364
Tyrell, Roger 321

U

Ucrânia 23
União das Repúblicas Socialistas Soviéticas (URSS) 75, 79, 99, 126, 159, 166, 171, 301, 341, 366-7
coexistência pacífica 100, 128-9, 132, 187
natureza da 229
Vietnã e 186, 199
União Européia 30-1
Union Nationale des Étudiants de France (Unef) 290
United Fruit Company 218
Universal 55
Updike, John 67
Upper Clyde Shipbuilders, estaleiro (UCS) 345, 349
Uruguai 120, 204

V

vaabitas, muçulmanos 30, 341
Vaizey, John 161
Van Bang 175-7, 179
Venezuela 54-7, 276
Verbizier, Gérard 258
Veteranos pela Paz 18
Vietminh 80-1, 174
Vietnã 16-8, 22, 81, 90, 115, 119-20, 129, 135, 140, 142, 149, 154-6, 158, 160-89, 191-3, 196, 200-1, 211-2, 220-6, 236, 238, 259-60, 262-4, 266-7, 270-2, 274-80, 310, 312, 315, 322, 324, 330, 338, 344, 366, 372, 384
atrocidades 121
Beatles e 376, 386-7
campanha eleitoral de Hull (1966) 145-6
Conferência de Helsinque 126, 129-30
debate entre Oxford e Harvard (1965) 140-2
Deutscher e 199, 237
estudantes norte-americanos e 194
EUA e 32, 118, 310-1
governo trabalhista e 111, 118, 143
meios de comunicação e 123-5
Russell e 122, 143-4, 185

406   TARIQ ALI

Vietnam Solidarity Campaign (VSC) [Campanha de Solidariedade ao Vietnã] 195, 206-7, 209, 217, 226, 238-9, 258, 263, 281, 284-5, 320
Viet-Report 162
Vincent, Jean-Marie 292
violência 260-5, 277, 310, 386-7
Vitória, rainha 226, 351
Vo Nguyen Giap 80-1, 175, 267-8

W

Walden, Brian 105
Warshawsky, Michel 53
Watergate 324, 353, 366
Watkins, Peter 298
Waugh, Auberon 311
Webb-Vidal, Andrew 55
Weber, Henri 357, 368
Wedderburn, Bill 124
Weinstock, Nathan 53
Weiss, Peter 152-4, 200, 266
Wells, Dee 311
Wenders, Wim 350
Werth, Alexander 119
Wesker, Arnold 311
Westwood, Vivienne 28
Wet, Carel de 112
Whicker, Alan 151
White, Theodore 151
Whitehead, Philip 24
Whitelaw, William 24

Williams, Raymond 316, 361
Williams, Will 17-8
Wilson, Edmund 35, 279
Wilson, Elizabeth 331
Wilson, Harold 60, 104-5, 108, 110-1, 120, 130, 141-2, 145-8, 151, 153-4, 181, 187, 192-3, 195, 200-1, 207, 268-9, 273, 295, 307, 322-3, 332, 351, 361-2, 384
    política no poder 110-1, 118-9
    Russell fala de 143
Wilson, Jimmy 87-9
Wilson, Snoo 365
Wittgenstein, Ludwig 25
Wolf, Karl Dietrich 261
Woodhouse, C. M. 110
Woodhouse, Monty 147
Wooler, Tom 208-9
Wordsworth, William 290, 355-6
"Working Class Hero" 347, 350, 376
World in Action 334
Wright, Richard 356

Y

Yawar *ver* Al Yawar, Ghazi
"Yellow Submarine" 381

Z

Zilliacus, Konni 105
Zinoviev, Grigori Ievseievitch Radomylski 198
Zola, Émile 78

CRÉDITO DAS IMAGENS

Arquivo Tariq Ali: p. 241-2; 244 (c); 246 (b), (c) e (d); 247-9; 252-4; 255 (b); 256

Tariq Ali: p. 243; 244 (a) e (b); 245; 251

Richard Gott: p. 246 (a)

The Red Mole: p. 250

Jaqueline Rose: p. 255 (a)

As letras indicam a posição na página, de cima para baixo e da esquerda para a direita.

Este livro foi composto em Adobe Garamond,
corpo 11/14,3, em papel Pólen Soft 80g/m²,
e impresso pela gráfica Assahi em maio de 2008,
com tiragem de 3.000 exemplares.